大清十二帝

最新整理珍藏版　本书编委会主编

【学术顾问】汤一介　文怀沙

中国书店

六

清宫密档全揭秘　大清皇帝全纪实

皇帝是封建王朝政权和神权的象征，有着至高无上的权力。清朝作为专制主义中央集权发展的顶峰时期，其在位的十二位帝王上演了中国封建社会最后一幕历史大剧。

第四章　亲政风波

一

漫长而又无限的期待终于即将变成了现实，自己呕心沥血十几年的“学生”已经叩开了“亲政”的大门。光绪既希望这一天的早日到来，又唯恐这一天的到来会发生什么。

按中国古代宫廷的惯例，皇帝十四岁就应该亲裁大政。如按清王朝的不成文例，清朝定鼎中原后的第一个皇帝顺治帝六岁登极，十四岁亲政；第二个皇帝康熙帝八岁登极，也是十四岁亲政。此后诸帝直到咸丰帝，继位时皆非幼主，故无所谓亲政之说。然而到了同治帝，正像清朝本无“母后垂帘”而仍行“垂帘听政”一样，什么“惯例”、“祖制”均不在西太后话下。除了因同治帝“学识俱劣”与令人失望的客观实情之外，西太后迟迟不欲交权撤帘。直到同治帝十六岁（同治十二年）正月，她才让同治正式亲政。

光绪十年（1884 年），光绪帝十四岁了，虽有同治帝时创下的“新例”，但亲政的问题并未有人敢于提及，西太后独自操权的欲望早已被大小臣工洞悉而心照不宣。无形之中，人们只好把光绪帝十六岁当作希望来等待了。现在光绪帝真到了十六岁，诸王亲贵、枢机群臣，甚至西太后本人也不得不承认，无论按礼法、祖制，还是光绪帝的“学识德业”，似乎都再也没有继续搪塞的理由。

时间在向西太后的权力欲挑战。

早在十二年前，西太后即无视清朝“家法”，强立载湉为帝。为平息舆论，笼络人心，曾公开作出了待光绪帝生子再为同治帝立嗣和“一俟皇帝（光绪帝）曲学有成，即行归政”等两条保证。十余年过去了，西太后兑现诺言的日子日益迫近。尽管第一条因光绪帝尚未大婚，为同治帝立嗣自然可暂且不提；然而向光绪帝归政一事，虽然她心里是百般不愿，可到底已是事到临头。然而，慈禧在光绪“亲政”前却早已做好了人事安排。

在军机大换班，罢免恭王的时候，西太后便在自己身边安插了第一批亲信，包括醇亲王奕譞。

不过，毕竟由于醇亲王奕譞的身份特殊，以免造成更大震动，所以西太后还未便把他安置在更为显著的前场，而是将军机首席的位置交给了礼亲王世铎。但虽如此，奕譞在清廷中枢的作用仍是举足轻重的。当然，礼亲王世铎也是西太后信得过的后党第二号人物。

礼亲王者，清初八王之一，世袭罔替者也。世铎袭爵，当咸丰中，以行辈高，令掌宗人府。同治初，以承志袭郑亲王爵，载敦袭怡亲王爵，皆以旁宗入继。铎持之，各致贿万金，乃报可，京师人形诸歌咏。然接人谦穆，终身无疾言厉色。对内侍尤恭谨。李莲英向之屈膝，亦屈膝报之。诸王以敌体仪报诸奄，前此所未有也。甲申，奕䜣罢政，遂令预机务，而以奕譞家居，遥总其成。铎日走所取进止，不以仆仆为苦。而益务求贿，贽二百金者以门弟子畜之，杀至五十金，亦可乞其荐牍，达诸疆吏。时有‘非礼不动’之嘲，言非礼物不受嘱托也。……

可见，慈禧之所以命礼王领枢，一是利用他的爵尊班高，可以作为名义上的领袖，二是利用他的易于驱使。若是换了别人，未必就肯以领枢亲王之尊，仆仆奔走于醇亲王府邸，事事恭候奕譞之裁定了。

排斥异己的计划完成后，见风使舵者不再发表“高论”，趋炎附势者反而越来越多，慈禧的“班底”在不断壮大。后来又相继进入军机处的庆亲王奕劻、吏部尚书徐桐等，也都成为了她的骨干。

当然，慈禧太后的人事安排不仅限于清中央政府，地方的高官显宦也在其列。其中最典型的人物就是李鸿章。

中央、地方之外，慈禧身边的“体己”就是大太监李莲英了。而李莲英入宫得宠，得益于他的“梳头术”。

狡狯多谋的李莲英，早就知道西太后经常调换梳头太监，确实也没有找到一个称心如意者，为了得宠于西太后，他经常遍游南城的大小妓寮密集的地方，常常是百顺胡同、韩家潭巷、石头胡同、王广福斜街、东皮条营等清音小班的坐上之客，反复观察姑娘们梳头，有时还亲自动手为姑娘们梳头挽髻，得到姑娘们的赞誉。

李莲英为了学梳头术，还常跑南城大森林、小李纱帽胡同、朱茅胡同、朱家胡同、燕家胡同、青风巷、庆云巷、王皮胡同等茶馆酒肆，观看发型。有时，还到四圣庙、双五道庙、莲花河、赵锥子胡同、前后营、赵阴阳胡同等下处，细看梳头要领，刻意揣摩，终于掌握了各种发型秘诀。

不久，李莲英被擢为梳头房总管太监，位居六品。这是同治十一年（1872 年）的事，两年之后，赏四品顶戴。

随着光绪帝亲政时日的迫近，西太后对皇帝的防范心理亦日重。因此，依靠李莲英以坐视光绪帝的言行举止，便成了她要求李莲英的一项重要任务。而李莲英真也不辱使命。既然西太后并不真想让光绪帝亲操权柄，这个神经特别敏感的太监便经常在“孝钦前短德宗”。甚至李莲英还挑拨离间以讨西太后的好，“言皇上有怨望之心”。如果说这还是背后捣鬼，那么有时他也依仗西太后的淫威“陵蔑皇上”，当然，在光绪帝“亲政”后的岁月中，凡有关帝、后之间的纷争，几乎无不有李莲英的黑影。

二

随着光绪帝年龄的增长，他的大婚、亲政逐渐迫近，西太后撤帘、归政已不可回避了。因此，西太后不得不改变一下控制清廷的方式，考虑自己的“退路”了。她费尽心机通过“甲申易枢”排除异己、笼络亲信，已在人事上作了“预备地步”的安排，接着，她又为其自身思考应变举措了。

自小光绪帝被抱入宫十余年过去了，清政府的财政危机却因国难日深，如影随形，这一点西太后心如烛照。既然仍无力修复圆明园，那便只有重修三海，且如住在距内廷只有咫尺之遥的三海，也可随时知悉光绪帝的举动。于是，在中法战争刚刚结束的光绪十一年五月初八日（1885年6月20日）下达懿旨宣布：“南北海应修工程，著御前大臣、军机大臣、奉宸苑会同醇亲王踏勘修饰。”自此，三海大修工程又重新全面展开。

这次工程的范围包括三海的所有殿宇、房屋、道路、河池、假山堤泊、点景花园、电灯铁路、冰床等等共计一百多处，数百个项目。承包商十六家，各种工匠人役每天平均达四、五千人，有时达一万多人。为表示“孝心”，兴工期间，光绪帝多次到南海、北海、紫光阁等处巡视工程。为了给西太后归政后准备颐养之所，清政府上上下下忙了个不亦乐乎！到光绪二十一年（1895年），这项工程最后结束的时候，共计用银高达六百万两左右。

对光绪帝来说，自小就接受翁师傅的严格教育（特别是要体察民情的教育）。因此在当时，他一方面已知道国家的困境与艰难，也明白在这种情况下，大兴土木，和历代那些腐朽的执政者，“或耽于安逸，或习于奢侈，纵耳目之娱而忘腹心之位者”，没有多少差别。然而“老佛爷”的说一不二和为所欲为，不仅任何人不敢谏阴，就是为能达成顺利亲政，表示自己的“孝心”，也不得不如此了。或许光绪帝还想不到那么深刻和全面，但他当然希望无论如何，在自己亲政后，能像在北海上溜冰床那样顺利和如意。

其实事情并不那么简单。就在三海工程热火朝天地进行不久，颐和园工程又大张旗鼓地上马了。

这两项大工程开建的时刻，清政府已是国敝民贫。

然而西太后自有“办法”。这就是挪用海军经费和卖官鬻爵及百官的“报效”。通过海军衙门总办奕譞，大量的海军经费源源不断地被移往“三海工程”和“颐和园工程”。原来，李莲英随奕譞去北洋各海口巡视，一项重要任务便是替西太后去掏李鸿章的腰包，而李鸿章当然也就不失时机地表现了对皇太后的“恭敬”和忠诚。修工程总费用六百万两中有四百三十七万两来自海军经费。而颐和园修建总费用数量更为巨大，据研究，仅动用海军经费即达八百六十万两。两项工程共耗银数千万两，其中动用海军经费计约达一千三百万两。

西太后的昏庸腐朽，给光绪帝“亲政”后的清政府造成了更加严重的财政危机。而海军经费的被挪用，无疑又极大地干扰和破坏了北洋海军的建设。北洋海军的七艘主力战舰，即定远、镇远、济远、来远、致远、靖远、经远的购置费为七百七十八万两。西太后为在修楼台殿宇所挪用的海军经费，可以再增加两支原来规模的北洋舰队。然

中国书店

而，奕譞在海军衙门存在的九年中，没有购置过一艘新舰。慈禧为一己之私利，置海军建设于不顾，这就为中日甲午战争的失败埋下了祸根。

就这样，尽管“时事艰难”，西太后还是修建起了自己颐养天年、穷奢极欲的安乐窝颐和园。醇亲王奕譞和光绪帝，当初或以为，这样似乎可以使皇太后息心政事了。但事实是，在西太后看来，“颐养”归颐养；干政归干政，两不相扰。其实，大力修建的颐和园，后来又成为西太后策划阴谋、操纵清廷的一个秘密中心。

三

光绪十二年（1886 年），光绪帝已十六岁了，他不仅学已有成，而且在“披阅章奏，论断古今，剖决是非”方面，也具有了一定的理政能力。尤其是按照清廷的惯例，幼帝成人便要成婚（帝称大婚）、亲政。对此，西太后是清楚的，所以她处处安排“退路”。只是对光绪帝的亲政，装聋做哑毫无举动。

这年六月初十日，西太后和光绪帝召见了醇亲王，讲了归政光绪的意思。

太后归政光绪，对奕譞来说，他是很高兴的。奕譞早就希望自己的儿子能亲理国政了。但他心要明白：当初西太后不顾王公大臣的阻挠反对，断然择立自己的儿子为帝，显然是为了满足她继续执掌朝政的权欲和野心。现在太后提出归政，是因皇帝已长大成人，为了顾及舆论，做作样子罢了，其实是绝不肯轻易交出政权。西太后向奕譞提出此事，从其种意义上说，是在考验奕譞对她的忠诚程度到底如何。所以，奕譞当即叩头，恳求太后暂缓此举，在场的光绪帝也在奕譞的示意下，跪求太后收回成命，但均“未蒙俯允”。

西太后既然提出此事，而又“回绝”了奕𫍽父子的“暂缓”请求，这就使奕𫍽一时作难了。于是，奕𫍽只好去找平日与他关系亲近的王公大臣商量此事。

奕𫍽找到了翁同龢，向他扼要地介绍了西太后召见的情形，请翁同龢替他出些主意，想想办法。翁同龢对醇亲王说：“此事重大，不可轻率。王爷宜率御前大臣、毓庆宫诸臣奏请太后召见，面论此事。”建议醇亲王立即去找军机大臣，要求军机大臣出面恳请太后缓降懿旨。醇亲王当即找到礼亲王世铎。世铎告诉他，军机大臣已经这样做了，但“圣意难回”。

当日有懿旨一道发出：

> 前因皇帝冲龄践阼，一切用人行政，王大臣等不能无所秉承，因准廷臣之请，垂帘听政。并谕自皇帝典学有成，即行亲政。十余年来，皇帝孜孜念典，德业日新，近来披阅章奏，论断古今，剖决是非，权衡允当。本日召见醇亲王及军机大臣礼亲王世铎等，谕以自本年冬至大祀圜丘为始，皇帝亲诣行礼。并著钦天临选择吉期，于明年举行亲政典礼。

真可谓“一石激起千层浪”。西太后的归政诚意到底有几分？谁敢贸然表示“太后圣明”？满朝诸臣各怀狐疑，尤其是醇王奕𫍽更是心事重重。

当天中午，奕𫍽再次找到翁同龢以及同他亲近的军机大臣孙毓汶，筹商对策。翁同龢与孙毓汶自中法战后，关系疏远，足迹日稀，几不往还，只是由于醇亲王从中斡旋、撮合，彼此才相安无事，未发生大的矛盾冲突。翁同龢见到孙毓汶来，本想立即告辞，因醇亲主劝阻，只得留下。商谈中，孙毓汶力主请太后训政，翁同龢则认为“请训政还不如请缓归政为得体”。翁、孙两人意见相左，始终谈不到一处，奕𫍽对此也“不置可否”。

翁同龢之所以不同意“训政”而主张暂缓归政，是有他的想法的。他与皇帝朝夕相处，前后已有十多年了，对于皇帝的脾气习性相当了解。光绪帝脾气倔强，若由太后训政，母子之间，有时难免要议事不合，产生隔阂，这对光绪帝日后亲政是非常不利的，亦非国家“吉福”。再者，光绪帝颇想有所作为，他遇事“好自为之，毋需人扶”，若行训政，备位陪衬，这是光绪帝素所不愿的。此外，从当时光绪读书的实际情况来看，虽说学业精进，日渐有成，但因缺少历练，尚欠老成，要他一下子担起领导国家的重任还有些困难。因此，他主张与其请太后训政，还不如请太后暂缓归政，过一二年后，再让皇帝亲政。翁同龢从醇王府回家后，当天连夜将自己这一想法郑重其事地草成一道《请从缓归政以懋圣学》的奏折。折中写道：

臣伏读六月初十日懿旨，以皇帝典学有成，谕于明年正月举行亲政典礼。诏辞宏远，酌古准今，寻绎回环，且钦且感。伏思我皇太后躬仁圣之资，值艰难之运，削平九宇，抚定四方，史册罕传，功德莫二。兹当璇闱归政，颐养冲和，既大慰日夕期望之心、亦稍释宵旰仔肩之重，凡兹臣庶，孰不欣愉。然臣等日侍讲筵，深惟大局，有不得不缕晰备陈者，幸皇太后垂察矣。

皇上天亶聪明，过目成诵，六经诸史，前数年即能举其辞，然经义至深，史书极博，譬诸山海，非一览所穷，此讲习之事犹未贯彻者，一也。天下之赜，莫如章奏，前者叠奉慈谕，将军机处近年折奏抄录讲肄，皇上随时批览，亦能一阅了然，然大而兵农礼乐，细而监关河漕，头绪纷繁，兼综不易，此批答之事犹未偏习者，二也。清语国语，我朝根本，皇上记诵甚博，书写亦工，然切音声义，颇极精微，固须名物靡遣，尤必文义贯串，满蒙奏牍，各体攸殊，此翻译之事犹未熟精者，三也。为君至难，万几之重，多一日养正，即有一日之功；加一日讲求，即获一分之益。天下，祖宗之天下也，皇太后体祖宗之心为心，二十余年忧劳如一日，倘俟一、二年后圣学大成，春秋鼎盛，从容授政，以弼我丕基，匪特臣民之福，亦宗社之庆也。

翁同龢主张暂缓归政的想法有一定的道理。但他仅从帝师的角度出发，以圣学尚须继续用功而请求太后再推迟一、二年归政的三点理由显然有些勉强，不足以说服别人。对此，西太后后来在批复中说得很明确："皇帝几余念典，本无止境，一切经史之功，翻绎之事，尤有毓庆宫行走诸臣朝夕讲求，不惮烦劳，俾臻至善。总之，帝德王道，互相表里，皇帝亲政后正可以平日所学见诸措施，用慰天下臣民之望，当亦尔诸臣之愿也。"

第二天，翁同龢将折稿出示给伯王伯彦诺谟枯、庆郡王奕劻、锺郡王奕詥以及孙家鼐、淞桂等人同看，"三王及同人佥以为当"。接着，他又拿给醇亲王看，醇亲王亦称"甚是"。经与伯王等商量，遂决定由伯王领衔，作为联衔折呈上。醇亲王也向翁同龢出示了自己草拟的一道折稿，折前半截请求太后于皇上二十岁时再归政，后半截则专言"皇上亲政后，永照现在规制，有凡宫内一切事宜，先请懿旨，再于皇帝前奏闻"。翁同龢力赞此折"文理妥当""含意深远"。醇亲王还向翁同龢出示了由孙毓汶起草、代表军机、大学士、六部九卿翰詹科道的公折，折的大意"仍主太后训政"。翁同龢对此议不以为然，并毫不客气地指摘折中有关垂帘为"亘古未有之创局，即系亘古未有之盛事"的说法很不恰当，请醇亲王令其改正。

五月十二日，内阁公折、醇亲王单衔折、翁同龢等联衔折一齐呈上，统统被打了回来，其所请"均未允准"。

所不同的是：以礼王世铎为首的诸臣公折说：愿太后再“训政数年，于明年皇上亲政后，仍每日召见臣工，披览章奏，俾皇上随时随事亲承指示”。书房讲筵诸臣（即翁所拟）上奏，则自然不能夸耀什么“典学有成”。而是说皇帝固然聪明，然于经史尚未精通；虽然看折能一目了然，但兵农礼乐，天下庶务，还未能一一明了。另外，满语还未学好。所以他们认为，应“候一、二年后”，“从容授政”。以翁同龢的意思，如果亲政后，仍由太后训政，事事秉承皇太后的旨意，莫不如迟几年亲政。那样亲政才能大权独揽、乾纲独断，名副其实。否则，自己教出来的皇帝，还不只是一个空有其名的傀儡！因此，在缮折前他就向孙毓汶表示，“请训政不如请缓归政为得体”。

醇亲王奕譞所上之折，正如翁同龢所作的评价：“意甚远也！”折中说：

> 王大臣等审时度势，合词吁恳皇太后训政。敬祈体念时艰，俯允所请，俾皇帝有所禀承。日就月将，见闻密迩，俟及二旬，再议亲理庶务。……臣愚以为归政后，必须永照现在规制，一切事件，先请懿旨，再于皇帝前奏闻，俾皇帝专心大致，博览群书。上承圣母之欢颜，内免宫闱之剧务。

这番言词，肯定不是奕譞的心里话，这不过仍是其避嫌之词，以示他永远不会以皇帝本生父之尊，有所妄想的心迹。联系他所上请求继续办理海军的折片，或许他的本意是怕皇帝一亲政，自己的这些差使恐怕又要取消，甚至怕因此暴露移用海军巨款修三海、颐和园的真相。无论如何，六月十四日的三折一上，西太后立即看中了奕譞的意见，什么“训政数年”、“一、二年后从容授政”，都不如归政后“永照现在规制”。所以她在懿旨中马上表示：

念自皇帝冲龄嗣统，抚育训诲深衷，十余年如一日，即亲政后，亦必随时调护，遇事提撕，此责不容卸，此念亦不容释。即著照所请行。

到这时，一向独断专行的西太后，到这时竟又如此从谏如流，轻松地借用皇帝亲生父之口，肯定了光绪帝亲政以后，仍要以她这位皇太后的绝对权威为永远不变的为政原则。显然这对西太后而言，既可免去群臣斥其不归政的责难；又可名正言顺地保持继续操柄的至高无上地位。四日后，当奕谖、世铎等再次上折后，西太后便正式发布懿旨，表示同意训政：

皇帝初亲大政，决疑定策，实不能不遇事提撕，期臻周妥。既据该王大臣等再三沥恳，何敢固执一己守经之义，致违天下众论之公也。勉允所请，于皇帝亲政后再行训政数年。

由此可见，西太后高超的权术手段似乎已达到出神入化的程度，玩王公群臣于股掌之上。

如此一来，在“不得已”的情况下，西太后“训政数年”之议，便算最后决定下来了。此意明明来自西太后，但在最后她又落了个“不得已”。

在清代官方文献中，自然难以看到在朝臣工中对此的情绪反映。但在翁同龢的日记中，却可以清楚看出，对这一决定，光绪帝的情绪变化极为明显。当西太后宣布“归政”的话一出口，他竟毫无辞让的表示。紧接着，醇亲王在向西太后“跪求”，以及当群臣劝请训政之折纷纷上呈时，光绪帝失望极了。此时在书房中，翁同龢对他竭力劝勉，“力陈时事艰难，总以精神气力为主，反复数百语，至于流涕，上颇为之动也”。并且翁同龢觉得光绪帝在这件事上，数日来一直保持沉默，实在太外露。因此，在西太后“俯允训政数年”的前一日，翁又“于上（光绪帝）前力陈一切，请上自吁恳，或得一当也”。在翁同龢的一再劝说下，光绪见无力回天，就到了储秀宫看望太后。

皇帝如此纯孝和聪明懂事，太后高兴极了。高兴之余，自然想起了毓庆宫，认为这一切都与翁师傅的教导分不开。二十一日：西太后在乾清宫西暖阁单独召见翁同龢。召见中，西太后先问了书房功课，言语中，盛赞师傅教导有方。接着讲了归政一事，她说她之所以“急着”要“授政皇上”是有鉴于“前代母后专政流弊甚多，非推诿也”。现在王公大臣“以宗社为辞，余何敢不依?！何忍不依乎”?！把自己恋权不放，冠冕堂皇地推到王公大臣们的头上，并美化为是“顺臣工之所请”，是为了“宗社大业”，是不得已之举。翁同龢对太后的褒奖，“感激涕零”，叩头表示“实不敢当”。奏对中，他顺着太后的话说：“臣力言：皇上春秋方富，未能周知天下事，宗社所系，岂一、二臣工所能赞襄，此事外廷不知，内廷诸臣必知；即内迁不知，臣实知之。”“方今时势艰难，整饬纪纲，百废待举，皇上典学虽日新月异，诚未敢谓皇上典学有成，而所学皆书本上的经义，亲裁大政，决疑定策，至关宗社大业，还望太后三思，期臻周妥”。西太后听了翁同龢的这一番奏对，默然无语良久。最后，再次褒奖他：“汝心忠实可靠。”同年九月，西太后万寿节。西太后特意赏给翁同龢一份只有大学士和军机大臣才有的礼物：御笔菊花一轴，兰花四轴，大卷红绸袍褂料一副，小卷江细袍褂料一副。翁同龢激动地说：“此向来所无，向来所无也。”

训政虽不如暂缓归政，但毕竟已成事实。为了让光绪帝熟悉了解临朝听政的仪节，十月，翁同龢特地向光绪帝呈上了一份有关皇帝临朝听政的“须知”节略，其中包括“召见臣工时的问语、答话、仪节，等等。”

有了皇帝“家族”以及师傅的“表态”，慈禧也对光绪帝赞美了一番，次日的懿旨中却谎称：“数日以来，皇帝宫中定省，时时以多聆慈训，俾有禀承，再四恳求，情词肫挚。”此真可谓是偷天换日之举。当天入夜，“自戌初至子正，千雷万霆，旋转不已，雨如翻天浆，不啻癸未六月也。吁，可怕哉！”恰可衬托西太后的阴暗心理。

为了使“训政”制度化，经礼亲王世铎等人一番筹划，于十月二十六日出台了一个所谓的《训政细则》。在这个“细则”中，除了有关祭祀、问安等礼仪继续原封不动地按照“垂帘听政”时的旧制实行外，在施政等方面，做了如下规定：

> 一、凡遇召见引见，皇太后升座训政，拟请照礼臣会议，暂设纱屏为障；二、中外臣工呈递皇太后、皇上安折，应请恭照现式预备，奏折亦恭照现式（即按“皇太后、皇上”的顺序）书写；三、近年各衙门改归验放验看开单请旨及暂停引见人员，拟请循照旧制，一律带领引见，仍恭候懿旨遵行，排单照现章预备；四、乡会试及各项考试题目向例恭候钦命者，拟请循照旧制，臣等进书恭候慈览，择定篇页，请皇上钦命题目，仍进呈慈览发下，毋庸奏请派员拟题……五、内外臣工折奏应行批示者，拟照旧制均请朱笔批示，恭呈慈览发下……”

西太后发懿旨：“依议！”

这一“训政”规定从形式到内容，仍把光绪帝置于无足轻重的陪衬地位。在这里看不到光绪帝有任何一点可以自行作出决定和独立施政的内容。所谓“候懿旨遵行”、“恭候慈览”、“呈慈览发下”等等，只不过是对西太后主持清廷朝政的肯定，从而明确了西太后主宰清廷的地位。显而易见，由“垂帘听政”到“训政”，只是换了个名称，实质毫无改变。当然，西太后可以利用“训政”之名来搪塞臣下和舆论，作为其继续操政的挡箭牌。总之，通过这个《训政细则》，在清廷既正式确定了西太后的主宰地位和光绪帝的傀儡位置，又使之制度化了。而以前西太后所谓的“归政”，其实完全是骗局。

光绪十三年正月十五日（1887 年 2 月 7 日），是按西太后的授意，由钦天监择定的大吉之日。这一天，要举行光绪帝“亲政”的大典。尽管这不过是一场名不副实、掩人耳目的“归政”骗局，但这个仪式毕竟还是要昭示有个皇帝的真实存在，不仅存在，且也已长大成人。因此，帝师翁同龢的心情似乎还是喜大于忧的。他在日记中记到：

> 是日，晴朗无风，竟日天无纤翳，入夜月如金盆，入春第一日，亦数年来第一日也。

四

转眼一年过去，光绪十四年（1888 年），光绪帝十八岁了。以婚龄而言，确实已到了不能再拖延的时候。就光绪帝以前的清代皇帝而言，冲龄继位的顺治帝和康熙帝的大婚一为十五岁、一为十二岁，同治帝最迟，也为十八岁。对西太后而言，虽说要“训政数年”，但客观事实却并未给她提供充分的时间。因为皇帝大婚，便应真正亲政，何况民间也都有所谓“成家立业”之说呢？直到当年六月十九日，西太后发布懿旨宣称：

> 前因皇帝甫经亲政，决疑定策，不能不遇事提撕，勉允臣工之请训政数年。两年以来，皇帝几余典学，益臻精进，于军国大小事务，均能随时剖决，措置合宜，深宫甚为欣慰。明年正月大婚礼成，应即亲裁大政，以慰天下臣民之望。

就光绪帝本人来说，对此事无疑也早已视为当然。因此，懿旨一下，光绪帝心中的兴奋自不待言。皇帝大婚与亲政，当然应意味着“太后归政”和自己“乾纲独断”。此事一定，自己便可终于有了摆脱“亲爸爸”的控制和束缚的机会，日夜盼望独立亲裁政事的夙愿即可实现。因此，他没有再“客气”，遂于当日即顺水推舟发下一道上谕。谕曰：

谕内阁：朕自冲龄践阼，仰蒙慈禧端佑康颐昭豫庄诚皇太后垂帘听政……迨十二年六月令朕亲裁大政，犹复曲垂慈爱，特允训政之请，劳心庶务又及两年。兹奉懿旨于明年二月归政，朕仰体慈躬敬慎谦抑之本怀，并敬念三十年来，圣母为天下忧劳况瘁，几无晷刻可以稍资休息，抚衷循省，感悚交深。兹复特沛恩纶，重申前命，朕敢不祗遵慈训，于一切机务，兢兢业业，尽心经理，以冀仰酬我圣母抚育教诲有加无已之深思。……所有归政届期一切典礼事宜，著各该衙门敬谨酌议具奏。

此上谕已明显反映出光绪帝的心意。尽管他没有、也不敢明确表露对西太后在“归政”上反复的不满情绪，然而光绪帝却委婉地流露出希望太后休息的心情。并表示了自己完全可以“尽心经理”朝政的态度。其实，这时的光绪帝并未看到西太后的真实面目。他的“亲裁大政”、“乾纲独断”云云，仍不过是自己一厢情愿的幻想罢了。这个年轻的皇帝，比起西太后这个老谋深算、在复杂的晚清政坛上一次次击垮政敌，并能巧妙而不露痕迹地绕过一个个暗礁、控制局面的女人，在政治上他还太稚嫩了。

在封建宫廷政治中，婚姻从来都不是纯自然的情感结合之产物。在光绪帝亲政之前，西太后借为“皇儿”操办婚事之机，又一次将婚姻政治化，为自己将来更有效地掌握皇帝做了最后一次安排。

西太后的主意拿定之后，各有关部门又一阵忙碌。七月二十六日，又一懿旨发布：“皇帝大婚典礼，著于光绪十五年正月二十六日举行。”本年十一月初二日“纳采”，十二月初四日“大征”。尽管大婚的日子已定，可是皇后为谁，仍是一个谜。无人能猜着西太后的葫芦里究竟是装的什么药。但到了十月初五，谜底终于揭开，两道懿旨同时颁下：

皇帝寅绍丕基，春秋日富，允宜择贤作配，佐理宫闱，以协坤仪而辅君德。兹选得副都统桂祥之女叶赫那拉氏，端庄贤淑，著立为皇后。特谕。

……原任侍郎长叙之十五岁女他他拉氏，著封为瑾嫔；原任侍郎长叙之十三岁女他他拉氏，著封为珍嫔。

这样，光绪帝的后、妃便算确定。

据文献记载和清宫留下的照片看，桂祥之女不仅相貌平庸，且已二十一岁，早已过了规定的预选年龄（清宫选秀女自十三岁预选，到十七岁即算“逾岁”，不在挑选之列）。因此，此次桂祥女逾岁参选秀女，已属违制，明白显示了西太后的用心。所以在其懿旨中，不提中选皇后的年龄。而且这位比光绪帝年长三岁的皇后“中选”，显然不是出自光绪帝的意愿。据当时宫中太监说：

西后为德宗（光绪帝）选后，在体和殿，召备选之各大臣小女进内，依次排立，与选者五人，首列那拉氏，都统桂祥女，慈禧之侄女也（即隆裕皇后）。次为江西巡抚德馨之二女，末列为礼部左侍郎长叙之二女（即珍妃姊妹）。当时太后上座，德宗侍立，荣寿固伦公主、及福晋命妇立于座后。前设小长桌一，上置镶玉如意一柄，红绣花荷包二对，为选定证物（清例，选后中者，以如意予之；选妃中者，以荷包予之）。西后手指诸女语德宗曰：‘皇帝谁堪中选，汝自裁之，合意者即授以如意可也’。言时，即将如意授与德宗。德宗对曰：‘此大事当由皇爸爸主之，子臣不能自主。’太后坚令其自选，德宗乃持如意趋德馨女前，方欲授之。太后大声曰：‘皇帝！’并以口暗示其首列者（即慈禧侄女），德宗愕然，既乃悟其意，不得已乃将如意授其侄女焉。太后以德宗意在德氏女，即选入妃嫔，亦必有夺宠之忧，遂不容续选，匆匆命公主各授荷包一对予末列二女，此珍妃姊妹之所以获选也。

这一过程颇合西太后行事惯技，应属可信。

就这样，西太后明知光绪帝本人不愿意，还是硬把自己亲弟弟桂祥二十一岁的女儿指配给光绪帝为皇后。如此，皇帝虽不是自己亲儿子，却是自己亲妹妹之子；皇后又是自己弟弟的女儿，可以说都与西太后母家叶赫那拉氏关系密切。而按皇帝统绪的安排，光绪帝是作为继承咸丰皇帝、兼祧同治皇帝继承皇位的，将来光绪帝、后生有皇子，不仅有三分之二以上的叶赫那拉家族血统，且是皇位的当然继承者。西太后的这一“妙招”，“一则于宫闱之间，可刺探皇帝之动作，一则为将来母族秉政张本”。

光绪帝的后、妃既已择定，无论其本人的心情如何，天子喜事当然不能草率，随后一系列的典礼相继展开。

皇帝大婚是国家的盛典，非同一般的典礼。所以，还在这年的旧历闰四月，清廷就根据西太后的指示，成立了以总管内务府大臣世铎和醇亲王奕譞为首的大婚礼仪处，专司大婚典礼的一切应办事宜。

大婚典礼需要巨额经费，自然离不开户部。闰四月初二日，醇亲王向翁同龢宣读了西太后的懿旨：“皇帝大婚典礼崇隆，允宜先期预备。……著户部先行筹划银二百万两并外省预捐二百万两，备专办物件之用。所传各件，均开明价值送礼仪处查核，再行备办。”并向他传述了由长春宫总管太监李莲英总司传办一切。

对于光绪大婚典礼一事，翁同龢的心情是复杂的，既高兴，又不安。高兴的是皇帝典学精进，于军国大小事务均能随时剖决，措置合宜；且艺多才广，不特擅诗作画，大有圣祖康熙皇帝之风。对翁同龢来说，皇帝的进步，无疑是向太后交了一份合格的答卷，也是对自己十多年辛劳的一种最好报答。他精神上感到极大的安慰。眼看皇帝马上就要亲裁大政，治理国家，统治亿万人民，他怎能不高兴呢？一想到这里，他总感到自己有责任、有义务为办好皇帝大婚典礼再尽一份心力。然而在他满怀喜悦的同时，内心深处又有一股说不出的不安。不安的是：皇帝大婚典礼正值国家多事之秋，内乱外患、天灾人祸重重迭起之时。其时，国家财政困难到了极点。户部岁入总计不过一千四百万两，各省实际解部不过十之六七，而部中用款又倍增于前。在这种情况下，要一下子拿出四百万，确实不易，翁同龢内心的不安是完全可以想象到的。但在懿旨面前，他又能说什么?！所以在听了醇亲王奕譞传达的懿旨后，当即表示：皇帝大婚，举国盛典，所需款项，臣部一定按期如数备齐交付礼仪处使用。同年七月，经他与其他户部堂官共同筹划，户部由库中预支正项二百万两交付大婚礼仪处备办物件。八月，又垫拨各省捐银二百万两，前后共拨交四百万两。

到光绪十四年十一月（1888 年 12 月），大婚典礼实际用款比原先预算已超出一百多万两。大婚礼仪处将情况报告了醇亲王，醇亲王只图自己的儿子婚事办得盛大隆重，光彩体面，早已置国家财力于不顾，经请示太后，又责令户部再拨交一百一十万两交大婚礼仪处使用。翁同龢与其他户部堂官纵有不愿也难违旨命，由于用款亟待，最后只好从洋关税下抽拨交齐。因大婚礼仪处逐步加码，户部为大婚典礼前后共支银五百四十四万余两（包括各省垫拨款在内）。

但实际费用远不止此数。就在光绪帝大婚典礼筹备期间，发生了太和门、贞度门、昭德门被火焚毁的严重事件。太和门是清朝大内最高大壮丽的门座，布局宏敞，建筑雄伟，地位冲要，是紫禁城外朝三大殿的正南门，是举行重大活动的场所和要道，它的被焚，影响至甚，朝野震惊。翁同龢在一封家信中说："目击此灾，心胆震动，夫太和门者，当阳布政之所也。天变示儆，噫，可惧哉！自古及今通儒达识，皆以火灾之兴多由土木过繁、凋伤民力所致，岂无故哉！"由于大婚典礼定于明春正月举行，距大婚仅有一个多月的时间，朝门突然被火，这对皇帝大婚是"不吉利"的事。按照封建的礼法，无论如何必须加以补救。但是婚期在即，照原样重修根本来不及，于是决定由工部派扎彩工匠临时赶紧在火场上搭盖一座彩棚应急。搭盖这样一座彩棚所耗去的费用至少也得有数十万两。因此，这次皇帝大婚典礼所耗费用至少在六百万两左右，这笔数目几乎是当时清朝一年财政支出的七分之三。

光绪十五年正月二十七日（1889年2月26日），光绪大婚典礼在乾清宫隆重举行。翁同龢与其他户部堂官参加了喜庆筵宴，在灯火辉煌、杯觥交错的热闹场中，脸带喜气的翁同龢心中有股说不出的酸楚。

翁同龢在这一年最后一篇日记中写道：

> 今年五月地震，七月西山发蛟，十二月太和门火，皆天象示儆，呈郑工合龙为可喜事，然亦不足称述矣。况火轮驰骛于昆明，铁轨纵横于西苑，电灯照耀于禁林，而津通开路之议廷论哗然，朱邸之意渐回，北洋之议未改。历观时局，忧心忡忡，忝为大臣，能无愧恨。

大婚前太和门被焚，本已"大不吉"，而"大婚日"又遭遇风暴，这又给光绪帝的"喜庆"增添了阴暗。在钦天临选定的皇后离母家的"良辰"子时，突然西风大作，风吼马嘶，暗夜中灯火明灭，行走艰难，待皇后进入大清门已是清晨。再经过一系列繁文缛节的折腾之后，当光绪帝与皇后进入洞房——坤宁宫东暖阁时已是东方既白。与此同时，瑾、珍二妃也已由神武门迎入翊坤宫。至此，“大婚礼”才算告结束。

光绪在大喜之日没有感受到一点喜意。本来，他不想让桂祥之女为皇后，对这场出于西太后政治需要而一手包办的婚事，他不仅未领略到喜气和欢欣，反觉得自己不过像一尊木偶一样被人挥来拖去，心中甚为怅然，可又无力摆脱。他的这种不佳的心绪终于使其不耐烦了。到婚后第四天，他借口有病，竟把原定在太和殿宴请“国丈”及整个皇后家族、在京满汉大员的筵宴礼撤销了。当光绪帝命人把宴桌分送给在京的王公大臣时，竟然未提后父、后族，以致京师街头巷尾，议论纷纭。年轻气盛的光绪帝想用这种方式发泄胸中的忿懑，表示他对这场包办婚姻的抗争，但他却没有料到，这种缺乏忍耐的举动竟成了日后悲剧之开始。

五

皇帝大婚后，即应“亲裁大政”了。慈禧即使心中有一百个不愿意，这一天还是到来了。她注重的是实际，多少年来，她也没有一个正当的名份，但大清国不还是自己说了算。更何况，皇帝在她的眼中，还是“抱大的一代”，永远长不大的。然而，她也有许多不安，尤其是帝师翁同龢多年以来尽心辅导，皇帝的各方面均有长进，自己不能不加小心，以控制局面。为此，除了将自己的侄女叶赫那拉氏择立为光绪帝后，直接监视光绪帝的行动外，又采取了以下两个措施：一、优礼旧臣。凡是在她垂帘听政期间的重臣耆宿，一律加级厚赏。李鸿章赏用紫缰，曾国荃、岑毓英赏加宫保。甚至连当年遭她打击、勒令在家“养痾”的恭亲王奕䜣以及宝鋆等人也一一予以优容，不是交宗人府优叙，就是赏食全俸。她想以此笼络这些旧臣，日后继续听命于她。二、将皇帝书房移往西太后驻跸的西苑内的长春书屋（旋改补桐书屋），将皇帝直接置于自己的监督控制之下。

在西太后归政期间，翁同龢也被加级，赏戴双眼花翎。西太后在对他优礼的同时，还多次召见他，褒奖之余，又语带忠告，要翁时时规劝皇帝顺从母后，绝对效忠于她。光绪十四年十一月二十三日（1888年12月25日），西太后在西暖阁召见翁同龢，当面“谕以归政后一切事宜”，翁同龢“以万几至重须禀命对”；太后“谕上性情”，翁“以仁孝对”。光绪十五年正月二十二日，西太后再次召见翁同龢，“次及书房须随时提拔，并言亲政后断不改章程”。正月二十七日，第三次召见翁同龢，“谆谆于书房功课，并勖臣以尽心规劝，至于流涕”。

光绪皇帝的“大婚”典礼以后，接踵而来的是“太后归政”，亦谓皇帝“亲裁大政”。在太后与皇帝之间环绕在“归政”与“大婚”两件大事展开了初次的较量。

别看十八岁的年轻皇帝稚气未退，羽毛未干，然而他天资聪颖，在十四年的宫廷生活中也获得了一定程度的政治斗争本领。早在慈禧太后发出皇帝婚配与让皇帝亲裁大政的懿旨以前，光绪皇帝就向西太后提出“颐养天年”的暗示，并开始进行具体筹划。光绪十四年二月初一日（1888年3月13日）光绪皇帝上谕：

朕自冲龄入承大统，仰蒙慈禧端佑康颐昭豫庄诚皇太后垂帘听政，忧勤宵旰，十有余年。中外奠安，群黎被福。上年命朕躬亲大政，仍府鉴孺忱，特允训政之请。溯自同治以来前后二十余年，我圣母为天下忧劳，无微不至。而万几余暇，不克稍资颐养，抚衷循省，实觉寝馈难安。

> 因念西苑密迩宫廷，圣祖仁皇帝曾经驻跸，殿宇尚多完整，稍加修葺，可以养性怡情。至万寿山大报恩延寿寺，为高宗纯皇帝侍奉孝圣宪皇后三次祝嘏之所。敬踵前规，尤臻祥洽。其清漪园旧名谨拟改为颐和园。殿宇一切亦量加葺治，以备慈舆临幸。恭逢大庆之年，朕躬率群臣，同伸祝嘏，稍尽区区尊养微忱。

光绪皇帝的上谕，意思是既然“上年命朕躬亲大政”；那么“圣母”皇太后“就可以养性怡情”了，暗示请她退出历史舞台。慈禧太后在光绪“吁恳再之”之下，只得“幸邀慈允”择于四月初十日“恭奉皇太后銮舆驻跸”颐和园。光绪皇帝恭请慈禧太后往颐和园“养性怡情”的上谕，有的学者认为是慈禧太后“以光绪帝的名义颁谕，借口准备‘归政’为西太后扩建颐和园大加粉饰”。笔者认为如此判断，是值得商榷的。当时人翁同龢评论说：“谕旨委婉详尽，凡数百言。”大加赞颁，可见谕旨非出于慈禧太后的亲信之手。翁氏所谓“委婉详尽”意思是说光绪皇帝用婉转的语言，说出了希望西太后“养性怡情”，不要再为“天下忧劳”的心里话。所以笔者认为，光绪帝筹划为慈禧太后修葺颐和园乃是他企望摆脱被控制地位的一个极为重要策略。正因为这段谕旨，慈禧太后察觉出光绪帝的用心。所以她相应地策划提前结束“训政”的骗局，突然提出皇帝大婚与亲裁大政，让光绪帝堕入新的圈套。这个骗局除了选定她的侄女为光绪皇帝的皇后来控制和影响光绪皇帝的思想与行动之外，还经与她的心腹一起策划之后，由礼亲王世铎等人提出了一个所谓《归政条目》作为光绪皇帝“亲裁大政”永久性的法规。光绪帝的“大婚”和慈禧太后“归政”日期即将临近的时候，光绪十四年十二月初一日（1889 年 1 月 2 日）世铎上奏，迫不及待地抛出了太后归政以后，清廷的办事《条目》，其奏折的要点如下：

> 明年二月恭逢归政大典，除业经归复旧制各事毋庸另议外，现在应办之事，有应归复旧制者，有仍应暂为变通者。臣等悉心商酌，并与醇亲王面商，意见相同，谨拟条目，恭候钦定：一，临雍经筵典礼，御门办事，仍恭候特旨举行；二，中外臣工奏折，应恭书皇上圣鉴，至呈递请安折，仍应于皇太后、皇上前各递一份；三，各衙门引见人员，皇上阅看后，拟请仍照现章，于召见臣等时请〔懿〕旨遵行……以上各条，恭候皇太后，皇上圣鉴训示。

此《条目》实质上是过去《训政细则》的翻版。明确规定了慈禧太后的最大权力，其中关键是两条：其一是，中外臣工的奏折，仍应一式两份，即太后与皇帝各一，这样太后仍可在奏折上批示懿旨，决断一切；其二是各衙门引见人员，仍照现章，就是照《训政细则》“恭候懿旨遵行”，用人大权仍在西太后手掌之中。这两条概括地说即“用人行政”，这是清廷权力之根本。所以慈禧太后对《条目》非常满意，批示为“如所议行”。以《条目》为清朝处政准则，光绪皇帝名为“亲裁大政”，实际上在清廷统治权力中仍处于陪衬地位，不能完全摆脱挂名皇帝的处境。慈禧太后致所以如此慷慨大度，在“训政”仅一年半的时间。就让光绪皇帝亲裁大政，根本原因就在这里。经过大婚与归政的形式，慈禧太后在光绪皇帝身上加了两道枷锁，内廷有皇后为耳目，外廷则有《条目》为法规，慈禧太后便可以在颐和园里安心“养性怡情”了。

就这样，从垂帘听政，到训政，到归政。从表面上看，西太后把最高权力逐步地移交给了光绪帝，这回她就要退养颐和园了。其实光绪帝大婚后最初一段时间，西太后仍以居住宫内为多。只要她住在宫内，光绪帝仍每日请安如故；即使西太后住颐和园，他也要“间日”或数日一往问安。连外国人也说：“太后此时，表面上虽不预闻国政，实则未尝一日离去大权。身虽在颐和园，而精神实贯注于紫禁城也。”对此光绪帝虽百般不愿，但西太后对其十数年的雕凿塑造，他怎敢贸然无视这尊“老佛爷”的存在？西太后这个实际上的最高统治者，像阴影一样笼罩在光绪帝的头上。因此他别无选择，只能谦恭自抑，把握好分寸，小心谨慎地处理好一切无关大局之政务。

对此翁同龢看得很清楚，他在日记中写到：

现在办事一切照旧，大约寻常事上决之，稍难事枢臣参酌之，疑难者请懿旨。

因此，“朝中大事，帝与大臣皆知，必须（向西太后）禀白而后行”。那种认为“大概言之，慈禧退居颐和园约有十年。此十年之中，除增加其私蓄之外，未曾干预国政也”的说法是很不准确的。

总之，数年来，围绕光绪帝亲政一事所进行的种种事实表明，西太后确实投入了全部精力，变换着不同的手法。但万变不离其宗，那就是执掌最高权力的形式可以改变，但实际操纵的权力不能放弃。此后，光绪帝表面上南面独坐，君临天下，不过其在清王朝中的处境，并未因此而有实质上的变化。正因如此，随着时间的推移和政见上的分歧，便逐渐围绕清廷中的这两个政治中心，形成了日渐清晰的两个政治派别，即所谓的后党和帝党。而政出多门的不同声音，对晚清政局发生了至为深远的重大影响。

六

光绪帝正式亲政后，以他为中心，逐渐形成了一股政治势力，人称帝党。以慈禧太后为中心，形成了另一股政治势力，人称后党。

光绪帝虽然亲政了，但许多重大问题的决策仍然必须听命慈禧。据翁同龢记载："现在办事一切照旧。大约寻常事上决之，稍难事枢臣参酌之，疑难者请懿旨。""疑难者"，即政治，经济、军事方面的重大问题仍然要由慈禧来做决定。

慈禧常住颐和园。宫中诸事，有人转达给她。"太后亦偶往内城住一二日，皇帝则每月五六次到园请安。"因此，光绪帝的一言一行都在她的掌握之中。"太后极注意于帝之行事，凡章奏皆披览之。此无可疑者。""皇帝每遇国事之重要者，必先禀商太后，然后降谕。"名义上慈禧太后已归政光绪帝，但实质是慈禧太后仍然牢牢把握着国家政权。光绪帝完全明了此点，因此他"事太后谨，朝廷大政，必请命乃行"。在亲政初期，"两宫固甚和睦"。这个"和睦"是以光绪帝拱手让出政权为代价的。

但是，光绪帝不是个毫无主见之辈。他不甘心于他的傀儡地位。他的近臣也认为慈禧太后的干政是不正常的。为此，在他的周围便逐渐形成了一股政治势力，便是帝党。

帝党的核心人物为翁同龢。翁同龢为大学士翁心存之子，咸丰时一甲一名进士。任同治帝师傅，在弘德殿行走。后任光绪帝师傅，在毓庆宫行走。曾任军机大臣，后被罢职。以后再授军机大臣，并为总署大臣、户部尚书、协办大学士。

当时清廷上层早巳分为"南北派"。南派有翁同龢、潘祖荫、沈文定、王文勤等；北派有李鸿藻、文祥、徐桐等。翁同龢、潘祖荫为南派之领袖；李鸿藻、徐桐为北派之领袖。"盖太后袒北派，而皇帝袒南派也。当时之人，皆称李党翁党，其后则竟名为后党帝党。后党又浑名老母班，帝党又浑名小孩班。"

帝党成员骨干是清流派的一些人物，多为词馆清显、台谏要角。他们自视甚高，却无权无势，不是后党的对手。

后党的成员则为京内的王公大臣文武百官和京外的督抚藩臬，阵营整齐，实力强大。

帝党与后党是分别以光绪皇帝和慈禧太后为核心而形成的两股对立的政治力量。这两股政治力量的矛盾斗争的表面化则表现于1894年的中日甲午战争。

第五章 甲午海战

一

西太后自在清王朝主政以来，对内多疑阴狠，铲除异己不遗余力，专恣威福不稍假借；对外则闭目塞听，自大虚骄，遇敌先以盲目强横，遂即便是妥协、屈辱。在光绪帝“亲政”后一段时间内，她游逸于颐和园、三海的殿阁碧水之间，以向臣下显示自己“情愿”归政的姿态，同时也显露了其骄奢淫逸的本性。原于同治十三年（1874年），她 40 岁寿辰，本想好好的庆贺一番。但恰值列强四处扩张，致使我边疆警报纷传，日本借口进犯我台湾；朝臣“海防”、“塞防”争执之声不绝于耳。因此，祝寿之事大扫其兴。光绪十年（1884 年），正当她准备隆重庆祝 50 大寿时，中法战争又一次冲破她的好梦。现在皇帝已“亲政”，颐和园也已复修完毕，西太后似乎觉得应该体面、风光地将 60“万寿”大大庆祝一番了。因此，于光绪十八年十月初六日（1892 年 11 月 24 日），光绪帝“深体圣心”，早早便下了一道谕旨：

“甲午年（光绪二十年，1894 年），口逢（西太后）花甲昌期，寿宇宏开，朕当率天下臣民胪欢祝嘏。所有应备仪文典礼，必应专派大臣敬谨办理，以昭慎重”。

随后，军机王大臣及有关部门纷纷派以职任，大张旗鼓开始备办了。次年春，还专门成立了筹办庆典机构、委以主管。于是，为西太后置办的大量衣物与珠宝首饰等源源入宫；而且宫廷内外也开始进行大规模的修饰，以及庆典期间一系列庆贺筵宴等的准备都迅速展开。与此同时，地方各高官大员的进呈报效也在紧张筹办。举国上下，犹如沉浸在一派节日将临的“喜气”之中。

不料，她一生“万事如意”，可逢到“万寿”良辰偏不能让其称心。这次正当西太后全神贯注准备大庆其“万寿”时，却“迎来”了日本侵略者对中国发动的一场侵略战争。中日甲午战争的爆发，再一次扰乱了她的美梦。10年后，章太炎在西太后70“万寿”前夕做成如下一副对联：

“今日到南苑，明日到北海，何日再到古长安？叹黎民膏血全枯，只为一人歌庆有；

五十割琉球，六十割台湾，七十又割东三省，痛赤县邦圻益蹙，每逢万寿祝疆无”。

可谓生动、形象地鞭挞了西太后专权祸国的丑恶行径。

19世纪末，远东的中国和朝鲜又成了列强争夺殖民地的角逐重点。就在西方老牌的殖民者互相争横的空隙中，自1868年“明治维新”之后的日本，便逐渐走上向外扩张的军国主义道路。明治天皇即位时叫嚷，“日本乃万国之本，要开万里波涛，国威布于四方”。其实，这就是日本统治者为向外扩张制造的“依据”。其“大陆政策”的核心，即是有步骤地用武力向朝鲜和中国乃至世界进行侵略扩张。同治十三年（1874年），日本对我国台湾的武装侵犯，便是它推行这一扩张政策的尝试。此后，于光绪元年（1875年）日本进而占据了千岛群岛；光绪二年

（1876 年）兼并了小笠原群岛；又武力胁迫朝鲜签订《江华条约》，获得了通商、租地、领事裁判权和在朝鲜沿海自由航行等侵略特权。从此，全面向朝鲜渗透，并极力排斥清政府在历史上形成的对朝“宗主权”；光绪五年（1879 年），又把琉球群岛改为冲绳县，纳入它的版图。到 19 世纪 80 年代以来，日本军国主义势力，便把准备发动大规模的侵华战争列入它对外侵略扩张的重要日程。为此，日本通过各种途径极力刺探中国的军政情报，大肆扩充军事力量，“准备着在最有力的时机实现他们的大陆政策”。到光绪二十年（1894 年）春、夏之际，已陷入半殖民地的中国，又面临新的侵略战争的严重威胁。

还在中法战争进行之际，光绪十年十一月（1884 年 12 月），朝鲜国王在清军的帮助下，迅速镇压了日本策动的“甲申政变”。但日本却就此对清政府进行要挟，于光绪十一年（1885 年）派宫内大臣伊藤博文来华，与清政府订立了中日《天津会议专条》。在其中规定，朝鲜今后发生重大变乱事件，中日两国或一国需要出兵朝鲜时，必须事先相互通知。这种规定，进一步加强了日本在朝鲜的地位。此后，它便加紧了对朝鲜和中国侵略的实际准备。

光绪二十年（1894 年）春，朝鲜爆发了东学党起义。由于历史上形成的中、朝关系，清政府于光绪二十年甲午五月（1894 年 6 月），应朝鲜政府所请，派出直隶提督叶志超率兵赴朝，协助朝鲜统治者镇压人民起义。就清政府所采取的这种行动的本身来说，固然具有无可否认的反革命性；但从当时中、朝统治者之间的原有关系而言，这又是例行的事务。何况清政府在向朝鲜出兵时，遵守了光绪十一年（1885 年）签定的中日《天津会议专条》，主动地通知了日本外务相。显然，清政府这次向朝鲜出兵，从当时的国际关系说来，并无漏洞可言。

但是，长期以来蓄意挑起侵华战争的日本军国主义者，却趁机无理纠缠，肆意扩大事态，借口“保护侨民”大量向朝鲜运兵。同时，日本政府还迅即组成了战时大本营，“在横须贺及广岛加速运送军队上战舰的准备”。并一再拒绝清政府和朝鲜政府提出的中、日同时自朝鲜撤兵的要求，继续加紧向朝鲜增兵。至此，日本军国主义者已决心利用这一时机“不惜以国运为赌注，与中国作战”了。

到了当年 6 月下旬，日本侵略者在朝鲜“已密布战备”，且肆意向驻朝的中国守军“乘机挑衅”，从而把中、日两国推到战争边缘。

在日本军国主义者咄咄逼人的情况下，清王朝在实际上的最高当权者西太后依然处于麻木不仁的状态中，“视东寇（日本侵略者）若无事者”，终日浑浑噩噩“惟以听戏纵欲为事”，对严峻的中外形势和国家的安危概“不关心”。尤有甚者，本来清政府的财政已濒于枯竭，现在又面对日本侵略者的猖狂挑战，国家处于紧急备战御敌之际，军费大增。可是，西太后为了准备当年 11 月的 60“寿辰”庆典，仍拟“铺张扬厉”。不仅命各地的疆臣大吏“先期”派员“入觐祝嘏”，还要在颐和园一带“分地段点景”，以装饰其所谓的“升平”景象。为此，她继续动用大量的钱财供其挥霍，造成军用“大虚”，使国家的战备陷入“筹款殊难”的困境。

在误国方面，西太后与李鸿章总是互为里表的。西太后无视国家和民族的利益还在醉心于无度的享乐之中，对外无所事事。李鸿章从一开始也照样毫“无作战之气”，抱定妥协的宗旨，对步步紧逼的日本侵略者“一味因循玩误，辄藉口于衅端不自我开”，竭力避战，把自己置于被动挨打的地位。由于西太后、李鸿章的妥协误国行径，不仅使中国遭到侵略战争的威胁日益加重；也给中国的备战抗敌投下了阴影。

甲午中日战争，对光绪帝来说，是自从他“亲政”以来所遇到的一次最为严重的中外事件。但是，这时的光绪帝，内受西太后的压抑，外临强敌的紧逼。在这种尖锐复杂的现实面前，光绪帝作出怎样的选择，无疑是对他的一次严峻考验。在当时的情况下，光绪帝假若与西太后等当权者一样，也对国家和民族的安危视而不顾，随声附和，当然他可以得到西太后等人的欢心，或能给个人换来一时的苟安。如果他要顾及国家的“基业”，与西太后、李鸿章等权势者对立起来，那么，他每前进一步都要遇到来自内外的重重压力，也会给自己带来莫大的风险。

在中日关系紧张之前，年轻的光绪帝为了改变自己受制于人的地位，曾试图与西太后争衡。表明他在那时的基本思想倾向，还是集中在统治集团内部的权势之争上。但是，到光绪二十年五六月（1894 年 6、7 月）间，光绪帝和一些帝党官员对日本军国主义者制造的战争威胁，都引起了越发深切的关注。他们惟恐日本大举侵入，将使“我中国从此无安枕之日”，对其统治地位和国家的前途产生了忧虑。于是“事机危急”的心情，在他们的心中迅速地占据了突出的地位。恰恰是在这种情况下，到 7 月中旬，光绪帝开始跳出了在内部争夺权力的小圈子，决然作出了自己的选择，公开站出来“一力主战”，积极支持一些官员要求备战抗敌的正义呼声；不断发出电谕责令李鸿章加紧“预筹战备”，全力筹划御敌抗战事宜。事实说明，这时的光绪帝已毫不含糊地站在了反侵略的立场上了。

光绪皇帝，在清王朝统治集团中虽然处于不操实权的地位，然而他毕竟还是名义上的一国之君。鉴于外侮紧逼，他公开站出来号召御敌抗战，这在清王朝统治阶级当中立即产生了巨大影响。

在清廷内部，由于光绪帝鲜明地表示主战卫国，首先使一些也有抵御外侮要求的帝党和其他一些官员得到了鼓舞。如侍郎志锐和御史安维峻等人接连上奏，大力言战，并公开抨击后党官僚和李鸿章等人“因循”误国行径，直接支持光绪帝的抗战主张。时到此刻，就是久经宦海、世故颇深、平时对“老佛爷”西太后“栗栗恐惧”的翁同龢，在枢臣会议上也敢于陈述己见了，与光绪帝紧相呼应。与此同时，一些原来与帝、后之争没有多大关系的一般官员和士大夫，他们出自“忧国”等激愤心情，也纷纷言战，与光绪帝上下配合。于是，在战云滚滚的险境中，由于光绪皇帝公开主战，使在西太后控制下犹如一潭死水的清廷内部，顿时激起了一股卫国抗敌的主战波澜，并又迅速地向四周荡漾。于是，一切要求抗敌卫国的官员士大夫，便都集聚在光绪帝的周围了。

当光绪帝命各地积极准备战守的上谕发布之后，许多地方官员也先后上奏表示遵行；有些人还主动为准备抗击日寇献计献策；有人大声疾呼，“朝鲜近在肘腋……唇亡齿寒……不能不举国争之。”

当时，在地方已具有了相当实力的洋务派显要官僚张之洞、刘坤一，他们的思想十分复杂。尤其这两个人对帝、后的纠纷都怀有戒心，不愿介入。因此，在甲午中日战前他们的公开态度是较为含混的。但当张之洞得知“上（光绪帝）主战”的消息以后，他的态度也逐渐转向抗敌。光绪帝命沿海要地督抚“不动声色，豫为筹备（战防），勿稍大意”，他便向其属下传达“朝廷甚注意江防”。在他的主持下，于长江一带作了一些较认真的防务事宜。当时的刘坤一，也在逐渐向抗战方面靠近。随着战局的演变和民族矛盾的不断激化，在以光绪帝为首的清廷主战派的影响下，张之洞和刘坤一的态度又有了进一步的变化。

在外敌当头的紧要时刻，光绪帝挺身而出公开主战，积极筹划备战御敌之策，显然是顺应了广大军民不甘屈服于侵略者的正义要求。同时，在具有一定的民族情感、忧虑国危的官员士大夫阶层，也有相当大的号召力。如国子监司业瑞洵说，由于“皇上宸衷独断”，极力主张备战御敌，则使“凡有血气（者），罔弗攘袪思奋，敌忾同仇……争献御侮折衡之策”；广西道监察御史高燮曾也说，“皇上（积极筹划御敌战事）宵旰焦劳，实足以感动天下臣民，敌忾同仇之志。”可以认为，与西太后、李鸿章等实权派的对外态度相反，光绪帝不顾个人的得失，决然站在了御敌主战的一边，这就等于在昏暗的清廷当中树起了一面招展夺目的旗帜。它以一种特有的吸引力，使一切不甘被外敌蹂躏的人们纷纷聚结在它的周围。从而，促进了清朝统治阶级的分化，有利于反侵略力量的聚结，对推动抗战显然是有益的。

在日本军国主义者要把战争强加在中国人民头上的历史条件下，集聚在光绪帝周围的这支力量，虽然它的基础还是原来的帝党，但其范围却较前扩大得多了。尤其是使他们连结在一起的思想基础，已发生了明显的变化。在主导方面已不再是争权夺势，而是为了卫国保社稷。所以，在清朝统治集团中围绕光绪皇帝扩展起来的这支政治力量，在实际上已由原来的帝党发展为甲午中日战争中的抵抗派或称主战派了。到这时，在如何对待日本侵略者的这一中心问题上，他们与以西太后、李鸿章为代表的妥协派尖锐地对立起来。显然，这期间的帝、后之争，在实质上已演变成主战还是主和、抵抗还是妥协的矛盾和斗争了。仍把他们之间的分歧与斗争，简单地认为是清廷统治集团内部的派系之私争，显然是不够了。

二

西太后及其亲信官僚的昏庸、愚昧和李鸿章的屈辱性格汇集成一个共同的对外心理，那就是由惧外到媚外。在中、日开战前夕，西太后也曾表示过赞成“主战”的意向，但从其所作所为可以清楚地看出，她的“主战”只不过是一种侥幸心理罢了。其实，西太后还企图先打几声干雷再通过李鸿章与日本周旋一番似乎就可了事。实际上，西太后对俄、英的虚伪“调处”是寄予了极大幻想的，她根本没有准备抗击日本侵略者的决心。

站在第一线上的李鸿章，从一开始就对俄、英声称的“调处”和它们所放出的虚伪诺言“深信无疑”，并对此视为摆脱困境的出路，一直做着所谓“以夷制夷”的美梦。因此，他与俄、英等驻华使官频繁接触，一再乞求这些披着伪装的列强侵略者出面调停。甚至还妄想让他们进行武装干涉，且就此自欺欺人地对清廷统治集团宣扬什么对日本“俄必有办法”；或谓英国“肯发兵助我伐倭”等等，极力散布迷信外力的幻想。做着依靠外国“调处”幻梦的李鸿章，对备战更是“一味因循玩误”，“希图敷衍了事”。继续兜售他那早已破了产的避战政策，拒不进行战守准备，越发把自己置于束手待毙的被动地位。

光绪帝和以他为首的抵抗派官员，为了积极地推行备战抗敌的方针，对西太后和李鸿章迷信外力，希图避战求和的行径进行了坚决地抵制和斗争。而这场斗争，又成为在甲午中日战争期间，在清廷统治集团中抵抗与妥协这两大势力之间所展开的首次激烈较量。

在这期间，以光绪帝为首的主战派，抵制清廷妥协势力的斗争，更直接、更主要的是集中于站在前场的李鸿章身上。

原在当年 6 月上旬，面对日本乘机向朝鲜大肆增兵蓄意挑起战争，而俄、英等又在施放“调处”烟幕的紧迫形势，李鸿章竟对这种所谓的“调处”大动其心，对备战越发消极。因而，日本侵略者的气焰愈形嚣张，战争的危机在迅速加重。

针对这种情况，在五月二十二日（6 月 25 日），光绪帝特意电谕李鸿章，指出：

“现在日本以兵胁议……据现在情形看去，口舌争辩，已属无济于事。前李鸿章不欲多派兵队，原以衅自我开，难于收束。现倭已多兵赴汉（城），势甚危迫。设胁议已成，权归于彼，再图挽救，更落后著。此时事机吃紧，应如何及时措置，李鸿章身膺重任，熟悉倭韩情势，著即妥筹办法，迅速具奏。前派去‘剿匪’之兵，现应如何调度移扎，以备缓急之处，并著详酌办理。俄使喀希呢留津商办，究竟彼国有无助我收场之策，抑另有觊觎别谋？李鸿章当沈几审察，勿致堕其术中，是为至要。”

在这个电谕当中，光绪帝既斥责了李鸿章面对来势汹汹的外敌“不欲多派兵队”的怯懦态度，又强调指出了俄国可能怀有“别谋”的私自企图。在此，光绪帝已十分明确地揭示了当时中国所面临的两个极为尖锐的严峻问题：（一）应看到日本要挑起侵略战争的严重现实，决不能停于口舌之争，必须进行紧急的御敌准备；（二）要警惕俄国声称进行“调停”活动的阴谋，不能麻痹上当，实为告诫李鸿章不要把希望寄托在外国“调停”上面。总起来说，光绪帝在这里强调了一个中心问题，那就是在战争威胁面前，要立足于自身的力量之上，积极地预筹战备。

手握外交、用兵大权的李鸿章，对于光绪帝的这些至关紧要的谕令，居然采取了阳奉阴违的态度继续加以搪塞。于是，在五月二十八日（7月1日）形势更加紧张时，光绪帝又通过军机处向李鸿章发出了一个措词比较严厉的电谕说：

“前经叠谕李鸿章酌量添调兵丁，并妥筹办法。均未覆奏。现在倭焰愈炽，朝鲜受其迫胁，势甚岌岌；他国劝阻，亦徒托空言，将有决裂之势。李鸿章督练海军，业已有年，审量倭韩情势，应如何先事图维，熟筹措置。傥韩竟被逼携贰，自不得不声罪致讨，彼时倭兵起而相抗，亦在意计之中。我战守之兵及粮饷军火，必须事事筹备，确有把握，方不致临时诸形掣肘，贻误事机。李鸿章老于兵事，久著勋劳，著即详细筹画，迅速覆奏，以慰廑系。南洋各海口，均关紧要，台湾孤悬海外，倭兵曾至‘番’境，尤所垂涎，并著密电各督抚，不动声色，豫为筹备，勿稍大意。”

在此电谕中，光绪帝对李鸿章敷衍塞责的行径给予了更加严厉的训斥；对日本军国主义者的侵略阴谋揭露得尤为清楚。特别是他又一针见血地指出，“他国劝阻，亦徒托空言”决不可信。从而对于筹备战守作了比较全面、周密的部署。

接着在六月初二日（7月4日），光绪帝又就李鸿章擅自乞求英国领事转请其政府派舰队赴日“勒令撤兵”一事，再次向他发出谕令，斩钉截铁地申明，对于日本的肇衅“中朝自应大张挞伐，不宜借助他邦，致异日别生枝节”。在此光绪帝还断然指出，对于这种乞求外力、“示弱于人”的事，今后“毋庸议”。到此，光绪帝反对一味依赖外力的态度，更加鲜明而坚定。

在那甲午战云日益深沉的日日夜夜，光绪皇帝与翁同龢等枢臣，在书房等处埋头批览奏报、筹划对策，不时地通过军机处向李鸿章发出谕电，促其认真进行战备。他们为了御敌卫国，真可谓是“宵旰焦劳”。

相形之下，手握清廷实权、一朝之大的西太后，在当时除了有时使人传递一下她的懿旨，或在枢臣会上照照面，发几句不着边际的空论而外，终日依旧在颐和园沉醉于纵欲享乐之中。西太后不仅对外敌的战争威胁根本没有放在心上，反而对光绪帝的疑忌之心却是有增无减。这时，她虽然很少出面，但仍在幕后操纵局面，并通过其心腹官僚，对以光绪帝为首的主战派的备战御敌活动加以百般地阻挠和干扰。西太后的亲信官僚、军机大臣孙毓汶，就仰承其旨意，并“迎合北洋（李鸿章）”，对光绪帝筹划的御敌之策，无不“阴抑遏之”。

与西太后及其心腹官僚脉脉相承的李鸿章，在他那天津的总督官邸，却显得相当忙碌，时而会见俄、英等使节；时而主持上呈下达的文电；并不断地向俄京彼得堡和日都东京等地的驻外公使发电探风传令。然而这一切，还是为了推行他的“以夷制夷”的方针，死抱着妥协的宗旨不放。对频频而来的驻朝将领的请援、请战电报，李鸿章不是随意顶回便是将其搁置一边。

至于从朝廷发来的那些敦促其认清危局、加紧备战的谕旨，始终未引起李鸿章的重视。他深悉清廷的内幕和西太后的心意，所以不操实权的光绪帝，发给他的这种电谕越急、越多，李鸿章的抵制活动也愈公开、愈频繁了。

首先，要准备抗击日本预谋的侵略战争吗？秉承西太后意旨的李鸿章，却执意把希望完全寄托在列强的“调停”之上。五月二十八日（7 月 1 日）、六月初二日（7 月 4 日）光绪帝接连发出的两道上谕，明确指出形势危急“将有决裂之势”；外国的“调停”纯系“徒托空言”，一再强调让他立即进行全面战备，以免“贻误事机”。可是，在此后的第 3 天，即六月初四日（7 月 6 日），李鸿章仍然电令已陷入被包围之中的中国驻朝守军：“现俄英正议和，暂宜驻牙静守，切毋多事。”还在做其依靠西方列强的幻梦。直到六月十八日（7 月 20 日），日本军国主义侵略者已在朝鲜集结重兵，摆好随时即可动手的架势，但李鸿章仍然对中国驻朝守军将领要求准备自卫的呼声听而不闻，继续抗拒光绪帝的严正指令，电示驻朝守将叶志超“日虽竭力预备战守，我不先与开仗，彼谅不动手。……切记勿忘，汝勿性急”。在敌我冲突之初，出自斗争策略的需要不开头一枪，这在中外战争史中当然不无其例。然而李鸿章坚持主张的“不先与开仗”，却是解除自己思想和战备武装、把命运寄予他人的妥协逻辑。

再者，要“豫筹战备”吗？那就得拿钱来。早在中日关系日趋紧张，光绪帝明示要他预防战事时，李鸿章就“两次陈奏，均以筹款为先”进行要挟。到六月初二日（7月4日），当李鸿章刚刚接到令其加紧进行战备的电谕后，他又具折陈词，“臣久在军中，备尝艰险，深知远征必以近防为本，行军尤以筹饷为先。”声张北洋海军“战舰过少”，兵勇不足，要筹战备，还需要二三百万两的饷银。他的意思就是说，只有“先筹二三百万两的饷，方可战”。在此，李鸿章便公然提出了备战的先决条件。

对内，光绪帝虽然明明知道国库枯竭财政困窘，但他为了全力资助战事，在见到李鸿章的请款奏章之后，便立即密谕户部和海军事务衙门“会同妥议”，竭力筹办。正是在光绪帝的督促之下，户部和海军事务衙门从盐课、海关税、各省地丁银及东北边防经费等项中各凑 150 万两，共计 300 万两“由李鸿章分别提用”。李鸿章的索款用心，主要不是为了积极地备战抗敌；但光绪帝却力排万难，认真筹措，满足了李鸿章的请款要求，又表现出他一片备战卫国的诚心。

在国难当头的紧急时刻，光绪帝为排除备战御敌的重重干扰，可以说是费尽了心力。从中再次说明，这个年轻皇帝的确是富有生气的。

在那岌岌可危的日子里，以光绪帝为首的抵抗派（包括一些爱国将领），从清王朝统治层发出的这种振作抗敌的声音，与来自朝外要求奋起御侮的呼声，异途同归地汇集成日趋高涨的爱国声浪。这种形势的出现，对清廷统治集团来说，不管他们的心境如何，这毕竟是一种不可忽视的巨大势头。同时，李鸿章的“以夷制夷”的片面、消极对策，后来也落了个“竹篮子打水一场空”的后果，使他的露骨的妥协活动不得不暂且收敛。于是，以光绪帝为首的抵抗派的主张便逐渐占了上风。

光绪二十年七月初一日（1894 年 8 月 1 日），清政府发布了基本体现抵抗派主张的对日宣战上谕。这个上谕在阐述了“中外所共知”的中、朝历史关系之后郑重宣告：

“本年四月间，朝鲜又有‘土匪’变乱，该国王请兵援剿，情词迫切。当即谕令李鸿章拨兵赴援，甫抵牙山，‘匪徒’星散。乃倭人无故添兵，突入汉城，嗣又增兵万余，迫令朝鲜更改国政，种种要挟，难以理喻。我朝抚绥‘藩’服，其国内政事，向令自理。日本与朝鲜立约，系属与国，更无以重兵欺压强令革政之理。各国公论，皆以日本师出无名，不合情理，劝令撤兵和平商办。乃竟悍然不顾，迄无成说，反更陆续添兵，朝鲜百姓及中国商民，日加惊扰。是以添兵前往保护，讵行至中途，突有倭船多只，乘我不备，在牙山口外海面开炮轰击，伤我运船，变诈情形，殊非意料所及。该国不遵条约，不守公法，任意鸱张，专行诡计，衅开自彼，公论昭然。用特布告天下，俾晓然于朝廷办理此事，实已仁至义尽。而倭人渝盟肇衅，无理已极，势难再予姑容。著李鸿章严饬派出各军迅速进剿，厚集雄师，陆续进发，以拯韩民于涂炭。并著沿江沿海各将军督抚及统兵大臣，整饬戎行，遇有倭人轮船入各口，即行迎头痛击，悉数歼除，毋得稍有退缩。”

就此，清政府义正、庄严地布告中外，正式向日本侵略者宣战。

无可辩驳的历史事实表明，清政府的对日宣战，是被迫采取的反侵略自卫措施，它的正义性是鲜明的。而这一事件所以发生，从清朝统治集团来说，却是以光绪帝为首的抵抗派通过与妥协势力进行反复斗争所取得的一个结果。

三

1895 年 8 月 1 日，清政府被迫对日宣战，日本也于同日宣战，于是中日甲午战争正式爆发。

早在宣战之前，日本即已成立战时大本营，统一筹划和指挥陆海军作战事宜。大本营首席长官由参谋本部总长陆军大将有栖川宫炽仁亲王担任（1895 年 1 月炽仁亲王死后，由陆军大将小松宫彰仁亲王代理），由参谋本部次长陆军中将川上操六和海军军令部长中牟田仓之助（7 月 17 日，中牟田仓之助免职，海军中将桦山资纪接任）二人共同辅佐。在明治天皇和伊藤博文首相等的亲自参与下，日本战时大本营在战前已制订好侵略中国的“作战大方针”，即：以主力在山海关附近登陆，于直隶平原同清军主力决战，夺取北京。在这一战略方针指导下，制定了如下作战计划：首先派陆军第五师团进占朝鲜，钳制和击败在朝清军；海军则以联合舰队击破中国北洋舰队，迅速夺取黄海和渤海制海权。下一步则视海军胜败情况而定：第一，如海军主力决战获胜，则将陆军主力输送至渤海湾（以山海关为主）登陆，实施直隶平原决战；第二，如果海上决战胜负不分，中日双方均未掌握制海权，就用陆军主力侵占整个朝鲜；第三，如果海上决战失败，清军控制了制海权，本国又受威胁，则尽力援助在朝陆军，而把陆军主力留守本土，以防清军反攻。日军这一作战计划的核心是，消灭北洋舰队，夺取黄海、渤海制海权，进而与清军进行直隶平原决战。

清军方面，事先没有明确的战略方针。当时，清朝统治集团内部分为“后党”和“帝党”两派。一般说来，帝党主战，后党主和。由于政治腐败和内部纷争，清廷始终不能协调一致地统筹全局，因而事先既未组织专门的作战指挥机构，又未能制定相应的战略方针。开始，寄希望于俄英等国的所谓“调停”。当朝鲜形势极度紧张，全国舆论和清军某些爱国官兵强烈要求积极抗战时，主和派既不敢公开反对，又不愿认真备战。直至战争爆发之后，清王朝为形势所迫，才临渴掘井，在宣战诏书中提出了一个海守陆攻的战略方针：“著李鸿章严饬派出各军，迅速进剿，厚集雄师，陆续进发……并著沿江、沿海各将军、督抚及统兵大臣，整饬戎行，遇有倭人轮船驶入各口，即行迎头痛击，悉数歼除”。根据这一方针，决定增调陆军赴朝，先在平壤集中，然后南下与驻牙山清军形成夹击之势（当时尚不知牙山清军已经败退），驱逐在朝日军；以海军各舰队分守各自防区内的海口，北洋舰队即集结于黄海北部，扼守渤海海峡，策应在朝清军，并确保京畿门户的安全。

9 月 12 日，日军混成第九旅团的前锋部队首先到达平壤大同江东岸，开始与马玉昆部毅军“开枪遥击”。同日，日军朔宁支队也到达大同江岸，正准备由麦田店渡江时，与前往探敌的 3 营奉军相遇，彼此交火。正激战中，叶志超以东路日军进逼，将 3 营奉军调回，日军遂得以渡过大同江，从北面包围平壤。13 日，日军元山支队进至顺安，切断了清军退往义州的后路。日军第五师团主力也到达大同江下游。至此，日军完成了对平壤的包围。

14 日清晨，担任主攻的日军元山、朔宁两支队一齐发起攻击，占领了城北山顶数垒。左宝贵亲自督队争夺，未能取胜，便率部入城，用大炮轰击敌人。日军坚伏不退。当晚，叶志超主张弃城撤退，遭到左宝贵的坚决反对。左宝贵派亲兵监视叶志超，防其逃跑。

15日拂晓前，日军发起总攻。大同江东岸的日军混成第九旅团分三路进攻平壤城东南。扼守大同江东岸的马玉昆所部毅军奋力抵抗，与敌展开肉搏战，自清晨激战至午后，终于打退了东路日军的进攻。北路日军朔宁、元山两个支队也于当天拂晓向牡丹台发起进攻，左宝贵亲自登玄武门指挥，兵士拚死拒敌。战至上午，日军先后攻破玄武门外的5座堡垒，并向玄武门猛烈突击。11时，左宝贵中炮阵亡，守军士气大挫，玄武门遂被日军攻占。叶志超随即悬白旗乞降，并下令撤军。当时，马玉昆部正与东路日军相持于大同江东岸，偷袭平壤西南的日军第五师团主力也被卫汝贵所部击退，伤亡惨重。

正当东西两路清军准备乘胜出击的时候，忽闻北路失利，并接到叶志超的撤军命令，马玉昆、卫汝贵只得率部回城。日军准备宿营，未再前进。当晚，叶志超率守军乘夜暗仓皇逃出平壤。日军于城北山隘堵截，清军伤亡2000余人，被俘数百人。途经顺安时，又遭日军拦击，死伤枕藉。

9月16日，叶志超等逃至安州，始与吕本元、聂士成等部会合。安州距平壤90公里，北倚清川江，南有群山依托，城垣高大，是平壤以北的第一重镇。聂士成建议叶志超凭借安州有利地形，阻敌北犯。叶志超不同意，继续率军向义州狂逃。19日，李鸿章曾电告叶志超驻守义州，不准退往鸭绿江以西。3天以后，李鸿章又认为与其株守义州孤城，不如全线撤回，于是，清军万余人于22—24日放弃了义州等战略要地，退过鸭绿江。

平壤之败，主要是李鸿章消极避战方针造成的恶果。本来，清军云集平壤，意在南北对进，夹攻汉城一带日军，而李鸿章却一再抗拒光绪帝关于“迅速进兵”、“直抵汉城”的谕令，先则同意丰升阿等“先定守局，再图进取”的主张，继则称赞叶志超“拟候兵齐秋收后合力前进，自系老成之见”，致使平壤清军“束手以待敌人之攻”。当然，四路援军抵达平壤之际，牙山清军已战败北走，南北夹击的可能性不复存在；但当时日军除大岛混成旅团外，其余部队正在赴朝途中，清军在朝兵力数量超过日军，如能当机立断，一面继续增兵，一面长驱南下，在朝鲜人民的支援配合下，予日军以重大打击，不是不可能的。日军分路进犯平壤时，每路为数不多，清军如能集中兵力，主动出击，打敌一路，则减煞敌之进攻势头，甚至歼其一路，也是可能的。对于清军应主动出击问题，连日本军界人士也认为，当时日军包围攻击平壤，殊为危险，如果清军“拒止一方”，集中兵力向某路日军“转取攻势，则可得逐次各个击破之机会”。梁启超亦曾指出：“日兵之入韩也，正当溽暑铄金之时，道路险恶狭隘，行军非常艰险。又沿途村里贫瘠，无从因粮……故敌军进攻平壤之际，除干粮之外，无所得食。以一匙之盐，供数日云。当此之时，我军若晓兵机，乘其劳惫，出奇兵以迎袭之，必可获胜。乃计不出此，惟取以主待客、以逸待劳之策，恃平壤堡垒之坚，谓可捍敌，此失机之大者也。李鸿章于八月十四日所下令，精神全在守局，而不在战局。盖中日全役，皆为此精神所误也。”上述评论都是符合当时实际情况的。其次，平壤之所以轻易陷落，在于前敌总指挥不得其人。叶志超于成欢之战打响时，立即弃军逃奔平壤；惊魂未定，又以慌报战功而被任命为平壤各军总统，由于不孚众望，“各将领均不受节制”。他庸懦怯敌，既不敢驱军南下，也没有保卫平壤的决心，一经接战，再次率先逃跑，致使军心大乱，“凡有大小炮四十尊，快炮并毛瑟枪万数余杆……尽委之而去”。此外，清军纪律甚差，非但不能与当地人民呼吸与共，而且扰害百姓，这也是平壤失守的重要原因之一。

丰岛海战以后，日本海军增强了战胜中国海军的信心。8月5日，联合舰队接到大本营关于击破中国舰队的命令，便加紧海上搜索，随时准备与北洋舰队进行决战。7月27日至8月上旬，北洋舰队虽曾三次出海巡弋，但由于受李鸿章“保全坚船为要”指示的束缚，始终未敢远巡，更不敢寻敌决战。正当北洋舰队第三次出巡时，8月10日黎明，日舰20余艘突然出现于威海卫港外，当晚又窜至旅顺口外。清廷闻讯，急令丁汝昌率北洋舰队“速回北洋海面，跟踪击剿”。8月23日，清廷进一步指示：“威海、大连湾、烟台、旅顺等处，为北洋要隘，大沽门户，海军务舰应在此数处来往梭巡，严行扼守，不得远离，勿令一船阑入。”此后，北洋舰队再未远巡，不出北洋一步。这样，日本海军便完全控制了朝鲜仁川、大同江口等重要港口，占领了从海路进攻中国的有利前进基地。由于丁汝昌多次率队出巡无功，受到朝野不少人的攻击。8月26日，光绪帝下令将丁汝昌革职，但仍“戴罪自效”。李鸿章不得不上奏为丁汝昌辩护，同时乘机正式提出“保船制敌”的方针，进一步强调“海上交锋，恐非胜算”，建议清廷放弃争夺制海权。他认为，“今日海军力量，以之攻人则不足，以之自守尚有余”，因而主张北洋舰队“不必定与拚击，但令游弋渤海内外，作猛虎在山之势”。从此，北洋舰队更加陷入了消极自保的被动局面。

9月上旬，清廷鉴于平壤将有大战，拟派兵增援。为了及时到达前方，决定将驻防大连一带的总兵刘盛休所部铭军8营4000人由海道运至大东沟，然后转由陆路赴朝。这样，海军掩护，责无旁贷。李鸿章乃令丁汝昌率舰队护航。9月15日上午，丁汝昌率领北洋舰队主力抵达大连湾，当时的实力如下表所示。

舰名	舰种	排水量（吨）	航速（节）	武器		管带
				炮	鱼雷管	
定远	铁甲舰	7335	14.5	22	3	右翼总兵　刘步蟾
镇远	铁甲舰	7335	14.5	22	3	左翼总兵　林泰曾
来远	巡洋舰	2900	15.5	17	4	副　将　邱宝仁
经远	巡洋舰	2900	15.5	14	4	副　将　林永升
致远	巡洋舰	2300	18	23	4	副　将　邓世昌
靖远	巡洋舰	2300	18	23	4	副　将　叶祖硅
济远	巡洋舰	2300	15	18	4	副　将　方伯谦
广甲	巡洋舰	1296	15	10	0	都　司　吴敬荣
超勇	巡洋舰	1350	15	12	0	参　将　黄建勋
扬威	巡洋舰	1350	15	12	0	参　将　林履中
平远	巡洋舰	2100	11	11	1	都　司　李　和
广丙	巡洋舰	1000	17	11	0	都　司　程璧光
镇南	炮舰	440	8	5	0	游　击　蓝建枢
镇中	炮舰	440	8	5	0	都　司　林文彬
福龙	鱼雷舰	115	23	2	2	都　司　蔡廷干
左队一号	鱼雷舰	108	24	6	3	守　备　李仕元
右队二号	鱼雷舰	108	18	2	2	守　备　刘芳圃
右队三号	鱼雷舰	108	18	2	2	守　备　曹保赏

9月16日凌晨2时左右，铭军搭乘招商局“新裕”、“图南”等5艘轮船，在北洋舰队的护卫下，由大连湾出发，午后抵大东沟。“平远”、“广丙”泊于港口担任警戒，由“镇南”、“镇中”两炮舰和两艘鱼雷艇护送运兵船进港，“定远”、“镇远”等10舰则泊于港外12海里之大鹿岛东南，遥为掩护。铭军连夜上岸，安全到达目的地。不过，此时平壤已失，铭军无法起到应援的作用。

日本联合舰队得知中国北洋舰队将护送陆军赴朝，于9月14日从仁川驶向大同江口。15日到达后，因不见有中国舰船，伊东祐亨命部分舰只溯大同江支援第五师团进攻平壤，其余舰只暂泊于小乳纛角东北。伊东判断北洋舰队有可能护送陆军往鸭绿江口一带，便不待全舰队集中，立即率舰 12 艘，于 16 日下午 5 时出发，向黄海北部海洋岛方向航进，17 日晨抵达该岛附近。其战斗序列如下表：

舰名	舰种	排水量（吨）	航速（节）	武器		舰　长
				炮	鱼雷管	
松岛	海防舰	4278	16	29	4	海军大佐尾本知道
严岛	海防舰	4278	16	31	4	海军大佐横尾道昱
桥立	海防舰	4278	16	20	4	海军大佐日高壮之丞
扶桑	巡洋舰	3777	13	21	2	海军大佐新井有贯
千代田	巡洋舰	2439	19	27	3	海军大佐内田正敏
比睿	巡洋舰	2284	13.2	18	2	浑军少佐樱井规矩之左右
赤城	炮舰	622	10.25	10	0	海军少佐坂元八郎太
西京丸	代用巡洋舰	4100	15	4	0	海军少佐鹿野勇之进
吉野	巡洋舰	4216	22.5	34	5	海军大佐河原要一
高千穗	巡洋舰	3709	18	24	4	海军大佐野村贞
秋津洲	巡洋舰	3150	19	26	4	海军少佐上村彦之丞
浪速	巡洋舰	3709	18	24	4	海军少佐东乡平八郎
其中“松岛”（旗舰）、“严岛”、“桥立”、“扶桑”、“千代田”、“比睿’、“赤城”、“西京丸”、为本队，“吉野”、“高千穗”、“秋津洲”、“浪速”为第一游击队。						

9 月 17 日上午 10 时 30 分左右，北洋舰队正准备起锚回航旅顺时，发现日本舰队自西南驶来，丁汝昌随即命令舰队起锚迎战。战斗之前，丁汝昌曾规定三条训令：“1. 舰型同一诸舰，须协同动作，互相援助；2. 始终以舰首向敌，借保持其位置，而为基本战术；3. 诸舰务于可能范围之内，随同旗舰运动之。”

17 日 12 时 50 分，双方舰队相距约 6000 米，日舰继续北驶，“定远”首先发主炮攻击，其余各舰亦相继开炮。时值微弱东风，硝烟弥漫于北洋舰队之前，日舰趁机以每小时 14 海里的速度向前急驶。当前出到离北洋舰队右翼约 3000 米时，日第一游击队 4 舰陆续以其右弦速射炮猛轰“扬威”、“超勇”。13 时 5 分，彼此仅距 1600 米，日舰以低弹道向“超勇”、“扬威”实施抵近射击，两舰相继起火，退出战斗。约 13 时 30 分，“超勇”开始沉没。这时，“平远”、“广丙”和两艘鱼雷艇已赶到，但因火力均不强，未能改善右翼态势。

当第一游击队绕攻北洋舰队右翼时，本队也与北洋舰队主力交相炮击。北洋舰队虽然阵形已被打乱，但各舰随时变换方向，力求使舰首对敌，以充分发挥主炮威力。“‘定远’猛发右炮攻倭大队各船，又发左炮攻倭尾队三船。”日舰“比睿”、“赤城”因速度迟缓掉队，正好被北洋舰队所截击。13 时 10 分，“比睿”突然改变航向，向右急转舵，冒死从“定远”、“来远”之间窜逃。“定远”、“来远”以及“经远”等舰乘机夹击，重创“比睿”，迫使其向左转舵，追赶本队。“赤城”企图营救“比睿”，受到“来远”等舰的猛烈炮击，其舰长坂元八郎太等多人毙命。“西京丸”也受重伤，“舵已轰断，舟中观战之大吏（按：即海军军令部长桦山资纪）几被华军连船擒去”。“后遁至济物浦（仁川），丸中人如已赴法场重邀恩赦者然”。

日舰第一游击队掠过北洋舰队右翼以后，又向左作 180 度回航，企图利用其速度快、便于机动的特点，配合本队作战。但本队旗舰“松岛”发信号令其归队，便又向左作 180 度回航。于是，北洋舰队主力舰只对准第一游击队右侧后方，猛烈炮击。14 时 15 分，第一游击队刚刚追上本队的最后一舰“扶桑”，又见“西京丸”发出“‘比睿’、‘赤城’危险”的信号，只得再次向左作 180 度回航，继而驶向北洋舰队西侧。与此同时，本队已绕至北洋舰队的背后，与第一游击队形成夹击之势。这样，北洋舰队便陷入了腹背受敌的不利境地，队形更加混乱。

战斗过程中，丁汝昌身负重伤，由右翼总兵“定远”

舰管带刘步蟾代替指挥。北洋舰队大部分官兵都能英勇战斗，奋不顾身。“致远”管带邓世昌是他们中的杰出代表。“致远”舰多处受创，船身倾斜，弹药将尽。邓世昌见日舰“吉野”十分猖狂，毅然下令开足马力，准备用冲角撞击“吉野”，与敌同归于尽。“吉野”慌忙规避，并发射鱼雷。“致远”不幸中雷，锅炉爆炸，约于15时30分沉没，邓世昌等250名官兵壮烈牺牲。“经远”也中弹起火，管带林永升浴血奋战，不幸阵亡。

“致远”沉没后，“济远”和“广甲”见处境孤危，相继脱逃（一说“广甲”先逃）。日第一游击队尾追不及，又折回猛攻已受重伤的“经远”。约17时左右，“经远”沉没，全舰270名官兵除16人获救外，余皆殉难。“广甲”仓皇逃跑时，“避大洋，傍岸行”，以致在大连湾的三山岛外搁浅（23日遇日舰“秋津洲”、“浪速”巡航，便自行炸沉）。

“靖远”、“来远”因中弹过多，力不能支，也退出战斗，避至大鹿岛附近紧急修补损坏的机器。“平远”、“广丙”及“福龙”鱼雷艇也因尾追单独逃跑的“西京丸”，而为敌第一游击队所断，未及归队。

在“致远”、“经远”等舰同敌第一游击队激战的同时，“定远”、“镇远”两舰正同联合舰队本队鏖战。两舰以寡敌众，始终保持相互依恃的距离。虽中弹甚多，几次起火，全体官兵仍然坚持奋战，一面救火，一面拚死抵抗，并重创敌旗舰“松岛”。日方承认：“（午后）三点三十分，‘镇远’所发的三十公分半巨弹……命中了我旗舰‘松岛’下甲板炮台的第四号炮，放在近旁的十二公分炮的装药因此爆发，霹雳一声，船舳倾斜了五度，冒上白烟，四顾黯澹，炮台指挥官海军大尉志摩清直以下，死伤达一百余人，死尸山积，血流满船，而且火灾大作，更加困难。”由于无法继续指挥，伊东不得不下令各舰自由行动。

不久，“靖远”、“来远”抢修完毕，重新投入战斗。“靖远”帮带大副刘冠雄知“定远”号旗桅杆断裂，不能升旗指挥，建议管带叶祖珪代悬信旗集队，指挥各舰绕击日舰，并调出泊于港内的“镇南”、“镇中”等前来助战。于是，“平远”、“广丙”及各鱼雷艇也都折回。这时，日旗舰“松岛”已经瘫痪，“吉野”只剩下一具躯壳，失去战斗力，其余日舰官兵也伤亡惨重，不能再战。又见北洋舰队重新集队，伊东便于17时40分左右下令各舰向东南方向遁逃。北洋舰队稍事追击，由于时已日暮，加之炮弹告罄，于是收队返回旅顺。

这次海战，历时5个多小时，其规模之大，时间之长，为近代世界海战史上所罕见。战斗中，日海军“松岛”、“吉野”、“比睿”、“赤城”、“西京丸”5舰受重伤，共死伤约600人。北洋舰队“致远”、“经远”、“扬威”、“超勇”被击沉，“广甲”自毁，“来远”等舰重伤，共伤亡近千人。北洋舰队的损失虽然大于日军，但亦给日舰以重创，并迫使其率先逃跑。因此，当时中外舆论对于谁是这次海战的胜利者，众说纷纭。从客观效果看，经过黄海海战，日本联合舰队虽未能达成“聚歼”北洋海军的目的，但由于北洋舰队嗣后不敢再战，日军基本上掌握了黄海制海权，为下一步实施花园口（今旅大市庄河西南90里）登陆进攻辽东半岛创造了条件，对整个甲午战争的进程产生了重大影响。从这个意义上说，显然是中方失利了。

鸭绿江一线的清军以九连城一带为防御阵地。九连城南依鸭绿江，东枕叆河。叆河东面的虎山，是屏障九连城的要塞。再东至安平河口，逾安平河而东为苏甸，再东为长甸。九连城西南为安东县（今丹东市），再西为大东沟，更西为大孤山（今孤山）。

10月中旬，帮办北洋军务、四川提督宋庆，和黑龙江将军依克唐阿，先后到达九连城。宋庆以“沿江地段绵长，节节可虑”，决定分段防守，并建议依克唐阿“移防北路”。清廷乃电令依“即于长甸、蒲河一带酌度地势，移军驻扎，所有倭恒额、聂桂林两军，均归节制”。至10月下旬，集结于九连城附近鸭绿江西岸的清军兵力共约70余营，2.3万余人，分中、东、西三段进行防守。

中段；总兵刘盛休所部铭军专守九连城；总兵聂士成率牙山军驻守栗子园至虎山（虎耳山）一线；总兵马玉昆、宋得胜等率毅军9营驻九连城北面的榆树沟、苇子沟一带为机动；宋庆率亲兵400人设司令部于苇子沟。

东段：黑龙江将军依克唐阿率齐字练军（副都统倭恒额统领）及镇边军共18营分守安平河口至长甸河口一线。

西段：丰升阿、聂桂林率奉天盛军和原左宝贵所部奉军共12营分守安东、大东沟、大孤山各城邑；总兵吕本元、孙显寅率原卫汝贵所部盛军18营驻守沙河镇（安东县）一带。

鸭绿江沿线清军虽有70余营，但因是一线设防，兵力分散，纵深内没有强大的预备队可供机动，加之宋庆与依克唐阿互不统属（中、西段归宋庆指挥，东段归依克唐阿指挥），因而总体防御能力是脆弱的。

1894年10月22日，日第一军2.5万人于朝鲜义州一带集结完毕，准备渡江攻取虎山，进而夺占九连城。为了牵制对岸清军，24日以一部兵力故意在义州作出渡江的姿态，暗地则命第三师团的佐藤大佐（第十八联队长）率领一个支队于义州东北的水口镇附近徒涉过江，向倭恒额防区安平河口、鼓楼子一带发起攻击，企图由东而西，绕攻虎山清军，袭击九连城的侧背。驻守该处的倭恒额部清军纷纷向宽甸方向逃走。佐藤支队轻取安平河口等处，随即向虎山方向前进。在佐藤支队过江的当天上午，日军还派遣奥山少佐率领一个支队沿鸭绿江东岸向西南行，屯于安东对岸的麻田浦，炮轰安东，牵制该处清军。

义州日军在佐藤支队过江的当夜，利用夜暗在虎山附近江面架设了浮桥，清军竟然没有发觉。25 日凌晨，日军第三师团在炮火掩护下首先过江，第五师团之第十旅团继进。战斗开始后，宋庆急调苇子沟、栗子园、九连城的清军进行拦击，一度迫使日军不能向纵深发展，后续日军无法通过浮桥。战至上午 10 时左右，沿岸清军及守备炮台的铭军不支，相继溃逃，只有聂士成部仍坚守虎山阻击日军。由于各路清军溃退，日军（包括由安平河口西进的佐藤支队）得以集中兵力围攻虎山。聂士成部终以寡不敌众，不久亦退往叆河以西。宋庆不敢继续抵抗，于当夜率部退守凤凰城（今凤城）。26 日，日军进占九连城，随即分兵一部占安东，丰升阿、聂桂林率部西奔岫岩。仅 3 天时间，鸭绿江防线即被突破。此后，日军向我东北境内步步进逼。

辽东半岛面临黄海，不仅是日军从海上进攻东北的主要方向，更重要的是它与山东半岛遥望相对，共同封锁渤海海峡，因而也是保卫京津的重要门户，战略地位极为重要。

辽东半岛正面的沿海陆地，西起老铁山，东至鸭绿江口，整个地形前低后高，山地重迭，本是组织抗登陆的良好战区。但是，当日军攻占平壤进逼鸭绿江时，李鸿章等不了解日本大本营的战略意图，错误地判断了日军的主攻方向，加之沈阳是清王朝的陪都，以致陆续把长期守备旅顺、大连之兵（宋庆所部毅军和刘盛休所部铭军）调赴鸭绿江前线。为了填防，李鸿章令宋庆所部的分统姜桂题新募桂字 4 营、提督程允和新募和字 3 营调赴旅顺，后又令提督卫汝成新募成字 6 营及所部马队 2 营，正定镇总兵徐邦道新募拱卫军 3 营并所部马队 2 营、炮队 1 营，由天津调赴旅顺协防，而以铭军分统赵怀业新募怀字 6 营，代替铭军防守大连湾。日军进攻时，旅大地区清军的部署是：

金州大连地区：金州副都统连顺率捷胜营步队 1 营守金州城，以马队 2 哨驻皮子窝（今皮口）监视附近海岸；总兵徐邦道以拱卫军步队 3 营守徐家山，以炮队 1 营驻金州城南，马队 2 营巡防金州东北一带；总兵赵怀业亲率步队 2 营守大连湾和尚岛，另以 2 营守老龙头及黄山，1 营守南关岭，1 营 2 哨守苏家屯。连顺受盛京将军裕禄遥制，徐邦道、赵怀业受李鸿章节制，彼此互不相属，而无统一的指挥。

旅顺地区：总兵张光前率亲庆军 4 营守西炮台；总兵黄仕林率亲庆军 4 营守东炮台；毅军分统姜桂题新募桂字 4 营、提督程允和新募和字 3 营、提督卫汝成新募成字 6 营，均依陆路炮台分守旅顺后路。凡无炮台处，则配置野战炮，野战炮间的空隙，则配置步兵，依托山地修筑临时工事。

在日第一军向鸭绿江西岸发起进攻的同时，其第二军在联合舰队的护卫下，分批由朝鲜大同江口渔隐洞出发，10 月 24 日起陆续在花园口登陆。登陆部队总数约 2.5 万人，前后达半个月之久。

10 月 26 日，金州副都统连顺等通过审讯两名日本间谍（在皮窝子一带捕获），得知登陆日军将进攻金州、大连，急电李鸿章，希望旅顺分兵北援，并要求速令北洋舰队（已修复的“定”、“镇”等 6 艘军舰于 10 月中旬由旅顺口驶回威海）赴援大连。北洋前敌营务处龚照玙也发电向李鸿章请援。李鸿章一面令由营口方面增援旅顺的山西大同军 2000 人（由总兵程之伟统领）兼程前往金州，一面以责备的口气复电赵怀业等前敌统领：“倭匪尚未过皮子窝而南，汝等只各守营盘，来路多设地雷埋伏，并无守城之责；旅顺兵单，同一吃紧，岂能分拨过湾？可谓糊涂胆小!”金州守军多次催促程之伟部南下增援，程之伟竟逗留复州（今复县）、熊岳不进。

11月3日，日军第一师团由皮子窝出发，向辽东半岛蜂腰部的重镇金州进犯。5日，日军先头部队遭到大和尚山（金州城东）徐邦道部炮击，不能前进。师团主力便由石拉子（亮甲店西南）折向金州北面的三土里堡一带，进攻金州守军的左侧背。6日，徐邦道部溃败。接着，日军攻破金州城。连顺早已逃走，其余清军向旅顺方向溃退。

11月7日，日军在联合舰队配合下，分路进攻大连。由于赵怀业已于前一日弃大连炮台逃跑，兵勇溃散，日军不费一枪一弹便占领了大连。当天，发自仁川港的日混成第十二旅团亦在花园口登陆完毕。

日军占领大连湾之后，休整旬日，于11月17日开始向旅顺进犯。大山岩决定，除以2000人留守金州、1000人留守大连外，将其余部队分为搜索骑兵、左翼纵队和右翼纵队，沿旅顺北面大道展开进攻。

当时，旅顺清军共计30余营，1.2万余人（含金州、大连溃兵）。但是，作为旅大前线总指挥的龚照玙，在金州失守之后即乘鱼雷艇经烟台逃往天津，其余大小官员也纷纷抢掠财物，准备逃走，以致旅顺军心涣散，人心惶惶。11月18日，日军控制了旅顺陆路咽喉南关岭，前锋进至土城子。

旅顺危急，诸将互不统属，由姜桂题担任临时指挥。姜桂题无所作为，坐待敌攻。这时，只有徐邦道率领残军主动迎战。11月19日，徐部在土城子南面同敌人先头部队遭遇。徐邦道挥军奋击，重创日军，并追击至双台沟。由于日军不断增援，徐邦道兵力薄弱，又无后援，整整激战了一天，士兵饥饿疲乏，只得退回旅顺。此时，驻防旅顺的8艘鱼雷艇已逃往威海，黄仕林、赵怀业、卫汝成等统领也仓皇乘船逃跑。21日，日军舰队在港外游弋，借以牵制旅顺东西炮台的清军。陆军则集中兵力猛攻可以瞰制各台的椅子山炮台。22 日，椅子山炮台为敌攻占，接着，案子山、松树山、二龙山等各炮台相继失陷，守军溃散，旅顺随即陷落。

就在日军占领旅顺当天，奉命由摩天岭一带南援旅顺的宋庆所率援军约 7000 人（含刘盛休所部铭军）进抵金州城北，与日军激战半天，未能越过金州赴援旅顺，于当晚退至三十里堡，后又向盖平（今盖县）退却。

日寇陷旅顺后，对旅顺人民（2 万余人）进行了惨绝人寰的大屠杀。“在这次屠杀中，能够幸免于难的中国人，全市中只剩三十六人，这三十六个中国人，完全是为驱使他们掩埋其同胞的尸体而被留下的。”

11 月 23 日，清廷以辽东半岛溃败责怪李鸿章“调度乖方，救援不力”，下诏“革职留任”，并令其亲赴大沽、北塘等处“周历巡阅，严密布置”，以防日军直逼京畿；与此同时，进一步开展求和活动，准备屈辱投降。

1895 年 1 月 19 日，集结于大连湾一带的日本山东作战军在联合舰队 25 艘军舰护航下，开始分批向荣成湾航进。为了隐蔽自荣成登陆的企图，1 月 18 日和 19 日，日舰“吉野”等向登州连续轰击。坐镇烟台的山东巡抚李秉衡果被日军的佯动所迷惑，于 19 日奏称：“前荣成之成山岛、宁海之金山寨均有倭船窥伺，昨登州又有倭船开炮一时之久。由登州至威海、威海至成山，共五百余里，处处吃紧。”由于他不明敌军将从何处登陆，于是采取应付态度，强调“明知兵分则力单，而地面太长，有不能不分之势”，结果处处兵力薄弱。

1 月 20 日，日军第二师团开始登陆。这时，北洋舰队尚堪一战，本应出击，但丁汝昌“震于倭舰声势，坚匿坐毙”。日军在龙须岛登陆后，守军不支，向西败退。驻守荣成一带的副将阎得胜所率是 4 营军多系新兵。又少枪械，因而一触即溃，荣成旋即被日军占据。

日军于荣成湾登陆之后，李秉衡仍然错误地认为，日军“又难免不从西面乘隙上岸”，因此，集结在威海、宁海、文登一带的35营清军基本上按兵不动，只抽出总兵孙万龄所率嵩武军1000余人自旧馆前往增援。由于未能集中兵力对从荣成方向登陆之敌进行反击，日军得以在荣成从容地进行了两天休整。

1月25日，日军分左右（南北）两路西犯威海：左路（南路）为第二师团，自荣成经桥头、温泉汤、虎山，指向威海，负责切断南帮炮台清军退路；右路（北路）为第六师团之第十一旅团，自荣成经三官庙、崮山后，直扑南帮炮台。

孙万龄部于1月22日到达桥头，收集了从荣成败退的阎得胜部。次日，戴宗骞所派知府刘树德率领的两营绥军亦抵桥头一带。26日起，孙、刘两部清军在桥头附近奋勇阻击南路日军前锋，使敌人接连两天不得西进。但北路日军由于清军阻击不力，较快地进抵鲍家村、崮山后一带，严重威胁着南帮炮台的安全。

28日，李秉衡命孙万龄、戴宗骞夹攻北路日军。但是，戴宗骞违令不至，而阎得胜又不战而退。孙万龄部孤军力战，终因众寡不敌，退回桥头。此时，驻守桥头的刘树德所率绥军竟被戴宗骞调回威海，孙万龄左右无援，亦弃桥头西去。南路日军遂占桥头，并向温泉汤方向逼进。

30日晨，南北两路日军分别进攻凤林集东南高地和威海南岸堡垒群。南帮炮台官兵英勇抵抗，港内的“定远”、“镇远”、“来远”等舰也驶至东口南岸助战，给日军以大量杀伤，并击毙敌十一旅团长大寺安纯少将。当日军尚未逼近时，丁汝昌曾建议戴宗骞事急时卸掉南帮炮台的大炮炮闩，以免日军利用，但戴宗骞不同意。后来果如丁汝昌所料，日军从南帮炮台发炮轰击港内舰船，使北洋舰队处于腹背受敌的窘境。当南帮炮台战斗激烈时，巩军统领刘超佩临阵脱逃，乘小轮渡奔北岸，南岸士兵各自为战。30日下午，南帮炮台全部陷落。

南帮炮台失守后，驻守北岸的绥军望风溃退，刘树德也仓皇逃命。戴宗骞无奈，移驻祭祀台，从者皆散。2月1日，丁汝昌乘小轮将戴宗赛接往刘公岛（戴至岛即自杀），并炸毁北帮炮台及弹药库，以免资敌。于是，日军不战而占领威海北岸。至此，威海陆上据点尽失，北洋舰队和刘公岛陷入重围。

1月30日，一直停泊在荣成湾的日本联合舰队于凌晨2时启航开向威海，7时抵达百尺崖南，先后配合其陆军轰击杨峰岭、所前岭炮台。南帮炮台陷落后，北洋舰队因威海港东口暴露在敌军陆路炮火之下，遂移至西口。于是，日鱼雷艇得以破坏东口障碍物，且入港袭击北洋舰只。

在此不利情况下，北洋舰队本应冲破敌之封锁，出港拼力一战。清廷早在1月23日即曾电谕李秉衡："现在贼踪逼近南岸，其兵船多只，难保不闯入口内，冀逞水陆夹击之诡谋。我海舰虽少，而铁甲坚利，则为彼所无，与其坐守待敌，莫若乘间出击，断贼归路。"李鸿章于同一天电告丁汝昌："若水师至力不能支时，不如出海拚战。即战不胜，或能留铁舰等退往烟台。"但是，丁汝昌却表示："海军如败，万无退烟之理，惟有船没人尽而已。旨屡催出口决战，惟出则陆军将士心寒，大局更难设想。"他决定株守港内，既不出战，又不转移。1月30日，李鸿章再次电告丁汝昌、戴宗骞：北洋舰队应冲出威海，"设法保船"。"万一刘（公）岛不保，能挟数舰冲出，或烟台，或吴淞，勿被倭全灭，稍赎重愆。否则，事急时将船凿沉，亦不贻后患。"但是，丁汝昌仍迟不执行。

2月3日，日舰及占据南帮炮台的日军以大炮水陆合击刘公岛及北洋舰队，双方相持竟日。刘公岛清军伤亡甚众。2月4日，日鱼雷艇队乘夜暗闯入东口袭击北洋舰只，“定远”中雷重伤，不久自毁，丁汝昌移督旗于“镇远”舰。5日，日军又水陆一齐发炮轰击，炸毁日岛弹药库及地阱炮。清军发炮还击，击伤日舰2艘。当夜，日鱼雷艇又入东口，袭沉“来远”、“威远”及“宝筏”号。7日，日舰分别于东、西两口向刘公岛、日岛发起总攻击。丁汝昌命王登瀛率鱼雷艇队袭击日舰，不料，王率队向烟台窜逃，遭日舰追击，全部被俘。此时，刘公岛电讯已中断，形势岌岌可危。在北洋舰队服役的洋员唆使极少数的民族败类公开要求投降，引起军心涣散。9日，“靖远”被敌击沉。当天，刘步蟾自杀。10日，丁汝昌命令沉船，由于洋员的阻挠，无人执行。

11日，丁汝昌得到烟台密信，知李秉衡远逃莱州，陆路增援已无希望，才召开会议，研究突围，当即遭到洋员瑞乃尔（德国炮师）、马格禄以及民族败类营务处道员牛昶炳等的坚决反对，迫使丁汝昌、张文宣等相继自杀。12日晨，一群贪生怕死之徒盗用丁汝昌名义，向日本舰队投降。于是，北洋舰队尚存的“镇远”、“济远”、“平远”等10艘舰艇以及刘公岛炮台和军资器械，全被日军所掳。

越过鸭绿江之日第一军继1894年10月26日占领九连城、安东之后，接着又于27日占领大东沟，31日占领凤凰城，11月5日占领大孤山。其后，日第二军攻占了金州、大连湾。于是，第一军受领的牵制辽东清军、掩护第二军由花园口登陆的任务基本完成，大本营令其在九连城附近布置冬营，以待来年参加直隶平原决战。然而，日第一军司令山县有朋求功心切，决心继续扩大战果，“欲进逼辽阳、奉天”。他将第一军兵力分为两股：第五师团以九连城、凤凰城为依托，向驻守摩天岭一线的清军进攻；

第三师团则由安东经岫岩西犯析木城、海城，出辽阳之西，断摩天岭清军后路。

自平壤之战以后，清廷以淮军不可恃，便起用湘军旧将魏光焘、李光久等，令其募兵北援。1895 年 1 月，光绪帝又召湘军首领两江总督刘坤一入京，授为钦差大臣，令湖南巡抚吴大澂、毅军总统宋庆共同帮办刘坤一军务。

1 月 14 日，清廷以海城、盖平相继失守，关外军情更紧，乃令刘坤一迅赴山海关驻扎调度，节制关内外各军；并令自动请缨的吴大澂统率新疆布政使魏光焘及总兵刘树元、吴元恺等部“即日拔队出关，分起进发，会合宋庆等军，相机进剿”。

清军四次反攻海城，虽不是决定性的战役，但其持续时间之长、动员兵力之多、涉及地区之广、战斗规模之大，在整个中日甲午战争过程中是仅有的。清军总的战略方针是消极防御，然就反攻海城来说，则属于具体战役战斗上的进攻战。这种情况之所以出现，固然是由于海城战略地位的重要，它的得失，关系到清廷“力保沈阳以顾东省之根本”方针能否实现，但主要还是由于日本侵略者当时的战略重点是海陆进攻山东半岛，全歼北洋海军，而在辽东战场上基本上取守势的缘故。

清军第四次反攻海城失败之后，还准备进行第五次反攻。日军方面，为了扭转局面，决定趁冰冻未解之际，由盖平、海城、凤凰城分路进攻：一由盖平北趋营口；一由凤凰城赴鞍山站；一出海城北攻依克唐阿和长顺两军，指向鞍山站之南。鞍山站系牛庄至辽阳之孔道，日军欲夺此要隘，示形逼攻辽阳，实将袭取牛庄。因为牛庄一旦有警，海城西面的湘军将由于退路受到威胁而停止攻海。

2 月 28 日凌晨，未等清军发起第五次反攻，海城日军第三师团便分路出击。激战约 3 小时，中路依军败退。恰在这时，辽阳南 90 里之吉洞峪被出凤凰城的日军第五师团袭占，辽阳大震。辽阳知州徐庆璋请援于依克唐阿，依便托词援辽，率部北走，长顺军也随之而去。日军跟踪追击，一举夺占鞍山站。不久，第五师团也间道来会。除留兵一部控制鞍山站外，日第三、第五师团合军西指牛庄。

3 月 2 日和 4 日，魏光焘、李光久先后率部回援牛庄。两部新老湘军共 11 营，均困守市内。4 日，日军三路围攻牛庄，李光久等弃军而逃。军士们深陷危地，在无人指挥的情况下，殊死搏斗，与敌相持竟日，最后伤亡近 2000 人，被俘 600 余人。日军也死伤近 400 人，其中有今田惟一等将佐 15 人。这是中日甲午战争中惟一的一次大规模巷战。参战清军英勇拚杀，表现了中国人民敢于同侵略者血战到底的牺牲精神。

牛庄失守后，吴大澂率部由田庄台退往双台子，宋庆则连夜率全军主力退扎田庄台，只留少数兵力守营口。3 月 7 日，由牛庄出发的日军轻取营口，并与盖平北上的日军会师。

田庄台四面平坦，加之当时辽河仍然封冻，更是无险可守。3 月 9 日，日军第一、第三、第五师团分路来攻，宋庆军大败，伤亡枕藉。被围于田庄台内的清军被日军纵火焚烧，死者 2000 余人。

田庄台陷落后，宋庆、吴大澂等率残部退往石山站（锦州东）。从此，自田庄台沿辽河而东，自鞍山站而西，皆为日军所占。清廷以淮军既溃于先，湘军复败于后，北洋海军亦已覆没，日军海陆交乘，畿疆危逼，于是束手无策，屈辱求和之心更为迫切。日本方面，则认为“作战的第一期已经结束，因此令‘征清大总督府’进驻战地，即将开始第二期作战”。

四

旅大失守以前，慈禧太后命李鸿章联络俄使喀希尼出面“调停”；恭亲王奕䜣通过美使田贝设法“调处”，俄、英、美、德等为了各自的利益，扮演着“和事佬”的角色，向日本政府展开外交斡旋。日本侵略者挑起甲午战争，其目标不仅非常明确，而且也是十分坚定的：一是要吞并朝鲜；二是要割让中国领土；三是要索取巨额赔款。光绪二十年十月十八日（1894 年 11 月 16 日）英国驻日公使会见日本外务大臣陆奥宗光奉英政府之训令向日转告，提出了二项停战条件，即朝鲜“独立”和中国赔偿日本军费，以探测日本政府的态度。日本政府认为“其主意颇为空漠，日本当难允应”。即着陆奥开出了停战要求，甲、乙、丙三个方案，除英使提出的两项之外，加上割地，或割让旅顺大连湾，或割让台湾全岛。日本政府提出的停战条款极为苛刻，清廷非到头破血流的时刻，是不会接受的。所以陆奥认为现在和议还为时过早，他说：“我国在连战连捷之时期”，而“熟察中国之情形，彼等非更受重大打击后未能真心悔悟……故现在媾和时机尚早。”落花有意，流水无情。清朝统治集团的实权派求和心切，十月初，李鸿章派出担任天津税务司的德国人德璀林代表清政府到日本去探商和议条件，但日本政府断然拒绝。不久，经过美国使节的一番斡旋，清政府改派户部左侍郎张荫桓和曾任台湾巡抚的邵友濂为代表赴日和议。光绪二十一年正月初六日（1895 年 2 月 3 日）中国代表到达广岛。是时，日本海陆军正在向中国发起大规模攻势，日军攻占威海卫军港，消灭全部北洋舰队；陆军也长驱辽东，向山海关、锦州等军事重镇进逼。清廷得悉威海卫、“刘公岛已失……威海舰艇尽失矣”，诸大臣面对惨败局势，恐慌万状，“时事如此，战和皆无可恃”，光绪帝急得“汗流沾衣”，翁同龢亦“愤闷难言”，君臣“声泪并发”。以光绪帝为首的主战官员颇有“罔知所措”的失落感。

在日本方面，全歼北洋舰队以后，认为已经到了逼清廷就范的时候了。首先，日本政府由于战线太长，而且又要抽调兵力进犯澎湖列岛，作为割据台湾的准备，因而感到兵力不足，国内兵源财政也难支撑巨额的战争耗费。其次，欧美列强不希望日本在中国伸展过大的势力，候中日战争的发展，超越了列强互相利用日本牵制对主的极限，就难免要采取必要的干涉措施来限制日本势力的继续发展。早在1894年底，驻日的美国公使谭恩代表美国政府警告日本说：

> 然战斗弥久，若无限制日本军海陆进攻之法，则与东方局面有利害关系之欧洲强国，难免对日本国将来之安固、幸福为不利之要求，以促战争之终局。

鉴于上述两方面的原因，日本政府考虑到“万一此种干涉到来，则斟酌该第三国之意向或致不能不变更我对中国之条件。”战争是手段，不是目的，如若这种手段用过了头，目的就不能达到。因之日本政府改变方针，企图用议和这一手段，来达到同样的目的。日本政府用非常狡猾的手法向清政府传递议和意向。清政府代表张荫桓和邵友濂到达日本广岛十天之后，日本以张、邵所带国书不是全权委任状为由，拒绝谈判，实际上是把中国代表驱逐回国。另外又通过美使田贝向清政府示意，“须另派十足全权，曾办大事，名位最尊，素有声望者方能开讲”。这样就是向清政府表达：一是日本方面愿意同中国进行议和停战；二是其条件是相当苛刻的，所以必“须另派十足全权”并“素有声望者”的官员任代表“才能开讲”。此时，田贝还向“总署”透露，和谈条件可能涉及“割膏腴，偿巨款”。潜意很明确，日本政府心意中的和议代表非恭亲王奕䜣和北洋大臣李鸿章莫属。

光绪二十一年正月十六日（1895 年 2 月 13 日）清政府得到由田贝传递的信息，至于是否接受日本政府的横蛮要求而另派代表，则由慈禧太后独自定论，光绪帝一无所知。正月十八日清晨，光绪帝召见翁同龢入内殿，“上（光绪帝）询昨日定议否？对已定。”说明关于派代表事宜，慈禧太后独断专行，根本不同光绪帝商量而把他扯在一边。当天上午慈禧太后避开光绪帝于养性殿召见枢臣，她对日本政府的示意心领神会地说“田贝信所指自是李某，即著伊去，一切开复，即令来京请训。”恭亲王奕䜣转达了光绪帝的意见，认为李鸿章不宜作为全权代表，“上意不令来京，如此恐与早间所奉谕旨不符”，可是慈禧太后根本不理会光绪帝的意见，一意孤行地说：“我自面商，既请旨，我可作一半主张也。”并授意孙毓汶起草谕旨命李鸿章来京“请训”。慈禧太后在全权代表人选问题的态度与做法，是向朝廷内外发出了光绪帝被架空靠边的信号，因而顽固派更加有恃无恐，盛气凌人起来了。孙毓汶秉承西太后旨意起草的“上谕”于光绪二十一年正月十九日（2 月 13 日）颁布于朝，孙毓汶借题发挥，大肆吹捧李鸿章，主要内容为：

> 现在倭焰鸱张，畿疆危逼，只此权宜一策，但可解纷纾急。亟谋两害从轻，李鸿章勋绩久著，熟悉中外交涉，为外洋各国所共倾服。今日本来文隐有所指，朝廷深维至计，此时全权之任，亦更无出该大臣之右者。李鸿章著尝还翎顶，开复革留处分，并尝还黄马褂。作为头等全权大臣，与日本商议和约。

严峻的形势，向着光绪帝步步逼近，他在主战大臣们“罔知所措”孤军奋战的困境下，继续同顽固派的投降活动进行了不调和的斗争。

其时，斗争的首要问题是是否割地。李鸿章在天津接到“星速来京请训”的谕旨以后，马上向朝廷上奏，提出“敌欲甚奢，注意尤在割地，现在事机紧迫，非此不能开议”。逼着光绪帝授予“割地之权”，并且以割地求和“古所恒有”，“但能力图自强之计，原不嫌暂屈以求伸”的胡言乱语来为对敌屈膝行为辩解。同时又以“停战期限已满，彼仍照旧进兵，直犯近畿，又当如何处置”的话来恫吓光绪帝，真是软硬兼施，无所不用其极，既然当时的光绪皇帝已被架空“靠边”，为什么李鸿章还要逼着他面授“割地之权”呢？尽管慈禧太后已站出来表示“作一半主张”，然她已归政，光绪帝毕竟在臣民的心目中为“一朝之主”，重大事件还是要用皇帝谕旨的名义来布告天下，而且自亲政以来，光绪帝政治上已经成熟，虽谈不上雄才大略但也想有所作为，把清朝治好，所以他是不愿任人摆布的。李鸿章也感到这位年轻皇帝越来越难对付了，况且慈禧太后“作一半主张”是圆滑之辞，以后可作灵活解释，因而“割地”这等重大事件，李鸿章若得不到皇帝“上谕”是不肯承担责任的。

割地是出卖祖国神圣领土的可耻事件，虽“古所恒有”，但是历史上凡割地求和的君臣，无不成为“举世唾骂”的千古罪人，白纸黑字载入史册，这是任何人抹煞不了的历史罪责。应该公允的评论，清朝统治集团之最高掌权者，从慈禧太后，光绪皇帝到李鸿章都不敢承担“让地”的重大责任。光绪帝对李鸿章的奏折作了很巧妙的答复：

> 此次特派李鸿章与日本议约，原系万不得已之举，关系之大，转环之难，朝廷亦所洞鉴。该大臣膺兹巨任，惟当权衡于利害之轻重，情势之缓急，通筹全局，即与议定条约。

光绪帝在上谕中回避“割地”两字，而责李鸿章权衡利害轻重而行之。正月二十八日，李鸿章应召到京，光绪帝于乾清宫养心殿与军机大臣一起召见李鸿章时只是“温谕询途间安稳”的客套一番，仍未“面谕”授割地之权，仅作了“惟责成妥办而已”，模棱两可的“训令”。李鸿章无皇帝授权“让地”，当然不会轻易赴日议和。

因割地问题“关系之重”，李鸿章坚持“请训”，非得到光绪帝“面谕”不可。二月初四日，光绪帝命恭亲王奕䜣“汝等宜奏东朝，定使臣之权”。把授李鸿章“让地”之权推在慈禧太后身上。可是老奸巨滑的西太后也不想负“举世唾骂”的割地罪责，通过内监李莲英传懿旨：“慈体昨日肝气臂疼腹泄不能见，一切遵上（光绪帝）旨可也。”用装病的办法再把这只割地皮球又踢给了光绪皇帝。李鸿章没有得到光绪帝授予“割地之权”的谕旨不肯起程赴日，一些主和“后党”唯恐“停战期限已满，彼仍照旧进兵，直犯近畿”，打乱他们养尊处优的安逸生活，急如火燎地联名上奏，“枢府王大臣亦公请懿旨促鸿章行”，他们声称：

> 臣等伏思倭奴乘胜骄恣，其奢望不可亿（臆）计。现在勉就和局，所最注意者，唯在让地一节。若驳斥不允，则都城之危，即在指顾。以今日情势而论，宗社为重，边徼为轻，利害相悬……李鸿章自应迅速起程，免致另生枝节。”

枢府王大臣联名“公请”，又给光绪帝加了一重压力，他们硬是要把光绪帝逼进割地求和的死胡同里去。此时，李鸿章更是纠缠着光绪帝不放，二月初八日（3 月 4 日）光绪帝于书房密见李鸿章，“今日上（光绪帝）见李鸿章不过一刻，语极简，又独对，不与枢臣同见，可异也”。这次密见，很可能光绪帝已“面谕”李鸿章授以“让地之权”。据记载李鸿章离京前光绪帝“予以商让土地之权，令其斟酌轻重，与倭磋磨定议”。所以第二天（初九日）他离京回天津，准备起程赴日。

光绪二十一年二月二十三日（3月19日）李鸿章携带顾问科士达（美国人）、随员李经芳（李鸿章子）等到达日本马关。内阁总理大臣伊藤博文及外务大臣陆奥宗光为日本方面的全权代表。二十四日交换全权资格证明，即着开始谈判。日本方面拒绝先停战，再和约，强调中日仍处在战争状态。日本侵略者手里操着随时可以发起新的攻势之主动权，并以此来威胁李鸿章就范。由于日本浪人开枪打伤了李鸿章事件发生，谈判日程拖延了下来，李鸿章治伤期间由其子李经芳为钦差大臣，四天以后谈判继续进行。日本政府害怕因李鸿章负伤事件成为列强干涉的借口，故所以于二月廿九日（3月28日）先签停战条款，至三月二十三日（4月17日）签订了《马关条约》。

三月二十三日（4月17日）李鸿章代表清政府同日本政府代表草签了丧权辱国的中日《马关条约》。并规定这个条约经两国政府批准后，于四月十四日（5月8日）在中国烟台换约生效。《马关条约》的主要内容是；

中国要把辽东半岛和台湾全岛及所有附属各岛屿包括澎湖列岛割让给日本；

赔偿日本军费二万万两；

添设湖北沙市、四川重庆、江苏苏州、浙江杭州为通商口岸。

还规定日本人在中国通商口岸，任便从事各项工艺制造，并得将各项机器任便装运进口，日本在中国制造的货物享受与进口货物一样优待的权利。这一条，对当时的日本说来，并不是现实的需要。然根据列强“利益均沾”的原则，欧美资本主义国家可以借这一条款，进一步拓展他们在中国的投资，那是极为有利的。也可以说，这是日本政府对列强的支持与调处的一笔厚实的酬谢。

《马关条约》的内容和光绪帝拒绝批准的消息传开以后，举国上下反响强烈，废约呼声高涨。“废约之议”的奏折“连日疏争者不绝，王公亦有之。上（光绪帝）意欲废约颇决。”光绪帝拒绝批约的第二天（三月二十九日）上疏官员多达一百二十余人。“有请廷议者，有驳条款者，有劾枢臣者。”其时，正在参加北京会试的各省举人，公推康有为执笔上书光绪皇帝，签名举人有一千三百余人，反对签订《马关条约》。他们还提出了改革政治的要求，建议以赔款作战费，迁都再战，这就是历史上有名的“公车上书”运动，也是近代中国知识分子冲破清政府禁例，第一次参加反对帝国主义的群众性运动，是一件破天荒的大事。《马关条约》割地赔款的消息传至清朝军中，“诸将或号泣谏言，愿决死战，不肯以寸土与人。”台湾人民得知台湾割让日本，“男妇老少痛哭愤激，不甘自外于中国”，“绅民呈递血书，内云：台民誓不从倭”反对认贼作父。《马关条约》割地面积之大，赔款之多远远超过当年的《南京条约》，引起了自鸦片战争以来清朝统治集团内部的最大震惊和痛心，连得在疆臣中颇有影响的洋务派头面人物刘坤一和张之洞也激起了爱国良知，上书朝廷要求废约再战。

张之洞在电奏中更是字字血，声声泪，他以“先诛微臣而谢天下”的决心，向朝廷请战：

> 请求“明发谕旨，宣示中外，奉皇太后西幸，命恭亲王留守京师，如战而不胜，赔款割地尚为未迟。……如因或迁或守而贻误大局，请先诛微臣以谢天下。”

总之，全中国被激怒了，顿时掀起了反对侵略者的滚滚怒潮，给了光绪帝拒绝批约的决心与力量。

《马关条约》草签以后，清统治集团内部又展开了剧烈的争论和斗争，其内涵所涉超出了帝党后党之间的派系斗争范围，具有争国权反投降的积极意义。

以帝党为核心的抗战派主张废约，再次提出迁都以继续进行抗战的要求。如文廷式认为朝廷应该“不顾恋京师，则倭人无所挟持”；翁同龢提出“公论不可诬，人心不可失”，因而“批准之不可速”，“得台湾门人俞应震、邱逢甲电，字字血泪，使我无面目立于人世矣。”反映了主战派满腔的爱国情怀。光绪帝作为一国之主，更是“为和约事徘徊不能决天颜憔悴”，怒叹“割台则天下人心皆去，朕何以为天下主!”以坚定的立场废约。

以慈禧太后为代表的顽固派，他们被战争吓破了胆，切望批约了结。“翁尚书亦主迁（都），孙尚书则主乞和”，并以“岂有弃宗庙社稷之理’，来为保都批约辩护。正是双方激烈争论之际，四月初三日（4 月 27 日）光绪帝亲诣颐和园请慈禧太后作出是否批约的最后决策，但仍不得要领，她含糊其词地表示：“和战之局汝主之，此（即迁都）则我主之。”光绪帝处在进退两难的困境之中，而顽固派签约锣鼓越敲越紧密，“孙毓汶与李联（莲）英内外恐吓……请之太后，迫令皇上画押，于是大事去矣。……皇上之苦衷，迫逼之故，有难言之隐。”至四月八日，批约日期已至，光绪帝在顽固派的挟持之下，“上（光绪帝）意幡然有批约之谕”，但在上书房同翁同龢等主战枢臣“君臣相顾挥涕”。眼看废约已无可望，光绪帝挥泪批准了《马关条约》，此时此景感人肺腑。易顺鼎在《盾墨拾余》一书里有具体的记载：

> 四月“初八日（5 月 2 日），四小枢（指恭亲王奕䜣、庆亲王奕劻，军机大臣孙毓汶和徐用仪四人）劫之上（光绪帝），合词请批准。上犹迟疑，问各国回电可稍候否？济宁坚以万不可恃为词，恭邸无语，乃议定。众枢在直立候，上绕殿急步约时许，乃顿足流泪，奋笔书之。……初九

日（5月3日）和约用宝。”

逼迫光绪帝批约以后，《马关条约》终于在光绪二十一年四月十四日（1895年5月8日）由中日双方代表于烟台换约正式生效。

《马关条约》的签订，在中国人民身上增加了一道沉重的枷锁，中国社会在半殖民地的陷井里又加深了一步。丧权辱国的《马关条约》是通过清朝封建政权名义上的最高统治者光绪帝批准的，在他的历史上沾上了一个不光彩的污迹，这是擦洗不掉的事实。然而，《马关条约》是中日战争清朝失败的纪录，光绪皇帝在这场反侵略的正义战争中，始终站在保卫祖国的爱国主义立场上，“一力主战”。就是在战局极端困难的条件下，他顶着顽固派对日妥协屈膝乞和的重重压力坚持抗战。最后清朝败局已定，在日本帝国主义威逼下签订了带有奴役性质的《马关条约》，光绪帝竭力拒绝批准条约，企望改变局势继续抗战。最后在内外力量的迫胁之下，光绪帝处在山穷水尽的困境中挥泪签字批准《马关条约》。对此光绪帝一直耿耿不快，心中怀着“朕何以为天下主”的自愧。中日换约以后，六月初九日（7月28日）李鸿章回到北京，入宫觐见，光绪帝顿生怒愤，诘责李鸿章：“‘身为重臣，两万万之款从何筹措，台湾一省送予外人，失民心，伤国体。’词甚骏厉，鸿章亦引咎唯唯，即命先退。”再次表明光绪帝对签订《马关条约》的反对态度。考察中日战争之始终，光绪帝尽到最大的努力，其爱国主义的抗战立场从未发生过动摇。至于中日战争失败的原因，也不是由于他决策失误所致，而是清朝封建制腐败和以慈禧太后、李鸿章为代表的顽固派的种种干扰所铸成的败局。在批准《马关条约》的关键时刻，光绪帝还想方设法“废约”。其时，一些疆吏廷臣出于对日本侵略者的愤恨和对慈禧太后、李鸿章等顽固派妥协议和的不满，提出“废约”、“迁都”、“持久”战的主张。然而，清朝统治政权的全面腐败，统治机制的功能严重丧失，在当时的具体情况下，要实行“迁都再战”谈何容易！光绪帝也看到“将少宿选，兵非素练，纷纷招集，不殊乌合，以至水陆交绥，战无一胜。”所以他苦叹“朕办此事熟筹审处不获已之苦衷有未深悉者”。由于皇帝权威失灵，重新组织一场对日的持久战，条件是不具备的，光绪帝只得无可奈何，挥泪批约。笔者认为中日战争的失败，《马关条约》的签订其历史责任不应该落在光绪帝身上。

中日甲午战争使光绪帝得到锻炼，他经历了自亲政以来最险恶的风浪，接受了严峻的考验，不愧为晚清的一位最有作为的皇帝。在抗战过程中，光绪帝深深地体会到，虽然亲政但仍处在不操实权的地位，也看到了现行制度的腐败，官吏的无能，朝廷枢臣门户派系之争。他在失败中得到有益的教训与反思。以康有为为代表的近代知识分子群体所进行的“公车上书”运动，发出了变法图强的时代强音，启迪了光绪帝的思想，萌发了他维新革旧意念。“山重水复疑无路，柳暗花明又一村”，中日战争的失败成了光绪帝政治生涯的新起点。

第六章　变法图强

一

中日战争的惨败和《马关条约》的签订，中华民族面临亡国危险。中日战争对于当时的中国人，是一次大震动，大刺激，它向中国人民敲响了警钟，促进了民族的觉醒。中国是一个古老的宗法帝国，人们的观念长期来依附于以家族为单元的宗法社会的古老范畴。自鸦片战争以后，随着资本主义的侵入，给中国社会的陈腐观念增添了一些新的思想内容，中国人的思想开始有所转变。然而，这种意识形态上的转变，因为受到传统文化惰力的重重束缚，其步伐是非常缓慢的。只有在外部和内部的强烈冲击之下，才有可能使这个古老民族从长期沉睡中惊醒过来。中日战争对中国人猛击一掌，它的冲击力远远超过两次鸦片战争和中法战争，中国人的近代民族意识在甲午战争以后才明显地萌发出来了。

甲午战争败得太惨，日本提出的条件太苛刻，而这次战争的对手，并不是英吉利、法兰西那样的超级大国，而是历来被中国人视之为“倭寇”的弹丸岛国日本。这就使得中国的各个阶级和各阶层感到震惊、愤慨和困惑。稍有头脑的中国人都在反省，都在思考中国战败的根本原因何在。大风暴洗刷了空气中的污浊，人们的头脑显得格外清醒，视野更加清晰宽广，此时可以说是近代民族觉醒的真正发端。它的标志，一方面是战后资产阶级作为政治势力在中国出现，代表资产阶级意识、观念的知识分子，无论是革命派还是改良派，他们关怀祖国的前途和民族的命运，热烈地投身到救亡图存的洪流中去。为中国带来了新的希望，另一方面，以光绪皇帝为代表的清朝统治集团中的主战派，他们冷静地反省战争失败的症结在哪里？今后怎么办？是否还是同以往历次战争那样，随着战火烽烟的暂时平息，依旧文恬武嬉、歌舞升平。严酷的现实，作出了无情的答复，不行了！现在不行了！中日战争以后帝国主义瓜分中国，中华民族面对殖民主义者严重威胁。一种亡国灭种的危机感，救死不遑的紧迫感和难于立足世界民族之林的耻辱感紧扣着中国人的心灵。中国近代知识群体为中华民族救亡图存呼号呐喊，部分清朝官僚对国家命运产生无限忧虑，促进了光绪帝萌发维新变法思想。这是在塌天的亡国之灾即将临头的严重时刻，在漫漫长夜里闪烁出耀眼的曙光。

作为一朝之主的光绪帝没有因甲午惨败而恹心丧志，也没有因签订《马关条约》含恨受怨而消极后退，却是在失败中冷静反省，重新振作精神，继续进击，不做亡国之君。这就是光绪帝同他以前几位清朝皇帝品格的根本区别所在，也是值得被后世称颂的一个方面。他在《马关条约》换约的当天，四月十四日（5月8月）在张之洞奏折的批谕中做了如下的表示：

> 嗣后我君臣上下，惟其坚苦一心，痛除积弊，于练兵筹饷两大端实力研求、亟筹兴革。毋生懈志，毋鹜虚名，毋忽远图，毋沿积习，务期事事核实，以收自强之效。朕于内外诸臣有厚望焉。

实际上是中日战争失败后的反省，其精神是奋发向上的，态度是务实的，反映了战后光绪帝的思想面貌。

上面所述，中日战争的失败，对中国人是一次大震动、大刺激。在这场大震动中，必然有人一筹莫展，消极颓废，有人在失败中猛醒，奋发进击，清朝走向何去？关键在于作为一朝之主的皇帝态度。安定人心，重新建树皇帝的权威，这是中日战争以后光绪帝首先所要反省的问题。安定人心之首要者是重整抗战派的士气，形成以皇帝为核心的近臣亲信圈子，进而增强对清政府整个官僚集团的凝聚力。为此，光绪帝于四月十七日（5月11日）向军机大臣等发了开诚布公的上谕，解释主战派提出的“废约”、“迁都”，“持久战”等积极主张未能实施的原由，明确表示了战后积极进取的态度。

> 谕军机大臣等：日本觊觎朝鲜，称兵犯顺，朕縢怀藩服，命将出师，原期迅扫敌氛，永弭边患。故凡有可以稗益军务者，不待臣工陈奏，皆以主见施行。……
>
> ……乃尔诸臣工于所议章约，或以割地为非，或以偿银为辱，或更以速与决战为至计，具见忠义奋发，果敢有为。然于时局安危得失之所关，皆未能通盘筹划，万一战而再败，为祸更难设想。今和约业已互换，必须颁发照行，昭示大信。……自今以后，深者惩尤，痛除积弊……切实振兴，一新气象，不可因循废弛，再蹈前辙。诸臣等均为朕所倚畀，朕之艰苦；当共深知，朕之万不得已而出于和，当亦为天下臣民所共谅也。

在光绪帝周围的一些近臣中有人因中日战争的惨败而气馁，皇帝权威的失灵也使一些人寒心。光绪帝在谕旨中开诚布公，希望诸臣“深知”他的“艰苦”，“共谅”他出于万不得已批准《马关条约》的做法，坦诚之心公布于众，对于维系人心，有极为重要的作用。中国人有句俗语所谓“皇帝不急急太监”，而光绪帝急人民之急，他告诫臣工“不可因循废弛，再蹈前辙”，战后的光绪帝颇有卧薪尝胆之心态，无疑是对于企望中兴清朝，而被光绪帝视为“所倚”的诸臣，是莫大的鼓舞。

中日战争结束以后，光绪帝对清军从将领到士卒的腐败无能痛首恶疾，他在好几处的上谕中反省到这一问题。四月十四日的上谕指出：

> 朕办此事熟筹审处不获已之苦衷有未深悉者。自去岁仓卒开衅，征兵调饷不遗余力，而将少宿选，兵非素练。纷纷招集，不殊乌合，以至水陆交绥战无一胜。

又在四月十七日给军机大臣等的上谕里说；

> 何图将不知兵，士不用命，畀以统之任而愤事日深，予以召募之资而流民麇集，遂至海道陆路无不溃败，延及长城内外，险象环生。

封建社会的募兵制腐败不堪，导致流民麇集，尽是乌合之众，这样素质低劣之士兵，在战场上必然是风声鹤唳，一挫即溃。更为严重的是募兵制之将帅把家族、同乡的宗法制度移植到军队建制，成了地方军阀和高级将领的私兵，曾国藩募湘军，李鸿章募淮军便是他们实力的基础。在中日战争中李鸿章敢于抵制光绪帝的战略指令，除了有慈禧太后作为靠山之外，另一个原因，就是他所控制的北洋海军和淮军是他的私兵，唯李鸿章命令是从，只知李相而不知皇帝。殊不知，清朝军事制度的腐败，战斗功能的丧失仅是清朝封建统治制度腐败的一个缩影，这是作为清朝封建制度的最高统治者的光绪皇帝当然是不可能反省到这一根本点上去的，他只能从具体的，一个方面去反思，去考虑加以纠正与克服，他反复指出，要从“练兵筹饷两大端实力研求”。“咸知练兵筹饷为今日当务之急”，尽管对练兵筹饷的“实力研求”是治标不治本的措施，但总算涉及到制度的外圈，再深一层下去必将促使从制度上加以改革，所以改革军事制度也是后来戊戌变法中的一个方面。

光绪帝在李鸿章身上饱含怨恨，非对他有所限制不可。李鸿章集军、政、外交于一手，又有慈禧太后为后盾，故对他的权力限制，光绪帝采取十分慎重的处置办法。光绪二十一年七月初八日（8月28日），“命李鸿章入阁办事。调王文韶为直隶总督兼办理通商事务北洋大臣”。王文韶在中日战争期间，他的立场基本上倾向主战，在签约关键时刻，态度也无突出表现，然王文韶其人颇有外交、理政之才能。故光绪帝以王代李，把李鸿章调离天津留京入阁，实际上是名升实降，一定程度上削去了他的部分军权和外交之权，但一调动也为李鸿章同慈禧太后的直接联络提供了方便。为了削弱李鸿章的影响，光绪帝即着上谕王文韶整顿直隶地方。

> 直隶地方，积弊已深，凡吏治军政一切事宜均应极力整顿，至外洋交涉事件，尤关紧要，如从前有办理未协，应行更改之处，务当悉心筹划，不避嫌怨，因时变通……洗从前积习，方为不负委任，将此谕令知之。

这道谕旨，要王文韶“不避嫌怨”，“洗从前积习”，很显然是针对着李鸿章而发的，实际上全盘否定了他任直隶总督、北洋大臣期内的“政绩”，这不能不是对李鸿章的一个重大的打击，某种意义上讲，比过去对他两次处分更为有力，为以后剪除李鸿章势力埋下伏笔。

甲午战后，光绪帝犹如在一场恶梦中惊醒过来，从反省中得到有益的教训；从反省中理顺思路振作精神，充实了他的抱负，为后来在历史舞台上演出的那出有声有色的维新变法活剧迈出了可贵的第一步。

二

梁启超在《戊戌政变记》一书中指出："吾国四千余年大梦之唤醒，实自甲午战败割台偿二百兆以后始也。我皇上赫然发愤，排众议，冒疑难，以实行变法自强之策，实自失胶州、旅顺、大连湾、威海卫以后始也。"中、日战争的失败和《马关条约》的签订，把中国人民投入更深的苦海，四万万同胞陷入巨大的悲愤之中。此时此景，正如谭嗣同在诗文中描绘的那样："四万万人齐下泪，天涯何处是神州？"然而，中华民族在"齐下泪"的悲愤中觉醒起来了，图存救亡的意识与日俱增。空前高涨的爱国呼声惊动了清朝统治阶级中一部分人的思想，他们从不同的角度感受到"时势所逼"，"国事艰难"，纷纷向朝廷"竞言自强之术"。洋务派所陈"自强之术"仍以"洋务救国"为宗旨，以"开矿、练兵、筹饷、通商、制械"为要务。可是也有一些官僚，他们陈奏"自强之术"，突破了洋务派已经鼓吹了二十余年的"自强新政"框架，向着维新变法贴近。最先以日本明治维新和法国资本主义制度的活力鼓励清廷变法的是顺天府尹胡燏棻，他在光绪二十一年闰五月（1895 年 7 月）上了一道题为《条陈变法自强事宜》的奏折，其主要内容是：

> 日本一弹丸岛国耳，自明治维新以来，力行西法，亦仅三十余年，而其工作之巧，出产之多，矿政、邮政、商政之兴旺，国家岁入租赋，共约八千余万元，此以西法致富之明效也。……然时势所逼，无可如何，则唯有急求雪耻之方，以坐致强之效耳。昔普法之战，法之名城残破几尽，电线、铁路处处毁裂，赔偿兵费，计五千兆

佛兰克，其数且十倍今日之二万万两。然法人自定约后，上下一心，孜孜求治，从前弊政，一体蠲除，不及十年，又致富强，仍为欧洲雄大之国。……今中国以二十二行省之地，四（百余）兆之民，所失陷者不过六七州县，而谓不能复仇洗耻，建我声威，必无是理。但求皇上一心振作，破除成例，改弦更张，咸与维新，事苟有益，虽朝野之所惊疑，臣工之所执难，亦毅而行之，事苟无益，虽成法之所在，耳目之所习，亦决然而更之。实心实力，行之十年，将见雄长海上，方驾欧洲，旧邦新命之基，自此而益巩，岂徒一雪割地赔费之耻而已。……

纵观世运，抚念时艰，痛定思痛，诚恐朝野上下，高谈理学者，狃于清议，鄙功利为不足言，习于便安者，又以为和局已定，泄沓相仍。……今日即孔孟复生，舍富强外，亦无立国之道，而舍仿行西法一途，更无富强之术。用敢不揣冒昧，就管见所及，举筹饷练兵，重工器，兴学校数大事，敬为我皇上缕析陈之。……

胡橘棻认为仿效日本明治维新力行西法是清朝唯一的“富强之术”。他所奏的具体仿效内容虽然仍是开铁路、筹钞币银币、开民厂以造机器、开矿产、折南漕、减兵额、创邮政等洋务范畴，然而，他赞扬明治维新，仿行西法，并向光绪帝提出：“一心振作，破除成例，改弦更张，咸与新法”的变法要求，反映了统治集团内部确有一些官僚已经萌发出朦胧的维新变法的新思想。

其时，刑部侍郎李端棻在光绪二十二年五月（1896年6月）上了名为《请推广学校折》的奏折，他从办学校这个侧面，向光绪帝提出了维新企图，这是清朝官僚中典型的从洋务运动中脱颖而出的变法图强思想。他在奏折中说：

> 夫二十年来，都中设同文馆，各省立实学馆、方言馆、水师武备学堂、自强学堂，皆合中外学术相与讲习，所在皆有。而臣顾谓教之道未尽，何也？诸学皆徒习西学、西语、西文，而于治国之道，富强之原一切要书多未肆及。

在李端棻看来，洋务派兴办西学，治标不治本，“治国之道，富强之原”均未“肆及”，所以他在奏折中提出：设官书局于京畿，自京师及省、府、州、县皆设学堂，并设藏书楼，创仪器院、开译书局、广立报馆，选派游历等五个方面，“有官书局大学堂之经，复有此五者以为之纬”。尽管李端棻的教育思想还深深地保留着洋务教育的痕迹，而他的主张已向近代学校靠近了一步。由于萌发出维新思想，所以他后来积极支持康有为、梁启超的变法主张，并向光绪帝推举，成为维新派同清廷建立联络的媒介。

知识分子阶层中，在甲午战争的刺激下维新变法的热潮也澎湃掀起。“自中东一役我师败绩，割地偿款，创巨痛深，于是慷慨爱国之士渐起，谋保国之策者，所在多有。”正像著名史学家陈旭鹿先生所指出的那样，甲午战败是对“维新运动的动员，而《马关条约》也可以说是动员令”。不久就掀起了知识分子的《公车上书》运动，他们作为一支资产阶级的政治力量登上了历史舞台。

处在“卧薪尝胆”苦境中的光绪帝，“甲午、乙未兵败地割，求和偿款，皇上日夜忧愤，益明中国致败之故，若不变法图强，社稷难资保守，每维新宗旨商询于枢臣”。甲午兵败促进了光绪帝政治思想的新转变，在这以前，光绪帝初登皇位，其主要精力放在熟悉处理朝政事务，考察臣工的办事效率。虽然对慈禧太后的严密控制极为反感，但基本上还是“小心翼翼”地在皇太后手掌上做傀儡皇帝，对于“垂帘听政”时期的既定方针不敢有所逾越和偏离。尔今，光绪帝经过甲午战争的洗礼，中兴祖宗基业之心更加强烈了。继甲午之役以后，赔款割地，面临帝国主义列强的瓜分豆剖，亡国之君的危险日复一日地向他逼近，因而在他的思想上奋起了难以抑止的“图强雪耻”的紧迫感。美国作家卡尔女士对甲午战后光绪帝的心态有过生动的叙述：

自日一战而后，中国割地赔款，蒙莫大之耻辱。光绪帝方如梦之初觉，慨然以发愤自强为己任。故中日战前与战后之光绪帝不啻判若二人也。

甲午战争结束不久，光绪帝连连发出上谕，要求臣工“上下一心，图自强而弥祸患”，并表示“惩前毖后，惟以蠲除积习力行实政为先。”他所说的实政，具体的就是“修铁路、铸钞弊，造机器、开各矿、折南漕、减兵额、创邮政”等等，“大约以筹饷练兵为急务，以恤商惠工为本源。”光绪帝的“图强”观和寻找的“雪耻之方”仍在洋务派“自强新政”的圈子里。所以甲午战争以后，光绪帝对洋务运动中的民用工业和民办企业备加关注，以推进洋务运动的新发展。

光绪帝政治思想发展的新起点是在运用洋务手段图强的同时，萌发了维新变法的意向。他维新变法思想的萌芽，是受到朝野变法图强热流的启迪所致。有些官僚上书言事的视野比洋务派“自强新政”的框架有了新的拓宽，对于这方面疏奏，光绪帝均“详加披览”，他强烈地意识到“强邻狡焉思启，合以谋我”，同臣工奏疏中所阐发的图强要求发生了共鸣。清朝官僚关于维新变法的呼吁，尽管他们开出的维新内容还很笼统肤浅，但其实际效果却是把光绪帝的目光引向执意探索欧美各国的治国之道。曾经出使外洋，不久前从日本回国的户部侍郎张荫桓，被光绪帝召见进宫，请他讲述欧美、日本的治国之道。张荫桓“晓然欧美富强之机”，“每为皇上讲述，上喜闻之”，“启秀圣聪。多赖其力”。清朝官僚朦胧地向光绪帝介绍西方资本主义制度和日本明治维新运动，列国变政的春风不断地吹进了他的心坎，扩大了他的视野，开启了他向西方国家讨教自强之术的心扉。

光绪帝维新变法思想的萌芽，最重要的触发剂是受康有为等维新派的影响。

甲午战争刚结束，光绪帝多次发上谕，提出了一揽子的“新政项目”，虽然其主要内容还没有超出洋务派所策划的范围，可是在很短的时间里什么修铁路、铸钞币、造机械、开矿产、创邮政、练陆军、整海军、立学校、整顿厘金、严核关税等等，如此繁多的新政一齐泉涌在光绪帝脑子里，并加以积极催办，可见他“图强”的迫切心情已经升华到如饥似渴的程度。久旱逢滋雨，康有为等的维新主张一旦直接为光绪帝所见，必然使他发生浓厚的兴趣。

1895 年 5 月《马关条约》签订时刻，康有为发动一千二百多个举人联名“公车上书”，主张拒和、变法、迁都，震动了海内外，由于顽固派的封锁，光绪帝没能看到这份“公车上书”。二十多天以后，康有为又写了一万三千多字的上皇帝书即第三次上书。新近从中国第一历史档案馆发现了康有为《上清帝第三书》的呈进本，又称《请及时变法富国养民教士治兵呈》。这次上书比《公车上书》的内容更加具体和广泛，备陈变法着手之方和先后缓急之序，条理清楚考虑周密。他向光绪帝建议，《马关条约》刚签订，朝野图强雪耻之志有不可遏止之势，此时即下哀痛之诏，以鼓士民之气，举贤士参政，以备顾问，转败为胜，重建国基为时未晚。康有为写道：

> 伏乞特诏行海内，令士民公举博古今。通中外，明政律，方正直言之士，略分府县，约十万

户而举一人，不论已仕未仕，皆得充选。因用汉制，名曰议郎。皇上开武英殿，广悬图书，俾轮班入直，以备顾问。并准其随时请对，上驳诏书，下达民词。凡内外兴革大政，筹饷事宜，皆令会议，三占从工，下部施行。所有人员，岁一更换，若民心推服，留者领班，著为定例，宣示天下。上广皇上之圣聪，可坐一定而照四海，下启天下之心志，可同忧乐而忘公私。

康有为除了建议光绪帝广选贤才之外，他还提出了自强雪耻的大方案：即富国，养民、教士、练兵四策。这次上书在光绪二十一年五月十一日（1895 年 6 月 3 日），由都察院转呈，冲破了许多阻力，光绪帝终于第一次看到了康有为的上书。他读了以后，思想上得到了很大的启迪，耳目为之一新。光绪帝对康有为的建议极为重视，即命誊录副本三份，一份是送慈禧太后，一份发军机处，一份放存乾清宫，原件留勤政殿以备参考。这一次上书使光绪帝透过紫禁城的封建禁区，在思想上同朝野维新力量开始沟通。不久于闰五月初八日（6 月 30 日）康有为又以工部主事的名义，第四次向光绪帝上书。提出了“设议院以通下情”的主张，变法建议又深入了一层，触及政治体制的改革。可惜这次上书又横遭顽固派的阻隔，未能呈至光绪帝手中，康有为投书无门只得离京返回广东。

光绪二十三年（1897 年）冬，德国强占胶州湾，瓜分豆剖，危机四伏，康有为于十一月十三日（12 月 5 日）赶到北京，向光绪帝进呈第五次上书。这次上书又被工部尚书淞湍压扣下来，康有为上书受挫，准备启赴回籍，给事中高燮曾“乃抗疏荐之”军机大臣翁同龢得到消息，立即赶到他的住舍南海会馆，会见康有为说：“毋行，吾今晨力荐君于上矣，谓‘康有为之才过臣百倍，请举国以听’。上将大用君矣，不可行。”康有为第五次上书经高燮曾、翁同龢转呈，总算到了光绪帝眼前。《光绪朝东华录》载：

光绪二十三年十一月间康有为抗论德据胶州亟宜变法自强呈请工部堂官代奏之书进。

《东华录》还详录其内容。在这次上书里康有为向光绪帝提出变法三策："第一策曰采法、俄、日以定国是"；"第二策曰大集群才而谋变政"；"第三策曰听任疆臣自行变法"。"凡此三策，能行其上则可以强，能其中则犹可以弱，仅行其下则不至于尽亡，惟皇上择而行之，宗社存亡之机，在于今日，皇上发愤与否在于此时。"康有为坦然直言曰："职（康氏自称）诚不忍见煤山前事也。"看了康有为的上书，光绪帝的心为之打动，"上嘉纳之"，准备召见面论变法机宜。可是恭亲王奕䜣以"本朝成例，非四品以上官不能召见，今康有为乃小臣，皇上若欲有所询问，命大臣传语可也"，阻止了光绪帝亲见康有为。结果，光绪帝只好"命总理各国事务衙门大臣接见康有为询问天下大计，变法之宜。并令如有所见及有著述论政治者，由总理各国事务衙门进呈"。又"命总理各国事务王大臣进工部主事康有为所著日本变政考、俄皇大彼得变政考等书"。此间，康有为先后向光绪帝呈进的论著有："缀成《俄皇彼得传》、《日本变政考》、《英国变政记》、《普国作内政寄军令考》、《列国统计比较表》、《列国官制宪法表》、《法兰西革命记》、《波兰灭亡记》等等。"光绪帝读了康有为呈进变法新著，茅塞顿开，拓阔了政治视线，于是他广购新书，企望变法维新之举能在外国变法的历史经验中得到借鉴。光绪帝自见到康有为第三次，上皇帝书以后，萌发了维新变法思想，尔后又多次接到康有为的上书，变法之念越来越强烈。又是命总理衙门问话康有为，又是阅读日本、欧美各国变法著作；又是焚烧宋元版本的汉学经书；又是广购西人政书，维新变法之举的开场罗鼓已经敲响，并且一阵阵地传至在颐和园静养的慈禧太后耳中。"在廷守旧诸臣”，“恶新政”之辈不断地谗言新法，“将不利颐和园激太后之怒”。这时，光绪帝已“锐意变法”，当他得悉西太后不欲，就对顽固派庆亲王奕劻说：“太后若仍不给我事权，我愿退让此位，不甘作亡国之君。”奕劻便向慈禧太后报告光绪帝变法决心，西太后怒气冲冲地说：“他不愿坐此位，我早已不愿他坐之。”一语道出杀机，把光绪帝逼到了破釜沉舟的地步。

为了变法，他必须从慈禧太后手中争得事权，“不甘作亡国之君”，反映了光绪帝的无畏情怀，因此他也是一位有所作为的青年皇帝。

三

甲午战争的惨重失败和《马关条约》的屈辱签订使年轻而倔强的光绪帝感受到了从未有过的奇耻大辱。“皇上日夜忧愤，益明中国致败之故，若不变法图强，社稷难资保守。”中国的瓜分危机，迫在眉睫。光绪帝深知，要想使中国富强，就必须变法。而要想进行富有成效的变法，就必须有熟知西方的人才。为此，光绪帝于光绪二十三年十二月二十五日（1898 年 1 月 17 日）发布上谕：

> “现值时局孔艰，需材尤亟。各省督抚……
> 其各举宅心正大，才识闳通，足以力任时艰者，
> 列为上选”。

详细具陈，以备擢用。光绪帝需才若渴，他在焦灼地寻找推动变法的人才。

恰在此时。出现了资产阶级维新派康有为。

第二天，光绪帝迫不及待地召见了军机大臣和总署大臣，垂询五大臣接见康有为的有关情况。军机大臣、总署大臣翁同龢上奏了接见的全过程。光绪帝很感欣慰，总算找到了一个理想的变法人才。他想立即召见，但奕䜣认为

不妥。奕䜣认为可以让康有为条分缕晰地上奏陈述自己的变法主张，如果皇帝认为有可取之处，再命召见不迟。

光绪帝很尊重奕䜣的见解，便下谕让康有为条陈所见，进呈《日本变政考》和《俄大彼得变政记》。

西花厅的接见是一次引人注目的重要接见。五位重臣集体接见一位小官这个事情的本身便非同寻常。更何况这五位重臣又分属洋务派、维新派和守旧派呢！由于有了这次考察兼考试性质的接见，才使得光绪帝与康有为的进一步联系有了可能。

光绪帝读了《日本变政考》和《俄大彼得变政记》，越发感到必须立即着手变法，否则社稷难保。但他却没有真正的皇权，处处受制于慈禧，寸步难行。不得已，他找到了庆亲王奕劻说："太后若仍不给我事权，我愿退让此位，不甘作亡国之君。"奕劻把这话转呈慈禧。慈禧一听便大怒道："他不愿坐此位，我早已不愿他坐之。"奕劻耐心劝说，慈禧才说："由他去办，候办不出模样再说。"奕劻把慈禧的意思转告光绪帝。光绪帝心中有了底，便到颐和园面见慈禧，慈禧对光绪帝说："凡所施行之新政，但不违背祖宗大法，无损满洲权势，即不阻止。"

慈禧答应光绪帝在"不违背祖宗大法"的前提下可以实行变法。这是政治改革方面的重大许诺。

慈禧为什么允许光绪帝实行变法呢？我认为，大体应该有三点原因。

一是列强的环逼。甲午战后，中国面临被列强瓜分豆剖的危机。在失掉显赫的皇权的威胁面前，慈禧与列强之间的矛盾便异常尖锐起来。她不能不顾及他的祖业、她的江山和他的皇位。她想到了"自强"。光绪二十五年九月初二日（1899 年 10 月 6 日）她在召见盛宣怀时即谈到了"自强"："奏对：所以此刻联交（取得列强的帮助—引者）要想他们帮助，断做不到，只得讲究自强。请皇太后还在自强的自字上面打算。上问：你说的甚是，必要做到自强。但是现在外国欺我太甚，我所以十分焦急。”慈禧深感到“外国欺我太甚”，因此她也认为“必要做到自强”。同时，她在后来同她的侍卫女官德龄也谈道：“我希望我们中国将来会强大。”变法是自强之一途，为此，她同意变法。据载：“后尝告德宗，变法乃素志。同治初，即纳曾国藩议派子弟出洋留学，造船制械，凡以图富强也。”慈禧表白自己“变法乃素志”，而且举出同治年间派人留洋、造船制械等新政都是经她旨准而得以实行的实例来证明确实如此。

二是臣下的奏陈。甲午战败，外衅危迫，四邻交逼，分割立至。当此之时，上自朝廷，下至士民，都在酝酿变法。康有为发动的“公车上书”最具代表性。据载，康有为的上书曾感动过慈禧。苏继祖记道：“恭邸（奕䜣），薨逝，康复见用，太后亦为所上之书感动，乃极力排挤谗谤皇上及康也。”

三是皇帝的坚请。光绪帝信任翁同龢，翁同龢主张变法，对光绪帝颇有影响。光绪帝很喜欢“流览新书”。他读过刘瑞芬的《英法政概》、宋育仁的《采风记》和黄遵宪的《日本国志》。这些书都介绍了西方的体制和日本的变法。他把阅读所得讲给慈禧听，即“遂为后言”。同时明确地申明了自己的观点：“徒练兵制械，不足以图强。治国之道，宜重根本。”而且进一步把冯桂芬的《校邠庐抗议》“进后览”。《校邠庐抗议》初作于1861年。当时虽未正式刊印，但其主张被洋务派的高官显宦们广为传播，已为人们所熟知。1885年正式刊印，流播更广。这部书不是洋务思想的一般启蒙读物，而是新兴的“学西方、谋自强”的时代精神的论纲。慈禧读过后，“亦称其剀切”。慈禧同意光绪帝变法，“第戒帝毋操之过蹙而已”。并且明确表态：“苟可致富强者，儿自为之，吾不内制也。”让光绪帝自行变法，她不加以牵制。

四月二十七日（6月15日）康有为赴颐和园，暂住户部公所。四月二十八日（6月16日）晨去仁寿殿朝见光绪帝，先到朝房等候。在这里，同荣禄不期而遇。

荣禄轻蔑地看了看康有为，傲慢而挑衅地说："以子之槃槃大才，亦将有补救时局之术否？"

康有为面对荣禄的无礼，斩钉截铁地答："非变法不可。"

荣禄以为康有为软弱可欺，进一步逼问："固知法当变也，但一二百年之成法，一旦能遽变乎？"

康有为忍无可忍，愤然地斥道："杀几个一品大员，法即变矣。"

荣禄闻听此言，猛然一惊，心想："这小子太狂悖了，等着瞧，早晚要除掉你！"

光绪帝先召见荣禄，荣禄奏劾康有为"辩言乱政"。荣禄奏毕出来，康有为才进去奏对。光绪帝早就急切地想一见康有为，康有为亦渴望拜谒光绪帝，今天终于如愿以偿，两人都格外激动。

光绪帝问康有为的年岁出身。康有为答后即切入主题："四夷交迫，分割洊至，覆亡无日。"

上言："皆守旧者致之耳。"

康对："上之圣明，洞悉病源。既知病源，则药即在此。既知守旧之致祸败，则非尽变旧法与之维新，不能自强。"

上言："今日诚非变法不可。"

康对："近岁非不言变法，然少变而不全变，举其一而不改其二，连类并败，必至无功。譬如一殿，材既坏败，势将倾覆，若小小弥缝补漏，风雨既至，终至倾压。必须拆而更筑，乃可庇托。然更筑新基，则地之广袤，度之高下，砖石楹桷之多寡，窗门槛棂之阔窄，灰钉竹屑之琐细，皆须全局统算，然后庀材鸠工，殿乃可成。有一小缺，必无成功，是殿终不成，而风雨终不能御也。”

光绪帝认为说得有道理。

康对：“今数十年诸臣所言变法者，率皆略变其一端，而未尝筹及全体。又所谓变法者，须自制度法律先为改定，乃谓之变法。今所言变者，是变事耳，非变法也。臣请皇上变法，须先统筹全局而全变之，又请先开制度局而变法律，乃有益也。”

光绪帝颔首称是。

康对：“臣于变法之事，尝辑考各国变法之故。曲折之宜，择其可施行于中国者，斟酌而损益之，令其可施行。章程条理，皆已备具。若皇上决意变法，可备采择，但待推行耳。泰西讲求三百年而治，日本施行三十年而强。吾中国国土之大，人民之众，变法三年，可以自立，此后则蒸蒸日上，富强可驾万国。以皇上之圣，图自强，在一反掌间耳。”

上曰：“然，汝条理甚详。”

康对：“皇上之圣既见及此，何为久而不举，坐致割弱？”

光绪帝听到这，胆怯地瞅瞅帘外，长叹一声，无可奈何地说：“奈掣肘何？”

这个举动被敏锐的康有为看在眼里，知道光绪帝畏惧慈禧。康有为灵机一动，巧妙地答道：“就皇上现在之权，行可变之事，虽不能尽变，而扼要以图，亦足以救中国矣。惟方今大臣，皆老耄守旧，不通外国之故，皇上欲倚以变法，犹缘木以求鱼也。”

上曰：“伊等皆不留心办事。”

康对：“大臣等非不欲留心也。奈从资格迁转，至大位时，精力已衰，又多兼差，实无暇晷。无从读书，实无如何。故累奉旨办学堂，办商务，彼等少年所学皆无之，实不知所办也。皇上欲变法，惟有擢用小臣，广其登荐，予之召对，察其才否，皇上亲拔之，不吝爵赏，破格擢用。方今军机总署，并已用差，但用京卿、御史两官，分任内外诸差，则已无事不办。其旧人且姑听之，唯彼等事事守旧，请皇上多下诏书，示以意旨所在。凡变法之事，皆特下诏书，彼等无从议驳。”

上曰：“然。”

就这样，一问一答，君臣无间，就八股、办学、铁路、矿物、购舰、练兵、游学、译书、用人等方方面面的问题交换了看法，时间不知不觉间溜走，已用了两个半小时，“从来所少有也”。

光绪帝随即命康有为在总理衙门章京上行走。并授予他专折直奏权，以后如有奏言不必由大臣代转。

这是光绪帝对康有为的第一次，也是唯一的一次召见。这次召见为百日维新定下了基调。此后，百日维新便大张旗鼓地开展起来了。

光绪帝加快了变法的步伐。

四月十三日（6 月 1 日）御史杨深秀奏，请定国是。四月十八日（6 月 6 日）杨深秀奏，请告天祖，誓群臣以变法。这个奏折是康有为代拟的。四月二十日（6 月 8 日）侍读学士徐致靖奏，外患已深，请速定国是。在臣下的一再请求下，光绪帝命翁同龢拟旨明发。四月二十三日（6 月 11 日）是一个重要的日子。这一天光绪帝发布谕旨，明定国是，变法自强。四月二十五日光绪帝命工部主事康有为于本月二十八日预备召见。

四

当光绪皇帝迫使西太后作出了一定程度的“让步”，取得有限的事权之后，就不失时机地在 1898 年 6 月 11 日

（光绪二十四年，戊戌，四月二十三日）颁布了《明定国是》诏，正式向中外宣布，进行变法革新。诏曰：

“数年以来，中外臣工讲求时务，多主变法自强。迩者诏书数下，如开特科，裁冗兵，改武科制度，立大小学堂，皆经再三审定，筹之至熟，甫议施行。惟是风气尚未大开，论说莫衷一是，或托于老成忧国，以为旧章必应墨守，新法必当摈除，众喙哓哓，空言无补。试问今日时局如此，国势如此，若仍以不练之兵，有限之饷，士无实学，工无良师，强弱相形，贫富悬绝，岂真能制挺以挞坚甲利兵乎？

朕惟国是不定，则号令不行，极其流弊，必至门户纷争，互相水火，徒蹈宋明积习，于时政毫无裨益。即以中国大经大法而论，五帝三王，不相沿袭，譬之冬裘夏葛，势不两存，用特明白宣示，嗣后中外大小诸臣，自王公以及士庶，各宜努力向上，发愤为雄，以圣贤义理之学，植其根本，又须博采西学之切于时务者，实力讲求，以救空疏迂谬之弊。专心致志，精益求精，毋徒袭其皮毛，毋竞腾其口说，总期化无用为有用，以成通经济变之才。

京师大学堂为各行省之倡，尤应首先举办，著军机大臣，总理各国事务王大臣，会同妥速议奏，所有翰林院编检，各部院司员，大门侍卫，候补候选道、府、州、县以下官，大员子弟，八旗世职，各省武职后裔，其愿入学堂者，均准入学肄业，以期人才辈出，共济时艰，不得敷衍因循，徇私援引，致负朝廷谆谆告诫之至意，特此通谕知之。”

在对这份诏书作出必要的评价之前，应当提到的是，它的颁布是经历了一个复杂的过程的，起码是取得了西太后的“允准”。因而，这个诏书的内容，必然要以西太后能够允准为限。

光绪皇帝颁布《明定国是》诏，既是顺应了以康有为为首的资产阶级维新派的迫切要求；又通过了西太后的“关卡”，这就决定了它的内容必然要带有矛盾的印痕。光绪帝在这个诏书里，既强调今后必须“博采西学”，并且指出采用“西学”，“毋徒袭其皮毛，毋竞腾其口说”，必须脚踏实地地认真提倡，在这方面他比康有为草拟的上述奏折强调得尤为突出。但同时光绪帝又说，仍要“以圣贤义理之学，植其根本”，这与以上的主张似乎又不协调了。不过应当看到，在十九世纪末叶，即使在那些强烈地向往进取、希望祖国得到振兴的人们当中，在如何处理“中学”与“西学”的关系问题上基本都处于探索的阶段。在当时，就是站在时代潮流前面的康有为，在他的维新思想中仍然夹杂着浓厚的封建思想的糟粕。显然，我们不能要求这时期的人们就必须解决好采用“西学”和继承本国历史遗产的关系问题。再说作为一个身为皇帝的光绪（而且他的政治思想尚处于继续演化的过程中），在其思想中还存在着原阶级的——即使是多么浓重的印记，显然是不足为奇的。何况西太后已经有言在先：推行变法新政，必须以“不违背祖宗大法”为前提。在这种情况下，如果光绪帝不打出“圣贤”的旗帜，即有使变法在刚要起步时就遭到扼杀的可能。因此，在这个宣布变法的诏书里，反映一些思想和现实的矛盾是可以想见的。

光绪皇帝颁布了《明定国是》诏之后，西太后和那些顽固派官僚鉴于形势的压力，明目张胆地抵制、阻挠变法维新的活动在表面上不得不有所收敛。可是他们对变法维新的敌视心理并没有消除。在苏继祖的《清廷戊戌朝变记》里，记载了一段西太后与其心腹官僚，在《明定国是》诏颁布前后的密谋情况颇有些参考价值。其中说：

> “四月二十日后太后召见庆邸（奕劻）、荣相（荣禄）、刚相（刚毅），询及皇上近日任性乱为，要紧处汝等当阻之。同对曰：皇上天性，无人敢拦。刚伏地痛哭，言奴才婉谏，屡遭斥责。太后又问，难道他自己一人筹画，也不商之你等？荣、刚皆言曰：“一切只有翁同龢能承皇上意旨。刚又哭求太后劝阻。太后言，俟到时候，我自有法。”

从当时这些人的思想和活动情况来看，苏继祖的这些记载应当说是反映了一定的事实。另外梁启超也有所透露，他说，当《明定国是》诏发布后，自“归政”以来已“不见臣工”的西太后又开始“见大臣”了。各种迹象表明，围绕着《明定国是》诏的颁布和变法新政的开始推行，西太后等人确实加紧了密谋活动。通过精心策划，一个阻挠和准备破坏变法维新的周密阴谋便日见端倪。

在光绪帝颁布《明定国是》诏，正式宣告推行变法新政后的第五天，即在6月15日（四月二十七日）的一天里，西太后就“勒令上（光绪帝）宣布”了三道谕旨和一个任命：一，以“渐露揽权狂悖”的“罪”名，将协办大学士、户部尚书翁同龢革职逐出京城；二，规定嗣后凡有赏项或补授文武一品及满汉侍郎之臣工（梁启超及其他材料中均说是补授二品以上的大臣）均须具折后再到西太后前“谢恩”。各省将军、都统、督抚、提督等官，亦须一体向西太后具折“奏谢”；三，宣布于当年秋由光绪帝“恭奉”西太后到天津“阅操”；四，将王文韶调进清中央，任命荣禄署直隶总督。

梁启超认为，西太后迫不急待地采取这些举动，是“篡废之谋”，这种说法显然不能认为是扑风捉影。十分明显，西太后在关键时刻采取了这一连串的行动，实际是企图控制和准备进而扼杀变法维新（包括迫害光绪帝）所作的周密部署，这四者互相关联构成了一个巨大阴谋。

与此同时，西太后又重新揽去对重要官员的赏赐和授任权，从而限制了光绪帝任用新人推行变法新政的活动余地；西太后对其班底作了调整，以填补翁同龢的空缺，把顽固官僚王文韶调入清廷中枢，加强了她在清中央的实力地位，将其嫡系亲信荣禄安插在显要的直隶总督位置上，并以他来统辖警卫京津的北洋三军，以便进一步控制兵权，提前放出准备于当年秋让光绪帝“陪”她到荣禄的辖区天津阅兵的空气，又是设下的一大陷阱。总之，这些都是西太后给光绪皇帝推行变法所设置的重重障碍，也是向他发出的危险信息。

对于来自西太后的这些咄咄逼人的阴谋活动，光绪帝已“有所闻”。但可谓“明知山有虎，却向虎山行”。决意进行变法维新的光绪帝，并没有在西太后的暗算和威胁面前而动摇，他在颁诏宣布推行变法新政之后，又冒着西太后煽起的阵阵阴风，坚持准备召见康有为。看来，他要不顾一切地把变法维新推向前进了。

召见康有为，使光绪帝与维新派建立起直接的联系，是这场变法运动能不能沿着资产阶级维新派的指向展开的又一个必不可少的重要环节。早在 1897 年末，已趋向支持变法的光绪帝就想召见康有为，但由于受到当时恭亲王奕䜣等人的阻挠，未能实现。时至此刻，由于内外形势的变化，光绪帝的这个意愿终于在颁布《明定国是》诏之后的第六天，即 6 月 16 日（四月二十八日）实现了。

这次被召见的，除康有为之外还有张元济。当时康有为的官衔是工部主事，张元济是总理衙门章京，他们二人都是数不上流的“小人物”。康有为早就引起了以西太后为首的封建顽固势力的特别注意。很明显，光绪帝同时召见康有为和张元济二人，不过是为了减少顽固派的“疑忌”而作出的精心安排。尤其是引起人们回味的是，光绪帝召见这两人的地点，并未在离开西太后的紫禁城里，而是选在西太后眼皮底下的颐和园仁寿殿。如上所说，这时正是西太后放出四支毒箭的第二天，当时的紧张气氛是可以想见的。并且光绪帝召见康有为又是以西太后为首的封建顽固派最为敏感的事。在这样的形势中，只能说明，光绪帝的这种作法，无非是试图把他的召见活动，尽可能使之染上堂堂正正的色彩，以便消除西太后等人的“猜忌”。

在新政伊始之际，光绪帝亲自召见资产阶级维新派领袖康有为，具有特别的重要意义。在召见过程中，光绪帝的态度和表现如何，又是考察他的变法去向等问题的重要依据之一。故此，将康有为在其《自编年谱》中复记的与光绪帝之对话部分就要录下：

> “二十八日早入朝房……吾入对，上（光绪皇帝）问年岁出身毕，吾即言；‘四夷交迫，分割洊至，覆亡无日。’上即言；‘皆守旧者致之耳。’吾即称：‘上之圣明，洞悉病源，既知病源，则药即在此，既知守旧之致祸败，则非尽变旧法与之维新不能自强。’
>
> 上言：‘今日诚非变法不可。’吾言：‘近岁非不言变法，然少变而不全变，举其一而不改其二，连类并败，必至无功。……’上然之。
>
> 吾乃曰：‘今数十年诸臣所言变法者，率皆略变其一端，而未尝筹及全体，又所谓变法者，须自制度法律先为改定，乃谓之变法。今所言变者，是变事耳，非变法也。臣请皇上变法，须先统筹全局而全变之，又请先开制度局而变法律，乃有益也。’上以为然。
>
> 吾乃曰：‘臣于变法之事，尝辑考各国变法之故，曲折之宜，择其可施行于中国者，斟酌而

损益之，令其可施行，章程条理，皆已备具，若皇上决意变法，可备采择，但待推行耳。……’上曰：‘然，汝条理甚详。’吾乃曰：‘皇上之圣既见及此，何为久而不举，坐致割弱？’上以目睨帘外，既而叹曰：‘奈掣肘何？’

吾知上碍于西（太）后无如何，乃曰，‘就皇上现在之权，行可变之事，虽不能尽变，而扼要以图，亦足以救中国矣。惟方今大臣，皆老耄守旧，不通外国之故，皇上欲倚以变法，犹缘木以求鱼也。’

上曰：‘伊等（指守旧权贵一引者）皆不留心办事。’对曰：‘大臣等非不欲留心也，奈以资格迁转，至大位时，精力已衰，又多兼差，实无暇晷，无从读书，实无如何，故累奉旨办学堂，办商务，彼等少年所学皆无之，实不知所办也。皇上欲变法，惟有擢用小臣，广其登荐，予之召对，察其才否，皇帝亲拔之，不吝爵赏，破格擢用。……其旧人且姑听之，惟彼等事事守旧，请皇上多下诏书，示以意旨所在，凡变法之事，皆特下诏书，彼等无从议驳。’

上曰：‘然。’对曰：‘昨日闻赏李鸿章、张荫桓宝星，何不明下诏书。’上一笑。

‘自割台后，民志已离，非多得皇上哀痛之诏，无以收拾之也。’上曰；‘然。’吾乃曰；‘今日之患，在吾民智不开，故虽多而不可用，而民智不开之故，皆以八股试士为之。学八股者，不读秦汉以后之书，更不考地球各国之事，然可以通籍累致大官，今群臣济济，然无以任事变者，皆由八股致大位之故。……’上曰，‘然。……’

对曰：‘上既知八股之害，废之可乎？’上

曰：'可。'对曰：'上既以为可废，请上自下明诏，勿交部议，若交部议，部臣必驳矣。'上曰：'可。'

上曰：'方今患贫，筹款如何？'……乃略言：'中国铁路矿务满地，为地球所无，若大举而筹数万万，遍筑铁路，练民兵百万，购铁舰百艘，遍开郡县各种学堂，水师学堂船坞，则一举而大势立矣，但患变法不得其本耳。中国地大物博，藏富于地，贫非所患也，但患民智不开耳。'于是言译书、游学、派游历等事，每终一事，稍息以待上命，上犹不命起。……因谢保国会被劾，上为保全之恩，上皆点首称是。又条陈所著书及教会事，久之，上点首云：'汝下去歇歇。'又云，'汝尚有言，可具折条陈来。'乃起出，上目送之。"

这次光绪帝对康有为的召见，对他们两人来说，都有着迫切的需要。而这种需要，又直接关系着刚刚开始的变法维新如何进行。在被召见的过程中，康有为充分地利用了这一难得的机会，又进一步向光绪皇帝面陈了在列强围逼之下，必须奋起变法维新方可求存的道理，同时也为光绪帝筹划了推行变法新政的具体方针、步骤，以及应变的主要内容和方式等等。

在颐和园和光绪帝的周围，早已布满了西太后的耳目。就在光绪皇帝接见康有为的时候，西太后的心腹荣禄，也突然来到颐和园的仁寿殿。而且他还抢先一步，向光绪帝"面劾"康有为"辩言乱政"。荣禄在此刻采取的这一行动，无非是企图通过继续攻击康有为的变法维新主张，来达到离间光绪帝和康有为的目的，同时也是对光绪帝发出的一种警告。因此，在召见康有为的过程里，光绪帝还不断地注意"帘外"的动向，并不时地流露出为难的神情。有人说，当时的光绪帝“惴惴如防大敌”，显然是道出了当时光绪帝面对的实际情景。或者是出于顾忌，在他们的对话当中，光绪帝的谈吐不多。尽管如此，对于康有为提出的所有对变法维新的看法和建议，光绪帝还是都一一地表示了肯定或赞成的态度。在诸如变法方可图存，守旧必致误国，以及应该果断地废除“八股之害”等重大问题，光绪帝的态度同样是明确而坚定的。事实上，光绪帝通过这次与康有为的面谈，他们在对待变法维新的认识和态度上，取得了完全的一致。

他们两人的对话，突出了如何对待守旧势力的问题。在这方面，光绪皇帝鉴于自己的实际处境，的确表露出无可奈何的苦衷。实际上，摆在他面前的阻挠变法的势力既顽固而又强大，这是活生生的事实。对此，就康有为来说，他也是无法回避的。在对话之初，康有为曾一再强调必须“全变”，但当光绪皇帝谈到充塞宫廷的权臣“多因循守旧，罚不及众”而感到苦恼时，他也不得不改变主意，又提出“就皇上现在之权，行可变之事，虽不能尽变，而扼要以图”的“渐变”方针。至于说，如何处理新、旧势力的关系，采取怎样的变法方式，康有为也只得面对现实，建议“皇上欲变法，惟有擢用小臣，广其登荐，予之召对，察其才否，皇上亲拔之，不吝爵赏，破格擢用”。与此相应的是，为了避开守旧官僚对变法的抵制和干扰，康有为又要求光绪帝“凡变法之事，皆特下诏书”，采取公开推行的方式。可是，对这些“小臣”怎样具体的“不吝爵赏，破格擢用”呢？梁启超作了清楚的说明。他说，当时康有为看到群顽难驯，便“请皇上勿去旧衙门，而惟增置新衙门，勿黜革旧大臣，而惟渐擢小臣，多召见才俊志士不必加其官，而惟委以差事，赏以卿衔，许其专折奏事足矣”。对于这种“渐变”的方针和对维新人士只给提供参预变法新政的活动条件而不公开加以高官，以及通过颁布明诏来推行变法的方式，光绪帝均“然其言”。并且在此之后，光绪皇帝也确实基本是按照这一方针、方式推行变法新政的。

从康有为和光绪皇帝议定的这种变法维新的方针和策略本身来看，无疑是对守旧势力的一种妥协的产物。然而在新旧力量对比悬殊的政治环境中，要对中国进行改革，对根深蒂固的守旧势力在一定的条件下作某种程度的妥协，也是不可避免的。十分明显，他们准备做出的这种让步，其根本的立足点，还是为了推进变法维新事业。康有为、光绪帝议定采取的这种具有妥协气味的对策，既有其现实性，也有无可否认的策略意义，它的内涵是积极进取的。

体现这一方针策略的第一个实际表现，就是在召见康有为之后的当天，光绪皇帝即命康有为“在总理各国事务衙门章京上行走”。并许其有“专折奏事”的权力。

光绪皇帝通过召见康有为，在进一步统一了思想认识的前提下，又共同议定了推行变法新政的具体方针、步骤和方式、方法，并从中摆脱了顽固势力的纠缠，使资产阶级维新派领袖康有为通过“专折奏事”，在事实上取得了对变法维新具有决策性的参议权。这样一来，就为光绪帝的图强活动纳入资产阶级维新派铺设的革新轨道奠定了坚实的基础。从此以后，通过光绪皇帝推行的变法新政，也就展现出越发明显的新面貌。

到了 1898 年（光绪二十四年）的初夏，多年来试图有所作为的光绪皇帝，终于被变法图强的滚滚潮流推到了历史的前台。固然，从当时的客观环境和光绪皇帝自身的境况来说，这种局面的出现，似乎是一种很不协调的历史安排。然而，它却深刻地体现了历史发展的合理性。

光绪皇帝从颁布“决意”变法的《明定国是》诏和继而召见康有为共商变法大计以来，资产阶级维新派的革新建议和其他一些图强要求，都通过他的诏旨像雪片一样传向全国上下。于是，在短短的二、三个月的期间里，即在死气沉沉的清王朝的政治思想界，卷起了一个“除旧更新”的波澜。到此，从甲午中日战争后兴起的愤发图强的呼声，迅速地汇集成一个冲动全国的革新热潮。衰弱落后、任人欺凌的近代中国，迎来了一场前所未有的变革洗礼。这一革新热潮，虽然首先是在清王朝统治机体的内部展开的，但其影响却很快地冲破了这个王朝的政界围堰，成为十九世纪末叶中国政治生活的轴心。

以1898年6月11日（光绪二十四年四月二十三日），光绪皇帝颁布《明定国是》诏正式宣告推行变法新政为起点，到当年9月21日（八月六日），西太后重新“训政”，宣布变法维新为非法时为止的“百日维新”期间，光绪帝先后发布的有关改革的各种诏令，计有一百八十条左右。按一百零三天计算，平均每天颁发1.7条，最多者，如在9月12日（七月二十七日）的一天中，即颁发了十一条维新谕旨，可见这场变法维新的来势何其迅猛！这种盛况的出现，当然是资产阶级维新派适应时代的要求，历经多年的艰辛努力所促成的；但是它也体现了光绪帝“深观时变，力图自强”的急迫心情。

为了展示这次变法维新的场面，观其改革的深度、广度，兹将光绪帝颁发的变法维新诏令，举其要者分类列下：

选拔、任用“通达时务”和有志维新的人才

6月11日（四月二十三日），谕各直省督抚保荐品学端正、通达时务，无论官职大小数人，以备“考验”通使各国。

6月12日（四月二十四日），谕令宗人府在该王公贝勒中，选拔“留心时事，志趣向上者”听候任用。

6月27日（五月初九日），降谕重申，“用人一道，最为当务之急”。要求各大臣等“尤须举贤任能”，罢斥“瞻顾因循”者。

7月13日（五月二十五日），谕，“以广登进而励人才”’命三品以上京官及各省督抚学政，在三个月内各举人才数名，随请随试，“用副朝廷侧席求贤至意”。

同日，令京外人员保荐精专制造及驾驶声、光、化，电诸学之才，考验得实，因材器使。

7月30日（六月十二日），命刘坤一、张之洞，立即饬令维新人士黄遵宪、谭嗣同来京引见。

8月29日（七月十三日），谕命通达时务的维新人士杨锐、刘光第、严复、林旭等，一体预备召见。

9月5日（七月二十日），授杨锐、刘光第、林旭、谭嗣同四人四品卿衔，在军机章京上行走，参与新政事宜。

9月7日（七月二十二日），命各直省督抚，留心访察，如有通达时务勤政爱民之员，随时保送引见，以备录用。

9月16日（八月初一日），为采用西法，振兴中国商务，推广制造，电谕出使各国大臣，在寓居外国的华侨中，无论士商工匠，选其可用者，随时送回国内“以备任使”。

发展近代教育，培养新人

6月11日（四月二十三日），命筹办京师大学堂。所有各部院司员及候补、候选道、府、州、县各官之子弟等等，愿入学堂者，“均准入学”。

6月20日（五月初二日），谕总理衙门议设矿务学堂，并现有学堂一律增设矿务学。拟由各省督抚选派“年幼聪颖学生”赴日本学习矿务。

6月23日（五月初五日），谕令自下科为始，乡会试及生童岁科各试，废除八股文，一律改试策论。

6月30日（五月十二日），令将经济岁举归并正科，同样改试策论。

7月3日（五月十五日），颁谕宣布，为“广育人才讲求时务”，参用西方学规正式创办京师大学堂，派孙家鼐管理大学堂事务。

7月10日（五月二十二日），谕各省府、厅、州、县之大小书院及民间的祠庙，“一律改为兼习中学西学之学校”。省会设高等学校；郡城设中等学校；州县设小学校。各地方捐办之义学、社学，也一并“中西兼习”。各地绅民如能捐建学堂，给予奖励，“实力振兴”教育。

7月13日（五月二十五日），颁谕重申，各省士民“捐办学堂各事，给予奖励”，准予对上述士民“给予世职实官虚衔”。“鼓励人才，不靳破格之赏”。

7月19日（六月初一日），公布科举新章，乡会试仍分为三场：一场试历史及清代政治；二场试时务策；三场试四书五经。并决定，“嗣后一场考试，均以讲求实学实政为主，不得凭楷法之优劣为高下”。

8月4日（六月十七日），以期与京师大学堂“相辅而行”，大力造就新式人才，谕令京师广立小学堂。

8月19日（七月初三日），颁谕正式宣布，“各项考试，改试策论”，并废朝考之制。又决定“一切考试诗赋，概行停罢”，“造就人才，惟务振兴实学”，以期使天下翕然向风，讲求经济。

8月21日（七月初五日），命驻外使臣，在国外华侨集居各埠设华侨学堂，兼学中西文字“以广教育”。

8月30日（七月十四日），再次颁谕宣告，开办“学堂造就人才，实为急务”，命切实劝导。

9月9日（七月二十四日），准设医学堂，“考求中西医理”，发展近代医学事业。

9月12日（七月二十七日），命改各省中小学堂的任教职称为教习。

同日，谕令，奖励试办速成学堂，逐步推广，以期尽速“收效”。

9月19日（八月初四日），应请，命内务府，将该处官房拨给顺天府设立中学堂，并准予在顺天府属各州县选拔学生就学，以便“广育人才”。

改革行政规则，裁减机构、冗员，整顿吏治

7月29日（六月十一日），为改变各衙门堂官司员藉繁琐之旧则例“因缘为奸，舞文弄法”，故命将各衙旧则中“实多窒碍者，概行删去，另定简明则例”。

8月2日（六月十五日），电谕伍廷芳，“博考各国律例”，拟制条款，送总理衙门“覆办”。

8月10日（六月二十三日），再谕各臣工，强调“舍旧图新”之关要，严斥“墨守旧章”阻挠改革庶政之言行。

8月30日（七月十四日），旨令各督抚，认真清理吏治，杜绝“种种殃民之事”，以利“民生”。

同日，因“旧制相沿”，造成国家各级机构重迭，冗员充塞。诏令裁撤中央的詹事府、通政司，光禄寺，鸿胪寺，太仆寺，大理寺等衙门。地方督，抚同城的湖北、广东、云南三省巡抚，闲置的东河总督，不办运务的粮道及无盐场的盐道均予裁并。至于其他应裁、减，归并的机构和官员，命大学士，六部及各省督抚，陆续“切实”议定办理。同时申明，各级官员“不准藉口体制攸关，多方阻格，并不得以无可再裁，敷衍了事”。

9月1日（七月十六日），旨令已裁撤的詹事府、通政司、光禄寺等衙门的一切事宜，均并归内阁六部分办，并归的具体事项，由大学士及六部尚书、侍郎于五日内具奏。

9月2日（七月十七日），谕令所有各衙门，均当依照吏部，户部删定的则例办理“以归划一”。

9月9日（七月二十四日），为使无官职的“通才”参与议政，准予作为定制设散卿、散学士之职。

9月10日（七月二十五日），再次谕令大学士和六部尚书、侍郎及各省督抚，对尚未进行裁、减、归并的事宜，尽速切实筹议。

9月20日（八月初五日），旨令各省督抚，“必当以吏治民生为重”，不得出自于私，滥任州县等官吏。

鼓励上书言事，广开言路

8月2日（六月十五日），谕大小臣工广泛言事“以备采择”；并宣告，“士民”有上书言事者，由都察院呈递，“毋得拘牵忌讳”。

9月1日（七月十六日），命将“藉端”阻挠主事王照条陈言事的礼部尚书怀塔布、许应骙等交部议处，并命嗣后代递条陈，原封呈进，堂官不得拆开。

9月2日（七月十七日），降谕宣布，“士民有上书言事者，亦应按原封进呈”，并“随到随递，不准稽压，倘有阻格，即以违旨惩处”。

9月4日（七月十九日），颁朱谕宣告，礼部尚书怀塔布、许应骙及侍郎堃岫、徐会沣、博颋页、曾广汉等六堂官，因一再阻挠主事王照言事予以革职。同时决定，由于王照“不畏强御”勇于进言，给予嘉奖，赏三品顶戴，以四品京堂候补，激励言事。

9月12日（七月二十七日），为进一步冲破守旧势力的阻格，连降两谕，命将推行新政之谕旨和鼓励上书言事的诏令一并照样抄录，悬挂各省督抚衙门大堂，以期“家喻户晓”，破除“壅隔”。

9月13日（七月二十八日），电谕各省督抚及藩臬道府官员，凡有上书言事者，均可自行专折具奏，“毋庸代递”；州县等官言事者，仍由督抚将原封呈递；士民有上书言事者，由本省道府随时代奏。对于所有奏疏“均不准稍有抑格，如敢抗违或别经发觉，定将该省地方官严行惩处”。

提倡办报、译书和出国游学

6月12日（四月二十四日），为“开通风气”，选派宗室王公出国“游历”。

6月28日（五月初十日），谕令筹款兴办译书局。

7月3日（五月十五日），授梁启超六品衔，管理译书局事务。

7月6日（五月十八日），准予奏请，在南洋公学内设立译书院，翻译各国书籍。

7月17日（五月二十九日），准将上海时务报改为官报。

7月26日（六月初八日），正式改上海时务报为官报，命康有为督办其事。同时宣布，各报“自应以胪陈利弊，开广见闻为主，中外时事，均许据实昌言，不必意存忌讳，用副朝廷明目达聪，勤求治理”。

8月2日（六月十五日），谕令从同文馆和各省学堂选派学生“出洋游学”。并宣布，各部院“如有讲求实务愿往游学人员”，亦可一并咨送。

8月9日（六月二十二日），谕令各省督抚，积极筹拨银款资助官报。重申，各报馆立说，“总以昌明大义，抉去壅蔽为要义，不必拘牵忌讳，致多窒碍。”

8月16日（六月二十九日），谕令，对于梁启超主办的译书局，要立足于“经久之计”，必须“宽筹经费”速见成效。

8月18日（七月初二日），命各省督抚，从各学堂中挑选“聪颖学生，有志上进”者去日本留学。

8月26日（七月初十日），准梁启超所请，在上海设立翻译学堂，承认学生出身，编译之书籍报纸一律免税。

9月12日（七月二十七日），准请，作为上海官报之续，在京城设立报馆，翻译新报，并提倡各地“官绅士民”一律举办，以期开风气而扩见闻。

9月17日（八月初二日），谕准“推广游学办法”。应请，准令“绅富之家，各选子弟”送往外国就学。各生毕业后回国“引见录用，以期选拔真才”。

振兴近代工、农、商业及交通事业，奖励发明创造

6月12日（四月二十四日），谕申“商务为富强要图，自应及时举办”。命各省会设商务局，公举“殷实绅商，派充局董”。

6月26日（五月初八日），命盛宣怀立即“兴工赶办”芦汉铁路，并命承办各员加速开办粤汉，宁沪各铁路。

7月4日（五月十六日），谕令各地方官劝谕绅民，兼采中西各法振兴农业；并倡导设立农学会，翻译外国的农学诸书。

7月5日（五月十七日），颁谕宣布，为鼓励私人发明制造，各省士民著有新书、创行新法、制成新器确有“实用者”，给予奖赏，并“准其专利售卖”。有兴造枪炮者“给予特赏，以昭激励”。

7月12日（五月二十四日），颁布奖励振兴工艺章程十二条。

7月13日（五月二十五日），为发展工商，颁布经济特科六条。

同日，对于筹办中国通商银行，谕令应以“振兴商务”为本。

7月14日（五月二十六日），谕令各直省将军督抚，严饬各该地方官，“务须体察商情，尽心保护。”严禁胥吏勒索商贾，凡有铺商倒闭、亏空，“应即讯明查追断还”。

同日，谕，“振兴商务，为富强至计，必须讲求工艺，设厂制造，始足以保我利权。”

7月25日（六月初七日），谕称，中国地大物博，极

宜讲求制造“不致利权外溢”。命先在沿海、沿江一带试办商务局，商会及出版商报，促进设厂兴工，逐渐推广。

7月29日（六月十一日），谕令总理衙门事务大臣，”鼓励”各省商办铁路、矿务。

8月2日（六月十五日），谕各省督抚“认真劝导绅民，兼采中西各法”，振兴农政。

同日，宣布于京师设矿务铁路总局，各省开矿，筑路事宜“俱归统辖”，大力推广开矿、筑路。

8月10日（六月二十三日），谕云在“强邻环伺”之下，欲使商务流通“隐杜觊觎”，只有广开口岸。命沿江、沿海，沿边各将军督抚咨商总理衙门详定节目，在口岸“不准划作租界，以均利益，而保事权”。

同日，应杨深秀奏请将津镇（江）铁路招商承办，谕令矿务铁路总局督办王文韶、张荫桓“酌覆办理”。

8月21日（七月初五日），宣布在京师设立农工商总局，各直省设分局，总理全国及各省农工商事宜。各省府、州、县皆办农务学堂，广开农会，创办农报，购置农器。“考求新法”改革和发展农工商业。

8月31日（七月十五日），为使农工商总局“以持久远”，命端方等认真筹办经费。

9月8日（七月二十三日），再次旨令各省督抚积极筹集款项，迅设局所，广兴机器制造“以扩利源而资民用”。

9月10日（七月二十五日），命胡燏芬筹款兴办京西煤矿至芦沟桥的运煤铁路。

9月11日（七月二十六日），谕令通商口岸及出产丝茶省份的督抚，迅速筹设茶务学堂及蚕桑公院，大力发展供出口的丝茶业，以阜民生而保利权。

同日，谕令将与各国签订的通商约章汇编成书，以备酌改和遵行。

同日，对黄思永建议铁路矿务由国家设立公司任听外国商人入股一事。降谕指出，“现时国家不特无此财力，且流弊百出”，未予采纳。

9月12日（七月二十七日），为便于“商民”、“以广流通”，谕令裁撤驿站，在京师和各省、府、州、县广设邮政分局。

9月13日（七月二十八日），再次颁谕重申“农务为中国大利根本”，必须参用西法、购置机器、多设农会、广出农刊、讲求农学，“劝富民集资”切实兴办，发展新式农业。又强凋，为维护“中国利权”，对商务之大宗丝茶，亦应“广置机器，推广种植制造，以利行销”。

整顿民事，改革财政

8月13日（六月二十六日），康有为上折请禁止天下妇女缠足，命各督抚等推行。

9月5日（七月二十日），谕称“国家振兴庶务，尤以通达民隐为先”。旨令各省、州、县及时清理各种积案，严禁各级官吏“藉端讹索”百姓，“以除积弊而恤民隐”。

同日，为改变京师道路泥泞、沟渠壅塞，命工部会同管理河道大臣等，修整疏通京师街道、沟渠。

9月7日（七月二十二日），为制止地方官吏通过发行“昭信股票”而“苛派扰民”，旨令在民间现办之“昭信股票”立即停止，“与民休息”。

9月8日（七月二十三日），鉴于过去遇到灾荒，只以拨款救济，致使经办官吏“侵渔冒领，弊窦百出”，灾民得不到“实惠”。谕令仿效外国加以改革，实行“以工代赈”，既可“养赡穷民”，又能振兴工业。

9月14日（七月二十九日），诏准八旗人“各习四民之业”，自谋生计。并旨令，改订旗民“徙户开屯计口授田成案”。

同日，命两江、湖广、浙江各督抚，彻底清理已成虚悬的卫所屯田旧制，改行征税，以充国用。

同日，谕令各海关制定约章，严禁兴安岭一带金砂及各省制钱流入外洋。

同日，鉴于厘金行久，“遂致弊端丛集”，“徒滋纷扰”，命户部速筹“兴利除弊”之策。并云“理财之道，取之农不若取之商，用吏役不若用士人”，以达“裕国阜民”之效。

9 月 16 日（八月初一日），为仿照外国“豫筹用度之法”，命户部编制每年的财政预算表，按月刊报，公诸于天下。

整建陆、海军，以期富国强兵

6 月 27 日（五月初九日），谕令军机大臣及督办军务王大臣等，参用西法编练军队。

7 月 9 日（五月二十一日），谕命对八旗及绿营练勇进行裁并，汰弱留强，仿照西方兵制，改习洋枪，加以编练。

7 月 16 日（五月二十八日），谕促各省将军督抚，切实裁兵整军，力行保甲，整顿厘金，严杜中饱，以达富国强兵。

7 月 28 日（六月初十日），颁谕重申，“力求振作，思御外侮，则整军经武，难再视为缓图”。再次责令各将军督抚，剔除中饱，集中财力，“添设海军、筹造兵轮”。

8 月 10 日（六月二十三日），谕称，欲整建水师，以达“制胜”之效，“必以学堂为根本”。谕令南、北洋大臣及沿海各将军督抚，应设各类专门学堂“预备人才”。

8 月 30 日（七月十四日），责成专办之员，出洋采办军火。

9 月 2 日（七月十七日），命兵部妥议改定武科事宜。

9 月 6 日（七月二十一日），恽毓鼎奏请于京师设武备大学堂，旨令孙家鼐妥议。

9 月 16 日（八月初一日），应请，谕令刘树堂，将据实削减河工之款“创办海军”。

就光绪帝明诏推行的维新改革措施来说，无论其广度和深度，都远远地超出了洋务运动的范围。光绪皇帝不仅大力提倡仿效外国在中国发展近代的工、矿、交通，商务、邮政，编练陆海军和办学、译书等，还把这种改革扩展到农业、财政、思想舆论，社会风情、民政吏治以及政治规制等各个方面。有些改革，如裁撤绿营兵，废弃驿站，尤其是取缔八旗人的寄生制等等，都是直接触犯其“祖制”的变革措施。

以前，洋务派官僚曾在福州、天津等地创办过新式学堂，也派出一些人出国留学。李鸿章等在上海的江南制造局设立了翻译馆，译出一些西方近代数理矿务等科学著作，对国内外都产生过一定的影响。但是所有这些，都是在几个洋务派大官僚牢牢地控制下，仅仅是为他们从事的洋务事业（主要是为办海军）服务的，根本没想把它们推广到全社会。

康有为以及梁启超，要模仿日本的明治维新来革新中国，对培养各种新式人才都极为重视。光绪帝也“以为改革之事，全赖人才，故首注意教育”，并把发展近代教育视为变法维新之“急务”，同时也是以此作为学习外国的重要渠道。事实上光绪帝进行变法改革，就是以促进创办京师大学堂作为着眼点的。

此后，光绪帝在改革科举考试制度的同时，又接连颁发了大量谕旨，采取“奖励”等各种方式，旨令全国各地广泛设立新式的高、中，小学堂“中外兼习”。甚至他为了克服经费的困难以便尽速推广，又鼓励各地私人“自行筹款”创办速成中学。此外，光绪帝还频繁旨令在国内各处设立矿务、农学以及医学等专业学校，以培养各种专门人才。与此同时，光绪皇帝并反复降旨，号召上自宗室王公下至各地的“聪颖学生”，都可到日本等国考察和就学，把派出员生出洋考察、学习，亦列为变法维新的重要内容。编译西书，光绪帝也不是仅仅立足于吸取外国的先进技艺，他还试图“藉以考证政治得失”，试图把仿照外国的改革扩展到政治领域（实际有些改革已经涉及到政治方面了）。光绪帝在十分重视发展近代工、商，交通和编练军队之外，又大力提倡“参用西法”振兴中国的农业；“仿用西法”发展中国的丝、茶业；模仿西方各国“预筹用度之法”编制财政预算，以及“仿西法”修整京师道路。同时，光绪帝还参照各国的情况倡导在各地设立商会、农会和蚕桑公院等群众性团体；鼓励“士民”上书言事；出版各种报刊，“胪陈利弊，开广见闻”，给人们一定的结社和言论自由。以及整顿吏治，改革民政，采取与民休息的政策等等，这都是在洋务运动中所不可想象的。从而足见，这次改革已具有较为广泛的社会性。也表明，光绪帝在仿照外国来改革中国的道路上，已走出了相当可观的一段路程。

并且，光绪皇帝的这种向外学习，依然体现了挽救民族危机和维护国家、民族权益的鲜明特色。他在推行变法新政的过程中，除继续提醒人们注意列强环视的严重局面之外，还反复强调了“近来中国利权，多为外人所夺”的严酷现实。从而他指出，“讲求工艺，设厂制造，始足以保我利权”；发展商务、开发矿藏和振兴农业、丝茶业等，亦应以防止“利权外溢”为首要。为此，光绪帝申明，在发展商务开拓商埠时，要“详定节目，不准划作租界，以均利益，而保事权”。仅据上述事实即可说明，光绪帝学习外国的基本立足点，还是为了“以强中国”。

即使从光绪皇帝推行的这些革新措施的整体来说，仍然是侧重于吸取外国先进的生产技术、商品流通方式和培养与此相应的新式人才等方面，但也不可否认，光绪帝却在极欲改变中国陈旧落后的面貌。正如马克思所说：

“随着新生产力的获得，人们改变自己的生产方式，随着生产方式即保证自己生活的方式的改变，人们也就会改变自己的一切社会关系。手推磨产生的是封建主为首的社会，蒸汽磨产生的是工业资本家为首的社会。”

光绪皇帝固然没有明确提出在中国发展资本主义的主张；然而，在他进行的这种较为广泛的改革中，也没有设置不可导向资本主义的高墙壁垒。恰恰相反，如果光绪帝能够沿着这条改革道路走下去，必将给在挣扎中发展的中国资本主义以新的推动，产生他可能想象不到的社会变革。可以认为，光绪帝适应资产阶级维新派的要求，仿照日本的明治维新制订的这一整套维新改革措施，是近代中国第一个已通过国家政权的力量要付诸实现的、较为全面、系统的近代化蓝图。

因此，在变法新政推行的过程中，当改革的“诏书每下，薄海有识之士，皆感激零泣，私相劝奋”，使那些渴望祖国得到复兴的人们受到莫大的鼓舞，在一些地区，出现了“争言农商之学，争译农商之书……上行下效，风气大开”的新局面。变法新政的推行，在沉睡的神州大地，闪射出希望之光。

五

在变法其间，光绪帝确实被反对派势力逼迫得横下了一条心，为了不失去“祖宗之民”，维护“祖宗之地”，以免给“天下后世”留下笑柄，宁可玉碎不为瓦全，甘愿“坏祖宗之法”，也要将变法新政推行下去。而且他的这种信念，竟然达到敢于向历来望而生畏的“老佛爷”公开摊牌的地步。因此，当他罢掉礼部的顽固官僚之后，果真又“不顾利害”向变法的纵深推进了。据梁启超说，光绪帝已“知守旧大臣与己小两立，有不顾利害，誓死以殉社稷之意，于是益放手办事”。在胡思敬的《戊戌履霜录》中也有这样一段记述，大致在礼部六堂官被革职之后，当光绪皇帝照例到颐和园向西太后“问安”时，西太后面责光绪帝：“九列重臣，非有大故，不可弃；今以远间亲、新间旧，徇一人（似指康有为）而乱家法，祖宗其谓我何?”对此，光绪帝斩钉截铁地回答说：“祖宗而在今日，其法必不若是；儿宁忍坏祖宗之法，不忍弃祖宗之民，失祖宗之地，为天下后世笑也。”

就在罢礼部堂官事件发生后的第二天，即 9 月 5 日（七月二十日）的一天当中，光绪帝又采取了两项关系重大的措施。其一，任命署汉军都统裕禄、仓场侍郎李端棻署礼部尚书；内阁学士寿耆、原詹事府少詹事王锡蕃署礼部左侍郎；翰林院侍读学士徐致靖、原通政司通政使萨廉署礼部右侍郎（以上六人的新任官职于 9 月 7 日经请西太后实授。同日又补任内阁学士阔普通武为礼部左侍郎）。其二，经分别召见颁谕宣布，内阁侍读杨锐、刑部候补主事刘光第、内阁候补中书林旭、江苏候补知府谭嗣同“均著赏加四品卿衔，在军机章京上行走，参预新政事宜”。

这两项措施既有联系（都是为了便于深入推行变法新政），但又有所不同。前者是对清中央政府原有官署官员的更换；后者是光绪帝“以辅新政”而自行任用的官员。

光绪皇帝为了建立“辅佐维新”的班子所选用的这四个人（一般所说的戊戌四卿），当然也各有自己的特点和不同的经历、不同的社会联系，但他们却有其明显的共性。

杨锐（1857—1898 年），字叔峤，四川绵竹人。初“受学其兄”，十九岁应童子试为诸县之“冠”。后在张之洞督学四川时“奇其才”，受“奖拔”，继续在其门下受业。此后多年，又随张之洞“任奏牍文字，佐幕府”。光绪十五年（1889 年）考中举人，授内阁中书（后任内阁侍读），他从这时起即到北京作官。张之洞“爱其谨严”，所以直到在北京任职期间，他们之间仍保持着密切的联系。可是，当《马关条约》签订后，杨锐也“益慷慨谈时务”，并与康有为“过从极密”，在康有为、梁启超于北京创立强学会，大力宣传、组织变法维新的初期，他“起而和之，甚力”。后来强学会被顽固派封禁，维新派人士将遭镇压，气氛愈形紧张的时候，杨锐又“奋然率诸人以抗争之”。后来康有为又到北京继续从事上书活动时，杨锐仍然“日与谋”，并且利用自己身为清廷官员的便利条件，又在给事中高燮曾面前“极称”康有为。高燮曾“疏荐康（有为）先生，君（杨锐）之力也”。到1898年春，康有为在北京倡立保国会之际，他又率先署名加入该会为会员。

刘光第（1859—1898年），字裴村，四川富顺人，家境“奇贫”。其人在家读书刻苦，学之有成。光绪九年（1883年）考中进士，被授任刑部候补主事，仍“闭户读书”，是一个能文诗善书法、注重“实学”的“博学”者。刘光第为人较为“廉洁”，不媚权势，除与其本省人杨锐相近而外不善交往。在甲午中日战后，亦鉴于“时危民困，外患日迫”产生了“虚怀图治”的思想要求，后在康有为开保国会时，他也“翩然来为会员”。其人乃为文人官员，“性端重”，公开表露无多。

林旭（1875—1898年），字暾谷，福建侯官（今闽侯）人，在四卿当中数其年轻。林旭也可谓才华横溢，本省乡试第一名。林旭于1895年到北京应试时，正值《马关条约》签订，为挽救国家的危机，“发愤上书，请拒和议”。当他被任为内阁候补中书之后，继续投身于救亡运动之中。康有为、梁启超创立强学会鼓动变法图强时，林旭亦“奔走其间”。以后便频繁接近康有为、梁启超，议论“国事”，对康有为“所论政教宗旨，大心折”，遂拜其为师。

1898年春，他在北京首先倡立闽学会，与其他各省在京人士相继成立的学会密切配合，推动变法图强运动的发展。在开保国会时，林旭又是“会中倡始董事”。正在这期间，到天津任直隶总督的荣禄，欲网罗林旭入其幕府。为此，他特地请命于康有为“问可就否”？康有为说，“就之何害，若能责以大义，怵以时变，从容开导其迷谬，暗中消遏其阴谋，亦大善事也。”于是，林旭便应聘入荣禄幕府，直到被光绪帝召见任用时止。

谭嗣同（1865—1898年），字复生，湖南浏阳人。他出身于官僚家庭，但在多灾多难的社会条件下，从少年时代起就胸怀“大志”。从而他与一般的求学者不同，“鄙科举”，注重经世致用，接触西方近代科学知识，思想要求进取。后便远离家乡，到新疆入巡抚刘锦棠幕，继而为“察视风土，物色豪杰”踏遍新疆、陕甘、东南沿海和大江南北、黄河之滨。甲午中日战后，空前的国难，更加激发了他的爱国热忱，进一步“提倡新学”，积极探索救国之道。当他得知康有为鼓动变法图强，他就历经周折亲到北京访求。但因是时康有为已经离京南下，经梁启超的介绍，他对康有为的思想主张“感动大喜跃，自称私淑弟子”。从此，谭嗣同对从父命的江苏候补知府弃而不做，集聚在康有为、梁启超高举的变法维新的旗帜下，踏上了革新祖国的征程。继发愤著出向封建伦理道德挑战的《仁学》一书，开辟了一条反封建主义的新战线之后，便返回湖南，与当地的黄遵宪等维新人士一起开展了轰轰烈烈的宣传、组织变法维新的活动。自光绪帝宣布推行变法新政以来，他们又支持巡抚陈宝箴大加兴举，使湖南成为在全国推行变法新政的最力者（当然也成为新旧势力斗争最剧烈的地区之一）。正是在这个过程中，谭嗣同的名字也就和黄遵宪一样广泛传开，引起光绪帝的重视，一再旨令引进召见。后来黄遵宪受命出使日本（实际因病未能成行），谭嗣同怀着对“国事大有可为”的热望，应诏入觐，被委以辅助新政。

由于光绪皇帝把杨锐、刘光第、林旭、谭嗣同都作为自己的信臣选入中枢，所以他在颁谕宣布了任命之后，又向他们分别授予朱笔谕，命其“凡有所见，及应行开办等事，即行据实条陈”，并又强调说，“万不准稍有顾忌欺饰”，其用意显然是让他们放手经理变法新政。梁启超说，此后“所有新政奏折，皆令阅看，谕旨皆特令撰拟……以国政系于四卿，名为章京，实则宰相也”。这是对四卿的地位和作用的具体概括。另外，原来“皇上欲大用康（有为）先生，而上畏西后，不敢行其志”，致使光绪帝与康有为等维新派人士虽近在咫尺，但却犹如隔着万重山，彼此难以相通。而今，在光绪帝身边终于有了一个辅佐自己的班子，便于贯彻个人的意图了；并如康有为所说，自此以来“上意有所欲传，吾有所欲白，皆藉谭、林通之”。从翁同龢被革职后，在光绪皇帝和维新派之间又重新搭起了一座互通的“桥梁”，这就为光绪帝的变法继续沿着资产阶级维新派指引的方向前进提供了新的保证。可见，光绪皇帝采取这一前所欲为而不敢为的重大举动，以公开颁谕的方式宣布任用“辅佐”自己推行新政的官员，既等于宣告他要冲破重重阻力“欲行大改革”；也表明，到这时他又敢于按照自己的意志来选拔任用维新人才了。这对光绪皇帝来说，无疑是难能可贵的进步。

如上所说，在这期间，光绪皇帝是把回击顽固势力排除变法障碍和聚结力量推进改革结合起来进行的。就在他任命礼部堂官和任用“辅佐”新政的四卿之后，又紧接着于 9 月 7 日（七日二十二日）降谕宣布，对在浑水摸鱼的老洋务派首领李鸿章和昏庸腐败的宗室官僚敬信“均著毋庸在总理各国事务衙门行走”，把他们一并赶出清廷中枢，又踢开了两块绊脚石。当然这也同样是打在反对派势力身上的两大闷棍。同时，对来自守旧势力方面的反扑，他也采取了更加坚定的态度予以无情地回击。也就是在这一、二天之内，有些守旧官僚打着为筹集军饷的幌子，反复奏请继续实行“捐官”的弊政。对此，光绪帝毫无所动，最后愤怒地指出，“一面裁官，一面捐官，有此政体否？勿多言！”坚决地给予驳回。再有，湖南的劣绅（举人）曾廉竟又罗织“罪名”，上疏诬告梁启超在湖南时务学堂讲学时宣传的民权、自由说是“大逆不道”，恶狠狠地“请杀康有为、梁启超”。光绪皇帝见其奏折后便当机立断，遂即命谭嗣同对曾廉的奏折“按条驳斥”。在此斗争急剧紧张的时刻，光绪皇帝又一面回击守旧势力的挑战；一面保护维新派的核心力量。事实充分说明，光绪帝对推进变法、革新中国的毅力和斗争性有了明显的加强。

当光绪皇帝大煞了反对派势力的嚣张气焰和组建起辅佐新政的班子后，他便以一种新的态势来推进变法维新了。大致到9月中旬（七月下旬），光绪帝即从下列两大方面下手，力图把变法维新向纵深推进。

一方面，光绪帝紧紧抓住鼓励天下臣民上书言事的渠道，试图把这场维新改革引向社会，以摆脱权势者干扰。在这方面，继为勇于上书言事的王照伸张了正义之后，又在9月12日（七月二十七日）的一天里，先后颁布了两个深有影响的上谕，其一说：

“国家振兴庶政，兼采西法，诚以为民立政中西所同，而西人考究较勤，故可以补我所未及。今士大夫昧于域外之观者，几若彼中全无条教，不知西国政治之学，千端万绪，主于为民开其智慧，裕其身家……。朕夙夜孜孜，改图百度，岂为崇尚新奇，乃眷怀赤子，皆上天之所畀，祖宗之所遗，非悉使之康乐和亲，朕躬未为尽职。加以各国环处，陵迫为忧，非取人之所长，不能全我之所有。朕用心至苦，而黎庶犹有未知，职由不肖官吏，与守1日之士大夫，不能广宣朕意，乃反胥动浮言，使小民摇惑惊恐，山谷扶杖之民，有不获闻新政者，朕实为叹恨。今将变法之意，布告天下，使百姓咸喻朕心，共知其君之可恃，上下同心，以成新政，以强中国，朕不胜厚望。著查照四月二十三日以后（即颁发《明定国是》诏以后），所有关乎新政之谕旨，各省督抚，均迅速照录，刊刻謄黄，切实开导。著各州县教官，详切宣讲，务令家喻户晓。各省藩臬道府，饬令上书言事，毋事隐默顾忌。其州县官，应由督抚代递者，即由督抚将原封呈递，不得稍有阻格，总期民隐尽能上达，督抚无从营私作弊为要。此次谕旨，并著悬挂各省督抚衙门大堂，俾众共观，庶无壅隔。”

在另一上谕中又重申：

“振兴庶务，首在革除壅蔽，当（经）谕令各衙门，代递事件，毋得拘牵忌讳。……第恐大小臣工，狃于积习，不能实力奉行，用再明白宣谕：以后各衙门有条陈事件者，次日即当呈进，承办司员，稍有抑格，该部院堂官，立即严参惩办，不得略予优容。所有六月十五日、七月十六日谕旨，七月十九日朱谕，七月十七日及二十四日交片谕旨（即所有鼓励天下臣民上书言事的谕旨），均令各衙门录写一通，同此件谕旨，一并悬挂，俾得触目警心，不至复萌故态，以示朕力除壅蔽之至意。”

在这里，光绪皇帝在重申了通过鼓励天下臣民广泛上书言事来“革除壅蔽”的基础上，又特别指出，必须让“百姓咸喻朕心”，使变法维新做到“家喻户晓”，以期

“上下同心，以成新政，以强中国”。把实现变法的目标与取得社会上人们的支持联系起来了。光绪帝不断完善这一重大决策，虽然是从“大小臣工，狃于积习，不能实力奉行”变法诏令出发的，但也表露出他对变法维新的坚定志向和在一定程度上意识到利用社会力量的必要性。这与历代“明君”仅在臣子当中的“举贤纳谏”，显然是不能同日而语的。在专制乌云笼罩大地，社会上的人们对国家事务毫无发言权的历史条件下，光绪帝为进一步冲破阻力，推进变法而大力提倡“广开言路”，并采取了一系列的保证措施，则更使“海内臣民，莫不欢欣兴起”，纷纷上书议论国家的振兴大计。在9月上、中旬的几天之内，通过各衙门呈递的封奏，即有“一日多至数十件者”，在社会上引起了强烈的反响。自各级官吏到各地读书的生员以及一些“士民”都踊跃上书，为变法献策或评议国家的兴衰得失，甚至一些所说的“野民”、“渔人”，也加入到上书言事的行列。

但是，这种大好局面的出现，又引起了敌视革新的势力的恐惧。在这之前，洋务派官僚张之洞，就对光绪帝鼓励士民上书言事的主张大唱反调，说什么“变法者，清廷之事也，何为而与士民言”？又暴露了洋务派官僚极端仇视人民的心理。在这时，一些顽固派权臣，又抓住有的平民在上书中因不懂官场行文的规矩，称“皇上”不抬头等漏洞大作文章。他们煞有介事地叫嚷，这是“变乱祖法，自称开创，置祖宗于何地者”！在他们看来，这也是大逆不道的行为，要加罪于这些上书的人。但是光绪皇帝对于这种上书的情形仅以“一笑置之”，并对这些顽臣说，“当广开言路之时，不必有所谴责以塞之”，又压下了这股邪风。由此说明，光绪帝鼓励上书言事是认真的。在这方面，他也与顽固派和洋务派官僚形成了多么明显的对比！光绪帝的政治思想又踏进了一个新的境界。

另方面，当光绪帝的目光在逐渐向下、向社会注视的同时，他又试图把刚刚出现的开放气流引向清政权本身。

原来，光绪帝在任命新的礼部堂官和组建辅佐新政班子之后，又紧接着在9月9日（七月二十四日），应康有为草拟、由徐致靖出面呈进的奏折所请，颁谕宣布，为了“妙选才能；以议庶政”，在清中央特置三、四、五品卿和三、四、五、六品学士各职；并决定对这些新设的“卿”和“学士”，“按品给予俸禄”和待“缺出”对品“录用”。这就是所说的“散卿”、“散学士”。实际上，这是对康有为在改革官制方面，为避免守旧官员的反对而提出只增新不裁旧和对擢用人员只委差事不加官的主张的发展。光绪皇帝增设的“散卿”、“散学士”，是运用了他的最大权限（可不经西太后批准）而设置的一种过渡性的官员。这种官员与四卿的明显区别，在于“散卿”，“散学士”的名额，可以无限扩大，并逐步作为正式官员安排到各衙门当中。这一措施，从现实来说，为更多的维新人士（当然也没有严格的界限）参与清廷政事又敞开了一扇大门；从未来而言，可以逐步改变旧臣一统天下的局面。它具有深刻的政治改革意义。

在9月上、中旬（七月下旬），光绪皇帝又在酝酿采取两项直接改革清政权的重大措施。

其一，就是准备模仿西方国家设立“议院”。资产阶级维新派，在宣传、组织变法时，曾把“兴民权”、“设议院”作为变法维新的重要内容之一。但是到光绪帝决定推行变法新政以来，康有为、梁启超等鉴于守旧势力顽而又强，变法改革步履维艰的现实，便放弃了这一主张。但在推行变法新政的过程中，内阁学士阔普通武于8月19日（七月初三日）上的奏折中，又提出请仿泰西设立议院的主张。随后镶白旗蒙古生员诚勤也提出了这一要求。阔普通武的具体建议是“请设立上下议院，无事讲求时务，有事集群会议，议妥由总理衙门代奏，外省由督抚代奏。可行者，酌用；不可行者，置之。事虽议于下，而可否之权仍操之自上，庶免泰西君民争权之弊”。可见阔普通武要求设立的这种议院，只不过是一种辅助皇帝的谘询机构，它仅有议事的义务，但没有任何否决权，还起不到立法作用。然而在封建专制时代，设立这么一种评议国事的常设机构，在清廷当中不免具有一定的影响作用。

其二是，议定开懋勤殿以议制度。

关于开懋勤殿的用意，除康有为说“以议制度”之外，梁启超又作了具体说明。他说：

> “上既广采群议，图治之心益切，至七月二十八日，决意欲开懋勤殿选集通国英才数个人，并延聘东西各国政治专家，共议制度，将一切应兴应革之事，全盘筹算，定一详细规则，然后施行。”

另据王照记述，当开懋勤殿事宜议定之后，康有为前来见他时“面有喜色”，并向他透露，开懋勤殿初用的“顾问官”“业已商定”，其中，包括了康有为和梁启超。

懋勤殿，位于清宫内的乾清宫西廊，原是一所供清朝历代皇帝“燕居念典”的宫殿。到同治以后便已虚废。自从议设制度局流产、拟开议院作罢之后，经康有为等维新派人士的策动，光绪帝决意要重开懋勤殿，这实际是想用旧瓶装新酒的办法，以设“顾问官”的方式把康有为、梁启超等维新派的领袖、骨干人物集聚起来，组成一个最高的筹划、指导变法维新的核心班子。虽然从康有为等人和光绪帝来说，要开懋勤殿都想使之起到制度局的作用。但从其组成人员和赋予它的使命来看，开懋勤殿、设“顾问官”，既与他们设计的“议院”不同，也较原议的制度局有所区别。这个班子不仅包括了维新派领袖康有为、梁启超，而且还具有了一定的独立议定权，显然这是为适应当时光绪帝要大举新政的需要而设计的。同时，这次准备开懋勤殿的筹议，根本没有通过原来的王公大臣，而是由光绪帝和维新人士单独议定的。所以，无论从哪个角度来说，决定开懋勤殿，也是力图进取的举动，具有无可否认的积极意义。可是，就在光绪帝于次日到颐和园向西太后“禀请”时发现有变，他为筹划应急措施，匆忙返回紫禁城，开懋勤殿一事就此搁浅。

自八月末以来，光绪皇帝以破釜沉舟之势，在维新改革的征途中采取的一系列重大举动和措施，都基本是在政治领域中进行的，从而把这场变法维新引入新的深度。历史事实说明，在当时要改变落后的中国面貌，无论是自觉的还是不自觉的都必然要触及到社会的核心部位，这是在激烈进行中的变法与反变法、维新与守旧斗争发展的结果。在此尖锐的斗争实践中，坚持革新的光绪皇帝，其思想又得到了新的升华。他不仅增长了斗争的勇气和才干，而且在严酷现实的逼迫和时代潮流的导发下，又使他在思想中隐伏的政治离心倾向得到进一步的伸展，他在这期间采取或准备采取的一些带有民主色彩的措施显然不是偶然的。可是，正当光绪帝思想在向一个新的境界转化的关键时刻，却被以西太后为首的封建顽固势力伸出的魔掌给扼阻了。

六

光绪帝在推行变法新政之前，虽然已从西太后那里得到可“办事”的承诺。但在实际上，到其主持变法维新之后，他依旧处于“上扼于西后，下扼于顽臣”不能完全自主的状态中。并且自甲午中日战争以来，光绪帝在清廷的坚定支持者相继均被西太后除掉：志锐被发遣，文廷式遭革职，继而翁同龢又被逐出清宫，使原来就十分脆弱的帝党基本瓦解。另外，原在帝、后之间尚能起些缓冲作用的军机大臣李鸿藻，也于光绪二十三年六月二十五日（1897年7月24日）死去。到这时，虽然又有如御史杨深秀、宋伯鲁及翰林院侍读学士徐致靖等人积极支持光绪帝变法维新，但他们都是职位较低的文职官员，起不到参与决策的作用。再没有出现像翁同龢那样的人物了。在清廷中枢，已几乎都是清一色的西太后亲信和顽固官僚。因此，光绪帝在清廷统治集团中的处境更加孤立。对于这种情况，光绪帝自己是十分清楚的。所以他在召见康有为时，就流露出惟恐顽臣“掣肘”的苦衷。因而，接受了康有为提出的必须另外“擢用小臣”的建议。光绪帝在颁布《明定国是诏》之后，便接连降谕指出，要“切实图维，用人一道，最为当务之急，尤须举贤任能”。此后，他又连续颁谕，指令上自京官下至督抚学政，都要迅速推举“通达时务”又“志趣向上者”随时“引见”，以备录用。光绪帝力图通过选拔、任用有志变法维新的人来改变自己被孤立的处境。又想在学习外国的过程中以广设学堂、派员出国游学的途径，再于全国造就一批基础力量。然而，封建守旧势力根深蒂固，光绪帝要实现这一愿望谈何容易！所以在事实上，仍然造成以“旧人”“委以新政”的局面。

在清中央，那些手握实权的顽固派大臣，鉴于其统治地位的危机，对于栽植一些外国的皮毛技艺并不是绝然反对的。但是，他们都惟恐变法运动脱缰危及其所谓的“祖制”，因为这是维护他们统治地位的护身符。在光绪帝颁布《明定国是诏》时，西太后即对她的心腹官僚奕劻、刚毅、荣禄等人交了底，并向他们发出了暗示：对光绪帝变法的“要紧处”，要力行“阻之”。随后，他们便采取了一系列的防范措施。当变法刚刚起步时，在光绪帝的身边，便设下了层层围扼变法维新的明碉暗堡。

至于全国各地的督抚等地方实力派人物，只有如湖南巡抚陈宝箴等个别人还有些进取的志向，尚能遵旨进行一些兴举。

在当时，像张之洞这样的疆臣大吏可算为“有闻于时”的“佼佼”者，尚且对变法维新投以保留、轻蔑、抵触甚至仇视的目光。从全国上下手操大小实权的官僚心理状态来说，梁启超把他们分为3种类型：“其一瞢然不知有所谓五洲者，告以外国之名，犹不相信，语以外患之可危急，则曰此汉奸之危言悚听耳，此一种也；其二则亦知外患之忧矣，然自顾已七八十之老翁矣，风烛残年，但求此一二年之无事，以后虽天翻地覆，而非吾身之所及见矣，此又一种也；其三以为即使吾及身而遇亡国之事，而小朝廷一日尚在，则吾之富贵一日尚在，今若改革之论一倡，则吾目前已失舞弊之凭藉，且自顾老朽不能任新政，必见退黜，故出死力以急之。”从而他指出，“全国握持政柄之人，无一人能出此三种之外者。”可见，通过这些人来推行变法新政，如同与虎谋皮。至于来自社会上的因循守旧的传统习惯势力，更是触目惊心。因此，当光绪帝按照维新派的指向推行变法新政时，从一起步就遇到了来自各方面的重重阻力，被笼罩在深沉的阴影之中。而且随着变法改革的深入，他所遇到的阻力也越来越大。

光绪帝在向科举制度发起挑战，断然废除八股改试策论之后，又力图把文化教育方面的改革进一步推开。原来，早在光绪帝颁诏定国是的前后，他便频频“降旨谕令各省开办学堂”，主张大力发展新式教育。当变法正式开始后，光绪帝又一面继续谕令广泛创办各种新式学堂；一面命各省选派聪颖学生出国游学，作为培养人才的另一途径。在其促使之下，经总理衙门交涉，日本方面亦表示对中国留学生给予“从优相待”，只等中国学生前往。然而，清廷枢臣却由于“厌言新政，请缓行”。并且大多数各地的督抚亦对此漠不经心，一再“延缓”。就连湖广总督张之洞这个“新人物”，也出来指责光绪帝倡导办学育人是“求之于仓卒，尤不树林木，而望隆栋”的过激行为，对之投以冷漠的目光；两广总督谭钟麟等顽固官僚，居然公开予以抵制。对于这样一个有关国家与民族兴衰的大计，也遭到反对派势力的漠视与抗拒。面对如此情形，光绪帝坚定不移，屡颁“严旨”，于五月十五日（7 月 3 日）终于办起京师大学堂；命吏部尚书、大学士孙家鼐为管学大臣，主管京师大学堂事务。

现将 1898 年京师大学堂开学时光绪皇帝所作报告摘录如下：

那是北京深秋一个明亮的上午，在中国近代第一所真正意义上的大学——京师大学堂内，举行完隆重热烈的仪式后，光绪并没有立即离去，而是要孙家鼐将所有的学子们都召集到京师大学堂的礼堂里，光绪帝要做关于戊戌变法和改革开放的重要形势报告。

站在人群前面的光绪沉默了片刻后，徐徐说道：“今天是京师大学堂正式开学的第一天，所谓学堂，在朕看来就是研习学问的地方。云轩阁我们的古人有一个传统叫作坐而论道，今天，朕就和你们论一论这世间的道。”

说罢，光绪抬起右手轻轻的往下压了压，“大家都坐下吧，朕也坐下。”

众人迟疑了片刻，都纷纷席地而坐，目光有些疑惑的望着前面的皇上。一旁的太监也端过来一把放有明黄色座垫的椅子，光绪一提衣襟下摆，静静的坐下说道。

“朕从识字开始，朕的老师就在教授朕为君之道，朕亲政后，也在不断学习治国之道。世间的道或许有所不同，但是朕一直在想，对于我们这样一个国家，什么才是真正的大道，什么才是让国家振兴之道！”

“这次开办京师大学堂遇到了很多阻力和质疑，大家也都清楚，这其中还死了人。死的这个人叫王长益，朕一直在想，他为什么会死呢？又是谁把他逼死的呢？朕想到了几百年前，也有一个姓王的人，叫王阳明，这个人大家都是知道的，他曾经说过一句话，破山中贼易，破心中贼难。所以朕以为，王长益之死，就是死于心中之贼！而这个贼，不仅在他心中，也在我们每个人心中，要论清世间的大道，首先就要破除这心中之贼。”

王长益，因为家贫如洗，在科举上面又是几番落第，颇不得意。这次听说就读京师大学堂每月都有生活津贴，将来毕业后还能谋得一个实缺，左思右想后，虽然心里也并不是十分情愿，但还是到京师大学堂报了名。不曾想，他的这一举动却惹来了同住在旅店里的其他学子们的讥讽和嘲笑。王长益为人忠厚老实，也不善言词，再加上心中多少也有些羞愧，对这些人的嘲讽谩骂更加不敢还击，只是左躲右闪，尽量回避和那些学子们见面。谁料到有一天晚上，那群学子们在店中饮酒作对，一时兴起，竟然在王长益的床头贴了副对联。上联是：孝悌忠信礼义廉，下联是：一二三四五六七。这副对联的上联缺了一个耻字，意思是骂王长益无耻。下联少了一个八，忘八，意思就是骂王长益是王八。那个时代的读书人名节观念甚重，王长益的面子又比较薄，再加上心胸不够开阔，受了这些天无数的气，心里郁结难遣。晚上躺在床上翻来覆去辗转难眠，想到科举失意，就读京师大学堂又招致如此的侮辱，一时气愤之下，竟然用床单在房间里面悬梁自尽了。

坐在下面的学子们隐隐的发出一些窃窃私语的声音，光绪淡淡一笑，停顿了一下接着说道：

“然而这个心中之贼究竟是什么呢？在朕看来，这第一个贼就是伪善！平常大家学习程朱理学，学到的无非是存天理，灭人欲。可是翻翻我们的历史，历朝历代，靠圣人之学，仁义道德当真就能够治国平天下了？满口仁义道德是无法挽救一个国家的危亡的，你们想想，你们所学的四书五经、你们苦苦研习的八股文，能够抵抗洋人的坚船利炮吗？能够改变贪腐横行，土地兼并，流民千里，国家积弊丛生的局面吗？重名节而轻实务，这里面隐藏着的其实就是虚伪和虚弱。再说说你们，如果这次朝廷没有下旨，让京师大学堂的学子们毕业后，能够享有科举及第的待遇，你们能弃科举而就新学吗？朕不是责怪你们，朕只是希望你们每个人都能明白，道德改变不了一个人的命运，也根本不了一个国家的命运，空谈道德仁义，就是世间最大的伪善。"

"这第二个贼，就是守旧。说到这一点，朕想把十七年前李鸿章写给恭亲王信里的一段话念给大家：中国士大夫沉浸于章句小楷之积习，武夫悍卒又多粗蠢而不加细心，以致所用非所学，所学非所用。无事则嗤外国之利器为奇技术巧，以为不必学；有事则惊外国之利器为变怪神奇，以为不能学……十七年前李鸿章的这些话，至今仍然让朕感慨啊。十七年的时间过去了，我们的士大夫，乃至我们这个国家依然如故。世间没有一成不变的道理，天下事穷则变，变则通。今日的世势，乃是三千年未有之危局，因循守旧，固步自封，只会让我们这个国家越来越落后，越来越衰弱。长此以往，国将不国啊。"

"所以朕今日说了这么多，就是想告诉大家，朕为什么坚持要开办这个京师大学堂？就是希望在座诸君，能够破除我们心中之贼，以国家强盛为己任，不骄狂，不自卑，正视现实，发愤图强。"

整个礼堂内鸦雀无声，连最初的窃窃私语都没有了，只有一片凝重的让人窒息的沉默。

显然，这一开创之举，由一个尚徘徊于新、旧之间而且为官平平的人来承办，势必又增中了不利因素。这种状况的形成，亦是光绪帝还不能完全摆脱旧势力的一种体现。正因为如此，决定创办京师大学堂之后，长时处于筹议之中，进展十分缓慢。至于谕令在各地创办各式学堂，亦由于遇到各方面的阻力而举动廖廖。所以光绪帝颁发的大量兴学育人诏旨，在实际上也多成为具文。

在经济方面的改革，照样是阻力重重。固然从甲午战败之后，在清朝统治阶层当中，主张设厂、开矿、筑路、兴商的人确实多起来了。可是如前所说，那些顽固派权贵的目的，也仅仅是为维护其统治而欲开阔财源罢了，并不是要以此来改造整个社会。洋务派官僚确实是“西学”的积极倡导者，然而如张之洞仍在竭力强调所谓“官权”的重要性。在他看来，“华商素鲜钜资，华民又无远志”，好像中国商民根本没有创办工商的能力。因此，张之洞认为，要开矿设厂、发展工商，离开“官权”必然“无益”。张氏之此见，固然反映了近代中国在资本积累方面的一些特点。但他限制商办工商，却是有碍于国家富强。事实上，张之洞还是在继续维护“官办”或“官督商办”的老路；并且他的这种观点，在洋务派中是有代表性的。

资产阶级维新派，强烈要求仿照外国发展近代农、工、商、交通等事业，其目的是力图以此来改造衰弱的中国。因此他们特别强调“商办”或“民办”，力求普及，为民族资本主义的发展开辟道路。

光绪帝在经济方面的改革，虽然也基本是通过其原来的国家机构及各级官吏来推行的，但是，他对民间著书、制器和商办工、矿、交通、商业等却给予了充分的重视。在推行变法新政初期的五月十七日（7月5日），光绪帝即颁谕号召破除“旧习”，宣布“各省士民著有新书，及创行新法，制成新器，果系堪资实用者，允宜悬赏以为之劝”。并且又决定，凡“所制之器，颁给执照，酌定年限，准其专利售卖”。此后，他又多次降谕“奖励”“各省士民著书制器”。同时还谕令各省将军督抚“严饬各该地方官，务须体察商情，尽心保护”商贾。当他得知粤人爱国华侨张振勋在烟台创办酿酒公司、道员吴懋鼎在天津筹款设厂制造时，便颇为关注。

张振勋（1840或1841—1916年），字弼士，广东大埔人。自幼“家贫”，为了谋生于咸丰六年（1856年）飘洋过海到了时称“南洋”的荷兰属地巴达维亚（今印尼雅加达）。他在此艰辛创业，后来成为一个“南洋巨富”。张振勋在国外致富之后，仍对“振兴祖国实业，尤具热忱”。因此，从光绪十七年（1891年）起，张振勋就利用回国探亲之便，到山东烟台考察葡萄的种植情况。到甲午中日战争后，他便在国难日深之际于烟台筹办“张裕酿酒公司”。

吴懋鼎，安徽人。早年曾为上海汇丰银行副买办，后在洋务运动期间被李鸿章任为道员，督办关内外铁路。他从光绪二十三年（1897年）起在天津筹资建毛织厂。变法新政推行后，吴懋鼎便积极地向光绪帝建议“在中国各地筹办商会”，参预了变法维新。

当时光绪帝认为，中国人建厂制造，既可“不致利权外溢”；又能“渐开利源”。于是，他当即命直隶总督荣禄令张振勋、吴懋鼎“切实筹办以收成效”；并责成荣禄将办理情形“随时奏报”。在六月十一日（7月29日），光绪帝对宋伯鲁提出“各省举办铁路矿务，官不如商，亟宜及时鼓励”的建议，给予了明确而及时的支持。后来，光绪帝又采纳康有为的要求，指令在民间停办“昭信股票”。实际上，这是“以惠民困”，为了促进民间农工商业的发展而采取的另一项具体措施。

总之，光绪帝对“士民”发明制造给予奖励，授予专利权；对于向资本家转化的“官绅”和一些上升的商人力行保护。说明他对私人投资发展近代农工商交通事业，采取了鼓励的政策。

同时，光绪帝又据康有为等人的建议，在六月六日（7月24日）降谕指出，“振兴商务，为目前切要之图。

……泰西各国，首重商学，是以商务勃兴，称雄海外。”从而命刘坤一、张之洞“拣派通达商务、明白公正之员绅，试办商务局事宜。先就沿海沿江如上海、汉口一带，查明各该省所出物产，设厂兴工，使制造精良，自能销路畅旺，日起有功。应如何设立商学、商报、商会各端，暨某省所出之物产，某货所宜之制造，并著饬令切实讲求，务使利源日辟，不会货弃于地，以期逐渐推广，驯致富强”。可见，光绪帝的此谕令，说得十分明确，即要大力发展近代工商业。到六月十五日（8 月 2 日），光绪帝又以康有为的《请兴农殖民以富国本折》的奏请，为了统一“倡导”与“振兴”农、工、商业，决定在京师设农工商总局。命各省、府、州、县“一体认真举办”。然而，在经济改革方面，亦由于光绪帝所走的道路与维新派的主张脉脉相承，因而它便超出了顽固派和洋务派设下的界限。正是由于这种缘故，在经济改革的过程中，光绪帝不仅与顽固派也与洋务派发生了正面的冲突。因此，直到在北京设立了农工商总局之后的七月十三日（8 月 29 日），对于光绪帝要求先在长江流域一带试办商务局大兴工商的一系列改革诏令，张之洞一直在“观望”；刘坤一也“藉口部文未到，一味塞责”；两广总督谭钟麟对此更是“置若罔闻”。他们都一致的既无行动又不回复。至于距北京近在咫尺的直隶总督、西太后的亲信官僚荣禄，更是静坐“迟玩”，蓄意顽抗。尤其是，这些地方的权势者虽一再受到光绪帝的“诘责”，但他们却仍然“藉词宕延”，无动于衷。这些身居要职、高唱“西学”、“西法”的洋务派官僚和也曾鼓吹过“开矿”、“制械”的荣禄等人尚且如此，其他地区（除湖南的陈宝箴略有动作之外）的情况，更是可以想见的了。

康有为为发展近代工商业排除障碍，曾极力要求废漕运、裁厘金。对此，遇到的难题更为复杂。梁启超说，本来康有为提出的“请裁漕督”的建议，“上（光绪帝）知而决行之”；在其他材料中也说康有为要求“裁厘金”等“帝皆嘉纳之”。光绪帝在颁发的许多上谕中，也一再指出过“厘差，勒索工商”，厘金“弊端丛集”，则多次谕令要“整顿厘金，严杜中饱”。关于废漕，光绪帝后来又降谕指出，“漕督一缺，究竟是否应裁”，命两江总督、江苏巡抚“详议具奏”。在这期间，光绪帝已经清楚地知道厘金危害工商的严重“弊端”，可是他只提出“整顿厘金”；对于废漕，他在后来的态度似乎也不明朗了。

其实，康有为提出这两项建议都在七月（8月末），已经到了“百日维新”的末期。这时光绪帝已经发现西太后“不愿将法尽变”，正在策划绞杀变法维新的阴谋。他们之间已进入了“决战”阶段。当时，光绪帝确已无力兼顾“其他”了。再者，漕运“宦竖旗人，多食于此”。因此，废弃漕运牵动颇大。厘金，虽已“积弊日深”，但由于新开财路的改革均未见成效，所以它却仍是清政府的重要财源之一。而且在这期间，一方面清政府的“帑藏奇绌”；另方面，还要大加兴举，“需饷浩繁”。显然，光绪帝所以未能断然废漕、裁厘，除反映了他在当时还缺乏果断性之外，也有其切实之难。

此外，光绪帝为了挽救国家的危亡，力图把中国引向“富国强兵”的道路，又频频颁谕指出，“思御外侮，则整军经武、难再视为缓图”。故命各地将军、督抚应迅急整顿武备，对海陆各军“裁弱留精”仿照外国“勤加训练”以成“劲旅”。可是，各将军、督抚亦无视光绪帝的“诰诫谆谆，仍复掩饰支吾，苟且塞责”，“不肯实力奉行”。从而，光绪帝的军事改革与整建计划，也未得到切实的贯彻和实施。

光绪帝要整顿吏治，杜绝“吏胥因缘为奸，舞文弄法”，命所有衙门删减繁琐的治事“规则”，另订新章。结果，各衙门“藉口无例可援，滥引成案”加以抵制。甚至有些地方督抚，竟借口整顿吏治而营私舞弊。因此，到六月末（8月初）光绪帝又就此降谕严肃指出，“朝廷于整顿吏治，不啻三令五申，乃各省大吏，往往粉饰因循，于所属各员，不肯认真考察，以致贤者无由各尽其长；不肖者得以自匿其缺，甚至案关吏议，尚不免巧为开脱。误国病民，皆由于此。著各省督抚，嗣后于属员中，务当详加考核。……振刷精神，秉公举劾，以期吏治日有起色”。但各地方官，依然对此置若罔闻。

另方面，已实施改革的废八股改试策论等，两广总督谭钟麟仍在图谋复旧；其他地区的守旧势力也在伺机反扑。新、旧势力之间的对立与斗争，在日益加剧。

大量事实表明，光绪帝推行的变法新政，在反对派势力越发强烈的干扰与抵制下，出现了全面的颓势。

慈禧同意变法，但这时却出现了意外，即恭亲王奕䜣的病逝。暮年的奕䜣对变法持慎重的态度。“䜣持祖宗旧制不可尽更，新进之士不可遽用，帝亦听之”。由于奕䜣的特殊地位，慈禧亦让其三分。但奕䜣更多的是约束光绪帝。光绪帝要召见康有为，亦为奕䜣谏阻，“不能行其志”。奕䜣于四月十日（5月29日）病卒。这就为光绪帝实行变法提供了方便。奕䜣“上及太后皆严惮之，亦多赖其调和。王死，而翁同龢独持朝政，两宫之声气始隔矣”。奕䜣之死，使得慈禧与光绪帝之间失去了另一个重要的中间调解人。这就使他们之间的矛盾更为激化了。

既然得到慈禧首肯，光绪帝便着手实行变法。在中央，他依靠的是主张变法的翁同龢。光绪帝经常单独召见翁同龢，一起商讨变法事宜。这就引起守旧派大臣的嫉恨。他们群起而攻之，恶人先告状，到慈禧面前告翁同龢，说“一切只有翁同龢能承皇上意旨”。慈禧咬牙切齿地答道：“俟到时候，我自有办法。”暗下决心除掉翁同龢。

与此同时，慈禧同荣禄密谋胁迫光绪帝于二十七日连发四道谕旨。

第一道谕旨是罢免翁同龢。谕旨："协办大学士户部尚书翁同龢近来办事多未允协，以致众论不服，屡经有人参奏。且每于召对时，谘询事件，任意可否，喜怒见于词色，渐露揽权狂悖情状，断难胜枢机之任。本应查明究办，予以重惩。姑念其在毓庆宫行走有年，不忍遽加严谴。翁同龢著即开缺回籍，以示保全。"翁同龢时任协办大学士、军机大臣、总理大臣、户部尚书并会办军务，最为光绪帝宠信。光绪帝事前并不知道慈禧要罢免翁同龢，慈禧完全是突然袭击，令光绪帝措手不及。据说"皇上奉此谕后，惊魂万里，涕泪千行，竟日不食，左右近臣告人曰：'可笑皇上必叫老翁下了镇物了。'"这一天恰好是翁同龢的生日，情绪颇佳，"喜而不寐"，突聆宣诏，真如五雷轰顶。第二天，翁同龢到得宫门同光绪帝告别，在道右碰头，上回顾无言，臣亦黯然如梦"。光绪帝竟然没敢召见翁同龢。就这样，光绪帝在大臣中最亲密的助手被削掉了。

第二道谕旨是重申收回二品以上大臣的任命权。谕曰："嗣后在廷臣工，仰蒙慈禧端佑康颐昭豫庄诚寿恭钦献崇熙皇太后赏项及补授文武一品暨满汉侍郎，均著于具折后，恭诣皇太后前谢恩。各省将军都统督抚提督等官，亦一体具折奏谢。"谁任命的向谁谢恩。向慈禧谢恩，即昭示二品以上高级官吏的任免权由慈禧收回。慈禧向大小臣工晓示人权是掌握在我的手里。

第三道谕旨是慈禧准备秋天到天津阅操。谕日"本年秋间，朕恭奉慈禧端佑康颐昭豫庄诚寿恭钦献崇熙皇太后銮舆，由火车路巡幸天津阅操。所有海光寺、海防公所两处屋宇著荣禄迅即修饰洁净，预备一切。并著胡燏棻将火车铁路一并料理整齐，毋得延误。”“阅操”即阅兵之意。阅兵是兵权所属的示威性举措。只有真正握有兵权的人才有资格检阅军队。慈禧让光绪帝陪着她到天津检阅在全国最有战斗力的北洋诸军，其目的就是向军内外传播一个重要信息，即兵权掌握在我慈禧的手里，全国的军队都必须听我慈禧一人指挥。这道谕旨，通过光绪帝的口告知朝廷内外，虽然已归政光绪帝，但兵权却仍然操纵在我慈禧手中。

第四道谕旨是任命荣禄。谕曰：“命直隶总督王文韶迅即入觐，以大学士荣禄暂署直隶总督。”王文韶入京后不再担任直录总督，而任军机大臣，仍兼总理大臣，很受信任。但荣禄此次受到极大重用，由署直隶总督而为正式直隶总督，并任军机大臣，管兵部事，同时节制北洋海陆诸军，成为慈禧最为信任的握有军事实权的显宦。

这四道谕旨是在四月二十七日（6 月 15 日），即光绪帝决定召见康有为的前一天公布的。这四道谕旨体现的是慈禧的意图，而且是针对光绪帝的。皇权集中体现在谕旨权、用人权和军事权三方面。这四道谕旨的公布即表明了谕旨权、用人权和军事权都在慈禧的掌握之中，光绪帝的权力是极其有限的。这就使慈禧处于左右逢源、进退裕如的有利地位。慈禧弓弦张满，待机而发。

从四月二十三日（6 月 11 日）光绪帝“诏定国是”开始，到八月六日（9 月 21 日）慈禧发动政变为止，光绪帝实行变法 103 天，史称“百日维新”。

百日维新期间，光绪帝发下的道道谕旨像雪片一样飞向了社会，产生了巨大的影响。维新派欢欣鼓舞，守旧派神色沮丧。

对光绪帝的变法谕旨，守旧派们或是模棱不奉，或是阳奉阴违，或是避重就轻，或是造谣阻格。当时谣言盛行：“京中已有裁撤六部九卿，而设立鬼子衙门，用鬼子办事之谣。”

七月十四日（8 月 30 日）光绪帝发下一个重要谕旨，裁撤詹事府等六衙门及三省巡抚。主要内容；一是裁撤詹事府、通政司、光禄寺、太仆寺、鸿胪寺、大理寺等六个闲散衙门，分别归并内阁及礼部刑部办理。二是裁撤督抚同城之湖北、广东、云南三省巡抚，及东河总督。三是裁撤各省不办运务之粮道及向无盐场之盐道等。

这道谕旨显示了光绪帝意图改革官制的决心。但这一举动造成“京师惶恐”，且“正符将欲裁九卿六部之谣”。这就使变法遇到了更大的阻力。

七月十九日（9 月 4 日）光绪帝发下了百日维新以来的一个最重要的谕旨，即罢免礼部六堂官。被罢免的六位堂官是：礼部尚书怀塔布、许应骙、左侍郎堃岫、右侍郎博颋、署左侍郎徐会沣、署右侍郎曾广汉。而礼部主事王照著赏给三品顶戴，以四品京堂候补。

这是光绪帝在忍无可忍的情况下，自亲政以来第一次行使自己的官吏罢免权。作为拥有至高无上权力的皇帝，罢免其手下的官吏，对错与否，本无足轻重。但是光绪帝此举却触犯了慈禧在四月二十七日所做的二品以上高官到其面前谢恩的谕旨。慈禧的那道谕旨是在暗示二品以上高官的任免权只掌握在她的手里，光绪帝无权涉足其间。光绪帝罢免的礼部六堂官正是一二品大员。很显然，这就触犯了天条。这是慈禧绝对不能允许的。梁启超说：“皇上于二品以上大员，无进退黜陟之权。彼军机大臣及各省督抚等屡抗旨，上愤极而不能黜之。此次乃仅择礼部闲曹、无关紧要之人。一试其黜陟，而大变已至矣。”这个分析是很有道理的。

这时的光绪帝已感到守旧派对自己的切齿痛恨。但他“有不顾利害，誓死以殉社稷之意”，把个人安危置之度外，所以“益放手办事”。

七月二十日（9 月 5 日）光绪帝发布谕旨，任命内阁候补侍读杨锐、刑部候补主事刘光第、内阁候补中书林旭、江苏候补知府谭嗣同均赏加四品卿衔，在军机章京上行走，参与新政事宜。参与新政，“犹唐之参知政事，实宰相之任也”。这四人实则成了四位新宰相，以后凡有章奏，都由四人阅览；凡有上谕，皆由四人拟稿。而原来的军机大臣形同虚设，被冷落在一旁，“不能赞置一词，咸忿忿不平，怒眦欲裂于此四臣矣”。

七月二十二日（9 月 7 日）光绪帝又命李鸿章、敬信无庸在总理衙门行走，罢免了他们的总署大臣之职。

四天来，光绪帝连发三道上谕，罢免大臣，任命小官，引起慈禧的不满。时值光绪帝赴颐和园向慈禧请安。

慈禧责备光绪帝说：“九列重臣，非有大故，不可弃；今以远间亲，新间旧，徇一人而乱家法，祖宗其谓我何?”

光绪帝痛哭流涕地谏道：“祖宗而在今日，其法必不若是；儿宁忍坏祖宗之法，不忍弃祖宗之民，失祖宗之地，为天下后世笑也。”

光绪帝的不屈服的态度益发引起刚愎自用的慈禧的憎恨。慈禧本来想通过自己的劝阻，使光绪帝有所收敛。但是，此时的光绪帝在执行自己的政治路线上表现得异常坚决，不想轻易地听命慈禧。在慈禧的眼里，光绪帝简直是一意孤行。

慈禧感到只是口头上的劝阻已不能使光绪帝就范，她要付诸行动。于是，她密派内务府大臣怀塔布、立山等七人同往天津拜谒荣禄，密商对策。“是日（七月二十二日），天津有人见自京乘火车来督署者数人，势甚耀赫，仆从雄丽。有言内中即有怀公塔布、立公山也”。怀塔布、立山是慈禧的亲信。他们是以慈禧特派代表的身分，亲奉“太后的密谕”，同荣禄商讨如何对付光绪帝的谋略的。

七月二十二日（9月 7 日）后，慈禧进入了政变的准备阶段。在这之前，慈禧是在冷静地默观光绪帝的变法。

那末，到底是什么事情触动了慈禧敏感的神经，使她决心发动政变呢？

大体有三件事：

第一件是立山的造谣。

内务府大臣立山跪请慈禧训政，慈禧没有马上答应。于是他向慈禧造谣说：“上派太监往各使馆，请去西后。”慈禧最担心的是外国列强迫使她下台。听到这个消息，她是不能容忍的，“西后大怒”，于是，她便发动了政变。

第二件是光绪帝召见伊藤博文。

伊藤博文（1841—1909 年）自光绪十一年起，四任日本首相。十四年起三任枢密院院长。被世人目为“明治国家权力的象征”。伊藤曾以日方全权代表的身份与李鸿章进行议和谈判，以强硬态度逼签《马关条约》。光绪二十四年七月二十三日（1898 年 9 月 8 日）由朝鲜来到中国。二十六日至天津，次日谒荣禄。荣禄在北洋医学堂设宴为其接风，袁世凯、聂士成作陪。但荣禄心中有事，“神色惨沮不欢，未遑终席，借事辞去”荣禄对伊藤的到来十分戒备。因为当时御史李岳瑞等上书，请皇帝用外国人为客卿，朝臣们斥李岳瑞卖国，骂他为汉奸。正当此时，伊藤到津，朝廷上下一片流言，说伊藤是康有为勾引来的，将入军机处。恰好光绪帝又拍来电报，询问伊藤可否在津多留几天，伊藤回电答可以呆两星期。这似乎又进一步印证了光绪帝要用外国人为顾问官的流言，使“守旧者皆惶悚不安”。二十九日抵京。八月初一日谒总署王大臣。同日，康有为赴日本大使馆会见了伊藤。伊藤问：“然则贵国数月以来，着意变法，而未见推行之效，何哉？”康有为答以慈禧之掣肘、德宗之无权、顽固守旧大臣之阻挠，并请伊藤觐见慈禧“剀切陈说”，以使“回心转意”。伊藤答道：“既如此，仆谒见皇太后，谨当竭尽忠言。”初二日，又赴张荫桓宅夜宴。至此，伊藤来华后的一举一动都在慈禧的掌握之中。而荣禄“盖将借此发难，以惑太后听耳”。光绪帝下令于八月初五日召见伊藤。这使慈禧十分紧张，所以八月初四日慈禧于酉刻（下午 5 时至 7 时）匆忙还宫，目的是想监视光绪帝召见伊藤。因此，有人评说：“而借口发难，实由于伊藤之来也。”果然，当初五日光绪帝于勤政殿召见伊藤时，慈禧坐在屏风后监听，光绪帝不能畅所欲言，“仅能与照例数语而退”。光绪帝与伊藤寒暄了几句，没谈任何实质性问题，就匆促结束了接见。不管怎么说，光绪帝接见伊藤确实引起了慈禧的警觉。这促使慈禧下决心发动政变。

第三件是对慈禧到天津阅兵的误解。

史学界流行的说法是，光绪帝于四月二十七日发的四道谕旨之一是说本年秋间慈禧到天津阅兵，其目的是借阅兵之机废掉光绪帝。

这种说法最早见于梁启超的《戊戌政变记》。梁说，“外人不谙朝事，或疑因维新之急激，遂以致败。由未知废立之局早定，西后荣禄，预布网罗，听其跳跃，专待天津阅兵以行大事耳。”这个“以行大事”就是借机废掉光绪帝。《慈禧外纪》说：“西历一千八百九十八年之八月，即中历七月之末，太后与守旧党已联成一气，但深密而未发表，欲俟九月同帝到天津后始行之。”这个“到天津后始行之”的含义即是废掉光绪帝。康有为在《康南海自编年谱》里说：“谋定于天津阅兵而行废立。”

他们都认为秋天到天津阅兵是慈禧借机废掉光绪帝的一个阴谋。果真如此吗？我却以为不然。到天津去废掉光绪帝，这是高看了光绪帝，低估了慈禧。此时的慈禧虽然退居二线，但她实际上仍然牢牢地控制着皇权。光绪帝只不过是一个傀儡而已。她要想废掉光绪帝，只要下个懿旨就可以了，不用举手之劳。实际上也确实如此。她发动政变之时，也只是由颐和园还宫，宣布一下，光绪帝便束手就擒。而当天，她又返回了颐和园，根本没在皇宫继续监视光绪帝。这说明她压根儿没把光绪帝视为平等的对手。夺取他的表面上的皇权真是易如反掌。在北京可以轻易解决的问题，为什么要大动干戈非到天津不可呢？

而实际上到天津阅兵是荣禄为了迎合慈禧喜欢游玩的心理而上的奏折。当时北京的大臣们听说太后、皇帝“竟欲冒险以坐火车”，纷纷上言，认为“大非帝王尊贵之道”，且“相顾惊骇”，然而“太后则甚以为乐”，并“谓己从未坐过火车，今初次乘坐，视为有趣之事”。

苏继祖也持这个看法：“恭邸初薨，太后欲往天津阅兵，皇上谏止，太后甚怒其阻挠。此举荣相迎合者也。据云：连日召对所商，即游览天津之事。此说甚合。尚有人说，此亦荣属人奏请者，盖以阅兵为名耳。”这就是说，荣禄为迎合慈禧奏请太后与皇帝同赴天津阅兵，皇帝认为太后出行不妥，谏言阻止，不想让慈禧到天津游览，“太后怒甚”。看起来，当时的争论主要是以太后和皇帝之尊出京远行是否适宜，而不是别的。

但是，随着百日维新的深化，帝后两党矛盾的加剧，到天津阅兵之举却逐渐变得复杂化了。

先是后党官僚有意放风，说到天津阅兵之时对光绪帝如何如何。帝党的一些年轻的维新派们听到信号，十分惊惶，便千方百计为光绪帝出谋划策，以摆脱窘境。

幼稚的维新派落入了老辣的守旧派设置的圈套。

直到此时，维新派们才感到有抓军权的必要。康有为“虑九月天津阅兵即行废立，夙夜虑此”。为此，他连上奏折，提出四条建议：

第一条，设参谋部。他建议仿效日本设立最高军事领导机关参谋本部，由皇帝亲自掌握。“选天下虎罴之士、不二心之臣于左右，上亲擐甲胄而统之”。

第二条，改变年号。建议把光绪二十四年改为维新元年，“以新天下耳目”。

第三条，变更服制。“请变衣服而易旧党心志”。

第四条，迁都上海。“借行幸以定之，但率通才数十人从办事，百官留守，即以弃旧京矣”。北京暮气太沉，只有迁都上海，才能有利于变法。

对康有为的四条建议，“上皆然之”，光绪帝都表赞同。但是，很明显，这四条建议基本属乌托邦性质，在当时的条件下，是不能够实行的。远水解不了近渴。

于是，他们把目光移向了袁世凯。他们认为，袁世凯曾经率兵远驻朝鲜，了解外国情形。同时，又积极参与强学会的活动，不同于武夫董福祥和聂士成，是个有头脑的人。他们的结论：“拥兵权，可救上者，只此一人。”但是，他们又担心袁世凯与荣禄关系密切，怕袁世凯不听从光绪帝的指挥，所以，派人进行试探。

这个人就是康有为的亲信弟子徐仁禄。徐仁禄试探袁世凯，袁世凯十分机警地夸赞康有为是“悲天悯人之心，经天纬地之才”。

徐仁禄用话激他，试探他对荣禄的态度：“我与卓如（梁启超）、芝栋（宋伯鲁）、复生（谭嗣同）屡奏荐于上，上言荣禄谓袁世凯跋扈不可大用。不知公何为与荣不洽？”

袁世凯深知此话的用意，便好像恍然大悟似地答道；“昔常熟（翁同龢）欲增我兵，荣禄谓汉人不能任握大兵权。常熟曰；‘曾、左亦汉人，何尝不能任大兵？’然荣禄足不肯增也。”

书生气十足的康有为们根本不是老谋深算的袁世凯的对手。

徐仁禄把对话情形告之“康有为们”，认为“袁为我所动”，决定向光绪帝推荐。先由徐致靖上奏推荐，又由谭嗣同递密折，请光绪帝召见加官优奖，以备不测。光绪帝即于七月二十六日（9月11日）发出上谕：

“电寄荣禄，著传知袁世凯，即行来京陛见。”

这是一道明发上谕。是经慈禧的亲信荣禄单独传见握有兵权的袁世凯。袁世凯正在天津东南70里的小站练兵。平地一声雷。袁世凯的被传见引起了慈禧及后党的警觉。慈禧们在密切注视着事态的发展。

光绪帝此举不算明智，但舍此，他又有什么办法呢？

综上三件事，即外人干涉、召见伊藤和天津废立都引起慈禧的极大不满，慈禧于是决定发动政变。但她在伺机寻找更为恰当的理由。

七月二十六日（9月11日）发生了两件非同寻常的事，一是光绪帝明发上谕召见袁世凯，二是日本首相伊藤博文抵达天津。这两件事荣禄都是当事者。前者荣禄是负责转达谕令，后者是荣禄曾宴请伊藤。荣禄为慈禧的亲信。他把所掌握的有关情报完全电告慈禧。从这一天起，慈禧态度大变。

光绪帝敏感地注意到了此点。二十八日（9月13日）光绪帝赴颐和园请安，欲乘机向慈禧请示开懋勤殿一事。但当他向慈禧请安时，慈禧没有像往常一样答话，而是一言不发，“太后不答，神色异常”。把个光绪帝吓得没敢说话，“惧而未敢申说”。光绪帝自颐和园回宫，回想“太后神色迥异寻常，自知有变”，便于当日召见杨锐，授以密谕：

“朕惟时局艰难，非变法不能救中国。非去守旧衰谬之大臣，而用通达英勇之士，不能变法。而皇太后不以为然。朕屡次几谏，太后更怒。今朕位几不保。汝康有为、杨锐、林旭、谭嗣同、刘光第等，可妥速密筹，设法相救。朕十分焦灼，不胜企望之至。特谕。”

杨锐接读密诏，因没有任何思想准备，十分“震恐”，乱了方寸，“不知所为计”，迷迷糊糊地把十万火急的密诏压了下来。

而此时后党干将荣禄却十分清醒。“荣禄见袁世凯被召”，马上调兵遣将预为防备。“即调聂士成守天津，以断袁军入京之路。调董福军密入京师，以备举大事”。

八月初一日（9月16日），光绪帝于颐和园的毓兰堂召见袁世凯。光绪帝“垂询军事甚详”。召见后，上谕升袁为候补侍郎。这是破格提拔。

八月初二日（9月17日）光绪帝第二次召见袁世凯，笑着说：“人人都说你练的兵、办的学堂甚好，此后可与荣禄各办各事。”这个“可与荣禄各办各事”的话就明确挑明了袁世凯不必听荣禄指挥，而应直接听命于皇上。但老练的袁世凯装聋作哑。

自七月二十八日给杨锐一密诏，至今日已是五天了，但迟迟没见回音。光绪帝焦急异常。他担心康有为的安危，又无法取得联系，只得冒险明发上谕：

> “工部主事康有为，前命其督办官报局，此时闻尚未出京，实堪诧异。朕深念时艰，思得通达时务之人，与商治法。康有为素日讲求，是以召见一次，令其督办官报。诚以报馆为开民智之本，职任不为不重。现筹有的款，著康有为迅速前往上海，毋得迁延观望。”

这是用明发上谕的方法，告诉康有为迅速离京，否则凶多吉少。看到上谕，“国人骇悚，知祸作矣”。

同时又急召林旭，由他带出另一密诏，给康有为：

“朕今命汝督办官报，实有不得已之苦衷，非楮墨所能罄也。汝可迅速出外，不可延迟。汝一片忠爱热肠，朕所深悉。其爱惜身体，善自调摄，将来更效驰驱，共建大业，朕有厚望焉。特谕。”

一明谕，一密诏，都是敦促康有为尽快出京。

但是当天康有为没有见到密诏，只于晚间回家时看到了明谕。他们这帮文人不是积极想办法，而是在宋伯鲁家饮酒唱曲，“曲终哀动，谈事变之急，相与忧叹”。唉声叹气，束手无策。

八月初三日（9 月 18 日）早林旭持密诏来，康有为跪诵后才感到事态极其严重。林旭不仅带来了促康出京之密诏，还带来了在杨锐手中搁了五天的密诏，也交给了康有为。康有为急找来谭嗣同一起读研密诏，“跪读痛哭”。他们从密诏中分明清晰地听到了光绪帝垂危的呼救声。于是，急找来梁启超、康广仁等商量对策。大家想到了袁世凯，决定由谭嗣同抵其寓所，说袁勤王。

当日晚，袁世凯接到荣禄电报，说有英兵船多只游弋大沽海口，传令袁世凯迅速回津听候调遣。荣禄在注视着袁世凯的举动。

夜色已深，谭嗣同突然来访。

周旋之后，针对袁告以现有英船游弋海上，要尽快回津的话，谭云：“外侮不足忧，大可忧者，内患耳。”

袁急询其故。

谭云：“公受此破格特恩，必将有以图报，上方有大难，非公莫能救。”

袁谓：“予世受国恩，本应力图报称，况己身又受不次之赏，敢不肝脑涂地，图报天恩，但不知难在何处?”

谭云：“荣某近日献策，将废立弑君，公知之否?”

袁认为这一定是谣言，断不足信。

谭云：“公磊落人物，不知此人极其狡诈。”语意一转，又说：“公如真心救上，我有一策，与公商之。”

此时谭拿出一个行动草稿，袁世凯初五请训时，请光绪帝面付朱谕一道，令其带兵赴津，见荣某出朱谕宣读，立即正法。即以袁世凯为直隶总督，迅速载袁某部兵入京，“派一半围颐和园，一半守宫”，大事可定。

袁追问道；“围颐和园欲何为?”

谭云：“不除此老朽，国不能保，此事在我，公不必问。”

袁谓：“皇太后听政三十余年，迭平大难，深得人心。我之部下，常以忠义为训戒，如令以作乱，必不可行。”

谭云：“我雇有好汉数十人，并电湖南召集好将多人，不日可到。去此老朽，在我而已，无须用公。但要公以二事，诛荣某，围颐和园耳。如不许我，即死在公前。公之性命在我手，我之性命亦在公手。今晚必须定议，我即诣宫，请旨办理。”

袁世凯摸到全部底细，心中有了数，知道明显拒绝是愚蠢的，只好设词推宕。

袁道：“天津为各国聚处之地，若忽杀总督，中外官民，必将大讧，国势即将瓜分。且北洋有宋、董、聂各军四五万人，淮练各军又有七十多营，京内旗兵亦不下数万。本军只七千人，出兵至多不过六千，如何能办此事?恐在外一动兵，而京内必即设防，上已先危。”

谭云：“公可给以迅雷不及掩耳，俟动兵时，即分给诸军朱谕，并照会各国，谁敢乱动?”

袁谓：“本军粮械子弹，均在天津营内，存者极少。必须先将粮弹领运足用，方可用兵。”

谭云：“可请上先将朱谕交给存收，候布置妥当，一面密告我日期，一面动手。”

袁谓：“我万不敢惜死，恐或泄露，必将累及皇上，臣子死有余辜，一经纸笔，便不慎密，切不可先交朱谕。你先回，容我熟思，布置半月二十日方可覆告你如何办法。”

谭云：“上意甚急，我有朱谕在手，必须即刻定准一个办法，方可覆命。”

于是，谭出示朱谕，袁阅后发现为墨笔所书，不是原件，认为有假。

袁谓："此非朱谕，且无诛荣相围颐和园之说。"

谭云："朱谕在林旭手，此为杨锐抄给我看的。确有此朱谕，在三日前所发交者。林旭等极可恶，不立即交我，几误大事。谕内另议良法，即有二事在其内。"

袁谓："青天在上，袁世凯断不敢辜负天恩。但恐累及皇上，必须妥筹详商，以期万全；我无此胆量，决不敢造次为天下罪人。"接着又转移话头说："九月即将巡幸天津，待至伊时军队咸集，皇上下一寸纸条，谁敢不遵，又何事不成？"

谭云："等不到九月即将废弑，势甚迫急。"

袁谓："即有巡幸之命，必不至遽有意外。必须至下月方可万全。"

谭云；"如九月不出巡幸，将奈之何？"

袁谓："现已预备妥当，计费数十万金。我可请荣相力求慈圣，必将出巡，保可不至中止。此事在我，你可放心。"

谭云："报君恩，救君难，立奇功大业，天下事人公掌握，在于公；如贪图富贵，告变封侯，害及天子，亦在公，唯公自裁。"

袁谓："你以我为何如人？我三世受国恩深重，断不至丧心病狂，贻误大事，但能有益于君国，必当死生以之。"

谭嗣同被袁世凯信誓旦旦的花言巧语所欺骗，起来做了个揖，并赞扬袁世凯为"奇男子"，然后告退。

袁世凯静夜独坐，反复筹思，如痴如病，冀得良方。他深知自己已临深渊，稍一不慎，便会摔个粉身碎骨。经认真比较，思路愈益清晰。很明显，优势在慈禧及后党一方，光绪帝及帝党只不过是慈禧的掌上玩物而已。他决定把宝押在慈禧身上。

八月初五日（9月20日），光绪帝第三次召见袁世凯。此时的光绪帝已被慈禧严密监视。袁世凯进言："古今各国变法非易，非有内忧，即有外患，请忍耐待时，步步经理，如操之太急，必生流弊。"光绪帝"为动容"。但是一言没发。

袁世凯退下后急忙回津，到天津时已是黄昏，直奔荣禄府第，谒荣禄，迫不及待地尽泄内情。荣禄当夜电告慈禧。慈禧勃然大怒，于翌晨匆匆返宫。召光绪帝愤怒地斥责道："我抚养汝二十余年，乃听小人之言谋我乎？"光绪帝吓得浑身战栗，说不出话来，良久嗫嚅道："我无此意。"慈禧高声地骂道："痴儿，今日无我，明日安有汝乎？"

这一天，即八月初六日，慈禧御便殿召庆王奕劻、端王载漪、军机大臣、御前大臣，这些王公大臣跪于案右。光绪帝跪于案左。同时设竹杖于座前。

慈禧疾声厉色地讯问光绪帝：

"天下者，祖宗之天下也，汝何敢任意妄为！诸臣者，皆我多年历选，留以辅汝，汝何敢任意不用！乃竟敢听信叛逆蛊惑，变乱典型。何物康有为，能胜于我选用之人？康有为之法，能胜于祖宗所立之法？汝何昏愦，不肖乃尔！"

皇帝战栗不已，不知所对。

慈禧把如剑的目光转向跪在地上的王公大臣们，看着这一群老迈昏愦的亲信，她气不打一处来，怒气冲冲地训斥道：

"皇帝无知，汝等何不边谏！以为我真不管，听他亡国败家乎？我早已知他不足以承大业，不过时事多艰，不易轻举妄动，只得留心稽察管束。我虽人在颐和园，而心时时在朝中也。我唯恐有奸人蛊惑，所以常嘱汝等不可因他不肖，便不肯尽心国事。现幸我还康健，必不负汝等也。今春奕劻再四说，皇上既肯励精图治，谓我亦可省心。我因想外臣不知其详，并有不学无术之人，反以为我把持，不许他放手办事。今日可知其不行矣。他是我拥立者。他若亡国，其罪在我，我能不问乎？汝等不力诤，是汝等罪也。”

王公大臣们匍匐在地，默默承受，不敢应对。

慈禧又把犀利的目光移向了皇帝，恶狠狠地质问道：

“变乱祖法，臣下犯者，汝知何罪？试问汝祖宗重，康有为重，背祖宗而行康法，何昏愦至此？”

一言不发的皇帝觉得应该做点申辩，便战战兢兢地说：

“是固自己糊涂，洋人逼迫太急，欲保存国脉，通用西法，并不敢听信康有为之法也。”

竟敢申辩，嚣张已极！慈禧益发愤怒，声音更加冷厉地说：

“难道祖宗不如西法，鬼子反重于祖宗乎？康有为叛逆，图谋于我，汝不知乎？尚敢回护也！”

皇帝吓得魂飞天外，只顾战抖，不知如何应对。

慈禧穷追不舍，厉声问道：

“汝知之乎？抑同谋乎？”

皇帝听不太清，又不敢问，又不能不答，便胡乱地答道：

“知道。”

慈禧不依不饶：

“既知道还不正法，反要放走？”

皇帝随口应道：

“拿杀。”

这其实是一场不准辩白的审判。法官是慈禧，罪犯是光绪帝。

当天，以光绪帝名义发布谕旨，昭示朝廷内外，慈禧实行“训政”。旨曰：

“现在国事艰难，庶务待理。朕勤劳宵旰，日综万几。兢业之余，时虞丛脞。恭溯同治年间以来，慈禧端佑康颐昭豫庄诚寿恭钦献崇熙皇太后两次垂帘听政。办理朝政，宏济时艰，无不尽美尽善。因念宗社为重，再三吁恳慈恩训政。仰蒙俯如所请，此乃天下臣民之福。由今日始，在便殿办事。本月初八日，朕率诸王大臣在勤政殿行礼。一切应行礼仪，著各该衙门敬谨预备。”

同日，又发谕旨，捉拿康有为和康广仁。旨曰：

“工部候补主事康有为，结党营私，莠言乱政，屡经被人参奏，著革职。并其弟康广仁，均著步军统领衙门拿交刑部，按律治罪。”

八月初七日，慈禧又单独审问皇帝一次。

八月初八日，光绪帝率百官在勤政殿恭贺慈禧训政。慈禧又把勤政殿变成了审判庭。这一次，慈禧变了招数，让群臣质讯皇帝。皇帝成了名副其实的被告，威风扫地。慈禧将从皇帝书房中及康有为寓所中查抄的奏章、说帖等件，命群臣质询，逐条审讯。其中有杨锐、林旭依据皇帝的旨意催促康有为迅速出京的信函，慈禧大怒，追问皇帝。皇帝不敢承认，推托说这是杨锐的主意，与己无涉。慈禧又追问围园弑母之谋，皇帝推到了康有为、谭嗣同身上。慈禧极为愤恨，当即下旨，捉拿维新党人。旨曰：

“张荫桓、徐致靖、杨深秀、杨锐、林旭、谭嗣同、刘光第，均著先行革职，交步军统领衙门拿解刑部审讯。”

同时禁皇帝于瀛台。瀛台，位于北京三海，即北海、中海、南海之一的南海。四面环水，北架一桥以通往来。瀛台多树，主体建筑涵元殿位于瀛台的中心。瀛台本是皇室避暑和游览的胜地，但自此以后却变成了囚禁光绪帝的囹圄。光绪帝除了每天被拉去早朝外，便不得自由出入了。慈禧把原来皇帝身边的太监一律撤走看押，另派其心腹太监 20 余名监视皇帝。皇帝成了被软禁的囚徒。

慈禧以训政之名，行亲政之实。形式上太后与皇帝并排坐着，像二位君主。但奏对时，皇帝不许说话。有时太后示意皇帝说话，他才勉强说上一二句。光绪帝成了真正的木偶。这次第二次训政，实则是慈禧太后的第三次垂帘。

光绪二十四年八月十三日（1898 年 9 月 28 日）慈禧下令杀害了杨深秀、杨锐、林旭、谭嗣同、刘光第、康广仁。史称“六君子”。次日，慈禧以光绪帝的名义发布上谕：

> “主事康有为，首倡邪说，惑世诬民。而宵小之徒，群相附和，乘变法之际，隐行其乱法之谋。包藏祸心，潜图不轨。前日竟有纠约乱党，谋围颐和园，劫制皇太后，陷害朕躬之事。幸经觉察，立破奸谋。又闻该乱党私立保国会，言保中国不保大清，其悖逆情形，实堪发指。朕恭奉慈闱，力崇孝治。此中外臣民之所共知。康有为学术乖僻，其平日著述，无非离经叛道非圣无法之言。前因讲求实务，令在总理各国事务衙门章京上行走，旋令赴上海办理官报局。乃竟逗遛辇下，构煽阴谋。若非仰赖祖宗默佑，洞烛几先，其事何堪设想。”

慈禧太后把刚刚兴起的戊戌维新运动扼杀在摇篮之中。守旧派进行了血腥的反攻倒算，对维新派或降、或关、或流、或杀。“六君子”的殷红的鲜血撒在了菜市口的粗蛮的硬土上。已在实行的或未及实行的变法谕令几乎一风吹。维新派噤若寒蝉，守旧派弹冠相庆。偌大的中国又重新陷入了黑暗、麻木及愚昧之中。

等待老迈而破旧的中国的是更大的历史灾难。

自戊戌政变后，慈禧进行了第三次垂帘，直到光绪三十四年（1908 年）驾崩。

而戊戌政变后，慈禧是怎样一种心态呢？这从她召见近代大实业家盛宣怀的对话可见一斑。

第七章 囚禁瀛台

一

戊戌政变时，因有皇帝密令袁世凯派兵包围颐和园，危及慈禧太后之事，使慈禧对皇帝痛恨至极。将皇帝软禁于瀛台。

1900 年义和团反洋起事，八国联军入侵北京，慈禧挟光绪帝逃亡西安。

光绪二十七年八月，两宫由西安回銮。

这次可不像从京里出来时那么狼狈了，仪仗卤簿一应俱全。两宫分乘八人抬亮轿，舆夫所穿红绸驾衣，系仿照北京銮仪卫款式裁制。轿前有御前大臣及侍卫并辔而行，再前为大队御林军，而以 24 面黄龙旗开路。大道上均垫黄土，两旁有护驾军队的士兵站道，其中有陕西巡抚升允的陕军，甘肃提督邓增的甘军，四川提督毓秀的川军，直隶提督马玉昆的毅军。

途中，也远不像来时那么冷清，每到一地，当地府县衙门倾府库所有悉心招待，百姓箪食壶浆跪迎御道两旁。慈禧也来了兴致，第一天宿止临潼，带上光绪一起赴华清池沐浴；到了洛阳，两宫又专赴龙门山千佛岩游览，这才真正有了点西狩的味道。

行至开封，慈禧又做出了一个重大决定，撤销了之前册封的溥儁的“大阿哥”的称号，而改封不入八分辅国公。

废黜了溥儁，光绪的状况未见得有什么改善。回銮大队驻跸保定行宫，太后寝殿铺陈华美舒适，供给充备。李莲英室稍差，但也一应俱全。光绪的卧房却极凄冷。宫监及内务府诸人趋奉太后事毕，就各散去戏耍或睡觉去了。李莲英伺候太后睡着，潜至光绪寝宫，想同他聊会天，他们二人有一个共同的爱好，爱拆弄个钟表、八音盒之类的东西，常在一起切磋。李莲英进屋，光绪一人对灯枯坐。李莲英跪安毕，随口问光绪为什么还不睡。光绪凄然一笑，说：“你看看这屋子，朕可怎么睡。”

李莲英环视寝殿，不禁大吃一惊，时值初冬，窗外冷风袭袭，屋内却除硬胎坐褥、椅垫、靠枕外，别无他物，连床像样点的铺盖也没有。李莲英跪下抱住光绪的腿大哭，说：“奴才们罪该万死。”说罢，疾回自己的卧房，抱来被褥，给光绪铺好。光绪大为感动。李莲英摇头叹息再三，才回房歇息。

这样的情况以后仍时有发生，光绪只能默默自忍，期待着回到宫里后，慈禧会念在两宫一路患难与共的情份上从此改变对他的不公平待遇和冷漠的态度。

然而这只是光绪的一厢情愿。十二月底，两宫回到大内紫禁城。光绪亲自扶慈禧下舆。又看到红墙、碧瓦、白玉石阶，置身于空旷恢宏的建筑群中，重新感受到那深沉威严端庄和高贵的气氛，慈禧的双眼一亮，她像一个重新注入了生命力的垂危者，瞬时间又恢复了昔日的威严，那种让光绪淡忘了有些日子的令他触目惊心地冷峻漠然的表情又回到了她的身上。

“皇帝还是住涵元殿吧。”散了乾清宫恭贺回銮的盛大朝会，慈禧温声细语地对光绪说：“那里清静，地势也好，免得外人打扰皇帝。西巡一路，皇帝也辛苦了，正好养养精神，补补身子骨。老身也搬到南海去，与皇帝就伴，皇帝以为如何?”

光绪涨红了脸，喘息急促，可又说不出话来。他明白，等他从这里走出去时起，他的生活又会回复到过去的状态了。他当然不甘心，可又毫无办法。慈禧做出一脸疲惫相，让太监找来杵棒轻轻捶打她的肩，自己闭上眼养神，不再理睬光绪。光绪本想再争辩一下，见慈禧这副样子分明主意已决，只好向慈禧无可奈何地深施一礼，步履沉重地缓缓走出大殿。

门外，不知何时又取回了他住瀛台时抬他上朝用的那种滑竿式藤椅，他摇着头苦苦一笑，一股巨大的怅恨情绪堵在胸口，他深深吸了两口气，尽量屏住就要溢出的泪水，顺从地坐上藤椅，闭上双眼，一只手无力地向抬竿太监挥了挥，抬竿吱地一声轻响，颠颤着回南海瀛台去了。

光绪梦到了珍妃。

她还是那么欢快，一口细碎的白牙，一头浓密的乌发。小小的鼻、眼、嘴、脸。

光绪真不愿醒来。晨曦透过残破的窗纸缝隙直射在他脸上，他觉得一阵发痒。他揉了揉眼，却发现眼眶是湿的。

枕边也早已潮湿一片。

光绪坐起身，从枕头里侧取出一个盒子，轻轻打开。这就是珍妃装她的那些照片用的匣子。照片已经没有了，已被慈禧烧个干净，里面放着珍妃常戴在头上遮风和照相的一块红绸巾。这是光绪在西狩前的最后一天，从景仁宫的地上找到的。绸巾已让光绪摩挲得失去了本来的光泽，但依然像过去那么柔软。光绪轻轻把脸贴到绸巾上，似乎又闻到了珍妃头发上那特有的令他无时不陶醉的幽雅的香气。绸巾下是一个小纸包。光绪哆哆嗦嗦一层一层打开，生怕呼气吹跑了里面的东西似的，最后竟屏住呼吸。纸包里是光绪从绸巾上找到的珍妃的四根头发。光绪一根一根轻轻把头发摊开、拉直，细细体味着柔滑的发丝轻轻划过指肚的那种微凉的感觉，似乎正抚摸着珍妃那丰润的胴体。

他的心都在颤抖。

光绪含着泪苦想了一阵，又把两样东西细心包好，放回匣中。他叫来门外当值的太监，说："给朕去传，朕要面见老佛爷。"

半个时辰后，光绪穿戴整齐，坐藤椅，来乐寿堂找慈禧。

慈禧脑门上缠了条白布，慵懒地半躺在软塌上，有气无力地问光绪有什么事。

光绪一步跪下："子臣请太后垂怜开恩。拳变之际，珍妃扈从不及，罹遭惨祸，至今还沉尸井中，请太后念及珍妃侍奉子臣一场，给她一个说道，子臣感激不尽。"

慈禧翻开眼皮："就这个？"光绪忍着泪点头。

慈禧叹了口气，说："真是痴儿。想想珍妃投井时的惨状，老身也是于心不忍。昨儿个珍妃入梦，披头散发，眼冒凶光，老身给吓个正着。小的们也说昨晚见到了珍妃，都给吓个半死。珍主儿也确是不易，只是脾气太犟，否则也不会有如此下场。才刚老身已派人把珍主尸首捞上来，皇帝可去殓视。自己惦量着给个什么封谥吧。皇帝还要节哀，自己保重，不可因儿女私情误了更重要的大事。"

光绪叩首谢恩毕，急急赶到宁寿宫临时为珍妃搭建的灵堂。

李莲英上前扶住光绪，低声告诉他，尸身还是不看的好，免得难受。光绪点了点头，颓然坐下。李莲英扯了块白绫替光绪围上腰。

光绪强忍泪水，为珍妃守了一天的灵。晚上，珍妃入殓，棺椁由内务府派人悄悄抬出。光绪特命人开了神武门的大门，亲送灵柩出景山西街，目送一行人在暮色中慢慢消失。

光绪派人把自己拟好的对珍妃的封谥呈慈禧过目。很快，慈禧的回信到了。慈禧只改了一个字："上年京师之变，仓猝之中，珍妃扈从不及，即子宫闱殉难，询属节烈可嘉，加恩着追赠贵妃，以示褒恤。特谕。"慈禧只在贵妃前加了一个"皇"字。光绪感动得痛哭流涕。

珍妃被暂时葬在西直门田村墓地，一个本是埋葬宫女、太监的地方，光绪亲题碑谥"恪悟珍贵妃之墓"。民国二年（1913 年）三月，珍妃冢由田村移到河北易县清西陵光绪墓旁，终于得长相厮伴她的爱侣，实现了她一生的夙愿。

生活又回复到了从前的老样子。

在慈禧重新忙于改易体制、捡起光绪曾倡导过、她曾一概废止的改革措施时，光绪的精力却放到了如何在瀛台狭小的天地内尽可能使生活过得舒适、充实这个对他而言最最现实的问题上。他必须面对的最大对手已不再是慈禧，而是——孤独。

光绪每天的生活可以分成三部分：吃饭、读书、睡觉，除此之外再无新鲜花样。这是动物式的生活，而不是人的生活，特别不该是他这个一国皇帝的生活。光绪也许不怕慈禧的斥骂，但却无法忍受精神上的荒芜。光绪不知道鲁宾逊，要不他会觉得连他都不如。鲁宾逊是在真正的孤岛上过着无可奈何的生活，而光绪是在一个精心设计好的孤岛上违心地生活；对岸并不遥远，但却隔着一泓潭水，这尤其会折磨一个人的神经。驴子最难受的是眼前有一个胡萝卜却无论怎么赶也咬不到。光绪的心情也正是如此。精彩的外部世界跟他只有咫尺之遥却可望而不可即，他没法不痛苦，没有一时不痛苦。以前他是怕见慈禧，现在他却天天盼着有朝会、庆典、祭社、生日祝嘏等需要他出面的活动。无论如何，这都是与外部世界交流的一种方式。

冬天是最难过的。树木光秃，天空总是那么灰黯，见不到一只飞鸟，听不到一声蛙鸣，冷风顺破窗倒灌入房，冻得光绪蜷缩在一起瑟瑟发抖。他找来内务府大臣，指着吹得哗啦直响的窗户，皱着眉头，什么也不说。大臣见状赶紧跪下谢罪，马上找人来把窗户裱糊好。凡有涉光绪的事，事无巨细都要向慈禧汇报，但这次内务府大臣以事情微不足道、不值得一禀，也就没提此事。可慈禧很快就知道了。第三天，慈禧大赐内务府诸臣荷包。那位大臣也来领赏。慈禧却阴着脸叫人牵来一条小狗，赏赐给他。大臣只好向小狗叩谢圣恩。围观的人个个掩嘴窃笑。从这次以后，内务府再无人敢关照光绪，光绪俨然一个灾星，都只能躲着他。

读书是光绪在瀛台惟一的消遣。翁同龢给他找出的《天禄琳琅》和那本饰有乾隆绣像的《昭明文选》，他差不多已经翻烂了，有的篇章几乎可以倒背如流。光绪二十九年，慈禧为使光绪能安心在瀛台生活，特召清政府驻法、美等国公使裕庚的女儿裕德龄入宫，每天教光绪学一小时英文。光绪的天赋很好，加上有珍妃教的英文底子，虽已30多岁了，学起来竟毫不吃力，发音虽不太好，但不影响认读，很快就能看简单的读物了。

除了读书外，光绪几乎没有任何别的消遣。他身为皇帝，却什么也不会，推牌九他玩不好，斗蟋蟀他永远只是个门外汉，踢毽、跳绳等简单的活动他也玩不来。裕德龄在时，有时也教光绪跳上段华尔兹，光绪虽有兴趣，毕竟德龄女士不能久驻宫里陪他，所以她走了以后，他刚养成的这么点嗜好也因再找不到舞伴而荒废了。除此外，要说爱好，那就只有拆钟表了。这是他小时在毓庆宫读书时染上的癖好。李莲英是光绪在这方面的一个知音。闲了无事，李莲英经常来找光绪，一般总带着一个两个拆坏了装不上的器件儿，求光绪帮着给装上。这个时候，光绪才真正来了精神，与李莲英两个不分主仆趴在地上，瞪圆了眼睛小心地拆装，琢磨机械原理。八音盒都是西洋进口的，所奏音乐都是些西洋曲子。光绪曾试着把一个八音盒重新设了机关，交李莲英带出，让钟表店照新标好的位置穿孔。钟表匠不敢违背，依样打做完成，开盖一放，放出的竟已不再是西洋音乐而成了地道的中国民乐。

如果说光绪还有消遣，那就是他每日都画了袁世凯、荣禄和崔玉贵的头像张于墙上，自己用树枝弯了个破弓，对着他的仇人做射箭状，一边想象着仇人中箭后的痛苦样子，心中能稍获一丝快感，有时干脆用炭炉钎子对仇人乱戳，直至戳个稀烂为止。

二

公元 1908 年，世界已经进入飞速发展的 20 世纪，而这时的中国，仍然处在延续了几千年的封建帝王时年代，开始了清朝第九代皇帝光绪执政的第 34 个年头。

这一年，对于已经走过 264 年的大清帝国来讲，也许是最为不幸的一年。因为在年底，王朝的两位最有权势和地位的统治者，相继去世。

光绪三十四年十月二十一日（1908 年 11 月 14 日）酉刻，光绪皇帝死于北京中南海的瀛台涵元殿。

光绪三十四年十月二十二日未刻，皇太后——慈禧太后在北京故宫仪鸾殿病逝。

一个是当今皇帝，另一位则是操纵朝政达半个世纪之久的“太上皇”。

事情来的太突然，没有任何人预料到，以至一切后事都显得那么匆忙，没有章法。

十月二十一日，光绪皇帝驾崩的消息被送到宫中时，举朝震动。王公大臣们既对这位年仅38岁的中年皇帝如此突然的去世感到惊恐，同时更为尚未建储，没有确立皇位的继承人而担忧。

按照从雍正年间传下来的规矩，每一位继承大统的皇帝，都要于其在位期间，预先写下继位的皇太子名姓，置于密封匣盒之内，藏在故宫乾清宫正中的“正大光明”匾额后面。这块匾额是顺治皇帝亲自书写，为宫中最高之处。当皇帝重病不治时，在朝廷重臣共同看视下，宣布匣内诏书内容。这就是清朝所独有的秘密建储制度。乾隆皇帝、嘉庆皇帝、道光皇帝，都是由这个方法，立嗣继位的。

光绪没有子嗣，但是大臣们知道，皇帝也没有用秘密建储的方法，在皇族中选择继任者。大概是皇帝正值壮年的缘故。

就在人们惊恐慌乱，不知所措的时候，从仪鸾殿的病榻上，传出皇太后懿旨：

以摄政王载沣之子溥仪入承大统，为嗣皇帝。承继穆宗皇帝为嗣，并兼承大行皇帝之祧。

根据慈禧太后的这道旨令，溥仪继皇帝位。这就是清朝的末代皇帝，人们通常说的“宣统帝”。

溥仪与光绪有着极近的血缘关系。光绪皇帝是溥仪的伯父。溥仪的父亲载沣是光绪的亲弟弟。载沣承袭了他们父亲醇亲王的爵位，并在前不久当上了摄政王。

不过，溥仪此时还仅是个只有三岁的孩童。将国家大事及满朝文武托付给这样一个无知的幼儿，显然是不现实的。

于是，从仪鸾殿很快又传出第二道懿旨：

嗣皇帝尚在冲龄，正宜专心学习，著摄政王

载沣为监国，所有军国政事，皆由摄政王秉承训示，并予裁度施行。待嗣皇帝年岁渐长，学业有成，再由其亲裁政事。

这实际是将朝纲权柄，交到了醇亲王载沣的手里。

在光绪去世的当天，慈禧太后还发出过第三道懿旨。依照清朝祖上的惯例，为宾天的皇帝组建一个以满洲文武亲贵大臣为成员的办理丧事，赞襄政务的班子。

第三道懿旨中说：

著派礼亲王世铎、睿亲王魁斌、喀尔喀亲王那彦图、奉恩镇国公度支部尚书载泽、大学士世续、那桐、外务部尚书袁世凯、礼部尚书溥良、内务府大臣继禄、增崇，恭办丧礼，敬谨襄事。

此时慈禧太后也已重病在身，卧床不起。但由于她的上述安排，宫廷内出现的暂时混乱状态，逐渐平息，局面得到稳定。

一切的事情，似乎又都开始按照预定的轨道进行了。

摄政王载沣首先向中外宣示了光绪皇帝的遗诏，同时以嗣位皇帝的名义，颁布上谕，褒扬光绪帝生平伟迹，痛悼他的突然故世，并表示要遵循古制，行持孝三年之丧礼。

十月二十二日，即光绪去世的第二天，年仅三岁的溥仪，以大清国皇帝的身份，来到皇叔宾天的中南海瀛台涵元殿，亲临看视光绪皇帝遗体小殓。然后在众朝臣的簇拥下，护送遗体到乾清宫西配间停放。

在这里，小皇帝按照清朝丧礼仪俗，剪去头发，穿戴起孝服。亲王以下的文武大臣官员，也全部穿上了白色丧服，各按品级位次站立，齐集举哀。并看视为光绪皇帝大殓。

大殓毕，灵柩移至乾清宫正殿安放。

小皇帝溥仪又随众臣，在乾清宫举行了隆重的殓奠礼。

然而就在人们忙于往返涵元殿与乾清宫之间的时候，刚刚为光绪皇帝安排了后事的慈禧太后，也在仪鸾殿病榻上辞世。终年 73 岁。

慈禧太后的身体有病，这是人们都知道的。自从八国联军攻占北京，清政府不得不签定丧权辱国的《辛丑条约》的那年起，慈禧太后的健康状况就一年不如一年。特别是到了光绪三十年（公元 1904 年）左右，开始经常患病。据一位曾在慈禧身边做女官，名叫德龄的外国人后来回忆：

那时太后她老人家已经病了，国事的棘手，和年龄的增长，终于也使她进入了每个人所不能避免的老倦的阶段。最近她除掉还能进些饭食之外，一切的政事，都完全不问，每天只在宫内服药将息。

光绪三十四年的夏季，慈禧太后病况有所加剧，身体愈益不适。正如她自己后来在遗诰中所述：

其时全身倦怠，精力疲惫，睡眠、饮食失宜。由于政务繁忙，未能及时调理静养，至日甚一日。复又新遭光绪之丧，悲痛不能自制，使得病势增剧，终至无法挽救。

在中国近代历史上，慈禧太后可谓是最具影响的人物之一。自咸丰皇帝病逝热河以后，她掌柄朝纲近 50 年之久。其间虽历许多风风雨雨，众多的政敌多次试图推翻其统治，但她凭借着自己的权术与手腕，地位愈益巩固。朝政大事，悉由之决断。官吏任免，必由其认可。

不过从一定的意义上讲，清王朝在遭受到太平天国、义和团等民众起义的沉重打击，以及帝国主义列强的历次侵略战争和瓜分蚕食之后，仍能苟延残喘相当长的一个时期，这与慈禧太后的当政不无关系。

且不说慈禧太后的突然去世，给予清朝今后政治的发展所带来的巨大影响和震动，就眼前而言，使得正全力操办光绪大丧的满朝文武们，更加忙乱不迭。

当天，三岁的小皇帝溥仪和众大臣们，在结束了乾清宫为光绪皇帝举行的殓奠礼之后，又匆匆赶往仪鸾殿，看视慈禧太后大殓。随后又护送灵柩，移于皇极殿安置。

亲王以下文武大臣及官员，齐集皇极殿举哀，为慈禧太后举行殓奠大礼。

当日，又另为慈禧太后组织了由王大臣们参加的治丧班子，并用朱谕的形式予以颁布：

> 大行太皇太后所有大丧礼制，著派肃亲王善耆、顺承郡王讷勒赫、都统喀尔沁公博迪苏、协办大学士荣庆、鹿傅霖、吏部尚书陆润庠、内务府大臣奎俊、礼部左侍郎景厚，敬谨管理。

从此清朝政府配备两套人马，分别为光绪和慈禧治丧。十月二十三日，命恭亲王溥伟、贝勒载洵、载涛、载润，在皇极殿慈禧太后灵柩前，代小皇帝溥仪奠酒。

命贝子博伦、辅国公博佶、镇国将军博侗、贝子衔镇国将军载振，在乾清宫光绪灵柩前，代皇帝博仪奠酒。

光绪三十四年，清朝政府在政治上，正实行一些重大举措。

当时迫于形势的要求，以及朝野和全国各地的强烈呼吁，为了维持摇摇欲坠的封建统治，从光绪三十二年起，清朝政府决定仿照西方国家模式，进行政体改革，宣布准备实行立宪体制。光绪三十三年，在中央设立资政院，同时命各省成立咨议局。

光绪三十四年六月，资政院奏拟院章；颁布咨议局及议员选举章程。八月，又颁布了以保障“君权”为核心内容的《钦定宪法大纲》。

但是，繁重的治丧事宜，以及由于慈禧的去世而产生的权力真空，各个政治派别的重新组合及演化，使得清政府不得不放慢它的政治改革步伐。

光绪三十四年十一月十六日，将光绪皇帝灵柩，由乾清宫移于观德殿安置。

宣统元年正月二十八日（公元 1909 年 2 月 18 日），加上光绪皇帝谥号：

同天崇德运大中至正经文纬武仁孝睿智端俭宽勤景皇帝。

庙号：崇德。

闰二月二十三日，加上慈禧太后谥号：

孝钦慈禧端佑康颐昭豫庄诚寿恭钦献崇熙配天兴圣显皇后。

三月十二日，移光绪皇帝灵柩至梁格庄行宫暂安。派王大臣轮班守护。

（十月初四日），将慈禧太后灵柩移于普陀峪清东陵安葬。

第八章　猝死之谜

光绪皇帝的死，引起当时人以及后世人们的许多猜测。确实有许多地方令人费解。

按照一般的逻辑推理，光绪帝的死稍细心的人都会发现，在光绪皇帝去世前后所发生的一系列事情中，至少可以找出三大疑点。

疑点之一：光绪的死，发生得太突然。

光绪皇帝在去世之前的一段时间里，确实也是在患病。不过，光绪从小的时候起，身体就不太好，虚弱多病。这一次患病，是在光绪三十四年的年初。以后就一直感到不适。据皇宫太医的诊断，其病状为：

> 阴阳两亏，标本兼病，胸满胃逆，腰胯酸痛，饮食减少，气壅咳喘，益以麻冷发热。精神困惫，夜不能寐。

依据现代医学病理分析，这大概是患了呼吸道疾病。从上述诊断看，病人已经发热咳喘，睡眠饮食失调，身体相当衰弱，但此时尚不致于有生命危险，更不会突然死去。

况且病人在去世的当天，还曾发出一道谕旨：

> 通谕各省总督、巡抚，于各所辖地区内，遍选精通医术之人，无论有官品者，或是平民百姓，迅速保送来京，为皇帝治病。如医治确有效

果，被保送之人，及推荐之官员，皆予恩赏。

可见，光绪本人也没有认为，自己的病已经到了不可救治的地步，马上就会离开人世。一般讲，临死的人，特别是很快就要进入弥留之际的人，都会产生某种预感。

整个朝廷也未想到皇帝要出事。理由很简单，因为在光绪帝死于瀛台涵元殿的时候，满朝文武大臣中，没有任何人知道，应该把皇帝安葬在哪里。

光绪皇帝还没有选择他的“万年吉地”，也就是陵寝用地，当然就更没有预先建造陵寝。

在清代社会这是极不正常的。只有当皇帝出人意料地突然去世时，才会出现这种情况。

光绪皇帝迟迟没有按照惯例，择地修造寝宫。其因素可能是多方面的。然而皇帝本人尚在中年，又未发现致命的病伤，这应是其中一个重要的原因。而且掌握着皇帝身体状况，了解其病情发展的朝廷，也没有认为建造陵寝是非常急迫的事情。

从上述可以看到，光绪的突然去世，在许多地方是讲不通的。

疑点之二：难以置信的巧合。

光绪皇帝的死与慈禧太后的死，几乎是连续发生的。如果细分析起来，前后相隔还不到一天时间。

光绪死于十月二十一日的酉刻。按照天干地支的计时方法，酉刻，即相当于现在的下午五点至七点之间。也就是说，光绪是死于十月二十一日的傍晚。

慈禧太后则是在十月二十二日的未刻，病死于仪鸾殿。未刻，即我们通常所讲的下午一点至三点之间。因此可以认为，慈禧是死于十月二十二日中午过后。

由是我们可以推算出，两者之死，前后相差仅二十个小时左右。

事情发生得如此巧合，这是很难叫人相信的。如果考虑到，两位死者生前的长期矛盾，以及特殊的政治背景，自然使成的可能性将更小。

疑点之三：令人深思的政治安排。

我们前面曾经讲到，在光绪死去的当天，曾从慈禧太后的寝宫仪鸾殿，很快传出懿旨，立溥仪为嗣皇帝，命摄政王载沣为监国。如果我们将视线再向前推移，那么就会发现，溥仪是在光绪临死的前一天，也即十月二十日，由醇亲王府被接进宫的。载沣也是在同一天，被封为摄政王的。

细想起来，这里面似乎大有文章。

究竟谁下的命令，谁让这样做的呢？

慈禧太后。

谕旨是以皇帝的名义发布的，但其内容却是在传述慈禧太后的意思。

根据清代最重要的官方典籍《清德宗实录》的记载，十月二十日这天，光绪皇帝仅向内阁发布过两道谕旨。

其一：谕内阁，朕钦奉慈禧端佑康颐昭豫庄诚寿恭钦献崇熙皇太后懿旨，醇亲王载沣之子溥仪，著在宫内教养，并在上书房读书。

其二：又谕，朕钦奉皇太后懿旨，醇亲王载沣授为摄政王。

这是在为光绪的死做准备。

显然，慈禧太后已经知道，光绪很快就会死去。

然而，就在慈禧做出这一政治安排的第二天，光绪还曾向全国各地督抚颁布谕旨，意图寻医治病。并不像行将就木的样子。

在这里，人们很自然地将三大疑点联系起来考虑，发出诸多疑问。产生谜团也是当然的事。

在这里，人们还会很自然地将光绪皇帝的暴亡，同清代当朝政治联系起来，同清朝的历史联系起来。

光绪皇帝的死，是清末最大的一桩历史疑案。

由于时间距今较近，人们又将其中的蹊跷，与清代历史上皇帝死因之悬案，以及当朝的政治背景联系在一起，因而众说纷纭。

一些比较有影响的书籍是这样描述的。

《清稗类钞》中讲：慈禧太后感到自己的病已经无法医治，于是密令亲信太监，扼毙光绪。太后不愿意看到在她死后，光绪帝重掌大权。

《崇陵传信录》载：光绪帝听到太后病重的消息，面带喜色。慈禧知道此事后，咬牙切齿地说："我不能死在你的前面。"

清末名医屈桂庭在他写的《诊治光绪皇帝秘记》一书中披露：光绪皇帝在临死前三天，曾在床上乱滚。他向我大叫肚子疼得不得了。而且他的脸颊发暗，舌头又黄又黑。这不是他所得之病应有的症状。

《清室外纪》称：光绪皇帝宾天时情形及得病的原因，外人无法详细知道，这都藏在太监李莲英之辈的心里。关于太后、皇帝同时而崩，北京城中，每个人的说法都不一样。要想寻找其真实原因，则实在毫无线索。不过有一点可以肯定，一旦受长期压制的光绪皇帝掌握了朝中大权，自然对李莲英等十分不利。

《瀛台泣血记》是这样写的："万恶的李莲英，眼看太后的寿命已经不久，自己的靠山，快要发生问题了，便暗自着急起来。他想与其待光绪掌了权来和自己算账，还不如让自己先下手为好。经过了几度的等待思考，他的毒计便决定了。"

末代皇帝溥仪，后来在他的自传《我的前半生》一书中，也未对光绪被害死的说法，予以坚决否认。他写到："我还听见一个叫李长安的老太监说起光绪之死的疑案。照他说，光绪在死的前一天，还是好好的，只是因为用了一剂药就坏了。后来才知道，这剂药是袁世凯使人送来的。……据内务府某大臣的一位后人告诉我：光绪帝死前，不过是一般的感冒，他看过那些药方，脉象极平常，加之有人前一天还看到他像好人一样……病重消息传出不过两个时辰，就听说已经‘晏驾’了。”

上述的记载，一致认为，光绪皇帝的死，与政治有关。光绪是被害而死的。

下毒手的人都被认为是光绪生前的宿敌。或称慈禧，或谓太监李莲英，也有说是袁世凯的。他们都害怕在慈禧太后死后，光绪作为皇帝，重新掌权。

不过，人们议论最多的，仍是慈禧太后。

慈禧是元凶吗？

第九章　爱情往事

一

在册封皇后的同时，光绪在慈禧的授意下册封了侍郎长叙的两个女儿为瑾嫔、珍嫔。

嫔妃的身份、地位与皇后有着很大的差别。比如说，长叙家再有钱，他陪送女儿的嫁妆决不能超过皇后家。大婚的那天，宫中虽然也派人奉迎，但迎亲专使的职位较低，仪仗队的规格也远远低于皇后。她们所乘的喜轿，不能用凤辇那样的杏黄色，而是用红色。喜轿不能由大清门进宫，只能走近门。当光绪与隆裕在鼓乐吹打举行婚礼时，她们姐妹俩却冷冷清清地干坐在自己的宫中。从父母宠爱，奴仆环侍的家突然进入一个完全陌生的环境，前途未卜，那份孤寂和茫然，把少女新婚应有的喜悦一扫而光。

瑾、珍二嫔是同父异母的姐妹，姓他他拉氏。姐姐瑾嫔相貌一般，圆圆胖胖的脸，因此进宫不久就得了“月饼”的绰号。妹妹珍嫔长得十分秀丽，聪明活泼，善解人意。她入宫那年才十三岁，但胆大心细，为人机敏，很快与宫中上上下下的人混得很熟，太监、宫女都乐意为她出力。

大婚后的某一天，光绪怀着几分好奇来到了瑾、珍二嫔的宫里。

皇帝是不会单独行动的，照例有许多太监扈从，早早就有人到瑾、珍宫中去报告：万岁爷驾到。瑾嫔紧张得心都要跳出来了。赶快整装、理容。在一片“万岁爷驾到——”的传呼声中，瑾嫔迎出屋外，跪迎皇帝。

皇帝细细打量瑾嫔，没有留下太深的印象。瑾嫔拘束瑾慎，皇帝问一句，她答一句。那情景与普通宫女回答皇帝一样机械而小心，皇帝感到兴味索然，坐了不大一会儿就起身走了。

到达珍嫔那里，皇帝只觉眼前一亮：好鲜活的一个女孩子！她虽然形容尚小，但娇憨之态可鞠。皇帝向她问话时，她居然大大方方地直视着皇帝回话，脸上还闪过一丝好奇与顽皮的神情，好像她面对的不是万乘之尊的天子，而是久别的兄长。

在光绪生活的天地里，除了太后而外，所有的人都是唯唯喏喏的面孔。人人屏息低声，满脸死相。人们见到皇帝，不是低眉顺眼，诚惶诚恐，就是一副阿谀奉承的媚笑。皇帝除对太后以外的所有人，也总是板着一副面孔，因为他从小所受的教育，就是要他时刻记着自己的尊贵身份，决不能像普通人那样说说笑笑。如今珍妃走进了他的生活，她那自然而真诚的话语、神态，勾起了皇帝对儿时家庭生活遥远而模糊的记忆，心中融融暖意渐渐涌起。

皇帝问及珍妃的家世，才知道她与姐姐是在伯父长善家长大的。那时长善任广州将军，所以珍嫔对广州的情况很熟悉。谈起沿海与内地种种不同的风土人情，皇帝听得很入神，甚至很神往广州了。

最后皇帝问道：

“听说你们姐妹在家都是读过书的，老师是什么人?”

珍嫔微笑着说：

“哪里读过什么书，不过学着认识几个字罢了。奴才的老师名叫文廷式，他很有才气的，皇上没听说过吗？”

皇帝当然听说过，答道：

“文廷式是学问不小，他的诗写得不错。你这个学生想必诗也写得不错，把你的诗稿拿出来我看看。”

珍妃笑了，说：

“奴才哪会写诗啊？不过我有文老师的诗稿，皇上愿意看吗？”

皇帝很高兴地说：

“拿来！我带回去好好看看。”

珍妃很快找出一本诗稿交给了皇帝，皇帝回到自己的寝宫后，立即展开细细读来。其中有些看不太懂，有些一看就明白，有一首诗却使皇帝触目惊心。那是一首咏叹同治朝嘉顺皇后的诗：

富贵同谁共之长？
可怜无术媚姑嫜！
大行未入瑶棺殡，
已遣中宫撤膳房。

传说中嘉顺皇后是因同治皇帝英年早逝，悲痛至极绝食殉节的。照这首诗来看，竟是太后绝了嘉顺皇后的饮食，生生逼死的。想到太后心狠手辣，何事不敢为？皇帝不寒而栗。

一本薄薄的诗集，好像为皇帝打开了一扇窗口，使他看到了他平日看不到的许多事情。也就是说，珍妃为皇帝开辟了一条与外界沟通的渠道。这使皇帝感到很新鲜，也有些可怕。

珍妃的一颦一笑都在皇帝脑海里留下了深深的烙印。以后一有机会，皇帝就会身不由已地到珍妃的宫中去，听她娓娓谈论各种“道听途说”，喝她亲手调制的菊花茶，身心倍感舒适而惬意。珍妃所住的翊坤宫，在皇帝心目中犹如沙漠中的一片绿州，每当临近它，皇帝就感到无比的慰藉。

二

珍嫔入宫不久就晋升为珍妃，瑾嫔同时被封为瑾妃。

大约两年之后，皇帝第一次召幸珍妃，这件事立即成为了宫中的头条新闻。因为皇帝从大婚之夜后，就一直独居。那本专门记载皇帝与后妃私生活的“承幸簿”，除了有过一次记录外，始终空着。专门负责“承幸薄”的老太监，也多时无事可作了。

皇帝待珍妃进了自己的寝宫后，就屏退了所有的宫女、太监。屋子里只剩下他们两个人，他们可以完全摘掉皇帝、妃子的面具和礼节的紧身束甲了，何等宽松、惬意。在门外偷听的宫女太监，听到屋内不时传来低声笑语，两个年青人一直谈到深夜才入寝。

第二天早晨，按规矩珍妃应该回自己的宫了，皇帝却坚决不许她走。这使珍妃很为难，她犹豫地说：

“皇上，这样做可是没有先例的，您不怕别人说闲话?”

皇帝断然答道：

“规矩都是人定的。我是皇帝，我把你留下，谁敢妄议。”

照例，皇帝与后妃每天都要到太后那里去请安。回来的路上，皇帝再次破坏了历来的习惯，他不乘轿子，而是与珍妃双双走回自己的寝宫。他拉住珍妃的手深情地说：

“朕实在太孤单了。每天上朝回来，没有一个可意的人来陪我说说话，聊聊天。如今总算上天把你送来了，你一定就在这里等着我，我办完了政务立即回来。你不要走，听到了吗?”

皇帝的话听来使人伤感，珍妃乌黑的眸子中泪光闪烁，点点头说：

“听到了。”

光绪一连三天把珍妃留在自己宫中。一下朝回来，他就急急忙忙赶回宫中。他们两人像平常百姓家的新婚夫妻那样恩爱，携手在御花园内散步，如胶似漆形影不离。他们谈天说地，笑语欢声不断，谁也不知道一向沉默寡言的皇帝哪来那么多说不完的话，即使在进膳的时候，他们也说个没完。

皇帝与珍妃的热恋成为宫中上上下下议论的话题，这与皇帝对皇后的冷淡形成极为鲜明的对照。

光绪完全沉浸在对珍妃的爱恋中，几乎忘记了周围的环境。宫廷礼法森严，一切都在无形的束缚之中。珍妃在皇帝宫中流连三天之久，这实在不合常规。主管“承幸簿”的老太监，自然把这一切如实记录在案。珍妃对此深感不安，她委婉地提醒皇帝，自己应当回宫了。倘若皇帝要再见她，尽可以随时宣召她来。

光绪也明知这样的过分之举会引起沸沸扬扬的舆论，皇帝也难逃“人言可畏”这道罗网，于是他勉强同意珍妃回去。但不等到傍晚，他又派人召珍妃来见。

从他们同居的第一天起，他们就没有一天不见面。皇后和瑾妃，都被皇帝抛到了九霄云外去了。

皇帝和珍妃此时最大的心愿，是能早日生下一位皇子。当年慈禧太后之所以能平步青云，就是因为她为咸丰皇帝生了一位皇子。如果珍妃能生一位皇子，那么旁人对他们的妒忌和议论就变得毫无力量了。

珍妃宫中的太监、宫女，也都殷切地盼着他们的主子能早日受孕。这一方面是因为珍妃平日对下人比较宽厚，颇得手下人的好感；另一方面是在宫廷的明争暗斗中，倘若主人占了上风，奴才也跟着沾光受惠。

于是有不少人向珍妃报告，说京城正阳门外有座送子观音庙，非常灵验，只要去诚心祈祷，一定能早得贵子。

送子观音庙是一座历史悠久的大庙，香火很旺盛。来这里的绝大多数是女客，她们的惟一心愿，就是请求观音菩萨保佑，送给她们一个孩子。庙里菩萨面前的香案上，除了照例插设的香火外，还摆放着很多神态逼真的泥娃娃。求神的看中了哪一个，就用事先备好的一根黄头绳，把泥娃娃的头颈拴住，带回家去，就会怀胎受孕了。如若想得到双胞胎的，就可以一同拴住两个泥娃娃。来拜神的人，几乎百分之百地拴一个男娃娃回去。那些女娃娃，就成了一种摆设，常年笑嘻嘻地站在菩萨面前，观看这人间闹剧。

按照庙里的规矩，求子的人应当亲自来磕头烧香。但万一本人确实不能来的，也可以委托别人作代表。为了求得菩萨的谅解，代表得拿出几倍于常人的香火钱，作为一种补偿。

以珍妃的身份，是不能随便出宫的，只有派一个心腹太监去完成这一使命。受命的太监在前一天就与珍妃同样沐浴、斋戒，第二天买了上好的香烛，怀着满腔虔诚前往送子观音庙。他跪在菩萨面前低声祷告着：

“圣明的菩萨，请您保佑珍妃早生贵子。她就住在万岁爷的寝宫里，贴近御花园的那座大宫殿。菩萨慈悲，请记住，务必使这个孩子投生皇帝爱妃珍妃的肚子里去，可不是隆裕皇后，也不是‘月饼’。求菩萨千万不要让孩子投错了胎!”

太监回来向珍妃复命，珍妃又高兴地把这事告诉了皇帝。从此他们两人就日夜盼望着那小生命的出现，遗憾的是观音菩萨竟没有显灵。

三

珍妃被选入宫，是慈禧太后的主意。

选皇后那天，皇帝最中意的并不是珍妃，而是德馨的长女，差点把如意给了她，惹得太后大怒。太后由此想到，此女如选入宫，必然受宠，当即命令荣禄公主把一对荷包交给长叙的二女，这才有了后来的瑾、珍二妃。

珍妃入宫前，早听家人说过太后的威严，入宫后对太后特别恭顺。由于她从小受过儒家教育，知书达礼，因此对皇后也恪守嫔妃的礼节，小心侍奉，尽量不出一点差错。

慈禧太后深知驭人之道在于恩威并用，因而刻意笼络瑾、珍二妃，常常赏赐给她们食物、礼品，对她们并没成见。隆裕皇后从大婚之日起，就被皇帝冷落在一旁，满腔积怨无从发作，自然特别注意皇帝与二妃的关系。但皇帝对瑾妃很冷淡，珍妃尚小，倒也看不出什么毛病。

后来随着珍妃一天天长大，日益为皇帝宠爱，隆裕就不免酸性大发了。待到皇帝与珍妃同居，隆裕的手下人天天向她报告种种见闻，什么珍妃一连在皇帝宫中留住三日、什么皇帝与珍妃形影不离……直恨得隆裕咬牙切齿。如果说她对皇帝还抱着一丝幻想，希望他有朝一日会改变对自己的态度的话，对珍妃，她就只有无边的仇恨了。但珍妃为人很聪明机警，隆裕一时抓不到她的把柄，只有暗中较劲。

终于让隆裕找到了一个报复珍妃的机会：

光绪有一次与珍妃谈到大库内有许多上好的珍珠，问她是否喜欢？珍妃请皇帝把一批最好的珍珠拿来观赏，皇帝很高兴有机会使自己的爱妃开开眼界，立即命人一次取出来八九千颗珍珠。看着这一堆五彩斑斓的珍珠，珍妃叹为观止。她虽然在官宦之家长大，见过不少珍宝，但从没见过这么多大珍珠，真看得她眼花缭乱，挑不出哪颗最好。皇帝得意地问：

“你最喜欢哪几颗，朕就赏给你。”

珍妃有些顽皮地说：

“如果我都喜欢，皇上能全部赏给我吗？”

这倒使皇帝为难了，倘若太后查问起来，如何对答？

珍妃嫣然一笑说：

“皇上，我随口说着玩的。我哪敢要这么多珍珠？不过我想请皇上把这些珍珠串成一件披肩，我穿几天给您看看，然后再拆下来悄悄送回大库，一颗也不会少的。您说行吗？”

皇帝为珍妃的想法叫好，他当即派心腹太监把北京最好的成衣匠找进宫。很快，一件用白色丝线串成的珍珠披肩做成了。皇帝亲自为珍妃披上这件奇特的披肩，只见颗颗珍珠放射五光十色，珍珠、美人交相辉映，珍妃真正是“光彩照人”了。

珍妃当然知道，这样一件价值连城的新装是决不能让太后、皇后看到的，她只有在光绪宫中，或是夜晚两人在御花园游玩时才穿，让皇帝尽情欣赏她的美丽。

然而在宫里是没有秘密的，因为每个后妃都有自己的密探，每时每刻打探各种消息，太后的密探就更是遍及每个角落了。

凡是看到过这件披肩的人，无不认为它的质量和式样比太后最好的衣服都要好。隆裕听到这些消息，又恼恨又兴奋，恼恨的是皇帝如此宠惯珍妃；兴奋的是，她知道太后的好胜心、妒忌心最强，从不允许别人在任何方面超过自己，只要向太后报告披肩的事，那就等着瞧珍妃的好看吧。

隆裕着实盘算了一番，如何说才能挑动太后的妒火。

然后，乘着向太后请安的机会，她尽量用平静的语气说：

“珍妃现在似乎太不知检点了，大家都说她不断怂恿皇上替她买什么、做什么，一个月不知要靡费多少银子，最近她又唆使皇上打发人开了大库，取出无数大珍珠来，替她做了一件披肩，人人都说她比老佛爷更讲究。”

其实太后对这件事早有耳闻，她心里也很不高兴，认为皇帝太宠珍妃，珍妃也恃宠而骄。但她更知道隆裕对珍妃的妒忌，如果按隆裕的意思去惩处珍妃，必然大伤皇帝的感情，皇帝亲政以来，处理国家政务，无一不遵从太后的指示，事事请示，时时汇报，使得太后非常满意。手里紧握大权，这才是太后心中的大局。皇帝与珍妃恩爱非常的事，不知有多少人向太后报告过。但几千颗珍珠做成的衣服，慈禧料定珍妃也不敢长期占为己有，那是个很聪明的女人，她听到风声就会自己拆掉送回大库的，何必为此徒然伤害皇帝？想到这里，太后反而训斥了自己的侄女几句：

“你的眼光应该放远点，不要只在这些鸡毛蒜皮的事上用心。我听人说你与珍妃不睦，别忘了你是皇后，她不过是妃子。皇帝对她再怎么好，她也决不会威胁你的地位。你不妨对她宽厚一些，免得人家背后议论你小气。”

隆裕万没想到太后会说出这样一番话来，但她不敢驳白，只有自认倒霉。

不久，太后宣布要住到颐和园去好好休息了。隆裕向太后恳求随同前往，以便朝夕侍奉太后。她这样一说，瑾、珍二妃自然也得表示同样的孝心，要随太后共同前往颐和园。在隆裕想来，她住在宫里反正是看皇帝的冷脸，不如不见反而不烦。如果珍妃也随太后走，那就可以将她和皇帝拆散了，看他们还怎么形影不离？隆裕的这点心计，太后一眼就看穿了，她暗自感慨皇后的小心眼，说：

“难为你们的孝心。只是如果你们三个人都跟我走，皇帝一个人在宫中未免太寂寞了，就让珍妃留下来陪皇帝吧。你们两人随我去颐和园住几天。”

又是当头一棒！隆裕脸都气白了，她把这一切都记在了珍妃头上。

太后皇后她们一走，这使皇帝与珍妃欣喜若狂。皇宫暂时成了他们的天下，行动可以自由多了。珍妃很喜欢新鲜玩意，尤其喜欢拍照。那时一般人认为照相是邪术之类的东西，甚至说拍照会损伤人的元气。宫廷是最保守的地方，很少有人照过相。珍妃从小在广州长大，思想比较开通，光绪皇帝也是一个乐于接受新事物的人，所以他并不反对珍妃拍照。这件事自然又通过各种渠道传到了颐和园。隆裕虽然愤愤然，但鉴于上两件事的教训，没敢声张，只是一有机会就回宫去。这至少能使珍妃和皇帝感到不快——不能让他们两人活得那么自在！

珍妃有一次把皇帝的衣服穿在身上，再戴上皇帝的帽子，学着男人的步伐走起路来，俨然是一位风流倜傥的少年天子！逗得光绪开怀大笑，说她女扮男装更漂亮了。

光绪所处的时代，中国国势江河日下，内外交困，光绪常为国事紧锁愁眉。加上他事事受制于太后，自己的许多想法不能变为现实，动不动还要看太后的眼色行事，所以他很难得开怀一笑。珍妃见他这次如此高兴，以后偶尔就私自穿着皇帝的男装，逗他开心。

偏偏冤家路窄。有一天珍妃又女扮男装，在御花园的假山上游玩，隆裕恰从颐和园回宫，也转到御花园来。她刚朝假山走去，就看见皇帝在山上，想来皇帝也看见自己了，隆裕准备跪下迎驾。这时珍妃看到山下有人来，细看正是皇后，赶快走几步迎上前去，口称：

“奴婢给皇后请安。”

隆裕这才愕然发现，原来面前的“皇帝”竟是珍妃！想到自己差点给珍妃下跪，隆裕心里异常气愤！她看也不看跪着的珍妃，掉转身就走。

从此，皇后与珍妃的关系更加恶化。

由于慈禧太后喜欢看戏，宫中除了有专门的戏班子以外，还常召宫外的名角进宫唱戏。慈禧在宫，看戏时只有她一个人巍然高坐，光绪陪坐，其他的人只能站着看，也没有人敢议论剧情。这回“老佛爷”不在，光绪可以陪着珍妃看戏，两人边看边谈，多么惬意！于是光绪常召演员进宫，并且特别欣赏其中的一位旦角，要了那位演员的许多剧照，闲时与珍妃共同观赏。有一次，因为某出戏唱得特别好，光绪就赏给那位旦角一身漂亮衣服。这衣服都是用宫里的衣料和式样做的。

这件事与珍妃本毫无关系，但隆裕听后就大做文章。她指使手下人散布，说珍妃与男演员有勾结，竟私自把自己的衣服送给他穿。

一次，隆裕又闯回宫来，正值光绪与珍妃在看戏。皇后驾到，皇帝无论心中如何讨厌她，按礼节也应当请她陪着看戏，珍妃就只能到帝、后的后排去坐着了。隆裕坐在那里并不看戏，时不时回头扫珍妃一眼，又转过来盯着台上的旦角，仿佛她发现了什么秘密。这样几次转来转去的，光绪就生气地问她在干什么，隆裕说：

“自古‘娼妓优伶’就是下九流的人，万岁爷这样频繁地召戏子入宫，身边又带着一位年青美貌的妃子，就不怕出流言蜚语吗?”

皇帝一时气得不知如何驳她，隆裕却站起身扬长而去。珍妃平白受这样的羞辱，明知皇后是暗箭伤人，只有暗自哭泣。

此后，这谣言像长了翅膀，很快传到了颐和园。这一次隆裕自己并不向“老佛爷”报告，她相信太后会耳有所离。

太后确实很快就听说了这件事，但她判断是谣言：皇帝与珍妃恩爱非常，珍妃怎么会以皇妃的身份私通戏子？但无风不起浪，珍妃肯定有不检点之处。因此太后心里又添了几分不满，当皇帝来颐和园请安时，就含蓄地警告他不要宠着珍妃，闹出什么事情来。光绪百般辩解，太后更感不快。从此，皇帝更加厌恶皇后。

不久，就真的出事了。

原来光绪年间，卖官已成半公开的秘密。有钱的人只要用巨资买通总管太监李莲英，在太后那里打通关节，就可即日升官。珍妃手下的一些太监看得眼热，就怂恿珍妃在皇帝面前替某人讨官，声言对方愿出白银十万两。珍妃并不想管这种事，但禁不住手下人一求再求。况且她每年的例银只有三百两，远不够用，也正为这“入不敷出”发愁。按说皇帝的妃子，吃、用、穿都不必花银，为什么仍感钱不够用呢？原来宫中的陋规很多，如太后赏赐嫔妃任何礼物，嫔妃都要赏赐来人。要是赏钱给得少，来的太监就会在“老佛爷”面前说坏话，不知何时就会有大祸临头。为了取悦于太后，各宫嫔妃只得重赏来者。这样一来，很多“娘娘”不仅不能往娘家送银子，反而得娘家接济。珍妃姐妹两人在宫中，仅支付赏银一项就够头疼的了。现在有人提出一个白得银子的机会，珍妃终于经不住诱惑，答应下来。皇帝对珍妃是如此宠爱，对珍妃陆续提出的几个人名，他都默记在心，遇到机会就分别任命了。

隆裕手下的密探听到风声，添油加醋地报告主子，隆裕大喜。按照祖宗之法，后妃严禁干预政事。“老佛爷”虽然彻底打破了这个成例，却绝不许别人步自己的后尘。于是隆裕风风火火地赶到颐和园，一五一十禀告太后。太后对珍妃早已屡生恶感，只是隐忍未发，听到此事大怒，立即回宫查问。慑于太后盛怒，光绪只得硬着心肠，下了一道圣旨：

朕钦奉慈禧皇太后懿旨，本朝家法严明，凡

在宫闱，从不敢干涉朝政，瑾妃、珍妃……屡有乞请之事……瑾妃、珍妃均降为贵人，以示薄惩，而肃内政。

太后看完，仍觉不够解恨，又命隆裕对珍妃“严加管束”。隆裕借着这个公开报复的机会，下令将珍妃贬入冷宫百日之久，使珍妃受够了折磨。

这件事彻底敲醒了皇帝与珍妃的脑袋，他们深感太后大权在握，没有安全感。希望有朝一日能摆脱太后的掌心，成了他们共同的心愿。至于隆裕，从此也放弃了对皇帝的一丝幻想，完全站在太后一边监视着帝、妃的一举一动。她与他们之间，简直成了公开的仇敌。

甲午战争以后，光绪痛感国家频临外侮，惟有变法维新才能使国家富强，由此发生了历史上有名的戊戌变法。在维新运动中，珍妃是光绪皇帝的忠实支持者。

慈禧虽然身居颐和园，但密切关注着时局的变化，隆裕的密探与顽固大臣常往颐和园送情报。后来传说皇帝要派兵包围颐和园，危及太后生命，慈禧乘机发动政变，收回全部军政大权，将光绪软禁于瀛台，将珍妃再次贬入冷宫。

十几年的家庭纠纷，以皇帝与珍妃的彻底失败而告终。

四

光绪被软禁在瀛台，对于维新大业，他已万念俱灰。他现在惟一放心不下的就是珍妃。

政变发生的当夜，当慈禧太后痛骂光绪皇帝时，隆裕就站在太后身旁。如果说她对光绪除了仇恨之外还有一丝同情的话，她对珍妃就只是满腔仇恨了。在太后骂完、准备略事休息时，隆裕附在太后耳边低声说：

“老佛爷请息怒，其实皇上闹成今天这个样，几乎人人都知道是珍妃挑唆的。”

一提起珍妃，太后的怒火腾地又冒起来，她喝道：“把珍妃带上来！”

珍妃被带上来了，她知道这是一场躲不开的灾难，反而很从容。

慈禧喝道：

“你的胆子可真不小啊！是什么邪神附到了你身上，你竟敢起意要暗算到我们这些人了！”

珍妃跪在地上回答：

“万岁爷这次的措置不当，连累老佛爷生气，奴才心里也很不安。不过奴才从没听说过万岁爷想暗害老佛爷，请老佛爷明察！”

太后怒喝道：

“大胆的贱人，你还敢顶嘴？给我掌嘴！”

太后喝到“掌嘴”二字时，是扭过头对隆裕说的，这是要隆裕亲自煽珍妃的耳光。以皇后之尊，实在没有亲手打人的先例，这一次是太后气极了，恨极了，而隆裕也早就巴不得有这样的机会，亲手去惩治她的情敌。于是，她毫不犹豫地走上前去，左右开弓地煽珍妃的耳光。太后则不停地喝喊：

“再打！”“再打！”

直到这姑侄二人，喊得喊累了，打得把自己手也打疼了，这场空前的闹剧才停下来。珍妃的两颊红肿得厉害，但她硬是一滴眼泪也没掉，也没有一句求饶的话。这使太后更加生气了，命令：

“把这个贱人拖下去，等我处理了那批新党再来收拾她！”

皇帝低着头强忍着满腔悲愤，他眼睁睁看着珍妃被人拖下去了，从此不知下落。

他当然不能自己去打听，只有依靠手下的太监，他把这任务交给了王商。

光绪虽然长在皇宫，身为帝王，但由于他对太后专制的反感，又受到一些西方民主思想的熏陶，因而平时为人并不像一般帝王那样专横，颇得手下人的好感。这次变法失败，也很有些人同情。王商是他的最忠实的仆人，是他最信赖的太监。王商人很机敏，他心中虽然无限忠于皇帝，但表面上从没有过分献媚的举动，对太后却十分恭敬。政变之后，慈禧认为王商可堪信任，就指派他率领原来光绪宫中的那些太监，担任看守皇帝的差事。在"老佛爷"看来，王商就是吃了豹子胆，也不敢违抗自己的旨意，为皇帝传递消息。一般人也以为王商背叛了他的主人，投靠了太后。只有皇帝心中有数，知道王商仍然是自己人。

光绪交给王商的第一个任务是探明珍妃在什么地方。王商在宫中当差很多年了，他手下也有一批心腹小太监。这些小太监四处打听，终于弄明白了：珍妃被囚在冷宫。

冷宫是专门用来囚禁犯过错误的妃嫔的地方，并没有固定的房舍，而是根据需要随时找一处年久失修的破旧房屋，即为冷宫。贬入冷宫的嫔妃完全同犯人一样，穿着破衣烂裳，吃的残羹剩饭。如果皇帝皇后要责骂她，既不屑于到冷宫来，也不允许她走出冷宫去见皇帝或皇后，而是派太监替皇帝皇后去面斥。

囚禁珍妃的冷宫，就是宁寿宫后面的一处破房子。一排三间，只有两扇窗户，都用粗木条钉死，只能从木条的缝隙中透进少许的光线。屋内年久失修，灰墙剥落，裸露出青砖来，墙角布满蜘蛛网，门上是上、中、下三把拳头大的锁头。慈禧和隆裕不让珍妃一死了之，要让她受这不死不活、永不见天日的活罪。每天派人送去的饭菜不是冷，就是馊。送饭的太监狗仗人势，动不动冷嘲恶讽。其中二总管崔玉贵最为凶恶，他常常代表太后和皇后去面斥珍妃，而常常是把太后和皇后对珍妃的责骂再变本加厉地尽情发泄，珍妃要跪在地上恭听，听后还要“谢恩”。有时崔玉贵还到屋内来搜查，——其实那四壁空空的房间里除了一个活人，并没有什么可搜的，崔玉贵只不过借机来表现自己的淫威罢了。

可怜昔日一个如花似玉的妃子，顿时变成了阶下囚。如果珍妃的心中不是燃烧着希望和仇恨，她怕是一天也活不下去了。

光绪得到珍妃的消息后坐卧不宁。珍妃前一次被贬入冷宫时，光绪还可以派人去偷送饮食衣物，小太监们看在“万岁爷”的面子上，也不敢太难为珍妃。这次的情况已完全发生了变化，光绪自己也在软禁之中，怎么帮助珍妃呢？

光绪把王商叫来，半是命令、半是恳求地说：“王商，无论如何你得让朕与珍妃见一面！”

这可难住了王商。

原来瀛台是一个四面环水的小岛，原有一座木桥，光绪被囚到瀛台后，慈禧就下令把桥拆了。光绪每天上下朝，全靠太监们摆渡出入。要去私会珍妃，就必须夜晚偷渡。桨打水的声音在静静的夜晚会传得很远，守夜的护卫一旦发现，报告到“老佛爷”那里去，王商有几个脑袋？何况瀛台在御花园的最西边，珍妃所住的冷宫在御花园的东北，相隔有一二里远，即使在深夜，也难免碰上巡逻的卫队，又怎么办？

光绪脸上那种渴望与哀求的神色感动了王商，这是当今天子啊，多么可怜！王商豁出去了，他说：

“万岁爷，奴才一定想法让您见到珍妃。不过您不能着急，得容奴才好好琢磨琢磨怎么个见法。”

王商苦思冥想，一个偷渡的好办法终于成形：先派几个人乘夜色泅渡到对岸，再在日间摆渡的小船首尾两端系上长绳。光绪上了船之后，对岸的人就一齐用力拽船头的长绳，岛上的人则慢慢放松系在船尾的长绳。双方的动作都很缓慢，小船在水面上滑行，果真一点动静没有。回来时用同样办法，由岛上的人拽回来。

真不知王商怎么说服了这些小太监，冒着生命危险偷渡皇上往返。

上了岸，就只由王商一个人跟随皇帝前往珍妃的住处了。为了安全起见，皇上也换了太监的服饰，万一碰到人，便于蒙混过关。

当王商带着皇上躲躲藏藏地来到那几间几乎被荒草掩没的破屋子时，珍妃早已得知消息，在窗前苦苦地盼望着了。

皇上一看到那屋舍和窗前那个影影绰绰的人，止不住泪如泉涌。他扑上去，从板条的缝隙中抓住珍妃的手，珍妃早已泪流满面。月光下，两个人抽泣着互相劝慰对方。皇上隔着木条，看不清珍妃的面容，但可以想见她的憔悴，珍妃却把皇上瘦削的面庞看个仔细，越发止不住泪如雨下。

月亮已经偏西，夜深了，在远处放哨的王商一次一次来催。皇上应该回去了，但他舍不得离去，最后王商只好把皇上硬拽走了。王商提心吊胆，皇上反而什么也不怕了。

就这样，每到夜深人静，皇上就不顾一切地来与珍妃相会。一回到皇宫，他就咬牙切齿地想着报复隆裕的种种办法。他知道，对慈禧是无能为力了。但只要太后一死，第一件事就是把隆裕贬入冷宫，让她也住那样的破房子，让她也穿最破烂的衣服，让她也吃那又冷又馊的猪狗食，天天派人来面斥她，让她不死不活地受罪。

不久，又有了立大阿哥的事，这对光绪又是当头一棒。

原来在光绪心中，还存在一个顽强的希望，那就是太后年事已高，而他还正年青，一旦“老佛爷”升天，他就有了出头之日。现在太后立了一位大阿哥，名义上是同治帝的嗣子。这是一种极不祥之兆：只要太后认为时机成熟，她随时可以废掉光绪，立大阿哥为帝。

又是一个凄惨的夜晚，光绪去看望珍妃时，尽量用平缓的口吻向她通报了这个消息。

珍妃听到这个不幸的信息，差点晕过去。自从政变以后，她一直在为皇上担心，她知道慈禧有着极强的报复心，不会轻易放过皇上的。立大阿哥，在珍妃看来，这是太后准备废黜甚至杀害光绪的预兆，恐怕事情已经在进行了。珍妃既不能给皇上以任何救助，惟一能做的也就是不要因自己而牵累皇上了。所以，她停止了哭泣，用决绝的语气说道：

“皇上，从今晚开始，请您千万不要来看我了。”

“为什么呢?”

“因为太后万一发现您到这里来，您就又添了一种罪名，这样她岂不是可以随便摆布您了吗?”

“随便摆布”意味着什么，光绪立刻听明白了，他回答道：

“如果我当初能完全放得下你的话，当初也不会冒险来看你了——”

没等皇上说完，珍妃就坚决说：

“不，皇上，如今是不同了！以后您千万不可再来!”

她那种焦虑的神情使皇上不得不答应她，今后不再到这里来了。

但每当夜晚来临时，皇上又在一片朦胧的暗色中走向珍妃的住所，而珍妃也依然在窗前伫立着等候。

这一对囚徒的幽会断断续续进行了两年之久，直到义和团运动爆发，八国联军进犯北京。

他们面临着新的更加严峻的形势了。

五

自光绪二十六年（1900年），清宫中传出珍妃坠井死的消息，翌年两宫回銮京师，以慈禧皇太后懿旨："上年京师之变，仓猝之中珍妃扈从不及，即于宫内殉难，洵属节烈可嘉，恩著追赠贵妃位号，以示褒恤。"（《清德宗实录》）。至民国二年（1913年），以皇贵妃礼用金棺厚葬珍妃，奉移梁格庄，旋安葬于崇陵妃园寝，至此，珍妃已经"入土为安"了。但是，有关她的种种传说，却在世间盛传不衰。不但野史、小说等先后问世，电影、戏剧也争相上演《清宫秘史》、《清宫怨》、《珍妃泪》等等，由于演员声情并茂的表演，将珍妃这位美妃，演成了巾帼英雄，她虽然幽居深宫，却时时关心天下大事，忧国忧民，全力支持光绪皇帝改良变法，力挽狂澜。她不惧慈禧的淫威，被溺杀之前仍慷慨陈词，视死如归。珍妃的"壮举"，不知打动了多少观众的心，博取了人们对这位胆识过人、红颜薄命女子的无限同情……然而，戏剧终归是艺术，在清宫中是否确有其人？确存其事？常常令人悬念丛生。而今尚存的几件与珍妃有关的传世文物，对于我们了解这位真实的清宫人物很有帮助。这就是"珍妃像"、"珍妃印"和慈禧那拉氏当年挟制珍妃的两块"禁牌"。

"珍妃像"存世的有两张。一为民国十九年刊登在北京故宫博物院的《故宫周刊》上，这帧全身照，是经过刘姓宫女辨认的，照片上的女子着旗装，头梳插满花的满族妇女的"两把头"，身着饰宽边洋粉色旗袍，外罩月白色背心。但据辨认，这张照片并非珍妃遗像，有人说是某王府一位格格，也有说系某福晋，总之不是珍妃，刘姓宫女所言不确。直至一九八二年，北京故宫《紫禁城》上又登出了一张用旧底片洗印的半身“贞贵妃肖像”，像上是一位年轻貌美的女子，不过二十岁左右；亦着旗装，梳“两把头”，头上饰以花卉及一对蝴蝶。经考证为珍妃生前所照（见于善浦《珍妃》）。至于“贞贵妃肖像”五个字为后人所加，将“珍”写成“贞”，或为笔误，或出于对珍妃的崇敬所致。

在有关珍妃的传世文物中，还有一件是“珍妃之印”，这是一方银镀金的印章，正方形，边长十一厘米，高三点四厘米，上用满、汉文篆书，朱文阳刻，净重十三斤六两，龟钮，即首、尾为龙，身做龟形，此种寓意祥瑞的造型，为典型的清宫皇妃印。珍妃初入宫时仅封珍嫔，光绪二十年（1894），因时逢慈禧六十大寿，为了表示恤下，将王公大臣及宫中妃嫔普晋一级，故于是年十月，时为嫔位的珍妃姊妹也得晋为妃。但是，尚未待行册封礼，他他拉氏就因事忤慈禧，旋降为贵人。此印当铸于光绪二十年封妃之前。从存世的“肖像”及印章看，说明清朝末年，清宫中确有一位封为珍妃的女人。

有关珍妃宫中生活的两块禁牌，一块指名道姓，专为珍、瑾姊妹而立，另一块虽赐与皇后，实则也为挟制珍妃姊妹而立。两块“禁牌”大小雷同，长约四十点五厘米，宽三十点五厘米，厚一点八厘米，外镶木框，四角制插榫，黄绫装裱，蓝绫镶边，上有铜丝挂环。上墨书谕旨一道：“光绪二十年十一月初一日，奉皇太后懿旨：瑾贵人、珍贵人着加恩准其上殿当差随侍，谨言慎行，改过自新。平素装饰衣服，俱按宫内规矩穿戴，并一切使用物件不准违例。皇帝前遇年节照例准其呈进食物，其余新巧稀奇物件及穿戴等项，不准私自呈进。如有违制，重责不贷。特谕。”

另一块禁牌是赐与皇后的，上书：“光绪二十年十一月初一日，奉皇太后懿旨：皇后有统辖六宫之责，俟后妃嫔等如有不遵家法，在皇帝前干预国政，颠倒是非，着皇后严加访查，据实陈奏，从重惩办，决不宽贷。钦此。”从第一块禁牌内容看，是因瑾珍二妃平素穿戴等处有违宫中规制，故连降二级为贵人。虽恩准上殿当差随侍，但必须谨言慎行，改过自新。而第二块禁牌，则重申皇后权力，“有统辖六宫之责”，嗣后倘有妃嫔“不遵家法，在皇帝前干预国政，颠倒是非”者，一经皇后查出上奏太后，即将“从重惩办，决不宽贷”。这两块禁牌所反映的不仅有夫妻、妻妾之间的关系问题，也涉及有“干预国政”的政治问题，那么，珍妃在清宫中到底是怎样一个女人？其家世如何？她是怎样“干预国政”的呢？听我们细细说来。

珍妃，姓他他拉氏，出生在满族世宦之家，隶镶红旗下。祖父裕泰，曾官居陕甘总督。父名长叙，任礼部侍郎，伯父长善，任广州将军。兄志锐、弟志锜亦当朝为官，志锐曾任礼部侍郎、参赞大臣等职，弟志锜曾任工部笔帖式等。珍妃姿容婉丽，赋性聪颖，又擅琴棋书画，是一个亭亭玉立，文雅可爱的女孩。

光绪十四年九月，复选秀女，十三岁的他他拉氏与十五岁的同父异母姊姊双双被选中入宫，赐封珍嫔，姊封瑾嫔。并选定慈禧胞弟桂祥二十一岁的女儿叶赫那拉氏为皇后（长皇帝三岁）。十月初五日，奉慈禧懿旨：“皇帝寅绍丕基，春秋日富。允宜择贤作配，佐理宫闱，以协坤仪而辅君德。慈选得副都统桂祥之女叶赫那拉氏，端庄贤淑，著立为皇后。”另一道谕旨称：“原任侍郎长叙之十三岁女他他拉氏，著封为珍嫔，十五岁女著封为瑾嫔。”至今仍存有当年赐封珍、瑾二嫔的大红纸帖及三枚遴选记名秀女的绿头牌（藏中国第一历史档案馆）。

翌年正月二十六日，光绪皇帝举行大婚典礼，奉迎叶赫那拉氏皇后入宫（即后尊封的隆裕皇后）。珍瑾二嫔先期入宫，珍嫔居东六宫的景仁宫，瑾嫔居东六宫的永和宫。

妃嫔入宫，虽然比皇后入宫稍差一些，但皇家娶亲，亦非民间可比，仍有一定的礼仪和规制。择定之后，即当置备衣物、器具等等。故于光绪大婚前即正月十六日，由总管内务府按嫔位妆奁分例，治备齐全，诸如衣物、钗环手饰及金银玉器等一应用品，并着令工部承造嫔位所用杏黄刷蓝围轿。大婚礼前三天进嫔位妆奁，派内务府大臣一员或三院卿前往照料。珍嫔妆奁走神武门，进顺贞门，安设景仁宫。嫔位进宫前一日，由总管太监等持钿钗、衣物等送嫔家内。迎进宫时，着派乾清宫总管太监一名，敬事房首领太监二名，及本宫首领太监至嫔家中迎接进宫，轿前设嫔位彩仗前导。

嫔宫铺陈摆设也极其富贵。据《光绪大婚典礼红档》记载，当时珍嫔景仁宫的铺陈是：东次间，大红缎绣花卉双喜字帘子一个。前床，大红毡绣花卉金双喜炕毯一、大红缎绣花卉金双喜坐褥二、靠背一。罗汉床，大红缎绣花卉金双喜大褥一。东进间前床，铺大红毡绣花卉金双喜字炕毯一、坐褥二、靠背一。寝宫床，大红缎绣花卉金双喜大褥一、大红缎绣花卉金双喜帐子一，大红闪缎大褥一、大红缎绣花卉金双喜机橙套二。西次间，大红缎绣花卉金双喜帘子一，前檐床，大红毡绣花卉金双喜炕毯一、大红缎绣花卉金双喜坐褥二、靠背一。西进间前床，大红毡绣花卉金双喜字炕毯一、大红缎绣花卉金双喜字坐褥二、靠背一。寝宫床，大红缎绣花卉金双喜大褥一、五彩妆缎大褥一、大红缎绣花卉金双喜机橙套二、大红缎绣花卉金双喜帐子一、大红纺丝玻璃挡十二，景仁宫前后殿均红毡铺地，悬挂灯丝。

此外，按宫廷规定，嫔宫内还设有各种银制茶具等一应器皿及蓝地黄龙瓷盘、碗、盅、碟及各色瓷器、漆器、羊角手把灯等。至于衣着装饰、用度，均按宫分享受。二月二十八日，举行了册封珍、瑾二嫔礼，赐以金册、彩仗，包括：翟轿一、翟车一、金黄四人仪轿一、红缎七凤曲柄伞一、银炉一、瓶二、香盒一、水盂一、盆一、金䯼马机一、交椅一、足踏一。金黄及红缎宝相花伞各二，红缎销金七凤旗二、红云缎素扇二、金节、吾杖、立瓜、卧瓜各二。册封时亦遣正、副使行册封礼，不复赘述。

珍妃姊妹被选中入宫时的情景，说法不一。据旧宫监唐冠卿言，光绪十三年（1887）冬，慈禧太后为德宗（光绪）选后，在体和殿召被选之各大臣少女进内，依次排立，与选者五人。首列那拉氏，都统桂祥女，慈禧之侄女也。次为江西巡抚德馨之二女，末列为礼部左侍郎长叙之二女（即珍妃姊妹），当时太后上坐，德宗侍立，荣寿固伦公主及福晋、命妇立于座后。前设小长桌，上面放着镶玉如意一柄，红绣花荷包二对，为定选信物（清例选后中者，以如意予之，选妃中者，以荷包予之）。太后手指诸女语德宗曰："皇帝谁堪中选，汝自裁之，合意者即授以如意可也。"言时即将如意授与德宗。德宗对曰："此大事当由皇爸爸主之，子臣不能自主。"太后坚令其自选，德宗乃持如意趋德馨之女前，方欲授之，太后大声曰："皇帝！"并以口暗示其首列者（即慈禧侄女），德宗愕然，既乃悟其意，不得已乃将如意授其侄女焉。太后以德宗意在德氏女，即选入妃嫔，亦必有夺宠之忧，遂不容其续选，匆匆命公主各授荷包一对予末列二女，这就是珍妃姐妹入选的经过。嗣后德宗偏宠珍妃，与隆裕感情日恶，其端实肇于此。《故宫周刊》所载宫监唐冠卿关于光绪帝选择皇后及珍、瑾二妃情形，由于事过多年，记忆中难免有不确之处。如时间不是十三年冬而是十四年九月末。说光绪看中了巡抚德馨的两个女儿，也与档案记载不符（见于善浦

《珍妃》)。

珍妃于光绪十五年(1889年)十三岁入宫,至二十六年死,在宫中生活了十一年。在这漫长的十一个春秋里,珍妃是怎样生活的呢?官书记载不过每日到皇太后宫请安侍膳,逢年过节,随皇后叩头行礼而已。以光绪二十年(1894年)初夕这一天为例:“是日清晨,皇帝先至慈禧皇太后前请安,辰正二刻(七点半),总管一名请皇后从钟粹宫乘轿,瑾贵人、珍贵人各从本处乘轿出苍震门,进蹈和门,至衍棋门外下轿步行,进衍棋门至乐寿堂,诣圣母皇太后前请安随侍;未初二刻(下午一点半),总管一名请皇后、瑾贵人、珍贵人步行至衍棋门外,乘轿出蹈和门,进苍震门至承乾宫等候;未正(下午三点),总管二名,奏请圣母皇太后,由乐寿堂乘轿,放炮仗,出养性门,蹈和门,进苍震门至承乾宫,诣孝全成皇后御容前拈香行礼,放炮仗。皇后、瑾贵人、珍贵人、敦宜荣庆皇贵妃等位,琪贵妃等位、荣寿固伦公主,随从行礼毕,皇后、瑾贵人、珍贵人乘轿……至毓庆宫等候。圣母皇太后乘轿,进祥旭门,至毓庆宫,诣孝静成皇后御容前拈香行礼,放炮仗。皇后、瑾贵人、珍贵人……随从行礼毕,皇后、瑾贵人、珍贵人乘轿……至乾清宫等候。圣母皇太后乘轿,出祥旭门,进景和门,至乾清宫隔扇下轿,步行至东暖阁。圣母皇太后诣文宗显皇帝圣容前拈香行礼,东、西丹墀放炮仗。敦宜皇贵妃等位,琪贵妃等位,瑾贵人、珍贵人、荣寿固伦公主随行礼毕,圣母皇太后次诣穆宗毅皇帝圣容前赐香毕,皇后诣穆宗毅皇帝(伯兄)圣客前拈香,行三跪九叩礼,瑾贵人、珍贵人随行礼毕……圣母皇太后还乐寿堂。总管一名,请皇后、瑾贵人、珍贵人乘轿……皇后诣孝德显皇后神牌前拈香行礼,瑾贵人、珍贵人随行礼毕,皇后诣孝贞显皇后(慈安)神牌前拈香行礼,瑾贵人、珍贵人随从行礼毕,总管一名,请皇后、瑾贵人、珍贵人乘轿……至乐寿堂（慈禧在此）随侍……总管一名，请皇后、瑾贵人、珍贵人步行至衍棋门外，乘轿出蹈和门，进苍震门，皇后还钟粹宫，瑾贵人、珍贵人各往本位处”（《新整内务府档》，转引《珍妃》）。除夕这一天，珍妃姊妹随着皇后就这样进进出出，祭祖行礼，几乎像机器人一样被指挥引导着做各种繁琐的礼节性活动。

但是，清宫妃嫔们也是人，也是活生生的有血有肉，有着七情六欲的女人。然而，对她们的日常生活，感情纠葛，官书是不讳记载的。野史小说难以置信，惟在她们身边生活过的太监、宫女们的回忆可资参考。但也由于年代久远等诸多原因，难免有疏漏舛错之处。况且“内廷主子”们的感情世界，勾心斗角，是外人难以窥知的。只能从她们的只言片语或一些举动中略知一二而已。故仅择《故宫周刊》“珍妃专号”上白姓宫女对珍妃宫中生活的一段回忆可知一二。据说珍妃貌美而贤慧，初入宫时，极为慈禧所钟爱，知其性喜书画，乃命内廷供奉缪嘉蕙女士教之，平时居景仁宫，与德宗则同居养心殿，德宗嬖之，尝与共膳。妃喜作男子装，并与德宗时互易装束，以为游戏。时隆裕为中宫，与珍、瑾二妃同侍德宗，意不善也，频短之于慈禧。而妃于贻情书画之中，不以为意。后研究摄影术，慈禧则以为宫嫔所不应为，于是妃渐失慈禧欢，但尚未有若何变动，及至慈禧六十万寿时，值福州将军出缺，隆裕后欲以此职畀乃舅，因妃颇得德宗宠，倩其请于德宗，妃则以“谁说均是一样”之语谢。后误以为妃恃宠而骄，乃趋慈禧前告妃欺压皇后。后本慈禧侄女，平日有对后不敬者，慈禧严刑责罚，谓正宫中体制也。今闻忤后者，乃素不善之珍妃，其忿怒之状，较之平日十倍而不止，时慈禧居南海仪銮殿（即今南海居仁堂），德宗居瀛台，隆裕与珍、瑾二妃居同豫轩，慈禧乃使在同豫轩侍妃之宫女、太监等至仪銮殿，面询妃平日起居状况，叱咤备至，凛不可犯。宫监等悚惶万状，乃言妃平日甚为恭谨，从天大舛。慈禧闻而怒，疑宫监秘不直陈，乃命掌刑太监杖击之，哀号踣踊，皮肉皆绽。但宫监所言，仍如前说。时妃侍侧，慈禧盛怒之余，更命太监掌责之，令自陈，妃以皇帝所宠，今乃当众受辱，痛不欲生，终无结果。慈禧愈怒，遂夺其妃号，令降为贵人。太监王有儿、聂八十统军，宫监等减逐大半，时妃已回同豫轩，哀毁异常。慈禧复施其牢笼手段，赐妃温谕，并食品八盒以慰之。翌晨八时，慈禧又传轿至同豫轩，行至流水音，见撑船太监未着袍，怒其大不敬，命责之，时宫杖未至，愤之余，乃掣所乘之轿竿挞之甚苦。嗣至同豫轩，见隆裕及珍、瑾二妃均因惧慈禧之威，同时昏晕，僵而不苏，慈禧乃大惧，亟至瀛台告德宗，德宗愤以"死就死了，以后永不立后"之语示决绝之意。自此事过后，妃之与慈禧间益增嫌隙。但此居各节尚如旧，只缩减其侍从而已。又隔二三年，始因戊戌政事，困妃于钟粹宫后北三所，窘苦备至。所携什物，均藏于宫壁上预挖之空洞中，夕再持出，盖防慈禧抄去也。

又，刘姓宫女亦言，"光绪二十年，时有耿九者，贿结慈禧之小太监王长泰（王有儿）、聂德平（聂八十），谋取粤海关道事，王、聂二监平日均为妃所喜，时赐食物。此时王、聂二监受耿九之托，因请于妃密陈德宗准其事。同时复有宝善者，乃慈禧侄之岳父，驻兵于凤凰城，因兵败失守，辇金运动免罪，亦经王、聂二监请于妃，并进呈慈禧背心及大衣料二件。此二事均以密不外泄，闻于慈禧，大怒。并珍、瑾二妃均板责之。将王、聂二监充军于黑龙江，遇赦不赦。王、聂精于皮簧剧，至营口逗留不前行，并于当地搭班演戏，解卒不得已内闻，慈禧乃命就地正法。时妃二十一岁也。时妃被责后，仍居景仁宫，因喜摄影术，复暗使戴姓太监于东华门地方开设照相馆。复为隆裕后密白于慈禧，乃将戴姓太监杖毙于庭。至珍妃二十三岁，光绪二十四年戊戌之变，慈禧乃幽妃于建福宫，继徙北三所，令二宫女侍，门自外锁，饮食自槛下送进。珍妃被困后，原住之景仁宫即被封，其守宫太监全体被逐。至光绪二卜六年庚子，妃乃被迫入井。珍妃性憨厚，喜游嬉，颇得德宗宠，以此为隆裕所嫉。按宫例，妃不应乘八人轿，德宗特赏之，被慈禧见而令摔毁。德宗不悦，嗣隆裕竟以短妃于德宗，反为所殴。自此妃遂益为慈禧所不悦，其死因盖早种于此也。

白、刘二宫女均服侍过珍妃，有的当时与珍妃年岁相仿。候白、刘二宫女回忆当年事时，一五十余岁，一七十余岁。她们所回忆的往事，虽有些为亲眼目睹，但也有不少系耳闻，尤其在宫外发生的那些事情，传到她们耳中，不知还有几分可信之处了，所以不能全信。有的明显不符，如两太监王有儿及聂八十，白姓宫女说为珍妃宫监，而刘姓宫女言为慈禧宫监，恐怕为刘姓宫女记忆的错误。至于说珍妃暗使戴姓太监在宫外开照相馆一事就更令人难以置信了。但通过二宫女的回忆，基本上能勾勒出珍妃宫中生活的概貌，从中反映出婆媳，夫妻、嬖妾之间错综复杂的人际关系。

前述珍妃入宫时，是一个年仅十三岁的女孩，美丽动人，活泼可爱。又赋性聪颖，能书善画，即使恶婆慈禧也很喜欢她，还曾命人教她作画。正因为如此，深得年长她几岁的光绪皇帝的宠爱，皇帝命其常随侍身边，或同桌共食，或同床共寝；时而互易装束，嬉戏玩乐，给时时受压抑的光绪皇帝带来片时精神上的安慰和快乐。而皇后不但年长夫君，而且其貌不扬。加之生性嫉妒，又乏女性温柔贤惠，甚至恃皇太后至亲，常在慈禧前拨弄是非，致使皇帝心爱者受责受辱，光绪自然迁怒于皇后的无德，使夫妻感情日恶。

珍妃年轻俊美，喜欢打扮，穿些时新衣裳。加之当时外国的摄影术早已传人中国，珍妃得之，遂在吟诗作画之余，穿上心爱的时装，摆弄相机，留下几张倩影，打发宫中沉寂的岁月，本是可以原谅的。怎奈皇后叶赫那拉氏在慈禧前危言耸听，挑拨是非，引起慈禧的极大不满。而且，中日甲午战争爆发后，清朝统治集团内部在“战与和”的问题上发生了严重分歧，光绪与慈禧在政见上早就存在颇多不同，此时矛盾进一步激化，形成了主战的“帝党”与主和的“后党”之间的激烈争斗，而珍妃及其亲属也被牵扯进来。珍、瑾二妃之胞兄，礼部侍郎志锐，珍妃之师，曾任翰林院编修的文廷式，也自觉不自觉地卷入这场政治斗争的漩涡之中，并成了“帝党”的干将。志锐曾“上疏画战守策。累万言”（《清史稿·志锐传》）。并与文廷式等写奏章弹劾李鸿章等“后党”主和派大臣。为了钳制珍妃姊妹；达到打击帝党的目的，慈禧便以“近来习尚浮华，屡有讫请之事”（《东华录》）为由，将珍妃姊妹同时降为贵人，并授权与皇后，倘若查出“在皇帝前干预国政，颠倒是非”，便“严惩不贷”。可见，珍妃姊妹受到的打击，不仅是生活中衣着打扮的问题，更主要是出于政治原因。慈禧降责珍、瑾二妃，第二天（即十一月初二日）即命人将这两块禁牌装裱后挂在珍妃居处。第三日，又以珍妃位下太监高万枝“诸多不法”，未经审讯，即“交内务府扑杀”（《翁文恭公日记》），这显然是慈禧玩弄的“杀鸡给猴看”的把戏，不过是为给珍妃，也给帝党点颜色看看而已。慈禧为政权斗争的需要，加紧打击“帝党”，事过仅三天，即十一月初三日，慈禧又下令急召珍妃之兄志锐回京。志锐本是奉光绪皇帝之命，正在热河招募兵勇，以加强防御力量，而慈禧为了破坏抗战，硬将莫须有的罪名加在他的身上，说他“举动荒唐”，立召回京，旋降调乌里雅苏台任参赞大臣（《翁文恭公日记》）。

光绪二十四年（1898 年），德宗试图变法维新，时已恢复妃位号的珍妃，自然成了光绪帝的支持者。就连珍妃的弟弟工部笔帖式志锜，也“尝侦宫中密事，输告新党”（《戊戌履霜录·志锜传》）。遗憾的是，仅仅百日之中光绪的变法维新便宣告失败，皇帝被幽禁瀛台，珍妃被拘禁于紫禁城东北的一个小角落，即北三所。原来珍妃位下太监戴恩如，也以“干预国政，搅乱大内，来往串通是非”的罪名，交内务府大臣当日即“板责处死”。其余六名太监也都被加上“结党串通是非”或“不安本分”等罪名，分别受到板责、枷号、永远枷号等处分。慈禧还下死令，不准为珍妃传递信息，如有不遵者，一经查出，“即行正法，决不姑容”（《内务府杂件》）。其实，珍妃之支持光绪皇帝变法图强，只不过给予其精神上的鼓励和支持而已，珍妃仅一弱女子，无一兵一卒之权，又常年居深宫，不可能参与国家大事的运筹帏幄，并不像文学作品和影视剧目描写的那样叱咤风云，又如何的英雄节烈。即便如此，由于帝后政治上的矛盾如同水火不相容，珍妃也就成了慈禧的眼中钉，肉中刺，必欲除之而后快。所以，在光绪二十六年（1900），八国联军侵入北京，慈禧惟恐光绪留京在外国势力支持下推翻其统治，便挟持光绪皇帝与之西逃，并乘乱令太监崔玉贵将珍妃推人乐寿堂后的井中。人们后来称这口井为“珍妃井”，成了慈禧罪恶的又一实物见证。井旁东墙上悬一块“珍妃坠井处”的说明牌：“清朝光绪皇帝（载湉）的宠妾珍妃和她的婆婆——当时掌握大权的慈禧（西太后）矛盾很深，戊戌变法失败后，慈禧把光绪帝囚禁在瀛台，珍妃也被拘禁冷宫。1900 年，八国联军攻占北京时，慈禧带着光绪出逃，行前命太监将珍妃推落井内淹死。珍妃只不过是慈禧弄权、宫廷斗争的一个牺牲品。”

关于清朝末年珍妃坠井而死的传说，自民国初年至今，一个世纪以来，仍不断有野史、小说、诗词及口碑资料流传于世。其中较早的《清季野史》、《西太后演义》、《清朝野史大观》、《清稗类钞》及《清史演义》、《清宫秘史》以及近年出版的《慈禧西逃》、《光绪与珍妃》等等都有所记述。三十年代，《故宫周刊》还曾刊出过《珍妃专号》，介绍了宫女太监的回忆录等口碑资料。对于珍妃坠井而死一节，皆为耳闻目睹，似乎各有所据，但说法又各不相同。至于野史传闻就更玄乎了，如《清朝野史大观》中有“记珍妃殉国事”及“珍妃坠井之异词”两条，说了珍妃被害“殉国”的因由及坠井死的情形。

“记珍妃殉国事”记载：

> 庚子七月二十日，英军陷京师，翌日联军继之，两宫黎明仓皇乘民车出德胜门，甫出门，白旗遍城上矣。太后御夏衣，挽便髻，上御青绸衫，皇后、大阿哥随行，妃嫔罕从者。濒行，太后命崔阉自三所出珍妃（三所在景运门外），推坠井中。初珍妃聪慧得上心，幼时读书家中，江西文廷式为之师，颇通文史，廷式以庚寅第二人及第，妃屡为上道之。甲午大考翰詹，上手廷式卷授阅卷大臣，拔置第一，擢侍读学士，充日讲官。辽东事急，廷式合朝臣联衔上疏，请起恭亲王主军国事，太后素不善恭王所为，上力请而用之。内监或构蜚语，谮妃干预外廷事，太后怒，杖之，囚三所，仅通饮食。妃兄礼部侍郎志锐，谪乌里雅苏台，上（光绪）由是悒悒寡欢……

“珍妃坠井之异词”载：德宗有二妃，曰瑾曰珍，瑾妃性婉娈，而珍妃急切。时宫中婪索无艺，凡问安听戏赏物悉有费。二妃本姊娣，德宗宠瑾妃，时津贴之。珍妃不能耐。一日，叩慈禧宫，极陈宫中使用钜，种种扰害，语意偶侵内监。及拳匪事起，七月二十日夜，召见军机毕，两宫及后妃易微服将行，慈禧谓珍妃曰，予将率尔行，拳众如蚁，土匪渐起，尔年尚韶稚（其实二妃年相若，诚莫知所谓），倘遭污，莫如死。时宫中扰扰，内监总管崔某，遽牵珍妃毡裹推诸井。次年回銮，崔犹充内监总管，慈禧怆然曰：“予向言珍妃遭乱莫如死，非必死珍妃，乃一时之言，而崔某遽坠之井，予今见崔某，辄心怦怦动（时外间传言宫中常见鬼，非也）。因谪崔海子某处内监，调李莲英内监总管。”

《清稗类钞》“孝钦后逼死珍妃”一节载：“德宗所最宠幸者为瑾妃、珍妃’。二妃为同怀姊妹，珍妃色尤殊。孝钦后以隆裕后不得志于德宗，迁怒二妃，遇之甚苛。一日，隆裕为其父乞督外省，德宗颔之，隆裕退，珍妃以《汉书·外戚传》讽上，事遂寝。隆裕深衔之，日伺其隙。珍妃于上前称文廷式才，隆裕遂奏孝钦，谓妇女不应干国政，乃废妃。德宗虽痛之，而无如何也。光绪庚子拳变起，仓皇议西狩，车驾将出发，适珍妃在侧，以未预随扈，目注德宗，呜咽不胜。忽为孝钦所见，即叱之曰：‘汝年少，今慈国家多故，皇帝蒙尘，若不早自裁，乃犹作儿女之态耶！’立传旨赐自尽，或云投井死，或谓内监乘乱缚妃投入井，有所主使而归狱于孝钦耳。”

以上二书均说明珍妃之获咎，在于荐师文廷式，而“干预国政”，皇后挟怨，奏慈禧，遂深恶之。乘庚子之变西逃时，置珍妃死。

口碑资料以《故宫周刊》介绍太监唐冠卿的回忆录影响较大，因为是亲眼所见，往往隽力较大。据唐监所言：庚子七月十九日，联军入京，宫中惊惶万状，总管崔玉贵率快枪队四十人守蹈和门，予（唐监）亦率四十人守乐寿堂。时甫过午，予在后门休息，突见慈禧自内去，身后并无人随侍，私揣将赴颐和轩，遂趋前扶持。乃至乐寿堂右，后竟循西廊行，予颇惊愕。启曰：“老佛爷何处去？”曰：“汝勿须问，随余行可也！”及抵角门转变处，遂曰：

"汝可在颐和轩廊上守候，如有人窥视，枪击毋恤。"予方骇异间，崔玉贵来，扶后出角门西去，窃意将或殉难也。然亦未敢启问，少顷，闻珍妃至。请安毕，并说老祖宗吉祥。后曰："现在还成活么，义和拳捣乱，洋人进京，怎么办呢？……"继语音渐微，喊喊莫辨。忽闻大声曰："我们娘儿们跳井吧！"妃哭求恩典，且云："未犯重大罪名。"后曰："不管有无罪名，难道留我们遭洋人毒手吗？你先下去，我也下去。"妃叩首哀恳，旋闻后呼玉贵，桂谓妃曰："请主儿遵旨吧！"妃曰："汝何人亦逼迫我耶？"桂曰："主儿下去，我还下去呢！"妃怒曰："汝不配！"予聆至此，已木立神痴，不知所措。忽闻后疾呼曰："把她扔下去吧！"遂有挣扭之声，继而砰然一响，想珍妃已坠井矣。斯时，光绪帝居养心殿，尚未知之也，后玉贵疽发背死。

另外，近年又有太监小德张过继孙张仲忱在《我的祖父小德张》一文中记述了珍妃死时的情形：当年八国联军攻到京郊廊房时，宫内一片混乱，大太监李莲英命众太监全换上便装，"老祖宗（慈禧）也来到御花园房，在养性斋前换上了便装。各宫妃嫔陆续到来，光绪皇帝也由瀛台被接过来，换上了青衣小帽。这时老祖宗把珍妃叫来，让她换好衣服一起走。不大一会，珍妃披散着头发，穿着旗袍来了。老祖宗大怒说："到这时候了，你还装模作样，洋人进来，你活得了吗？赶紧换衣服走！"珍妃说："皇阿妈，奴才面出天花，身染重病，两腿酸软，实在走不了，让我出宫回娘家避难去吧！"老祖宗仍叫她走。珍妃就是跪在地上不动。老祖宗回过身来大喊一声，叫崔玉贵把她扔在井里，崔玉贵立即把珍妃挟起来，不几步就来到那井边，头朝下就给扔了下去，随即便把井口堵上了。

从上述两名太监耳闻目睹的回忆，虽然在情节上略有出入，但都没有说珍妃如何慷慨陈词，痛斥慈禧如何"独揽朝政，卖国投降”，如何“腐败无能，镇压变法维新，把国家弄得千疮百孔，任人蹂躏”等等（《光绪与珍妃》）。据考证，珍妃当时确实正患天花，病卧在床，又在囚禁之中，小德张说当时珍妃披头散发，言其面出天花，两腿酸软，无法扈从西行，恳求放归母家将养避难，是合乎情理的。珍妃当时身患天花重症，若随行，等于白白途中送死，所以她跪地不肯走。然而，慈禧这个女人心肠歹毒，是绝不会准珍妃回娘家将养的。要死也要拖个陪葬的，况且后妃回母家养病，不合宫中礼制，所以，慈禧逼迫珍妃投井自尽。可惜又一位红颜薄命的女子，就这样匆匆结束了她二十五岁的生命。

六

慈禧逃出北京一年后，《辛丑条约》签订，八国联军撤出北京，她带着光绪皇帝又回到了京城。

京城一片残破萧条，皇宫受的破坏倒不甚大，留在宫里的嫔妃、宫女、太监，绝大多数也安然无恙。这倒使饱受颠沛之苦的慈禧太后对留下的人心生了几分羡慕。

原本颓唐的皇帝，一年之间好像老了十几岁。三十多岁的人，头发已经有发白的了。一脸呆相，目光总是游移不定地望着远方，谁也不知他在想什么。

一进皇宫，皇帝的心就在流血。他从来不从珍妃殉难的那口井边走过，想到珍妃还在井水里泡着，皇帝就寝食难安。但怎么向太后提这个问题呢？他实在想不出办法。

慈禧太后回宫几天之后，就陆陆续续听到李莲英等人报告，说是珍妃的阴魂不散，给人托梦，要求有个葬身之地。又说民间有些吃饱了闲得无聊的文人，为珍妃之死很写了几首歪诗。慈禧听了不由一惊：看来珍妃之死在外边传说不少，倘若逃亡在外的康有为、梁启超等革命党抓住把柄，借此大作文章攻击自己，岂不是又要在洋人那里引起反响？太后经过庚子之变，让洋人吓破了苦胆，特别注意有可能引起各国舆论的事。于是问道：

“那些诗都是怎么说的？”

李莲英含含糊糊地答道：

“不过是说珍妃死得如何如何，其中有首诗的意思倒挺好，说是珍妃愤于洋人破城，以死殉国。”

太后点点头说：

“这诗写得是不错，珍妃应当算以死殉国。”

太后又问：

“皇帝说过什么没有？”

李莲英答道：

“皇帝从没说过什么，现在皇帝整天不说话。不过听说皇帝找人要过珍主子生前用过的东西。”

确实，皇帝曾打发人到瑾妃那里去要过珍妃的遗物，那是珍妃昔日用过的一顶旧蚊帐。皇帝就将那旧蚊帐挂在密室里，一日里总要去帐前徘徊许久。物在人已去，皇帝惟有饮泣。珍妃的遗物中，皇帝单要这顶旧帐子，大约是特别留恋两人独处的生活吧！

慈禧听了李莲英的话，也心有所动，叹口气说：

“皇帝也太痴情了，珍妃让他惯坏了，要不，何至于小小年纪就送了命！”停了一下，慈禧的口气忽又变得忿忿然：

“崔玉贵这个奴才也太可恶！我当时在气头上不过吓唬珍妃几句，他倒当真把珍妃推下井了。这个人这么心黑手狠，什么事干不出来？莲英！你传我的旨意，把崔玉贵撵出宫去，让他去当苦差！”

这道懿旨一下，崔玉贵立即被撵出宫。平日里作威作福的“崔二总管”，得罪过不少人，得此报应，人人拍手称快。又有一班马屁精，竭力歌颂“老佛爷”圣明。小人终有恶报，皇帝闻信，虽不能完全解恨，但也算出了一小口气。

过了几天，太后又听人说，有个宫女天黑以后碰到过珍妃的鬼魂，吓出一场大病。宫中的人一传十，十传百，个个提心吊胆。尤其是平日在太后面前讲过珍妃坏话的人，更是天一擦黑就不敢出门。隆裕也吓得天天烧香祷告，愿珍妃早日超生。太后耳朵里听了不少消息，想起珍妃生前那倔强的样子，“老佛爷”也终于撑不住劲了：倘若珍妃的阴魂哪天闯来找太后索命，那可不是闹着玩的。她越想越怕，立刻派人把皇帝找来。

太后说：

“皇帝，我这些天一想起珍妃心里就难过。说起来，她也就是性子太刚烈了，才任性胡来。如今她也死了，人总泡在井里不是长久之计。我想派人葬了她，让她早日超生。另外，她死得也怪可怜的，我还想额外给她加恩，追封为贵妃，你意下如何？”

皇帝用低低的声音回答：

“这都是亲爸爸的恩典，珍妃地下有知，也会感恩不尽的。”

太后微微叹口气：

“我倒不指望她感恩戴德，她不恨我就不错了。”

很快，追封珍妃为贵妃的上谕下发：

“钦奉慈禧皇太后懿旨：上年京师之变，仓促之中，珍妃扈从不及，即于宫内殉难，洵属节烈可嘉。加恩着追赠贵妃位号，以示褒恤。”

附　录

政治生涯

意外嗣位

清德宗光绪帝（1871—1908），全名爱新觉罗·载湉。他作为一个亲王的儿子本来无缘于皇位，载湉四岁时同治帝去世。同治帝没有子女，载湉被慈禧太后选为同治帝的继位人，意外地成为清朝第 11 任皇帝。载湉即位时虚岁才 4 岁，入宫时还在熟睡之中。

光绪帝的父亲奕譞，乃道光帝七子，咸丰帝弟醇亲王。光绪帝的母亲又是奕譞的嫡福晋，慈禧太后的亲妹妹。因此载湉是慈禧太后的侄子兼外甥。慈禧太后是从容易控制光绪帝，从而控制大清政权的角度选中载湉嗣位的。慈禧当时已经执政 13 年，确立了威信，她提出立载湉嗣位后没有人反对，于是载湉成为了清朝第 11 任皇帝。

光绪帝在位 34 年。这 34 年可分为三段。第一段光绪元年至十四年（1875—1888），是他读书阶段；第二段是十五年至二十四年（1889—1898），是他亲政、支持维新变革阶段；第三段是二十五年至三十四年（1899—1908），是他被囚禁阶段。

寂寞童年

从入宫那一天起，光绪就被慈禧抓在手里，或当作争夺权利的工具，或作为显示威严的权杖；更多的情况下，则当作她御案上不可缺少的摆设，或是任意玩弄的木偶。

入宫后的光绪，是在孤独中长大的，繁琐的宫中礼节，慈禧经常不断的严辞训斥，没有母爱，饮食寒暖没有人真心去细心照料，应倡导应禁忌之事，无人去指点揭示。没有欢乐的童年，致使他从小就心情抑郁，精神不快，造成身体积弱，难以抵挡疾病的侵袭，留下了难以愈治的病根。天嘏在所著《满清野史》中称：人在幼年的时候，都受到父母的呵护，照顾其出行，料理其饮食，体慰其寒暖，即使是孤儿，也会得到亲朋好友的照顾。只有光绪皇上无人敢亲近。……皇上每日三餐，其饭食有数十种，摆满桌案，可离皇上稍远的饭食，大都已臭腐，接连数日不换。靠近皇上的饭食虽然并未臭腐，可经多次加热，已不能可口。……载湉自十余岁后，虽为天子，可还不如一个孤儿，以后身患痼疾，即是由于少年时衣食不节造成的。虽为野史，可内容与恽毓鼎的《崇陵传信录》所述："缅怀先帝御宇不惟不久，幼而提携，长而禁制，终于损其天年。无母子之亲，无夫妇昆季之爱，无臣下侍从宴游暇豫之乐。平世齐民之福，且有胜于一人之尊者。"大致相近。说明光绪帝体弱多病之原因，实与自幼在慈禧太后淫威之下，失于调养照料有关。

清朝皇室规定，皇子6岁上学，光绪二年四月二十一，光绪皇帝开始上学读书，地点在毓庆宫。6岁的小光绪上学，环境生，师傅生，伴读也生，一切都不习惯。翁同龢和夏同善担任他的老师，翁同龢主要教给他识字，四书，夏同善这个时候主要教给他写仿格，写字。还有御前大臣，主要教他学满语文，蒙古语文和骑射，刚一上学的时候，他不习惯，他就哭闹、发脾气，翁同龢、夏同善就报告了慈禧。慈禧说你们再好好开导一下皇上，开导还是不听，发了脾气以后就摔书本。所以把醇亲王奕譞到毓庆宫来帮着照顾小皇帝读书，过了一段时间以后，光绪就比较习惯了。他学习很用功，不像同治那么顽皮，字写得也可以，也能做诗，后来文章也行。光绪十一年，这一年他15岁，写了一篇御制文，里面有几句话，他说："必先有爱民之心，而后有忧民之意，爱之深，故忧之切，忧之切，故一民饥，曰我饥之，一民寒，曰我寒之"。这就是

15 岁的光绪，已有爱民之心。他还写了一首叫《围炉》的诗，诗有四句话：“西北明积雪，万户凛寒飞，惟有深宫里，金炉兽炭红”。光绪帝在军机大臣翁同龢、吏部左侍郎夏同善的指导下读书，荀子关于君与庶人是舟与水的关系的名言以及翁同龢主战思想都对他产生了很深的影响。他决心做个爱国爱民的君主，反抗外来侵略。

“亲政”时期

“亲政”后光绪帝仍未摆脱慈禧太后的控制，遇到大事光绪仍要向慈禧太后请示，没有多少决定权。他迫切想了解世界的情况。十六年，驻美公使张荫桓自美归国。他急切召见他，询问国外情况。后来他又索取驻日公使参赞黄遵宪的《日本国志》，日本明治维新在他心中留下了很深的印象。光绪帝还读了冯桂芬《教邠庐抗议》，萌发改变中国积贫积弱状况之志。

甲午战争中，光绪帝主战。二十年（1894），朝鲜东学党起义，日本借口保护侨民，增兵朝鲜，蓄意挑起中日战争。光绪帝认为：“倭人肇衅，挟制朝鲜，倘致势难收束，中朝自应大张挞伐。”七月二十四日，他又谕示李鸿章不要贻误军机。他直接命令朝鲜牙山南路叶志超与进入朝鲜北部的清军夹击侵朝日军。他多次下令加兵筹饷，停止慈禧太后挪用海军军费修建颐和园。李鸿章没有听取光绪帝的谕旨，结果“初败于牙山，继败于平壤。日本乘势内侵，连陷九连、凤凰诸城。大连、旅顺相继失守。复据威海卫、刘公岛。夺我兵舰，海军覆丧殆尽。于是议者交咎鸿章，褫其职。以王文韶代督直隶，命鸿章往日本议和”。当不得已批准《马关条约》时，他以朱笔写下一段话，要求全军上下戮力一心，痛除积弊，兴革自强，表明他振兴国家的决心。

甲午战争失败后，光绪帝考虑的是如何振兴国家，雪此大耻。《马关条约》签订后，中国民族危机加剧。康有为、梁启超于二十一年四月二十二日联合18省举人公车上书，提出拒和、迁都、练兵、变法要求。第2年，俄国攫取东北路权，占领旅大，英租威海卫，法取广州湾，举国震惊。在列强瓜分中国的危机中，康有为再次上书，要求变法。民族危机激发了光绪帝的爱国热情，公车上书启发了他变法的决心。他清楚地知道慈禧太后虽然已经撤帘，但是仍然紧紧的控制着他。“上事太后谨，朝廷大政，必请命乃行。”顽固的慈禧太后不会让他变法的，但是他决心已定，为了国家的振兴，他把个人的利益和荣辱置之度外，说：“太后若不给我事权，我愿退让此位，不甘做亡国之君。”他用手中的权力极力支持康有为。戊戌年二十四年（1898）四月十三日，御史杨深秀奏请定国事，二十三日，在取得慈禧太后同意后，光绪帝颁布“明定国事诏”，在政治、经济、军事、文教诸方面实行变法，旨在挽救中国危亡。他对维新派主要人物作了恰当的人事安排，允许康有为专折奏事，并任命他在总理衙门章京上行走，以让他们便于上奏，提出变法方案。在短短的103天里，光绪帝颁布了100多条新政上谕。

光绪帝发布御令，企图形成自上而下的全国改良性运动，但遇到大多数地方顽固势力尤其是慈禧太后的阻挠和破坏。两江总督刘坤一、两广总督谭钟麟根本不理睬御令筹办之事，电旨催问，也置若罔闻。慈禧太后起初表示同意变法，但她害怕变法会侵害她的权力，于是想方设法控制变法。她发出懿旨，迫使光绪帝将变法中坚人物翁同龢革去其协办大学士、户部尚书职务，同时任命后党重要人物荣禄为直隶总督，掌握兵权，又规定新任职的两品以上的文武官员向她谢恩。

后来光绪帝革去了守旧、阻挠上书的怀塔布、许应揆等6名礼部堂官，任命了7名新堂官，其中4名是支持维新的，这一行为触怒了慈禧。七月二十日，光绪帝又任命维新派重要人物江苏候补知府谭嗣同、刑部候补主事刘光第、内阁候补侍读杨锐、内阁候补中书林旭担任四品衔章京，处理新政事宜。后来维新派又企图聘请当时已经下野的日本前首相伊藤博文担任顾问，在慈禧干涉下未能实现。与此同时又有众多利益受到侵犯的顽固势力聚集到慈禧身边，请求她出面制止变法。于是慈禧太后决意破坏变法，发动政变。

慈禧太后让荣禄调兵遣将，聂士成部驻天津陈家沟，董福祥部驻北京长辛店。翰林院编修李盛铎奏请光绪帝奉慈禧太后去天津阅兵，以乘机胁迫光绪帝让位。七月三十日，光绪帝密诏杨锐，告以危局，命与林旭、刘光弟、谭嗣同等速议对策。鉴于光绪帝处境危险，谭嗣同于八月三日夜访在天津训练新军的袁世凯，要求他举兵杀荣禄，围颐和园以救光绪帝。袁世凯慨然应允，但当晚就密报荣禄。不知情的光绪帝于八月五日还召见袁世凯，袁世凯建议他召张之洞襄助。八月四日，康有为访英国传教士李提摩太，请英国公使相助，未应允。

八月六日，政变发生。光绪帝被囚于瀛台，慈禧太后第三次训政。康有为、梁启超逃往国外，张荫桓戍边，徐致靖永禁，杨深秀、杨锐、林旭、刘光第、谭嗣同、康广仁处斩。维新举措，除京师大学堂外，全部废除，戊戌变法失败。慈禧太后立端郡王载漪之子溥儁为“大阿哥”，以取代光绪。由于得不到列强支持，意图失败。光绪帝支持康有为、梁启超等人实行的戊戌变法，是中国历史上第一次资产阶级改良运动，目的正确，时间不长，虽败犹荣。

左宗棠收复新疆

19世纪60年代，随着西方列强在世界范围内争夺殖民地斗争的日趋激烈，中国的边境形势日益紧张。沙俄在第二次鸦片战争中夺取了中国东北边疆的大片领土，随后便把侵略魔爪伸向中国西北边疆。1864 年，沙俄通过与清政府签订《中俄勘分西北界约记》，又侵占了中国西部领土 44 万多平方公里，并妄图吞并整个新疆。1865 年，中亚浩罕汗国侵略者阿古柏率军侵入新疆，在英国支持下，建立反动政权。1871 年，沙俄出兵占领伊犁地区。新疆面临着被肢解吞并的危险。

70 年代中后期，清政府在左宗棠等人的积极推动下，胜利进行了收复新疆的战争，维护了中国的领土完整，粉碎了英、俄企图肢解和侵吞新疆的阴谋。

1864 年，新疆地区的回族、维吾尔族人民，在陕甘地区回民起义影响下，在天山南北起兵反清，先后攻占库车、乌鲁木齐、哈密、玛纳斯和喀叶噶尔旧城。但是，这些打着反清旗号的武装暴动，一开始就被少数反动封建主窃取了领导权，成为他们搞割据分裂的工具。喀什噶尔的封建主金相印为了兼并汉城（今疏勒），向浩罕汗国求援。浩罕汗国派遣阿占柏率大军于 1865 年侵入南疆。阿古柏在南疆地区大肆攻城掠地，不断扩充势力，于 1867 年底以喀什噶尔为中心，成立所谓的“哲德沙尔”伪政权，自称“巴达吾来特阿孜”（意即洪福之王）。到 1870 年，阿古柏控制了整个南疆和北疆的部分地区。

阿古柏侵占新疆期间，对外投靠俄、英和土尔其，对内残酷压迫各族人民。沙俄趁机施展狡猾的伎俩，一面以帮助清政府安定边境秩序为借口，于 1871 年 6? 7 月间，强占中国伊犁地区，名曰“代为收复”；一面悉心笼络阿古柏，于 1872 年承认阿古柏为“哲德沙尔汗国君主”，同阿古柏签订通商条约，获得许多侵略权益。英国也于 1874 年同阿古柏签订正式条约，承认阿古柏的“艾米尔”（即统治者）地位及其窃踞地区为“合法的独立王国”，从而取得了在阿古柏统治区通商、驻使，设领事等特权。这样，阿古柏就成了沙俄和英国分裂中国领土的共同傀儡。

面对新疆地区这一严重形势，清政府决定采纳陕甘总督左宗棠收复新疆的建议，出兵新疆，消灭阿古柏傀儡政权，恢复被沙俄侵占的伊犁地区的主权。

光绪元年（1875）5月，左宗棠被任命为钦差大臣，督办新疆军务，金顺为乌鲁木齐都统，帮办新疆军务。左宗棠根据敌我情况和新疆地区的地理条件，制订了缓进急战、先北后南的战略方针，并花了近两年时间筹集军饷、采运军粮、整顿军队、改善装备，完成了收复新疆的作战准备。

1876年4月7日，左宗棠从兰州移营肃州，准备发起进攻。当时，清军已有部分兵力驻守在哈密、巴里坤、古城、塔尔巴哈台等战略要地，与敌军相持。4月底，左宗棠命总理行营营务、湘军统领刘锦棠率马步25营分批入疆，经哈密前往巴里坤。至此，清军出关总兵力有80余营，约六七万人。清军按先北后南的方针，决定首先收复南北疆的交通要冲乌鲁木齐。

阿古柏得知清军西进的消息，急忙布置防御，令马人得，马明、白彦虎等分守乌鲁木齐、昌吉、呼图壁、玛纳斯、古牧地等地，阻止清军南下；主力部署在吐鲁番和托克逊，阿古柏本人在托克逊督战。其总兵力约4万人。

1876年7月，刘锦棠率所部各营到达巴里坤，并进驻古城，7月底与金顺部在济木萨会合，谋攻古牧地。8月中旬，清军进扎古牧地城东和东北，用开花大炮轰塌坚固的城墙。8月17日，清军经过数天激战，占领古牧地，歼敌近6000人。

刘锦棠从缴获的敌方信函中得知乌鲁木齐守备空虚，决定除留两营兵力守古牧地外，主力迅速向乌鲁木齐挺进。8月18日黎明，清军出发。守卫乌鲁木齐的马人得、白彦虎未料到清军行动如此迅速，一闻炮声，即弃城向达坂方向逃跑。清军收复乌鲁木齐、迪化州城及伪王城。盘踞昌吉、呼图壁与玛纳斯北城之敌如惊弓之鸟，未等清军进攻即弃城而逃，只有玛纳斯南城之敌负隅顽抗。从 9 月 2 日始，清军金顺部会同刘锦棠部，伊犁将军荣全等部猛攻玛纳斯南城，11 月 6 日攻克。至此，北疆地区除伊犁外，所有敌占据点全部克复。此时冬季来临，大雪封山，不便于大规模的军事行动，清军决定暂停进攻，进行休整，待春天到来再向南疆进军。

收复南疆的部署，左宗棠根据敌方情况于 1876 年 11 月初即已拟定，阿古柏在达坂、吐鲁番、托克逊三城部署重兵，加强防守，其本人则坐镇喀喇沙尔指挥。左宗棠针对这一情况，提出了三路并进的作战方案：刘锦棠、广东陆路提督张曜、记名提督徐占彪各部克复达坂、吐鲁番、托克逊三城，打开南疆门户，然后乘胜西进，收复所有失地。具体部署是：刘锦棠部由乌鲁木齐南下攻达坂城，为北路；张曜部由哈密西进，为东路；徐占彪部出木垒河，越天山南下，为东北路。张、徐两部协力攻取吐鲁番，得手后，立即攻托克逊。

1877 年 4 月 14 日，清军经过几个月的充分准备，开始向南疆进军，刘锦棠率主力 1 万余人及开花炮队由乌鲁木齐南下，16 日进至达板外围，乘守敌不备，迅速完成对该城的包围。4 月 18 日，清军打退增援之敌，在达坂域外增筑炮台。4 月 19 日，炮台筑成，清军用开花大炮轰塌城中大炮台、月城和城垛，击中敌弹药库，敌军死伤甚众，企图突围，被清军截杀未逞。敌守军在清军强大攻势面前只得投降，达坂城遂克复。这一战，清军共击毙敌军 2000 余人，俘敌 1000 多人。

与此同时，张曜部和徐占彪部在盐池会师后，于 4 月 21 日克七克腾木，22 日克辟展，25 日克胜金台，向吐鲁番挺进。

4 月 26 日，刘锦棠部攻克托克逊。随后，张、徐二部在罗长祜部湘军协助下收复吐鲁番。至此，清军三路并进，未及半月即收复三城，为彻底打败阿古柏创造了条件。南疆人民纷纷起义，反对阿古柏的反动统治。阿古柏见大势已去，于5月下旬逃至库尔勒自杀。其子伯克·胡里在喀什噶尔称王，继续顽抗。

1877年9月，清军挟连克三城余威，乘秋高气爽之际，开始部署收复南疆八城之战。刘锦棠率马步32营为前锋，张曜率马步16营为后队，共2万余人，向西挺进。敌守军放弃喀喇沙尔和库尔勒西逃往库车。刘锦棠根据敌西逃库车、立足未稳等情况，决定亲率精兵追击。10月15日，刘锦棠率2000精兵追至布古尔（今轮台），击败敌骑千余。10月18日，追至库车城外，发现大量敌军。刘锦棠在随后跟进的后队到达后，猛攻库车，敌军大败，白彦虎率余部向西逃跑。清军收复库车。

10月19日，刘锦棠继续西进，21日抵拜城，22日在铜厂大败白彦虎军和伯克·胡里军。24日，清军克阿克苏城。26日克乌什。至此，清军在一个月内驰驱1000公里，连克南疆东四城，即喀喇沙尔、库车、阿克苏、乌什。

清军的破竹之势，使盘踞在西四城（叶尔羌、英吉沙尔、和阗、喀叶噶尔）的敌军惊恐万分。和阗叛军呢牙斯向清军请降，并主动率兵围攻叶尔羌。伯克·胡里率兵自喀什噶尔增援叶尔羌，打败呢牙斯。但前喀什噶尔守备何步云乘机反正，率数百满汉兵民占据喀什噶尔汉城。伯克·胡里赶忙回救喀什噶尔。何步云派人向刘锦棠乞援。刘锦棠当机立断，决定不待张曜全军到达，便分兵三路前进：一路由余虎恩率步骑5营从阿克苏取道巴尔楚克（今巴楚东）直趋喀什噶尔为正兵；一路由黄万鹏率骑兵6营、张俊率步兵3营，经乌什取道布鲁特边境，出喀什噶尔西为奇兵，约定于12月18日两路同抵喀什噶尔；刘锦棠自率一部经巴尔楚克直捣叶尔羌和英吉沙尔，策应攻取喀什噶尔。12月17日，余虎恩、黄万鹏等部齐至喀什噶尔，当晚一举收复该城。伯克·胡里、白彦虎率残部逃入俄境。12月21日，刘锦棠收复叶尔羌，24日收复英吉沙尔。1878年1月2日，清军克复和阗。至此，新疆全境除伊犁地区外，全部收复。清军收复新疆之战取得伟大胜利。1881年，中俄通过谈判，中国收回伊犁。

清军收复新疆之战，粉碎了英、俄勾结阿古柏侵占新疆的企图，维护了中国的领土主权，打击了侵略者的嚣张气焰，具有重大历史意义。

这次战争所以取得胜利，除战争的正义性和新疆各族人民积极支援这一根本原因外，还有军事上的原因。首先，清军的战略方针正确。左宗棠根据西北战场具体情况，提出“缓进急战”、“先北后南”的总的方针，把粮饷的采运、保障和武器弹药的供应放在战略位置加以考虑，使战争准备十分充分，体现了因地制宜、打有准备之仗的原则。事实证明，这一方针完全符合新疆战场实际，是十分正确的。其次，清军的作战指挥灵活机动。左宗棠坐镇肃州，掌握全盘情况，而将前线指挥权赋予刘锦棠。刘锦棠和前敌诸将积极协同，善于抓住有利战机，机断行事，从而在整个收复新疆之战中攻必克，战必胜，势如破竹，锐不可当。

从敌方来看，阿古柏反动政权的分裂行径遭到了新疆各族人民的一致反对。在清军的强大攻势面前，敌方难以组织起真正坚固的防卫。加上阿古柏对清军的战斗力估计不足，又未能事先占领控制哈密、巴里坤等战略要地，在作战指挥上又执行被动挨打、消极防御的方针，这就难以避免被清军打败的结局。

马尾海战

马尾海战是中法战争期间，法国海军在福州马尾港袭击中国福建海军的一次作战行动。由于清朝的腐败无能，福建海军在这次作战中全军覆没，写下了中国近代海军史上极为惨痛的一页，也给后人留下了深刻的教训。

中法战争发生在 19 世纪 80 年代。当时，世界资本主义正从自由竞争阶段向垄断阶段急速转化，西方列强争夺殖民地和瓜分世界领土的斗争更趋激烈。早在 18 世纪后期，在和英国争夺北美殖民地加拿大和东印度失败后，法国便开始将侵略矛头转向远东的越南。从 19 世纪中叶开始，法国加紧了对越南的侵略。1874 年，法国与越南签订《法越和平同盟条约》，宣布越南完全独立。1883 年 8 月，法国海军中将孤拔率领拥有 4000 人的舰队攻占越南首都顺化，强迫越南签订《顺化条约》，规定越南为法国的保护国。为了摆脱完全沦为法国殖民地的命运，越南两次遣使来华，请求清政府支援他们抵抗法国的侵略。而法国则准备以越南为跳板，向中国发动新的侵略。

面对法国的侵略和挑衅，清政府举棋不定，采取的措施也充满矛盾。在军事上，一面派军队出关援助越南，一面又再三命令清军不得主动出击；在外交上，一面抗议法国对越南的侵略行径，一面又企盼通过谈判或第三者的调停与法国达成妥协。清政府的这些举措，给了法国扩大侵略的时间。

1883 年 12 月 11 日，法国完成了扩大侵略的准备，向驻扎越南山西的中国军队发动大规模进攻，挑起了中法战争。在不到 5 个月的时间里，全部占领了红河三角洲。清军败退。法国看准了清政府的虚弱本质，决定趁新胜之机和清朝谈判，迫使清政府屈服。在法国威胁下，1884 年 5 月，李鸿章与法国海军中校福禄诺在天津签订《中法简明条约》，清政府承认法国对越南的保护权，驻越清军撤回边境（但未明确规定期限），开放中国与越南北部毗邻的边界。

清政府对法国的妥协退让，并未换来它所企求的“和局”。法国侵略者在条约签订一个月后，即不顾中法双方尚未就中方撤兵问题的具体磋商，就悍然向谅山附近中国驻军进行挑衅，蛮横要求尚未接到撤防命令的中国军队交出阵地，打死前来同他们交涉的中国代表，炮轰中国军队阵地，中国军队忍无可忍被迫还击，连续两次击败法军的进攻。法国侵略者借机反诬中国破坏《中法简明条约》，随即派遣孤拔率领远东舰队到台湾海峡进行武力威胁和讹诈。

1884年7月12日，法国代理公使谢满禄向清朝发出最后通牒，限中国立即从越南撤军，并赔偿军费2.5亿法郎，否则将诉诸武力，限清朝7天之内给以答复。7月14日，法国军舰两艘趁中法议和之机，以“游历”为名，驶进福建闽江口。7月16日，孤拔也乘军舰到达闽江口。法国新任驻华公使在上海叫嚣，如果中国不接受法国的条件，孤拔就要执行最后通牒，消灭福建海军，摧毁马尾船厂，占领福州。

清政府决定向法国妥协，派曾国荃到上海与巴德诺谈判，请免赔款，延长最后通牒期限。巴德诺坚持勒索巨额赔款。谈判破裂。8月5日，法国舰队进攻基隆，被中国守军击退。8月16日，法国议会通过增加侵华军费，准备大举侵华，并将打击目标选在马尾。

马尾位于福州东南，是闽江下游的天然良港，福建海军和船厂均在港内。从1884年7月中旬起，法国军舰就陆续闯入闽江口，进泊马尾。当时主持福建军务的钦差命办福建海疆事宜大臣张佩纶、闽浙总督何、船政大臣何如璋、福建巡抚张兆栋和福州将军穆图善等人，根据清廷“不可衅自我开”的训令，对法舰的侵入不但不予拦阻，反而给以热情款待，同时命令各舰不准先行开炮，违者虽胜亦斩。于是，法舰在马尾港进进出出，自由自在，而中国军舰则处在法舰监视之下，不得移动。

8月17日，清政府见和谈无望，下令沿海沿江各省加强防备，但对马尾方面，仅指示法舰在内者应设法阻其出口，其未进口者不准再入，并未解除不得主动出击的禁令。当时，马尾一带有福建水师军舰11艘，江防陆军20余营。但由于清政府和战不定，前敌诸将昏聩无能，水陆各军缺乏统一指挥和协同作战的周密计划，加之装备不良，弹药不足，因此，总的兵力虽然较法国方面占优势，但战斗力却很弱。

8月22日，法国政府电令孤拔消灭中国福建海军。孤拔决定于次日下午趁退潮船身转移方向时开战。当时，泊于马尾的法军舰8艘，1.45万吨，另有鱼雷艇两艘，还有两艘军舰阻止清军塞江封口，保障后路安全。参战法舰共有重炮77门，总兵力1800人。福建海军军舰11艘，6500吨，炮45门，兵员1100人。从吨位、防护能力、重炮数量、兵员素质等方面比较，法舰占有明显优势。另一方面，孤拔选择退潮时开始攻击也对法舰有利。这是由于当时系泊用船首，船身随潮水涨落容易改变方向。孤拔选择落潮时开战，可使大部分中国军舰位于法舰之前方，暴露在法方炮火之下，无法进行有力的回击。

8月23日上午8时，法国驻福州副领事向何发出最后通牒，限福建海军于当日下午撤出马尾，否则开战。何如璋得知后，竟然对福建海军将士封锁消息，并企图要求法方延至24日开战，遭到拒绝后，才匆忙下令进行临战准备。

8月23日下午1时56分，孤拔趁落潮之机，指挥法舰突然发起攻击。福建海军舰只未及起锚即被敌炮击沉两艘，重创多艘。广大爱国士兵义愤填膺，奋起还击。旗舰"扬武"号在驾驶官詹天佑和管带张成带领下，不顾何如璋的禁令，事先作好战备。当法舰开炮时，立即沉着应战，用尾炮准确地袭击法军旗舰“伏尔泰”号，击毙法军6名。法军鱼雷艇击沉“扬武”号，中国岸防大炮随即命中这艘鱼雷艇，使之锅炉爆炸，丧失作战能力。福建水师的炮艇“福星”号在开战时就受了重伤，但它们立即断锚转向，冲入敌阵，瞄准敌旗舰猛烈射击，连续命中。后遭敌舰三面围攻，火药库中弹爆炸，全艇官兵殉国。“扬威”号在法舰开炮后，也立即勇敢回击，当它在两艘法舰的夹击下被打穿船体后，舰上官兵置生死于不顾，仍然顽强发炮挫伤敌舰，直到被敌鱼雷艇击沉前的刹那间，还发射出最后一发炮弹，重伤敌舰长和两名士兵。“飞云”号、“福胜”号也都临危不惧，奋战不已，直到船沉。江面战斗进行了约半小时，福建海军11艘舰艇全部被法舰击沉，海军将士伤亡700余人。法军仅死伤30余人，两艘鱼雷艇受重伤，其余为轻伤。8月24日上午，法舰用重炮轰击马尾船厂，使船厂遭到毁灭性破坏。此后几天，又将两岸炮台摧毁。清军再次遭受重大损失。

马尾海战以福建海军的全军覆没而结束，其主要原因有三。一是清政府战略指导上的错误。清政府自中法开战以来即存妥协求和之心，和战不定，始终不敢鼓足勇气与侵略者决一死战。在法舰频频进入马尾港的危急情况下，仍死守衅不可自我开的教条，从而丧失了先机制敌的条件。二是清朝敌前官员不谙军事，书生典兵，在法舰进泊港内战争一触即发之际，不预作准备，反而约束将士不准先敌开炮，不能报据战场情况临机处置，结果只能被动挨打。三是清军武器装备落后。福建海军军舰多系木壳，防护力不强；重炮少，形不成强大火力，在敌人突然袭击下，难以作有效的反击，致使全部被敌击沉。马尾海战是中国近代海军创建以后进行的第一次大的战斗，结果却如此之惨。这里不仅有清朝政治腐败这一根本原因，还有军事思想落后的因素起作用。清军的单纯消极防御思想是马尾海战惨败的不可忽视的原因，值得认真反思。

镇南关大捷

镇南关大捷是中法战争中清军在广西镇南关（今友谊关）大败法国侵略军的一次战斗。

1884年8月23日，福建水师在马尾海战中全军覆没，打破了清政府苟且偷安的迷梦。8月26日，清政府向法国宣战，命令陆路各军迅速向越南进兵，沿海各地加强戒备，严防法军侵入。中法战争在海上和陆路同时展开。

海上战场。1884年10月，法国舰队进犯台湾，强占基隆。台湾守军在刘铭传指挥下退守淡水。孤拔亲率舰队驶抵淡水港外，炮轰淡水炮台，并派兵登陆，被守军击退，法军进攻受挫，改用封锁方法，孤立台湾守军。1885年3月，法军攻占澎湖。但当他们北犯镇海时却遭到中国守军的炮击。孤拔坐舰也被击中，只得率舰队退往澎湖，不久即死在那里。

陆路战场仍集中在中越边境地区和越南北部。1884年底，刘永福的黑旗军配合西线清军，围困占据宣光城的法军达3个月之久，城中法军几乎弹尽粮绝。但随着法国援兵的到来，宣光未能攻克。1885年2月，法国再次增兵越南，在法军统帅波里也指挥下，集中两个旅团约万余人的兵力向谅山清军发动进攻，广西巡抚潘鼎新不战而退。2月13日，法军未经战斗，即占领战略要地谅山。2月23日，法军进犯文渊州，守将杨玉科力战牺牲，清军纷纷后撤，法军乘势侵占广西门户镇南关，炸毁关门，并在关前废墟中插上一块木牌，得意地用汉字写着“广西的门户已不再存在了”。广西军民在法军退走后在关前插上木桩，写上“我们将用法国人的头颅重建我们的门户！”作为对侵略者的回答。

由于潘鼎新的战败，清政府革去他广西巡抚职务，任命年近7旬的老将冯子材帮办广西军务，领导镇南关前线的抗法斗争。冯子材赶到镇南关后，根据前线清军各部之间多存派系门户之见的情况，首先召集前敌诸将晓以大义，使各将领在抗击侵略者的斗争中团结起来。各将领共推冯子材为前敌主帅，统一指挥协调各军的行动，这就为挽回败局创造了必要的前提。当时，法军由于兵力不足，补给困难，已从镇南关退至关外15公里处，准备组织新的进攻。

根据当前敌情和镇南关周围的地形条件，冯子材经过反复勘察，选定关前隘为预设战场。关前隘在镇南关内约4公里处，东西两面高山夹峙，中间为宽约1公里的隘口。冯子材命令部队在关前隘筑起一道长1.5公里、高2米多、宽1米多的土石长墙，横跨东西两岭之间，墙外挖掘1米多深的堑壕，东西岭上修筑堡垒数座，从而形成一个较为完整的山地防御体系。在兵力部署上，冯子材率所部9营扼守长墙及两侧山岭险要，担任正面防御；总兵王孝祺部8营屯冯军之后为第2梯队；湘军统领王德榜部10营屯关外东南的油隘，保障左翼安全并威胁敌之后路；冯子材另以所部5营屯扣波，保障右翼安全；广西提督苏元春部18营，屯关前隘之后2.5公里的幕府为后队；另有12营屯凭祥机动。总计前线兵力约60余营，3万余人。

一切准备就绪后，为了打乱法军的进犯计划，冯子材决定先发制人。3月21日，冯子材率王孝祺部出关夜袭法军占据的文渊，击毁敌炮台两座、毙伤法军多人，取得较大胜利。

清军的主动出击，使骄横的法军恼羞成怒。法军东京军区副司令尼格里上校决定不等援军到齐即发起进攻。3月23日晨，法军1000余人趁大雾偷偷进入镇南关内，另以千余人屯关外东南高地为后继。上午10时许，入关法军在炮火掩护，分两路进犯关前隘，攻占了东岭三座堡垒，并猛攻长墙。冯子材一面命各部迎战，一面商请驻于幕府的苏元春部前来接应，并通知王德榜部从侧后截击敌人。在丢失三座堡垒的危急关头，冯子材大声疾呼："法再入关，有何面目见粤民？何以生为？"守卫清军在冯子材的爱国热情鼓舞下，英勇抗击，誓与长墙共存亡，阻止了敌人的前进。下午4时许，苏元春率部赶到东岭参战，王德榜部也自油隘袭击法军，并一度切断了敌人运送军火、粮食的交通线，牵制了法军预备队的增援，有力地配合了东岭的战斗。入夜，清军进一步调整部署，由苏元春部协助冯子材守长墙，王孝祺部夺西岭，陈嘉部守东岭。冯子材还另调驻扣波的5营冯军前来抄袭法军左翼。

3月24日晨，尼格里指挥法军分三路再次发起攻击，沿东岭、西岭、中路谷地猛扑关前隘。冯子材传令各部统领，无论何军何将，都不准后退，违者皆斩。当敌人逼近长墙时，冯子材持矛大呼，率领两个儿子跃出长墙，冲入敌阵，全军为之感奋，一齐涌出，与敌白刃格斗，战斗异常惨烈。战至中午，中路法军败退。与此同时，陈嘉部、蒋宗汉部在东岭与法军展开了激烈争夺战，傍晚时分，王德榜在击溃敌之增援部队及消灭其运输队后，从关外夹击法军右侧后，配合东岭守军夺回被占堡垒。这时，王孝祺也已击退沿西岭进攻之敌，并由西岭包抄敌后。法军三面被围，伤亡甚众，后援断绝，弹药将尽，开始全线溃退，尼格里只得下令撤退，丢下数百具尸体，狼狈逃回文渊。冯子材挥军乘胜追击，连破文渊、谅山，歼敌千余人，重伤尼格里，取得重大胜利。

镇南关之战，清军各部在冯子材的调度指挥下，密切协同，严密防守，与法国侵略军激战数日，打退了法军的进攻，毙伤敌军精锐近千人，缴获了大量枪炮和干粮，取得了中法开战以来最大的一次胜利，极大地鼓舞了中越两国军民的斗志，沉重打击了法国侵略者的嚣张气焰，从根本上改变了中法战争的形势，使中国反败为胜。之所以取得这样的胜利，主要原因是爱国将领冯子材能够团结敌前诸将，在战前形成了集中统一的局面，从而有效地集中了兵力，最后在中越两国人民的大力支援和全体将士的英勇奋战下，取得了辉煌的战果，在中国近代反侵略战争史上写下了重要的一页。

甲午平壤之战

19世纪90年代，世界主要资本主义国家逐渐完成了向帝国主义阶段的过渡，争夺殖民地和分割世界领土的斗争进入一个新的阶段。后起的帝国主义国家日本为了推行称霸世界的既定国策，把侵略矛头对准了邻近的朝鲜和中国，在1894年发动了侵略朝鲜和中国的战争，史称甲午战争。平壤之战就是战争初期中日两国之间在朝鲜平壤地区进行的一次重要战斗。

日本对朝鲜和中国的侵略野心由来已久。从1868年明治维新后，就把朝鲜和中国东北作为扩张的首要目标。1882年，日本攫取了在朝鲜的驻兵权。1885年又胁迫清政府签订《天津会议专条》，规定朝鲜如有重大事件，中日两国有同等派兵权，为后来大规模进兵朝鲜、发动侵略战争提供了依据。此后，日本加紧进行侵华准备。1887年，参谋本部拟定《征讨清国策》。1893年决定成立战时大本营，做好了侵略中、朝的战争准备。

1894年1月，朝鲜爆发了东学党起义，朝鲜政府请求清朝派兵帮助镇压。1894年6月4日，中国决定派兵入朝。日本认为发动侵略战争时机已到，于6月5日正式成立大本营，并派兵进入朝鲜。6月9日至12日，清军2000余人在聂士成、叶志超率领下进驻离汉城70多公里的牙山地区，而日军早在10日就已强行进驻汉城。到6月16日，进入朝鲜的日军已达5000人。中日两国军队形成对峙，形势一触即发。

但是，清政府内部以慈禧太后、李鸿章为代表的当权派，面对日本的侵略、挑衅，一味避战求和，希望通过列强调停，和日本达成妥协。日本则利用清政府的求和方针与列强的“调停”，从容地作好了军事部署。7 月 23 日，日军占领朝鲜王宫，组织傀儡政权，迫使朝鲜傀儡政权向中国宣战。7 月 25 日，日本军舰不宣而战，在丰岛海面突然袭击中国护航舰只和运兵船，挑起了中日战争。7 月 29 日，日军进犯牙山、成欢，叶志超弃守牙山，逃奔平壤，聂士成部也因众寡悬殊，败退公州，和叶志超合军撤至平壤。8 月 1 日，中日双方互相宣战。但是，清政府并没有坚决抗击的决心，采取的是消极抵抗的方针。掌握实权的李鸿章命令陆军可守则守，不可则退；命令海军保船制敌，“不得出大洋浪战”。正是在这一消极应战的方针影响下，增援朝鲜战场的四路清军直至 8 月上旬才到达平壤。叶志超部 8 月下旬也到达平壤。此时驻扎平壤的各路清军共 2 万余人，逃将叶志超被任命为各路清军的总指挥，组织防御。

平壤是朝鲜旧都，山环水抱，城墙高大坚固。共有城门六座：南为朱雀门，西南为静海门，西北为七星门，北为玄武门，东为长庆门，东南为大同门。玄武门跨牡丹台山修筑。由于牡丹台紧靠城墙，因而成了守卫平壤的关键。清军的部署是：城北由左宝贵所部奉军、丰升阿所部盛军防守；城西由叶志超所部牙山军防守；城南由卫汝贵所部盛军及马玉昆所部毅军之一部防守；城东南由马玉昆所部毅军防守。叶志超坐镇城内，居中调度。日军方面在打败牙山、成欢清军后，即准备北攻平壤。9 日 2 日，在朝日军第五师团长陆军中将野津道贤决定将 1.5 万日军分作四路进攻平壤。具体部署是：陆军少将大岛义昌率 5000 日军由汉城出发，沿大道指向平壤东南，从正面进攻；野津道贯率兵 5000 渡大同江下游，进攻平壤西南；陆军少将立见尚文率兵 2000 渡大同江进攻平壤东北，称“朔宁支队”。陆军大佐佐藤正率兵3000自元山登陆，攻平壤北部，截断清军后路。四路分进合击，定于9月15日包围平壤，发动总攻。

9月13日，四路日军均已逼近平壤，元山支队进至顺安，切断了清军退往义州的后路。14日晨，元山、朔宁两支队一齐发起攻击，攻占城北山顶清军营垒数座。左宝贵亲自督队争夺，未能成功，只得率部退入城内。当晚，叶志超见城北形势危急，主张弃城逃跑，遭到左宝贵等将领的反对。左宝贵派亲军监视叶志超，防止其逃跑。

15日晨，日军按计划发动总攻。大同江东岸的日军混成第九旅团在大岛义昌率领下分三路进攻平壤城东南。扼守大同江东岸的马玉部奋力抵抗，与进攻之敌展开肉搏，自晨至午后，终于打退了日军的进攻。北路战斗更加激烈。日军于当天拂晓再次发起进攻，左宝贵亲自登玄武口指挥。战至上午，日军先后攻破玄武门外的五座堡垒，并向玄武门猛烈突击。左宝贵为表示誓与平壤共存亡的决心，身穿黄马褂，继续指挥，中炮阵亡。日军于中午占领玄武门。在此紧急关头，作为主帅的叶志超不是部署力量加强防守，而是让部将在城头竖起白旗投降，并下令撤军。当时东西两路清军已将进攻之敌击溃，正准备乘胜出击，接到撤军命令后只得率部回城。

当晚，叶志超乘夜暗率守军仓惶逃出平壤。日军于城北山隘堵截，打死打伤清军2000余人，俘虏数百人。清军退至顺安时，又遭日军拦击，损失惨重。16日，叶志超等逃至安州，然后又往义州逃跑。至24日，清军全部退过鸭绿江，撤至境内。日军随之占领朝鲜全境，并将战火烧到中国境内。

平壤之战前后不过两天，清军即竖白旗乞降，撤出平壤，使敌仅以伤亡600余人的代价即占领平壤并进而占领朝鲜全境，这一战争结果完全是由于清政府的腐败和前敌主帅昏聩无能造成的。从战略上看，清政府执行消极抵抗政策，没有与敌人血战到底的勇气和决心，一味坚持保守方针，致使2万清军株守平壤，坐待敌人进攻。从作战指挥上看，清军更是无所作为。在战争已经开始，敌人进攻在即的时候，清政府任命逃将叶志超为各军总统，作为前敌主帅。叶志超庸懦怯敌，既不敢驱军南下，主动歼敌，也没有保卫平壤的决心，一经接仗，精神先溃，再次率先逃跑，致使军心大乱，在撤退过程中多次被日军截击，死伤枕籍。平壤之战失败，叶志超确应负有主要责任。至于日军方面，早将清军底牌摸清，故能按原定计划稳步推进，凭借优势火力和组织完善、训练有素的军队打败清军。

山东半岛之战

山东半岛之战是中日甲午战争的另一个主要战场，从1895年1月21日日军在山东荣成湾登陆到2月17日日军占领威海卫，历时近1个月，中经白马河前哨战、南帮炮台争夺战和刘公岛保卫战，最后以威海卫海军基地的失陷和北洋海军的覆没而告结束。

日本侵略者在1894年11月底攻占了旅顺口北洋海军基地之后，扩张野心更加膨胀，决心扩大侵略，完成大本营的预定目标——进军山海关，直逼直隶平原，寻求与清军进行主力决战，威胁京、津，迫使清政府完全投降。为此，日本大本营制定了一个新的扩大侵略的作战计划——“山东半岛作战计划”。

这个计划的目的是进攻山东半岛，占领威海卫，封锁直隶湾，消灭北洋海军。这样，既可迫使清政府投降，又可避免列强为保护各自在华权益而对日本进行联合干涉。为此，日本侵略者决定以大山岩指挥的第二军第二师团及在国内的第六师团编成“山东作战军”，由海路运输，在山东半岛登陆。

1894平12月16日，日本大本营命令联合舰队担任运送陆军的护航任务。伊东佑亨接到命令后，于23日派军舰到山东半岛荣成湾一带侦察登陆地点。

荣成湾是山东半岛成山角西南方的一个海湾，西距威海卫67公里，湾口宽阔，能避强烈的西北风；湾为泥底，适于受锚；北岸有长约1000多米的沙地，汽艇可驶至离岸3米处，舢板可直接靠岸；沿岸丘陵起伏，适于掩护陆军上岸。日军遂选择荣成湾内龙须岛附近为登陆点，并计划在1895年1月19、20、22日由大连分三批运送陆军登陆。

1月18日，伊东佑亨根据作战计划，派出吉野、秋津洲、浪速3艘巡洋舰到登州游弋，并进行炮击，制造日军准备进攻登州的假象，掩护日军在荣成湾登陆。同时，派高千穗舰到威海卫港外，监视北洋舰队行动。19日中午，联合舰队主力护送第一批运送船19艘，满载第二师团1.5万人由大连出发，于20日中午到达荣成湾。由于滩多水浅，军舰不能靠岸，运兵及辎重上岸均靠驳力，第一批陆军登岸直到21日才结束。第二批运送船载第六师团1万人于21日到达，22日登陆完毕。第三批运送船于23日到达，当天登陆完毕。日军共约3.5万人，马3800匹。25日，大山岩到达荣成，设立山东作战军司令部，开始准备向威海卫进犯。

关于日军在荣成湾登陆，准备进犯威海卫的消息，清政府事先虽未获得准确情报，但已有所闻，即电告北洋大臣李鸿章和山东巡抚李秉衡，要求“饬令各军加意严防”。但二李并不认真采取积极的防御措施，仍坚持其避战保船的方针，命令北洋舰队不许出战。

1月25日，日军主力在大山岩指挥下，从荣成出发，分南北两路向威海卫进犯。这时，驻守山东半岛的清军有40余营，2万多人。若能调遣得当，完全有可能阻止或延迟日军的前进。但直接指挥山东防务的李秉衡，目光短浅，胸中无数，只派孙万林等少数军队前往迎战。

1月25日晚7时，日军先头部队到达距威海卫25公里的白马河东岸。驻守在河西岸的孙万林军趁敌军立脚未稳，迅速发起攻击，激战两小时，歼敌100多人，清军只伤亡2人。日军不支，狼狈溃逃。后因阎德胜破坏作战计划，刘树德也找借口率军西去，只剩孙万林孤军作战。不久，日军大队赶到，孙万林寡不敌众，不得不撤出阵地，向羊亭集退走。

白马河前哨战是中日陆军在山东半岛的首次接仗，也是日军入侵山东半岛后遭受的第一次打击。这次战斗虽然只是清军的一次小胜，但它创造了中日甲午战争中以少胜多的战例，表明中国军队只要有正确的指挥，完全有打败日本侵略者的可能。

白马河战役后，日军长驱直入，继续西犯。1月29日，日军第二师团占领温泉汤，第六师团占领九家疃，开始对威海卫南帮炮台后路形成包围。

1月30日拂晓，日军首先进攻威海卫南岸的制高点摩天岭。守卫在这里的清军仅一个营，在营官周家思指挥下，奋起抵抗，双方展开了激烈的争夺战。港内北洋舰队的定远、镇远、来远等舰也驶至南岸助战。日军也乱放山炮应战。日军踩中清军预先埋设的地雷，死伤枕藉。日军在军官的驱赶下继续猛扑，守军虽顽强抵抗，但因兵力太少，一营人全部壮烈牺牲。日军虽然占领了摩天岭，但也付出了重大伤亡的代价。左翼队司令官大寺安纯少将也被来远舰所发炮弹击毙在摩天岭炮台上。

日军攻占摩天岭炮台后，用炮台的大炮掩护右翼队向杨枫岭进攻。杨枫岭守军一营，在副将陈万清指挥下，抗击数倍于己的敌人，自上午8时至11时，激战3小时，打退了日军多次冲锋，予敌以重大杀伤。敌军冲不上去，就集中炮火疯狂轰击。炮台周围的树木被击中起火，弹药库也被击中，炮台上烈焰升腾，守军伤亡过半，被迫撤退，杨枫岭炮台被攻陷。

当日军右翼队进攻南帮炮台时，左翼队也向南帮陆路炮台南侧的虎山发起进攻，企图一举攻克虎山，再向北推进，切断南帮炮台清军退路，配合右翼队实行南北夹击。驻守虎山的两营清军奋勇杀敌，炮兵也配合轰击，使日军伤亡惨重。后来，清军由于指挥官刘树德贪生怕死，弃军逃跑而自行溃散，虎山失陷。日军攻占虎山后，向北推进到凤林集，切断了由南帮炮台撤下来的七八百名清军的退路。在这紧急关头，海军提督丁汝昌亲自指挥靖远、镇南等 4 艘炮舰驶到南岸杨家滩附近，用排炮向日军轰击，日军不支，仓惶逃走。被围清军在陈万清率领下突围。

日军攻下南帮陆路炮台后，立即对龙庙咀、鹿角咀、皂埠咀 3 座海岸炮台进行海陆夹攻。日军首先进攻龙庙咀炮台，守台的 40 名清军奋勇抵抗，终因寡不敌众，全部壮烈牺牲。

日军占领龙庙咀炮台后，立即利用炮台上的大炮向鹿角咀炮台轰击，炮台外的长墙被炮火摧毁，日军从缺口蜂涌而上。炮台守军没有近射武器，无法抵抗，炮台被攻占。日军又利用从杨枫岭、龙庙咀、鹿角咀等炮台上夺取的清军大炮，轮番猛轰皂埠咀炮台。为使炮台上的 6 门 15—28 公分口径的大炮不致被日军用来威胁刘公岛炮台和港内北洋舰队，丁汝昌派鱼雷艇载敢死队前往炮台毁炮。

1 月 30 日，日军第二师团进攻凤林集，被北洋舰队的排炮轰退。2 月 1 日，日军慑于北洋舰队的炮火威力，不敢沿海岸线进攻威海卫城，而采取从西路迂回的战术。2 日，日军探知威海卫城内清军已全部撤退，遂占领该城，并分兵进攻北帮炮台。由于守将戴宗骞贪生怕死，6 营守军先后解散或溃散。丁汝昌只好下令炸毁药库。日军不战而占领了北帮炮台。

威海卫南北海岸炮台既失，日军便以全力进攻刘公岛、日岛炮台和港内的北洋舰队。面对日军的海陆夹击，北洋舰队和刘公岛、日岛守军，在丁汝昌的率领下，奋勇抵抗。双方炮战终日，日舰始终未能靠近港口。

2月4日和5日，伊东佑亨进行鱼雷艇夜袭，击沉北洋舰队的定远、来远、威远等舰，北洋舰队的实力遭到削弱。

2月7日，日舰以单纵阵向刘公岛、日岛发动进攻。岛上守军奋勇还击。这一天，守军苦战终日，虽然打退了日舰进攻，却被迫放弃了日岛炮台，损失了全部鱼雷艇，形势变得更加严峻。

2月8日夜，日舰偷袭刘公岛东口，用炸药爆炸防材，使东口藩篱尽撤，门户洞开。在日军围攻日急，援军绝望，军心不稳的情况下，刘步蟾、丁汝昌、张文宣、杨用霖等先后服药自杀。12日，美员浩威盗用丁汝昌名义致书向日本乞降。

17日上午，日军正式占领威海卫，将北洋舰队的舰船俘获，插上日本旗，北洋舰队全军覆没，山东半岛之战结束。

山东半岛之战的失败，是清政府的腐败和李鸿章推行“避战保船”的消极防御方针所造成的恶果，也是淮系、湘系等军阀派系为保存实力，扩充地盘，彼此倾轧，见危不救的结果。

山东半岛之战的失败，使京畿完全暴露在日军的刀锋下，直隶平原无险可守。同时，对清军的士气和清朝统治集团的心理影响也是巨大的。从此，妥协投降空气更占上风，清政府愈益丧失了抵抗的信心。

戊戌变法

甲午战争结束后，中日签订《马关条约》，外国资本主义对中国的侵略进一步加深，中国的半殖民地化和民族危机也进一步加深。光绪帝对这一情况十分担忧。

光绪二十四年（1898）四月，光绪帝根据杨深秀、徐致靖、康有为等人的奏章和条陈，决定变法。四月二十八日，光绪帝召见康有为，商讨和确定变法的具体步骤和措施。不久，又允许康有为专折奏事，并有权在总理衙门章京上行走。康有为利用专折奏事的特殊待遇，经常上奏折、递条陈，提出许多新政建议。在百日维新期间，光绪帝根据康有为等人的建议，相继颁布了100多道除旧布新的改革诏令。

然而新政遭到了封建守旧势力的一致反对。从表面上看，六月上旬以前，光绪在经济、军事、文教方面的改革上颁布了许多新政。六月上旬以后，新政由经济、文教、军事方面延伸到政治方面。主要的改革措施有：删改旧例，裁汰冗员，撤销闲散重叠的机构；准许大小臣民上书言事，官吏不得阻挠，等等。事实上，光绪帝颁布的新法诏令，除了湖南巡抚陈宝箴较为认真执行之外，别的地方督抚大多置若罔闻。在中央，有些新政机关形式上好像是建立起来，但基本上被顽固派所把持。因此，变法诏书几乎是一纸空文。

维新派的政治制度改革触怒了慈格太后，让她感觉到自己的权威被动摇，便开始对光绪帝率领的维新派发动反击。手无实权的维新派有些惊慌，他们想把掌握新建陆军的袁世凯拉过来，作为与慈禧对抗的力量。光绪二十四年（1898）八月初一，光绪帝召见了袁世凯，密令其举兵消灭慈格禧太后。善玩两面派手段的袁世凯出卖了维新派，帮助慈禧太后发动政变，将光绪帝禁于中南海的瀛台，而维新派的代表人物谭嗣同等6人被杀于北京菜市口，史称

"戊戌六君子"。

义和团运动

光绪二十五年（1899），山东清平县义和拳改名为义和团。同年夏季，清政府转变了对义和拳围剿打击的政策，改为抚剿兼施。额贤接任山东巡抚后，建议朝廷承认义和拳为合法民间团练，将义和拳正式改名为义和团。从此以后，义和团争得了合法地位，各地义和拳也先后改称义和团。流贤对义和团的宽容招抚政策，使山东义和团很快扩展壮大，团众四处攻打教堂，驱逐教士，与同教士狼狈为奸的地方官员作对。

光绪二十五年九月，朱红灯在平原县杠子李庄，率先树起"兴清灭洋"的大旗。此后"顺清灭洋"、"保清灭洋"、"扶清灭洋"等日号逐渐出现，后来大都统一为"扶清灭洋"。同时，日趋高涨的义和团运动也发展至直隶、天津。

袁世凯任山东巡抚后，对义和团残酷镇压。山东的义和团转向华北、京津等地发展，一步推动义和团运动的高涨。

囚禁瀛台

光绪帝在位的第三阶段基本是在囚禁中度过的。囚禁瀛台的光绪帝面色苍白，神经极度衰弱、抑郁，疾病缠身：常患遗泄、头疼、发热，脊骨痛，无胃口，腰部有病，尿中有蛋白质。肺部不好，似有痨病。

二十六年八国联军进攻中国时，光绪帝曾参加决定是否向八国联军宣战的御前会议。他主和，这是基于敌我双方力量对比悬殊而做出的正确选择。慈禧太后感情用事，草率决定宣战，终于失败。联军打到北京，慈禧太后于九月四日挟光绪帝逃往西安，《辛丑条约》签订后返回北京。

二十七年十月二十日，溥儁被撤去大阿哥称号。光绪帝的皇位保住了，但形同木偶，臣工奏对，不发一言。有时慈禧太后示意要他表态，也不过一两句罢了。三十四年十月二十一日，光绪帝病故，终年38岁，葬河北永宁山崇陵，庙号德宗，谥“同天崇运大中至正经文纬武仁孝睿智端俭宽勤景皇帝”，简称景皇帝。

生活逸事

珍妃姐妹

光绪十五年正月二十日，19岁的光绪皇帝举行大婚典礼。光绪的一位皇后两个妃子都是慈禧做主选的，皇后不是别人，正是慈禧亲弟弟桂祥的女儿叶赫那拉氏。慈禧选自己的侄女为皇后，为的是在把朝政交给光绪后，还能利用皇后来控制和操纵皇帝，起码可以监视和掌握皇帝的一举一动。

光绪的两位妃子是瑾妃和珍妃（初封瑾嫔珍嫔），二人是亲姐妹，但相貌性格却大不相同。瑾妃相貌一般，而且性格脆弱；珍妃貌美端庄，性情机敏。珍妃对光绪的同情和体贴，激起了光绪对未来的憧憬和热情，同时，也引发了他要在政治上摆脱束缚有所作为的欲望。大婚后的数年间，他与珍妃共同度过了一生中显得较为轻松的时光。

珍妃（1876—1900），他他拉氏，满洲镶红旗人。清朝光绪皇帝的侧妃，也是最为受宠的妃子，后因获罪于慈禧而被投井杀害。珍妃其祖父乃陕甘总督裕泰，其父长叙曾任户部右侍郎，其伯父长善乃广州将军，珍妃与其姊瑾妃自幼随长善在广州长大。珍妃10岁那年，长善卸任广州将军，她与姊姊随同北返北京。1889年，珍妃两姊妹被入选宫中，13岁的她被封为珍嫔，15岁的姐姐封为瑾嫔，嫔为九等宫女序列中的第六等，直至光绪二十年甲午春（1894），因慈禧太后七旬万寿加恩得晋嫔为妃，前面还有皇后、皇贵妃、贵妃三个等级。

光绪大婚之后，隆裕皇后逐渐失宠，而瑾妃与光绪相处漠漠。惟珍妃生性乖巧、善解人意，工翰墨会下棋，日侍皇帝左右，与光绪共食饮共玩共乐，对于男女之事毫不在意，“德宗尤宠爱之，与皇后不甚亲睦。”（《国闻备乘》）1901年春清廷与八国联军媾和，慈禧、光绪等还朝，慈禧见珍妃所投之井依然如故，便命人将尸骨被打捞出来，装殓入棺，葬于阜成门外恩济庄的宫女墓地，并企图以“贞烈殉节”的名义掩世人耳口。民国二年（1913），其姊瑾妃（时为端康皇太妃）将珍妃迁葬光绪景陵妃嫔园寝，并为她修建了一个小灵堂以供奉珍妃的牌位，灵堂上悬挂一额纸匾，上书“精卫通诚”，颂扬珍妃对光绪的一片真情。

珍妃的姐姐瑾妃的结局比她的妹妹强多了。光绪二十六年七月，瑾妃随慈禧也逃出了京城，一年多以后才返回皇宫。光绪帝死后，宣统帝溥仪尊封她为皇考瑾贵妃。1913年3月，溥仪又尊封她为端康皇贵太妃。

据溥仪回忆，隆裕皇太后死后，瑾妃就成为紫禁城内幸存的四妃之首。瑾妃很专权，自己俨然成了皇太后，效法慈禧，让溥仪叫她皇额娘，经常管教溥仪，不把皇帝放在眼中。为此，溥仪在一些人的怂恿下，公开与瑾妃吵了一架，使瑾妃很下不来台，溥仪也为此付出了沉重的代价。瑾妃为了出这口气，把溥仪的奶奶、母亲召进宫，对她二人施加压力。她二人可吓坏了，一齐跪下来苦苦哀求，答应劝溥仪给瑾妃赔礼道歉。最后溥仪经不住祖母和母亲的苦劝，被迫给瑾妃道了歉。溥仪的母亲个性极强，从未受过别人的训斥。这次窝了一肚子火，回到家吞了鸦片烟自杀了。瑾妃听了这个消息以后，吃惊不小，深怕溥仪追究此事，于是也改变了对溥仪的态度，两人关系有了明显地缓和。

1924年10月20日瑾妃病死，终年52岁，溥仪谥之为温靖皇贵妃。1925年10月29日葬入崇陵妃园寝东宝券内。

十四年后，1938 年农历十一月，一伙不法匪徒在夜间盗掘了瑾妃墓，掠走了全部殉葬珍宝。

奢侈大婚

清代皇帝大婚比历代皇帝更为奢华，极尽奢侈铺张之能事。光绪帝是清代正常地举办大婚的最后一个皇帝，目前所存资料比较齐全，可以作一些透视与分析。

光绪帝的大婚典礼在光绪十五年（1889）正月二十七日举行，时年 19 岁。这次大婚，共花费银 550 万两。其中，各种“外办”耗费，共为 105 万余两，占大婚开支总额的 20%左右；而由“内办”的帝、后应用冠服、朝珠、钿钗、金银珠宝玉器，嫔位所用器物，皇后妆奁，以及后嫔铺宫应用的金银器皿等，共为银 400 万两以上，占总耗费的 80%左右。

这些银两主要是从各省、各税关筹来，都是从全国搜刮来的民脂民膏。虽然清王朝的最高统治者慈禧太后对筹办光绪大典曾假惺惺地说：“国家经费有常，目下整顿武备，需款孔多，各省时有偏灾，尤宜体念民艰，爱惜物力，朝廷躬行节俭，为天下先，该大臣等，务当仰体崇实黜华之意，严饬承办各员，认真原理，不准稍涉浮冒。”但实际做法则完全相反，大婚典礼的经费，不但没有“节俭”下来，反而逐步加码。光绪十三年五月二十日慈禧明降懿旨，光绪大婚应需款项，“著户部先行筹画银二百万两”，各省“预为指派二百万两”。半年之后，光绪十四年正月十七日总管内务府大臣福锟面奉懿旨：“办理大婚之款四百万两尚不敷用，著户部再行筹拨一百万两”。九月二十六日又奉旨“续行筹拨五十万两”。三次共筹拨银 550 万两。

据清朝军机处档案记载，光绪十五年上半年直隶省顺天府、大名府、宣化府的粮价，以谷子、高粱、玉米三种粮食计算，平均每仓石计银一两四钱六分。如果每人每年口粮按二石计算，计折银二两九钱二分。光绪大婚总共耗用白银550万两，按当时的粮价折算，可购买近400万石粮食，足够190万人吃一年。

当时，清朝正处在内乱外患丛生、天灾人祸迭起的重重灾难之中，如此奢侈铺张的皇帝婚礼就是在这种情况下举行的。光绪十年（1884）六月，山东河决，毁坏历城、齐东、利津等堤埝，大片地区遭灾，清政府仅拨银16万两赈灾；光绪十一年两广水患，慈禧仅下令拨银6万两赈济；光绪十二年北运河决口漫溢，使永平各府受灾，朝廷只拨银12万两救急；光绪十三年郑州河决口，南入于淮，使河南、安徽大片地区受害，清政府仅截留京饷漕折银30万两赈恤。到了光绪十四年，由于皇帝婚期迫近，用款孔殷，这一年虽有多起水、火、雨、雹、震、疫等灾害发生，但却未见有拨银救灾的记录，只是免除了某些地区的税赋钱粮，拨留了13万石京仓及海运漕米以赈顺直之灾。这样一对比，可见清王朝用于人民生计迫切需要的开支寥寥无几，而从民众身上疯狂榨取的财富则多得难以计量。

八大不幸

光绪皇帝一生的经历可以得出一个结论，就是悲剧。总结他的一生，可以说有八大不幸。

第一，父亲。他的父亲是醇亲王奕譞，他和父亲是个什么关系呢？是君君臣臣，然后才父父子子。光绪他父亲是臣，他是君，他父亲在他面前跪着称臣，他不能跟他父亲像正常父子关系那样敞开心扉来交谈。就家庭生活来说，是一种悲剧。

第二，母子关系，乾隆和他母亲可以一块吃饭，可以请安，可以陪着他母亲下江南，光绪可以吗？不可以，他母亲在醇亲王府，光绪想看看他母亲行吗？不可以，他母亲想要看看他，不经过特殊的手续，特殊的批准不可以，见了面之后，像普通的母子关系拉拉家常，随便谈一谈可以吗？不可以，作为一种家庭生活来说，这种母子关系是悲剧。

第三，皇后。皇后和光绪一方面是夫妻，另一方面皇后不是普通的人，是慈禧的亲侄女，有些话他不敢说，说了以后，怕她报告到慈禧那儿，这个关系很难处，慈禧指定他和她的侄女皇后结婚，光绪又不喜欢，作为家庭生活来说，也是一个悲剧。

第四，妃子。他喜欢珍妃，圣母太后又不喜欢，所以他和珍妃之间远了不是，近了也不是，对于家庭生活来说也是悲剧。

第五，兄弟，光绪也是普通的人，他有兄弟，他和兄弟之间的关系不能像常人家的兄弟那样，不能享受常人的兄弟手足之情。

第六，母后，他叫慈禧“圣母皇太后”，慈禧又把他抚养大，应当说慈禧是他的亲人，慈禧点的名让他继承皇位，应当说慈禧是他的恩人。但是在政治上，慈禧又是他的仇人和敌人，慈禧既是光绪的亲人、恩人，又是光绪的仇人、敌人，这是一个矛盾，对于家庭生活来说，也是悲剧。

第七，光绪无儿无女，身边没有子女的家庭欢乐。

第八，自己长期过着一种囚徒的生活，几乎没有任何人跟他来往，孤苦伶仃，寂寞寡人，对个人生活来说也是一种悲剧。

第十二卷

见证历史，归入民间

——清宣统皇帝爱新觉罗·溥仪

宣统一生大事记

宣统元年

1908年11月14日，宣统皇帝溥仪3岁时被立为嗣皇帝，其父载沣为摄政王，年号“宣统”。

1912年，中华民国成立，登基不满3年的溥仪由隆裕太后于2月12日代行颁布《退位诏书》。根据清室退位优待条件规定，不废帝号，仍居宫禁。

1917年7月1日，溥仪在紫禁城召见张勋，接受他的奏请，复辟帝制，恢复宣统年号，但只做了12天皇帝，就随着张勋的失败而被迫退位。

1924年，冯玉祥等发动北京政变后，摄政内阁决定修正清室优待条件，废除皇帝称号并将其驱逐出宫。溥仪先搬进原醇王府，不久逃入日本公使馆。

1925年2月，日本便衣警察护送溥仪到天津日租界，继续进行复辟活动。

1931年“九·一八”事变后，溥仪在侵华日军的策划下潜往东北。

1932年3月，溥仪执政“伪满洲国”。

1934年3月，溥仪改称伪“满洲帝国”皇帝，改元“康德”。

1935年4月，溥仪以“伪满洲国”皇帝的身分，第一次访问日本。

1940年6月，溥仪以“伪满洲国”皇帝的身分，第二次访问日本。

1945年8月14日日本无条件投降后，溥仪于8月17日逃往日本途中被苏军俘获，押到西伯利亚，被关在集中营里长达五年。

1950年8月，溥仪与其他“伪满洲国”战犯一起被苏联政府移交给中国政府，先后在哈尔滨和抚顺两个战犯管理所关押10年。

1959年12月4日，根据中华人民共和国最高人民法院特赦令，溥仪被释放。后任全国政协文史资料委员会专员。

1964年，溥仪担任中国人民政治协商会议第四届全国委员会委员。

1967年10月17日，溥仪在北京病逝，著有《我的前半生》。

家庭成员

妻子

文绣（1908 年—1953 年），满洲鄂尔德特氏旗人。1922 年，她跟 16 岁的溥仪结婚。文绣是溥仪首选的第一位妃子，封为贵妃，父亲为淑亲王。但是父亲逝世后端康太妃为首的四大太妃们，皆认为文绣家境贫寒、长相不好，让王公们劝溥仪重选。文绣被册封为皇贵妃淑妃。1931 年，文绣与溥仪离婚。

婉容（1905 年—1946 年），达斡尔族旗人。1922 年，她 17 岁跟溥仪结婚，封为皇后。父亲荣源为内务府大臣，在天津和满洲国她得到皇后之位。婚后婉容长期遭到溥仪的冷落，染上鸦片烟瘾，并被日本关东军凌辱至发疯。日本投降后，婉容被中共游击队俘虏，最后释放。最后烟瘾发作，在吉林省延吉死去，葬地不明。经其弟郭布罗·润麒同意，于 2006 年 10 月 23 日招魂与溥仪合葬于河北清西陵外的华龙陵园。

谭玉龄（1906 年—1942 年）：北京满族人，老姓他他拉氏。1937 年，经贝勒毓朗之女介绍与溥仪结婚，封为“祥贵人”。六年后，病卒，由溥仪追谥“明贤贵妃”。

李玉琴（1928 年—2001 年）：吉林长春人，汉族。1943 年，被日本官员挑选入宫，封为“福贵人”。1957 年 5 月，正式与溥仪离婚，后再嫁。文化大革命期间，她因为曾做过溥仪的贵人而受到迫害。2001 年，因肝硬化病卒。

李淑贤（1924 年—1997 年）：汉族，护士。1962 年在周恩来的安排下，与溥仪结婚。

兄弟姐妹

溥仪有三个弟弟，七个妹妹，分别如下：

二弟，溥杰（1907 年—1994 年），字俊之。娶嵯峨浩，生两女，享年 88 岁。

大妹，韫媖（1909 年—1925 年），嫁郭布罗·润良，无子女，享年 17 岁。

二妹，韫和（1911 年—2001 年），改名金欣如，嫁郑广元，生一子三女，享年 91 岁。

三妹，韫颖（1913 年—1992 年），改名金蕊秀，嫁郭布罗·润麒，生两子一女，享年 80 岁。

四妹，韫娴（1914 年—2003 年），改名金韫娴，嫁赵琪璠，生一对子女，享年 90 岁。

三弟，溥倛（1915 年—1918 年），四岁夭折。

五妹，韫馨（1917 年—1998 年），改名金蕊洁，嫁万嘉熙，生三子一女，享年 82 岁。

四弟，溥任（1918 年—至今），字友之，改名金友之，娶金瑜庭，生三子两女，现年 93 岁。

六妹，韫娱（1919 年—1982 年），字芯多，改名溥韫娱，嫁王爱兰，生一子四女，享年 64 岁。

七妹，韫欢（1921 年—2005 年），字芯笑，改名金志坚，嫁乔宏治，生两子一女，享年 85 岁。

堂兄弟

爱新觉罗·溥聪〔金溥聪〕（1956 年—至今），溥仪的堂弟之一，现年 54 岁。台湾知名政治人物、学者，马英九重要幕僚之一。

爱新觉罗·溥儁，光绪大阿哥。

爱新觉罗·溥侗，民国四公子之一。

爱新觉罗·溥佐，书画家。

爱新觉罗·溥伟，清末恭亲王，溥仪皇位的主要竞争对手，光绪末期三太子之一。

爱新觉罗·溥儒，书画家。

爱新觉罗·溥伒，书画家，光绪末期三太子之一。

爱新觉罗·善耆，清末肃亲王，川岛芳子之父。

历史评价

宣统帝，名爱新觉罗·溥仪，生于1906年，是光绪皇帝之侄，醇亲王载沣之子。宣统皇帝是清朝和中国历史上的末代皇帝，是清朝入关后的第十位皇帝。

在清朝的帝王之中，宣统帝溥仪可以说是经历了最大的时代变幻，经历了最多的身份变幻。一系列的立嗣、废储、再立，面对垂死的封建王朝，却又无力回天；一连串的登极、退位、复辟，身处剧烈的社会变革，清朝末帝溥仪心愿难随；几经身份变幻，国民、战犯、公民，昔日的大清皇帝最终成为自食其力的共和国公民。

1908年11月，光绪皇帝和慈禧太后在相隔一天的时间内先后死去。不满3岁的溥仪继承帝位，次年改年号为“宣统”，由其父载沣摄政。1911年10月，武昌起义爆发后，各省纷纷响应，革命巨浪席卷全国。1912年2月12日，清廷被迫宣布溥仪退位，统治中国260多年的清王朝被推翻了，从此结束了长达2000多年的封建专制。1931年溥仪在侵华日军策划下被挟持至东北。1932年3月在日本傀儡政权“满洲国”执政。日军战败后被俘，中华人民共和国成立后，经过改造成为新人，曾任中华人民共和国政协委员。

一声叹息，末代皇帝，风风火火，糊糊涂涂。这可以说是末代皇帝溥仪前半生的真实写照。可是他的后半生，却发生了翻天覆地的变化，经过人民政府改造，溥仪的思想发生了巨大的转变，他忘却了往昔的皇帝身份，走向了平民，过上了普通老百姓的生活，并找到了自己的黄昏伴侣。

见证了历史的变迁，归入寻常百姓家，这就是末代皇帝的一生。这样的变化和溥仪自己的努力是分不开的。正如他曾经说过："皇帝，这是我认为最可耻的称号，自豪的是我今天成了一名中国公民。"

宣统皇帝正传

第一章　三岁即位

一

光绪三十四年（1908 年）十月，慈禧太后和光绪帝同时生了重病。在光绪帝临终前一天，慈禧太后也行将不起。由于光绪帝无后，慈禧太后在中南之海召见军机大臣，商量立储人选。军机大臣认为内忧外患之际，当立年长之人。慈禧太后听后勃然大怒，最后议定，立三岁的溥仪为帝，并让溥仪的亲生父亲——载沣监国。

溥仪本来有一个富贵而温暖的家，然而慈禧太后的临终谕旨却改变了他一生的命运。

他的祖父奕譞，醇亲王，是道光皇帝的第七个儿子。奕譞的次子、溥仪的伯父载湉继同治帝入宫嗣位为光绪帝，优诏赐醇亲王以世袭罔替待遇。清朝惯例，一般世袭爵位是降一等承袭，如：亲王之子袭郡王。“世袭罔替”者需有特殊功劳，为数很少。除了参加开国战争的以外，由皇子分封出来，以“功”特封世袭罔替爵位的只有：乾隆三十九年封“怡贤亲王”（康熙的第十三子允祥）、同治十一年封恭忠亲王（道光第六子奕䜣）、光绪元年封醇贤亲王（道光第七子奕譞）、光绪三十四年封庆亲王（乾隆第十二子之孙奕劻）世袭罔替。满洲贵族在清王朝统治中国期间，是全国各阶级、各民族中为数不多的显贵，而醇亲王府又是这群显贵中为数更少的显贵。

溥仪有四位祖母，第一位祖母是奕譞的嫡福晋、慈禧的妹妹叶赫那拉氏。她一共生了五个孩子：长女六岁夭折；长子死时不满两周岁；次子载湉即光绪帝；三子只活一天半；四子不到五岁又死了。据说因为这位母亲恐怕孩子消化不良，不给孩子吃饱，孩子们患营养不良症而死。第二位祖母是奕譞的侧福晋颜札氏，系慈禧所赐，去世很早，生一女，夭逝。第三位祖母是奕譞的第二侧福晋刘佳氏，是溥仪的亲祖母。她共生四个孩子：女儿两岁夭折，儿子载沣，是溥仪的父亲；载洵，是溥仪的六叔；载涛，是溥仪的七叔。第四位祖母是奕譞的第三侧福晋李佳氏，生一女，奉命嫁给世袭一等忠勇公松椿为妻，二十八岁死。

溥仪有两位母亲：生母苏完瓜尔佳氏，名幼兰，是载沣的嫡福晋，光绪二十八年（1902 年）八月结婚。庶母邓佳氏，是载沣的侧福晋，民国二年（1913 年）结婚。两位母亲生溥仪兄弟姐妹十一人：溥仪为长兄，瓜尔佳氏生；二弟溥杰，光绪三十三年（1907 年）生，与溥仪同母；三弟溥淇，庶母民国四年（1915 年）生，三岁殇；四弟溥任，民国七年（1918 年）庶母生；长妹韫媖与溥仪同母，宣统元年（1909 年）生，十八岁死；二妹韫龢（金欣如），与溥仪同母，宣统三年（1911 年）生，三妹韫颖（金蕊秀），同母民国二年（1913 年）生；四妹韫娴，庶母民国三年（1914 年）生；五妹韫馨（金蕊洁），庶母民国六年（1917 年）生；六妹韫娱，庶母民国八年（1919 年）生；七妹韫欢（金志坚），庶母民国十年（1921 年）生。

溥仪的父亲载沣不但政治上随和，愿意图清静，而且生活上也求安闲，家务由他的母亲、溥仪的祖母刘佳氏主持，自己闭门读书。他性情平和，对子女、佣人都不严。

当然，子女、佣人也不怕他。有一次天已昏黑，太监还不上窗户，经他责问，太监竟敢回答：“因为今天奶奶（载沣福晋）不在家。”他没有特别嗜好，不吸烟，不喝白酒，更不吸鸦片。他的生活呆板而单调，一切“照老例”办，如：春节吃干菜馅煮饺，立春吃春饼，是必须的；到什么时候吃黄花鱼、榆钱和野菜、饭包、火锅，也一成不变。喝茶，春夏秋冬有别，夏喝碧螺春，春秋用香片，冬天饮红茶。穿衣更是老套子。理发，在剪掉辫子后，按季节变发式，“立夏依例推平头”，不管这天多么凉，“立秋依例留分头”，不管那天多么热。但对于新知识、新事物又满有兴趣，如：对天文学，不但读不少书，还在夜晚给子女们指认星座，有日蚀、月蚀出现，他把玻璃片熏黑领着子女观看，并记到日记里。其他如：买汽车，安电灯、电话，穿西服及剪辫子等，都是王公大臣中最早的。对于孩子的家庭生活来说，这样的父亲不是最理想的，但还是不错的。

溥仪的母亲瓜尔佳氏，却是另外一种人。她从小受宠，高傲任性；很会享受，花起钱来连富有的王爷载沣都头痛。溥仪在《我的前半生》中说：“父亲的收入，不算田庄；亲王双俸和什么养廉银每年是五万两，到民国时代的小朝廷还是每年照付。每次俸银到手不久，就被母亲花个精光……花得我祖母对着账房送来的账条叹气流泪”。由于瓜尔佳氏对人严厉，佣人和孩子都怕她。

但父母的性格是刚是柔，都不会给溥仪带来什么不幸。他是醇亲王的长子，嫡出，依例，理所当然是醇亲王的继承人，因此，地位非同一般，而且，他从降生到三岁离开醇亲王府，一直在祖母的抚育下。因为醇亲王府的惯例，头生的孩子过了满月就离开母亲归祖母抚育，第二个孩子由母亲抚育，第三个仍归祖母，第四个仍归母亲……余依此类推。因此，溥仪生下来归祖母刘佳氏抚养。这位祖母对自己的儿孙感情十分深厚，溥仪在她温暖的怀抱中长到三岁，每分钟都是甜美的。这大概是溥仪前半生家庭生活中最最值得玩味的了。他说："祖母是非常疼爱我的。听乳母说过，祖母每夜都要起来一两次，过来看看我，她来的时候连鞋都不穿，怕木底鞋的响声惊动了我。这样看我长到三岁"。

让一个不满三岁儿童离开自己的家，独自到一个陌生的地方去，这种痛苦是溥仪本人和醇亲王府都难以承受的。

醇王府中，载沣最早得知慈禧要溥仪进宫当皇帝的消息。他在光绪三十四年（1908 年）十月二十日的日记中写道：

> "庆王到京，午刻同诣即携溥仪鸾殿面承召见，钦奉懿旨：醇亲王载沣着授为摄政王，钦此。又面承懿旨：醇亲王载沣之子溥仪着在宫内教养，并在上书房读书，钦此。叩辞至再，未邀俞允，即命携之入宫。万分无法，不敢再辞，钦遵于申刻携溥仪入宫。"

这里"叩辞至再"，"万分无法，不敢再辞"，是实在的。载沣本来就没有载漪那么大的政治野心，认为多一事不如少一事，愿当"无事小神仙"。况且，同治，光绪两帝的命运，举朝皆知，把不满三岁幼子送到火坑里去，载沣舍不得，完全在情理之中。他会预料到，儿子当上小傀儡，自己将陷入困境，前景凶多吉少。但他不敢违抗懿旨。十月二十日傍晚，摄政王载沣和军机大臣、内监一起，带着慈禧要溥仪进宫的懿旨回府。

最难以接受这种安排的是溥仪的祖母。他的两个儿子已被慈禧强行过继出去，为此她哭得死去活来，精神受了强烈刺激时有失常。溥仪是她最疼爱的长孙，自降生朝夕不离，突然听说慈禧要溥仪进宫，不等听完慈禧的懿旨，就昏厥过去。溥仪在《我的前半生》中描绘当时的情景：

> “光绪三十四年旧历十月二十日的傍晚，醇王府里发生了一场大混乱。这边老福晋不等听完新就位的摄政王带回来的懿旨，先昏过去了。王府太监和妇差丫头们灌姜汁的灌姜汁，传大夫的传大夫，忙成一团，那边又传过来孩子的哭叫和大人们哄劝声。摄政王手忙脚乱地跑出跑进，一会儿招呼着随他一起来的军机大臣和内监，叫人给孩子穿衣服，这时他忘掉了老福晋正昏迷不醒，一会儿被叫进去看老福晋，又忘掉了军机大臣还等着送未来的皇帝进宫。”

小皇帝溥仪说不出是一种什么心理状态，只是连哭带打地不让内监过来抱他。这是小孩痛苦、不满和反抗的表示。最后还是乳母给溥仪喂奶，哄住了他，帮王爷和大臣收了场，当即军机大臣和摄政王决定，让乳母抱溥仪进了宫。

溥仪到中南海，由内监抱着去见慈禧。那是慈禧死亡的前三天。本来就凶恶的面孔又加上病容。据溥仪说他脑子里留下了由于强烈地刺激造成的一点模糊地记忆：“我记得自己忽然处在许多陌生人中间，在我面前有一个阴森森的帏帐，里面露出一张丑得要命的瘦脸——这就是慈禧。”他立即嚎陶大哭，浑身发抖，慈禧令人拿冰糖葫芦给他，被他摔到地上。慈禧很是不悦。

二

溥仪当皇帝之后，除了是醇亲王载沣之子以外，还是同治帝、光绪帝的儿子。这样，他有三位父亲。当时，这三位父亲有六位妻子健在，后又来了一位。于是他便有了七位母亲。她们是：生母瓜尔佳氏、庶母邓佳氏；同治帝的瑜贵妃赫舍里氏、珣贵妃阿鲁特氏、瑨妃西林觉罗氏；光绪帝的皇后叶赫那拉氏、瑾妃他他拉氏。

溥仪说："我虽然有过这么多的母亲，但并没有得过真正的母爱。"她们都关心他，甚至争先表示这种关心。溥仪入宫之初，慈禧将他交给隆裕教养，瑜贵妃哭着争教养之权，理由是：嗣皇入继穆宗，她应有权教养。瑜贵妃自幼入宫，侍奉慈禧四十余年，知书达理，聪敏伶俐，深受慈禧喜爱。慈禧觉得她说的有理，允许她与隆裕共同负责。因为溥仪是皇帝，他对每位母亲的亲疏，都至关重要，直至决定她们的地位和命运。也因为他是皇帝，并不是她们的儿子，她们也不可能用母亲的情怀对待他。她们对他关怀和期待的目光里没有亲爱、柔和与温暖。溥仪入宫被交给隆裕太后教养，住在长春宫，一直到他七岁那年隆裕去世。之后，名义上他归四太妃养育。

隆裕（1868—1913 年）叶赫那拉氏，慈禧之弟都统桂祥之女。光绪十四年（1888 年）十月初五，慈禧指配光绪帝，翌年正月二十七日立为皇后。她比光绪大三岁。做过慈禧侍从女官的德龄女士，描绘隆裕的风度时，这样写道：

> "在正殿的门口，我们碰着一个女人，穿着和庆王一样的装束，不过在她的珠冠中央多了一只凤。这女子走出来和我们招呼，微笑着和我们握手，态度之自然，就是欧洲的贵妇也不过如此。后来人家告诉我们说这就是皇后，光绪皇帝的妻子。皇后态度温雅有礼，虽然容貌不十分美丽，却使人觉得可爱。"

光绪帝和隆裕皇后的感情淡薄，没有子女。隆裕对溥仪，以清宫太后对皇帝的教养方式常规行事，每餐将自己膳房做的菜送给溥仪。餐后，由一名领班太监向太后禀报："万岁爷进了一碗老米膳（或者白米膳），一个馒头

（或者一个烧饼）和一碗粥。进得香！”不论溥仪吃的是什么，禀报时都是这一套。据说“后与宣统颇疏隔。养侍之事，一以委之按班（即奉派服侍之太监），故颇起居无节，饮食不时，按班常挟水果袋相随，日食水果无数云。”这一点，我们可从溥仪的回忆中得到印证。他说他从小就有胃病，他六岁时一次吃栗子吃多了，此后一个多月时间，隆裕只许他吃糊米粥。他饿得难以忍受，吃过喂鱼的馒头，抢吃过王府送给太后的贡品。曾经暴饮暴食，一次吃过六个春饼，领班太监恐吃这么多消化不良，命两个太监左右提起溥仪的双臂，象打夯似地在砖地上蹾。这些都给溥仪留下了极坏的印象。

隆裕死于民国二年（1913 年）二月二十二日（农历正月十七）。死前心境不佳。皇帝退位是她决定和颁诏的。退位后，情况不像她想象的那么好。她本性节俭，宣统退位后，为了节省开支，裁撤一些宫人太监，“颇遭怨谤”，瑜皇贵妃借机“收拾人心，宫中益恶隆裕。”临终，只溥仪、总管内务府大臣世续及宫女在身边。病危之前对世续说：“孤儿寡母，千古伤心，睹宫宇之荒凉，不知魂归何所。”对溥仪说：你生帝王家，“一事未喻，而国亡、而母死，茫然不知”。我死后，今后的路，“听汝自为”了。

四位太妃接过隆裕那一套毫无情感的模式：给溥仪送菜，领班太监汇报溥仪“进得香！”溥仪则每天早晨到各位太妃面前下跪请安。这时，太监正给太妃梳头，一边梳，太妃一边问：“皇帝歇得好？”“天冷了，要多穿衣服。”“书念到哪儿啦？”等等，有时给一些泥人之类的玩具，最后说一句：“皇帝玩去吧！”这就是每天母子的会面。溥仪说：“我和四位太妃平常很少见面。坐在一起谈谈，像普通人家那样亲热一会儿，根本没有过。”敬懿太妃面部表情严肃，说话总带着教训人的口气，一说起来就没个完。孩子们在她面前很拘束。惠荣和庄和两太妃老实，体弱多病，面带忧伤抑郁的神情，整日念佛。端康讲究吃喝，对人比较开通。但无论他们当中的哪一位，溥仪都没有亲切感。

得到过母爱的人，常回忆起幼年病中母亲的焦虑和爱抚。溥仪的回忆正好相反。他提起生病时太后、太妃们来探望的情景，流露着厌恶情绪，写道：

“我在幼时，一到冷天，经常伤风感冒。这时候，太妃们便分批出现了。每一位来了都是那几句话：‘皇帝好些了？出汗没有？’不过两三分钟，就走了。印象比较深的，倒是那一群跟随来的太监，每次必挤满了我的小卧室。在这几分钟之内，一出一进必使屋里的气流发生一次变化。这位太妃刚走，第二位就来了，又是挤满一屋子。一天之内就四进四出，气流变化四次。好在我的病总是第二天见好，卧室里也就风平浪静。”

隆裕死后，太妃们争着拉拢溥仪，实际是争夺对他的支配和控制权。这些太妃在慈禧、隆裕在世时，本是不得志的。同治帝的三个妃子，在同治帝死后，封闭在宫中，为太后做些针黹等工作，极少同外人接触。其中瑜贵妃有一定的文化教养，长于诗文演奏，向往新知识，但如同被关在鸟笼里一样，只能哀伤厌世，毫无出路。光绪的瑾妃，在光绪二十年，因妹妹珍妃触犯慈禧太后，同降贵人，翌年复封瑾妃。其境遇与同治三妃一样悲惨。倒是清朝倒台后，隆裕不在了，载沣对权力早已失去兴趣时，太妃们打起精神，作威作福，派头越来越大。因为端康被列居首位，她似乎忘了在慈禧和隆裕面前吃的苦头，也忘了妹妹珍妃的惨死，竟模仿慈禧的专横毒辣，打太监，斥王爷，把亲信太监派到溥仪身边，每天向她报告溥仪的言行举动，象慈禧监视光绪一样监视溥仪。溥仪对此异常反感。敬懿的言语举止，也处处仿效慈禧。据太监们回忆，她一个人使用二百六十多个太监，外加一部分宫女。穿衣穿鞋袜，洗漱梳头、吃饭、喝茶、吸烟、散步、沐浴、大小便……全都有人服侍。闷了，让太监们讲故事，学猫狗叫。睡着了，还有两个宫女、六个太监给她守夜，直到天亮。

太妃们都梦想有一天登上“太后”的宝座，争夺溥仪的勾心斗角活动日益增多。四位太妃分为两派，同治的三妃为一派，以敬懿（瑜妃）为首。庄和（珣妃）、荣惠（瑨妃）没有什么手腕，附和敬懿。端康自己一派。敬懿为了笼络溥仪，对溥仪的大总管张谦和借机嘉奖。为了同样的目的，她破例传溥仪的祖母、母亲带着溥杰、韫媖进宫会亲。这倒给了溥仪一次与亲人团聚的机会。

按照清室家法，溥仪入宫当了皇帝，亲生父母退居臣下，不能以父母身份到宫中去见儿子。光绪帝一入宫，便与生母永别。宣统退位，一切祖制家规照常。敬懿敢于破例，固然与进入民国时代有关，不过，还是令人惊奇的。

那是民国五年（1916 年）春天，得到突如其来的入宫会亲通知，又勾起溥仪祖母想念爱孙的心病，她眼圈红了。瓜尔佳氏也一时有些忙乱。他们整整准备两三天，按时入宫，在体元殿向敬懿磕头请安，献贡物。敬懿对他们很和气，赏溥仪祖母、母亲绿玉戒指，赏溥杰兄妹玉佩。然后，到长春宫，溥仪由一群太监簇拥着走来，向祖母、母亲请跪安，“祖母几乎哭出声来，母亲也茫然地呆在那里，溥仪站着也显得很拘促”。溥杰看到“皇上哥哥”竟是一个穿着长袍马褂的小孩子”，根本不是自己想象中的“头戴冠冕、身穿大袖黄袍、五绺长髯的威武形象”，觉得很意外、新奇。溥仪见了自己的亲人“觉得很生疏，一点不觉得亲切”。但他能看出祖母的眼睛总离不开他，“而且好象总是闪着泪光”。而对母亲则是另一种印象，“我见了她的时候，生疏之外更加上几分惧怕”。亲人们住了些时，到各太妃宫中都去请了安。白天，祖母、母亲到敬懿处交谈，溥仪和弟弟妹妹玩耍。他觉得在祖母、母亲跟前玩不自由，把弟弟妹妹带到养心殿。他那时仍住长春宫，白天到养心殿。小兄弟（妹）在一起玩得比较开心，捉迷藏，说笑，同桌吃晚饭。但照例溥杰、韫媖须向溥仪磕头请安。有一次，溥杰袖头露出黄色的衣里，以黄色为皇帝专用，溥仪对其弟严加斥责。这时，同胞间的亲密无间，少年儿童的纯洁天真又被森严的"君臣"关系吞没了。溥杰规规矩矩地站着，韫媖吓得要哭。

由于溥仪的祖母、母亲与敬懿来往，端康不悦，态度冷淡。过了三年，端康也请他们去会亲，而且次数多，招待得更热情，敬懿又流露出醋意，逐渐与他们疏远了。

瓜尔佳氏这根紧张的政治神经，把她那本来就缺少慈爱温和的性格进一步强化起来。她多次进宫，见到溥仪总是板着面孔说："皇上要多看些祖宗的圣训"，"皇上别贪吃，皇上的身子是圣体，皇上要早睡早起……"尽管充满母亲的关心和期望，溥仪还是觉得都是些硬梆梆的官话，听了不舒服。

母亲们没给溥仪留下美好的回忆。还有一位庶母邓佳氏，溥仪没有机会与她在一起生活，更谈不上母爱。

溥仪在母亲众多，又没有母爱的环境中长大。直接照顾他生活的除太监外，还有一位他最尊敬和亲爱的乳母。这位乳母王焦氏，光绪十三年生于直隶河间府任丘县农村，有父、母、哥哥，靠种佃来的地生活，无法维持温饱，遇灾荒经常外出讨饭。十六岁嫁给北京一个姓王的差役，刚生一个儿子，丈夫就死了。她上有公婆，下有幼子，生活陷入绝境。溥仪出生，她入醇王府当乳母，用工钱养活公婆和儿子。第三年，她的儿子因营养不良而死。醇王府为保证她乳汁的质量，封锁了这个不幸的消息。慈禧要溥仪入宫时，溥仪拼命哭闹，死活不去，唯有抱在乳母怀中不哭，只好连同乳母一起接入宫中。她一直用乳汁喂养着宣统皇帝。到他九岁那年，她被太妃赶出宫去。这时，她才发现自己的儿子已经早就离开了人世。

这些，溥仪当时并不知道。他称她二嬷，他和二嬷特别亲，觉得一时一刻也不愿离开她。他特别愿意看她端正的脸上常常浮现着的笑容。她的那颗处处为别人着想的善良的心，给溥仪一种特别的影响。在宫中，只有她的话令溥仪信服。

溥仪对王焦氏的感情胜似四位太妃。王焦氏对待溥仪就像一个慈祥的母亲对待自己的亲生儿女一样。儿时的溥仪只要听说王焦氏来了，便什么都放下，扑到她身上撒娇；玩累了，要够了就找她要“咂儿”吃。如果说溥仪有过母爱的话，那就是乳母王焦氏对他的爱。因此，溥仪也就最听乳母的话，他的恶作剧也只有乳母能够阻止。

有一次，有个会玩木偶戏的太监李长安，给溥仪表演了一场精彩的木偶戏，逗得溥仪大笑不止，喝彩不断。溥仪一高兴，便问李长安想要点什么。李长安诚惶诚恐，急忙趴在地上说：“万岁爷手边的什么都行。”溥仪环视一下身边，看到一盆鸡蛋糕，便说：“我赏你吃块鸡蛋糕吧！”恰巧王焦氏走了过来，她见溥仪从条桌上拿块蛋糕，但不立即给李长安，而是东瞅瞅，西看看地找什么。最后来到练腿功的铁砂袋前，撕开铁砂袋，掏出一些铁砂子，又掰开蛋糕……王焦氏慌忙走到溥仪身旁，在他耳边说：“老爷子！那怎么行？铁砂子放在蛋糕里，那不崩坏他的牙吗？”溥仪则毫不在乎地说：“我要看看他咬蛋糕崩了牙的模样。”王焦氏进一步劝导说：“崩了牙，他以后怎么吃东西呀？老爷子不吃东西能行吗？”溥仪一想，这话也对，但却不能取乐了，便央求说：“我就看这一回，行吗？”王焦氏笑了笑说：“那就换绿豆，咬绿豆也挺逗乐的。”

绿豆救了李长安。李长安咬绿豆蛋糕时故意装出的怪像，果然逗得小皇上哈哈大笑，别的小太监也直乐。而李长安则内心十分感激王焦氏，使他免去了一次灾难。

还有一次，溥仪玩气枪来了兴致，便装上铅弹向太监的窗户打。当时的窗户都是用纸糊的。窗户纸被打出一个个小洞。屋里的太监全吓得趴在炕岸下，一个也不敢站起来，生怕打破了脑袋，而心里却在嘀咕："万岁爷这样打下去，什么时候才算完呢?"不知是谁，搬来了救兵——王焦氏。离得很远，王焦氏便大喊："老爷子，屋里有人哪！往屋里打，这要伤了人哪!"溥仪这才想起了屋里有人，才明白人是会被打伤的，于是收起了气枪。

儿时的溥仪没有人告诉他这些道理。只有乳母王焦氏告诉过他，别人和他同样是人。不但他有牙，别人也有牙；不但他的牙不能咬铁砂，别人也不能咬；不但他要吃饭，别人也要吃饭；别人也有感觉，别人的皮肉被铅弹打了同样会痛。这些用不着讲的常识，溥仪是不容易想到的。只有乳母朴素的言语，才使溥仪想到过别人同他一样是人的道理。溥仪后来回忆说：如果九岁以前我还能从乳母的教养中懂得点"人性"的话，那么这点"人性"在九岁以后也逐渐丧尽了。

溥仪九岁时，太妃们将王焦氏赶出了皇宫。溥仪大哭大闹，"我宁愿不要太妃，也要嬷嬷!"

第二章　载沣摄政

一

溥仪当了三年多皇帝，按今日入学年龄算，还只是一个学龄前儿童，当然不能亲政。代掌皇权的是他的父亲醇亲王载沣。慈禧为了让载沣替儿子掌权，任命他为监国摄政王。

摄政王载沣监国期间，清王朝权力不集中。载沣力不胜任，更不可能是一个铁腕人物；统治集团派系林立，干政者、擅权者、另起炉灶者，均有相当能量。至于这个王朝的最后几个月，大权完全旁落于袁世凯之手。载沣一方面吃力地代儿子主持国政；一方面软弱地应付着争权夺利斗争。

关于载沣被任命为监国摄政王之事，慈禧事先与张之洞商量过。据《国闻备乘》载：

“孝钦病危，张之洞请定大计，孝钦颔之。翌日，出奕劻勘易州陵工，密召世续及之洞入内，偷以立今上为穆宗嗣。今上，醇亲王载沣子也，生四年矣，视德宗嗣位时龄尤弱。国难方殷，连三世临以幼主。世续、之洞恐皇后再出垂帘，因合词奏曰：国有长君，社稷之福，不如径立载沣。孝钦戚然曰：‘卿言诚是，然不为穆宗立后，终无以对死者。今立溥仪，仍令载沣主持国政，是公义私情两无所憾也。’之洞曰：‘然则宜正其名。’孝钦曰：‘古有之乎?’之洞曰：‘前明有监国之号，国初有摄政王之名，皆可援以为例。’孝钦曰：‘善，可两用之。’”

策遂定。光绪三十四年（1908年）十月二十日，慈禧命载沣为摄政王。二十一日懿旨：“嗣皇帝尚在冲龄，正宜专心兴学，着摄政王载沣为监国。”二十二日，宣统帝奉慈禧懿旨：“特命摄政王为监国。”

多尔衮摄政而不监国。载沣既为摄政王，并为监国。论者以为“今体制较昔尤尊严也。”然而，在清朝末年皇权遭到严重抑制的情况下，代行皇权的监国、摄政王，当然也不能不受到同类限制和干预。十月二十一日，慈禧任命载沣为监国摄政王时，以为自己还能继续活在世上，故规定：“着摄政王载沣为监国，所有军国政事，悉秉承予之训示，裁度施行”。如此，载沣权力不是至高，不过是把慈禧决定了的事情付诸实施，充其量相当于内阁总理。第二天，慈禧病势危笃，自知回天无术，“恐将不起”，又令“嗣后军国政事，均由摄政王裁定，遇有重大事件，必须请皇太后懿旨者，由摄政王随时面请施行。”一日之间，载沣的权力突然增大到可以“裁定”一切军国政事的程度，但遇有重大事件，仍要面请皇太后隆裕。这是慈禧留给她侄女的一份权力。慈禧死后，十月二十七日，用宣统帝谕旨解释慈禧的懿旨，进一步明确监国摄政王的职权：

“本月二十二日，钦奉大行太皇太后懿旨，军国政事，均由监国摄政王裁定。是即代朕主持国政，黜陟赏罚，悉听监国摄政王裁度施行。自朕以下，均应恪遵遗命，一体服从。”

关于监国摄政王代皇帝主持朝政的体制和礼节，参照周朝和清初多尔衮摄政的办法，于光绪三十四年（1908年）十一月二十日制订了十六条：

1. 告庙。“监国摄政，典礼崇隆，应请谕旨，择期派员告祭太庙。并由摄政王于大行太皇太后几筵前，祗领监国摄政王册宝、册文，应恭录十月二十日、二十二日，两次大行太皇太后懿旨。”

2. 诏旨。“军国政事及黜陟赏罚，悉由监国摄政王裁定，仍以谕旨宣示施行。凡重大事件，有必须请皇太后懿旨者，由监国摄政王面请施行，他人不得擅请、擅传。”

3. 称号。“监国摄政王在皇太后前称臣，行臣礼。谕旨内称监国摄政王时，不书名。监国摄政王称皇上，曰皇帝。王对众自称，曰本摄政王”。“贝勒以下文武大小臣工，皆称摄政王。”

4. 代行祀典。“皇上未亲政之前，所有坛庙大祀，及现在丧祭，均由监国摄政王代诣行礼。”

5. 军权。“皇上有统率全国海陆军之权。凡宪法纲要内所定皇上大权关系军事者，即属之于摄政王。其京外旗绿各营、海陆各军，应归摄政王节制、调遣。”

6. 典学。“皇上典学时，学业及师傅勤惰，均应由监国摄政王考察照料。”

7. 朝会班次。“凡遇皇上升殿受贺，及万寿圣节，监国摄政王皆不与列，在宫中行家人礼。如遇皇太后庆贺大典，监国摄政王另班行礼，毋庸随班。王公百官于朝贺后，分班诣监国摄政王前致贺。”

8. 朝见坐位。“拟请于养心殿中设御座，并设案，东侧设监国摄政王座，座前亦设案。王公百官遇有应行跪安、谢恩各礼节，皆向御座恭行。每日召见王公百官，该员先向中设御座跪安，起，入东暖阁启对。”“王公百官遇有升赏之事，仍照旧制，具摺恭谢皇上天恩，毋庸向摄政王叩谢。”

9. 钤章署名。“凡有谕旨，均请摄政王钤章，由军机大臣署名，然后遵奉施行。至摄政王如有面奉之懿旨，一并由王署衔钤章，军机大臣仍均署名。”

10. 文牍款式。“凡臣工章奏，仍书皇上圣鉴字样”；

11. 代临议院。“议院成立时，监国摄政王应代行莅会之礼。”“资政院开院时，亦由监国摄政王代行莅院。”

12. 外交。“凡与各国订约遣使，均由监国摄政王主持。”

13. 舆服护卫。“监国摄政王于乾清门外升舆降舆”。其舆服、护卫、从官，比照多尔衮摄政时体制。

14. 用度经费。“摄政王用度经费，每年由度支部拨银十五万两，交内务府支应。”

15. 邸第。“拟请于中海迤西集灵囿地方，建监国摄政王府第。另于东华门内三所，为监国摄政王随时起居休息之所。”

16. 复政。“候皇上年长学成，届举行大婚典礼时，大小臣工集议，合词陈请皇上亲裁大政。”

以上各条，经内阁、部院各衙门会议具奏，并由监国摄政王呈请皇太后御览，最后以皇帝名义降谕：“应照所议办理，着各该衙门一体遵行。”

上述十六条，是慈禧十月二十二日懿旨的具体发挥。它一方面赋予监国摄政王裁定军国大政之权力；另一方面仍保留皇太后干政的权力。在这种情况下，如果载沣是一位象多尔衮那样精明强干、勇于进取之人，仍会排除干扰，有所作为。然而，他既没有多尔衮那样的雄心，又不具备掌理朝政的才能，遇事没有主意，优柔寡断。莅任后，每天到乾清宫听政，章奏亲自批阅，颇勤奋。召见臣工并赐坐，“与四军机同席议事，一切不敢自专”，谨慎谦逊。但处理朝政，往往不得要领，“有入觐者，常坐对无言”；有请示机宜者，“嗫嚅不能主断”；有进言者，分不清是非曲直，或竟采纳，或“似颇许可，旋复茫然如无闻焉。”出使德国的李经迈，赴任前向监国摄政王请示，他既没有做出象样的指示，也不了解一下对方的打算，只说了三句与派遣使者这种重要事项不相关的话："你哪天来的?""你哪天走?""好好，好好地干，下去吧!"东三省总督锡良、湖广总督瑞澂，"以疆事"同时入见，载沣只"寻常劳慰"。瑞澂欲有所陈，载沣说："汝疾病尚未愈乎?"'除了问病情如何外，别无他言。出使日本的大臣汪大燮，报告日本阴谋，情绪激昂，但载沣"默无语"，并以时间提示汪大燮，"已十钟矣"，麾之退。

宣统朝，大清帝国早已衰落，呈现一派暮日景象。载沣面临的问题，纷乱如麻，他一个也解决不了。

外患，各帝国主义继续在中国瓜分掠夺。东北三省，"久成日俄分据之势"，近"大局益危"，"蔑视中国主权"，视东北"若己国领土"。英、美、法、德等国亦不示弱，铁路、矿山、关税……均其掠夺对象。本国国力贫弱，受各国歧视，国外华侨受害，屡屡告急。清廷在帝国主义面前奴颜媚骨，一让再让。

各地人民反抗清朝统治的斗争，此伏彼起，载沣一味下令镇压，结果，越压反抗越甚。

政治腐败，朝廷内部派系林立，你争我夺；官员结党营私；自上而下，贪污受贿成风。不重公事重交结，下级对上级，揣摸意图，投其所好。载沣夫人瓜尔佳氏爱钻戒，竟出现在某大臣的情报函件上。举报官场此类恶风的奏折接连不断，不见朝廷的果断措施。御史胡思敬奏：两广总督袁树勋，在湘潭侵吞捐款"二三十万"；任上海道，以官款放债，盘剥私利，岁获"七八十万"；在五大臣出洋经费内买镑汇兑，吞没"数万"；及升任山东，临行在善后快径提"十八万"；初在广东，扬言禁赌、得赌商贿"三十万"，因以全省盐务交赌商包办，事成许再酬"二百万"。御史饶芝祥奏：袁树勋设门丁，属僚晋见，"未纳门包"者，"逾日不面"；犹任用私人，虚报业绩。两御史均要求查办。载沣派人查的结果是："贪黩营私并无实迹"，袁树勋已开缺，

“从宽免议”。胡思敬并请载沣之兄载泽作证。载沣说：“既确有此事，则不必交查可矣。”意思可直接议处。但并不查办，袁仍署两广总督，逍遥法外。胡思敬又劾奏两江总督端方侵吞赈款、公行贿赂、营私、纵匪殃民、抗谕旨、枉法、欺蒙、冒案滥保、挟娼淫宴等十罪二十四款。载沣交两广总督张人骏查复。不久，调端方任直隶总督兼北洋大臣；张人骏为两江总督兼南洋大臣。安葬慈禧时，端方派人沿途照相；焚化冠服时，端方乘舆“横冲神路而过，又于风水墙内借行树为电杆”。由于冒犯了“老佛爷”，才予革职。对端方被参之事，载沣代皇帝谕内阁说，其“尚无罔利行私实迹”，所以两年后又重新起用。

载沣对手下官员贪劣行为容忍，也许有难言之苦衷。俗话说：正人先正己。他的夫人瓜尔佳氏不本分，经常介入政事，外界有“鬻爵纳贿”之说。六弟载洵，宣统元年（1909年）赴欧洲考察各国海军事务，回来“造筑西式楼一座，共需十余万金”。款从何来？自家不干净又怎能限制别人？

赌博、吸毒两大公害，流行于朝廷内外、城市乡村。三令五申，禁吸、禁种、禁运鸦片，禁止赌博，均不能止。陕西一地种烟约在五十三万亩，至宣统元年减种二十万亩，尚有三十三万亩。广东“无贫、无富、无老、无少，群陷溺于赌博之中，荡产倾家，强壮者散为贼盗，老弱者流为饿莩”。京师各衙门禁烟，虚报蒙混，“前后册报不符者，共有数百余员”。

财政更是一大难题。国库空空，生财无道，而河工、筑路、宪政、军需、救济华侨、地方拨款、赈灾……都向中央要钱。唯有举借外债，至宣统二年（1910年）借外款“合之庚子赔款”，“已达十万万之数”。

载沣监国时期的施政纲领，如初期抓军权，用皇族，抵制行宪，镇压革命等等，收效甚微。

载沣当政三年，内外交困，一筹莫展。

二

载沣整军经武，先着手创建皇族武装禁卫军。光绪三十四年（1908 年）十二月初三下诏：禁卫军专归监国摄政王统辖调遣，命郡王衔贝勒载涛、贝勒毓朗和陆军部尚书铁良，为专司训练禁卫军大臣。后因铁良筹办海军，开去此职，续派载搜为训练大臣。规定所有练兵规划等奏请事件，均径行封奏密陈，硃批特准发下，始行录咨陆军部备案，与近畿六镇不同。宣统元年（1909 年）正月，训练处开始办公。按编制，禁卫军分步、骑、炮、工、辎重，及警察队。翌年二月，载涛奉命出洋考察陆军，学习外国建军经验，并在德国延揽留德学生锦铨（改名张铨）回国任教练。至宣统三年（1911 年）七月二十四日，成立禁卫军两协，监国摄政王亲往德胜门外黄寺教场校阅并亲授标旗。不久，武昌起义爆发，陆军编成三个军，禁卫军与一部分陆军编入第三军，由载涛督率，驻守近畿。

在创建禁卫军同时，清廷于宣统元年（1909 年），重提振兴海陆军之议，于是年正月二十九日，命肃亲王善耆、镇国公载泽、尚书铁良、提督萨镇冰等筹办海军基础。五月二十八日，任命郡王衔贝勒载洵、提督萨镇冰为筹办海军大臣。成立海军筹办事务处。度支部筹拨开办费七百万两。先将南北洋舰队归并统一，以程璧光为巡洋舰队统领，沈寿堃为长江舰队统领，辟象山为海军军港。同年八月，载洵、萨镇冰带随员等乘轮先赴欧洲各国考察海军，并选派廖景方、曾以鼎等往英国学习海军，又派马德骥、伍大名等赴英学习造船。载洵、萨镇冰等先后到意大利、奥国、德国、英国等考察海军。宣统二年（1910 年）七月，载洵与萨镇冰等又到美国、日本考察海军，十一月返国。十一月初三，清政府成立海军部，载洵任海军大臣，谭学衡为副大臣。在国外考察期间，向各国订造舰艇：鲸波、龙湍、同安、建康、豫章、江鲲、江犀、肇和、应瑞、飞鸿、永丰、永翔等。

光绪三十三年（1907 年）八月十六日，清政府决定全国陆军建新军三十六镇。宣统朝继续，并在军费上予以保证，下令不许挪用。但直到武昌起义前，全国只编成十四个镇，十八个混成协，四个标及前述禁卫军。总计新军共约十三万一千八百余人，其中北洋六镇兵力有七万四千五百余人。

载沣整军经武，竭力把军权集中于朝廷，由皇族掌握。开缺袁世凯，固然有戊戌年旧账；而削其军权更是不可忽视的因素。为了集中军权，采取了一些措施：

从前各省督抚均兼陆军部尚书、侍郎，对于新旧军队，在名义上都是直辖长官。载沣为把各省兵权收归中央，在中央进行了官制改革，将此项兼衔一律取消，各省督抚指挥调遣陆军，须先电达军谘府。

在中央，由他和他的亲兄弟、皇族其他成员担任最高和重要军事职务，掌军事大权。光绪三十四年（1908 年）十一月二十日制订的监国摄政王体制礼节“十六条”中，明文规定，摄政王代皇帝掌握军权，统率全国海陆军；凡宪法纲要属皇帝军事大权，皆归摄政王；京外旗绿各营、海陆各军，均归摄政王节制调遣。创办禁卫军时，明定禁卫军专归监国摄政王统辖调遣。宣统元年五月二十八日，据宪法大纲，下诏宣示：皇帝为大清帝国统率陆海军大元帅，监国摄政王代理大元帅一切权任事宜；设军谘处赞佐，通筹全国陆海各军事宜。凡关涉国防用兵一切命令、计划，由该处拟案奏请，由皇帝亲裁之后，饬下陆海军部遵办。贝勒毓朗管理军谘处事务，六弟载洵掌海军，七弟载涛掌禁卫军，并管理军谘处事务。宣统三年（1911 年）四月初十，军谘处改为军谘府，载涛、毓朗为军谘大臣。

军谘府是秉承诏命，襄赞军谋的军事总参谋机构。其特定奏事章程为：奏事均面奏，或用奏片，不具正折；所奏之事，以军机、军令为限；军务报告，均由“督师大臣”会同“军谘大臣”奏报；奏事均不登报。张之洞曾以亲贵独揽军国大权“固争以为不可，监国不纳”。

除此之外，还任用一些留学生等懂现代军事的人物，力图代替袁世凯的北洋势力。如：以留德的廕昌为陆军部尚书；以留日士官生良弼为禁卫军第一协统领兼镶白旗都统，使之参与清廷改军制、练新军、建军校等事；以熟悉海军的萨镇冰为筹办海军大臣，授海军副都统，并赏海军正都统衔。还不断选派留学生出国学军事。

“整军经武”的愿望不无道理，但它没有能挽救清王朝的败亡命运。禁卫军的创建成绩较佳，但袁氏内阁成立后，皇族解除兵柄，摄政王退位，军权随之解除。宣统三年（1911年）十月十九日，将禁卫军两协单独编成一军，派袁世凯心腹冯国璋任总统官，载涛交代工作离任。新建陆军中，除了禁卫军外，北洋六镇是主力，其他新军仿北洋六镇之制，是六镇的扩大，故伴随新军的增编，袁世凯的势力不断发展。而且，未如数建成预计的三十六镇。海军尚未见成效，向各国订造的舰艇，民国初年才交货，均为北洋政府接收。建军的这些成果，在关键时刻被袁世凯窃取，成为胁迫清朝和革命党的资本。

三

宣统朝统治集团内部的派系很多。胡思敬在《国闻备乘》中，将亲贵归结为八党：1. 载洵总持海军，兼办陵工，与毓朗合为一党；2. 载涛统军谘府，侵夺陆军部权，收用良弼等为一党；3. 肃亲王好结纳勾通报馆，据民政部，领天下警政为一党；4. 宣宗长曾孙溥伦，阴结议员为一党；

5. 隆裕以母后之尊，宠任太监张兰德为一党；6. 载泽为隆裕妹夫，掌度支部，握财政全权，创设监理财政官盐务处为一党；7. 监国福晋瓜尔佳氏，联络母族为一党；8. 庆邸别树一帜。故政出多门，互相掣肘。上述皇族内部各派多权利之争，主要不是政见分歧。载沣无力统一或驾驭各派，多采取退让之策，只在万不得已时方与之争。

这之中，隆裕与众不同，她在宣统朝是“兼祧母后”，尊为皇太后。依慈禧懿旨监国摄政王代掌国政时，遇有大事须请示皇太后。摄政王在她面前须称臣。隆裕的才智与其姑母慈禧不能相比，却总想仿效慈禧进行“听政”、“训政”。因摄政王监国之制与其想象不合，权力欲未能满足，即往往与载沣为难。其人既庸碌无识，又不甘寂寞，常无端干涉朝政。

隆裕无才，又要干政，必受制于人。众所周知，太监张兰德绰号小德张，是隆裕的心腹，经常为之出谋划策。

张兰德，河北人，先后在慈禧、隆裕宫中当太监，由小太监一年年爬上大总管地位，属上层太监。人虽残缺不整，生活之豪华却不亚于帝王主子。又狗仗人势，媚上压下，有些朝廷官员对其亦有所求。光宣两朝，大总管每月公开列出名目的是饭银一百两。吃山珍海味，穿绸缎狐裘，由太监多人侍候，滥施淫威。张兰德作为隆裕的大总管，和隆裕吃一个灶，每餐和隆裕一样，菜四十品。役使太监二十七人，生活奢侈有余。在原籍静海县置地十余顷，在南苑置地数十顷。在天津英租界置楼房十二座，模仿故宫御花园养性斋的样式，在北京永康胡同建筑一所宏伟的大宅第。另外，在北京前门外鲜鱼口、北沟沿开设永庆、永存两个当铺，资金达十万多两；与人合伙在北京大栅栏开设祥益绸缎庄，资金总共二十万两，他占十四万两。还在天津开设粮店及其他大小买卖。“据当时的估计，他约有二千万元的财产”。他有四个老婆，过继的儿子也娶三房女人。

大太监掌握一般太监的升迁、调补和责罚的特权。小德张对普通太监非常狠毒，责打致残、致死，毫不在乎。为了逢迎主子欢心，挑选四、五十名小太监学戏，这些小太监时常被打得皮青肉紫，直至腰断骨折。“首领太监一天到晚，除了在主子面前献殷勤，讨主子的欢心，是没有什么具体的事做的。闲下来的时候，戏弄哈叭狗儿，找下边人陪着他们玩骨牌、说笑话；再不，就是琢磨怎样同别人争宠，要弄别人；计算买房子买地，开买卖赚钱；同当朝的文武大员怎样勾打连环，舞权弄势；或者无原由地责打手下人取乐。”

小德张利用隆裕的大太监地位之便，交结王公大臣，互相利用。他与张勋是换帖兄弟，和西北马福祥是把兄弟，和袁世凯更不一般。与袁的一位姓李的管家换了兰谱，李从事张袁间的联络，袁逼宫即利用这一线索。与袁的儿子是换谱兄弟。抱着“广交结，多受益”的宗旨，各省大员到京觐见，只要对他有表示就帮忙。回过头来，他又以见多识广，社会联系广泛而挟制隆裕。

隆裕对小德张言听计从。生活方面，隆裕也要听小德张摆布。他说“太后应忌生冷”，隆裕便不吃生冷；他说“太后得多遛一遛”，隆裕外出便不敢坐轿，有时累得满头大汗；他说“太后宜少食”，隆裕便不敢吃饱；他让太后多吃，隆裕不饿也勉强加餐。他说买什么，就买什么；说建什么，就建什么。“水晶宫殿”便是他怂恿隆裕修的，他从这项工程中发了一笔大财。

隆裕性本节俭，尊为太后之后，追求排场、豪华。宣统三年（1909 年），听信小德张主意，命度支部拨巨款，在皇宫大内御花园东兴修水殿，“四围浚池，引玉泉山水环绕之，殿上窗棂承尘金铺，无不嵌以玻璃”。隆裕自题扁额曰“灵沼轩”，俗称水晶宫，作为新的娱乐场所。时值“国服”期间，依清代制度，不得兴修宫殿；又正兴建海陆新军，用费颇巨，国库已不胜负担，“水晶宫”之建尤为不当。隆裕心无大局，载沣虽反对，不敢多言，只得听之任之。

宣统二年（1910 年）七月十三日，载沣委任协办大学士徐世昌、贝勒毓朗为军机大臣。隆裕迫令载沣撤此二人军机大臣职。载沣为人本极谦和，在太后面前更要让步几分，婉言请稍从缓，隆裕仍以言语相逼。载沣只得申明职责所系，“以太后不应干预用人行政之权为对”，才得以维持原议。“其对载沣无理取闹，颇多类此”。

辛亥革命起，袁世凯重新出山，阴谋夺取最高统治权。利用小德张为内线，左右隆裕。袁氏主持内阁，以监国摄政王为障碍，欲去之。小德张引袁见太后，并备膳，“袁脱手万金”。“小德张大喜过望”，以为事成“富贵何可限量”，故劝太后采纳袁世凯意见，“撤监国而复训政”。隆裕以为只是把政权从载沣手中移到袁世凯手中而已，于是依袁世凯要求，撤了监国摄政王。载沣立即退回醇王府。

袁世凯逼隆裕宣布皇帝退位、拥护共和时，小德张随时观测隆裕动态，威胁利诱。说袁世凯如何忠心，各省独立，军饷无着，若不同意民军要求实行共和，太后性命难保；倘让位，则有优待，可安居宫闱长享尊荣富贵等等。隆裕根本不懂什么是共和，什么是君主立宪，只想保命、保优待条件。她亲手签署了宣统的退位诏书，让袁世凯组织临时政府，却等着袁世凯向她请示工作。有人告诉她，不会有人奏报请旨了，她才知大势已去，不胜哀伤。由此可知，她连保留皇帝尊号是什么意思也不明白。而此时载沣谨言慎行，静候尘埃落地。

内有糊涂太后，外有狡诈的袁世凯，载沣很伤脑筋。从载沣上台一天起，就面对着一个对清朝构成严重威胁的袁世凯。在光绪末年，袁世凯身为军机大臣、外务部尚书，对戊戌出卖光绪帝的那段历史的严重后果有所考虑，曾想取得外国支持，巩固自己的地位。光绪病重，他也曾在嗣君问题上想过办法。慈禧临终安排皇位继承人时，没找他商量，而且有意避开他和庆亲王、军机大臣奕劻，密召另外两位军机大臣世续和张之洞入内，才得以议定立溥仪为嗣帝，载沣为监国摄政王。“袁世凯不预定策之功，自知失势，伪称足疾，两人扶掖入朝。”但袁世凯毕竟是有军事实力的人物。通过编练新军，他掌握了北洋六镇新军，这是他最重要的资本，也是他政治野心的基础和支柱。袁世凯不仅掌握军权，而且插手交通、商务、矿务、金融、外交等部门，并控制了直隶、山东、河南、苏北等地盘。在他经营的这些领域里，以他为中心，结合了一批文武官员，形成清末统治阶级中最强有力的派系——北洋集团。而且所据位置重要，近畿陆军将领及几省督抚，均为袁所提拔，或与袁勾结甚密。其动态对清廷影响非同寻常。袁是汉官，但在满洲贵族中有靠山。这个靠山便是庆亲王奕劻。

奕劻（1838—1917 年）乾隆帝第十七子永璘孙，属皇室远支，但光绪三十四年（1908 年）十一月，以亲王世袭罔替，成了清朝获得世袭罔替封号的少数亲王之一，为同治以来皇室远支所独有，享有特殊的恩宠。他在相当长的时间里负责对外事务，在同洋人议和中保全过慈禧，因而有“功”。光绪二十九年（1903 年）入值军机处，继荣禄后成为最有实权的领班军机大臣。三十三年（1907 年）兼管陆军部事务。此人昏庸无道，是有名的大贪官。袁世凯因得罪光绪帝，“乃结庆亲王奕劻为奥援，排斥异己，遍树私人，包藏祸心，觊觎非望”，与其长子载振“结拜弟兄”，并投其所好，“拿金钱喂饱”他，而他也就“完全听袁支配”，实际朝政“皆袁世凯言之，奕劻行之”。此二人勾结，政权、军权在握，不可一世。朝廷内外以得罪庆邸、项城为惧，“如得罪二公，恐不可收拾。”

袁世凯的野心不断发展，在清廷“预备立宪”中，相当活跃和积极。他建议派王公大臣出国考察政治，并筹集款项予以资助。端方出国前，多次到天津与袁筹商；回国后，先与袁商量，决定促朝廷宣布立宪和设立责任内阁。“总之，袁则非立宪不可，曾言‘官可不做，宪法不能不立’。”这当然不是袁世凯对西方立宪政治真正热心，而是想通过立宪夺取清廷大权。

即使慈禧不死，袁世凯亦已构成了对清朝统治的巨大威胁。早在他编练新军，扩编北洋六镇，掌握重要兵柄时，慈禧就注意到他，而于光绪三十三年（1907 年）用明升暗降办法，将其调中央任军机大臣，慈禧“心焉忌之”，“名为优礼，实为监视，同时即夺其兵”。慈禧立宣统帝，事先不让袁世凯与闻，与此也不无关系。载沣完全了解袁世凯的情况，“他感到，即使没有光绪帝往日仇恨，自己这个监国摄政亦必大权旁落，徒拥虚名。”

不论如何，载沣降谕罢免袁世凯势在必行。肃亲王善耆、镇国公载泽向载沣进言，促其早除祸患。载沣用蓝笔（大丧百日之内不动朱笔）写好谕旨，拟将袁世凯革职拿交法部治罪。但给奕劻看后，奕劻说：“此事关系重大，请王爷再加审度。”他与张之洞商量，张之洞则说：“主少国疑，不可轻于诛戮大臣。”因谕旨须军机大臣副署，既然军机大臣有异议，载沣只得另拟谕旨，最后改成：“开缺回籍养疴。”于光绪三十四年（1908 年）十二月十一日，以袁世凯“现患足疾，步履维艰，难胜职任”为名，谕令：“着即开缺，回籍养疴，以示体恤之圣意。”

袁世凯虽去职，回河南彰德洹上村，戴笠垂钓，形似清闲，但仍伺机而动，并通过他的朝中党羽，暗中操纵朝政。为时不到三年，借辛亥革命后清廷危难之机卷土重来，逼皇室交权给他。故人们责怪载沣手软，“纵虎归山，养痈成患”。

袁世凯开缺，朝中的奕劻既不能轻易免职，又不堪信任。载沣根据其兄弟、孙儿们的建议，把奕劻亲信之军机大臣、陆军部尚书铁良开缺，派为江宁将军。然而，奕劻的能量仍很大，宣统元年任军机大臣的那桐、次年任军机大臣的徐世昌，均与奕劻沆瀣一气。奕劻与那桐都是大贪官，故有“庆那公司”之称。后奕劻出任皇族内阁总理大臣，徐、那为协理大臣，操用人行政大权。用他们手中的权力，继续安插袁世凯之人。所以，袁世凯、奕劻一派，始终是宣统朝内部的隐患。辛亥革命爆发后，他们乘机采取攻势，载沣就向他们投降了。

至于载沣的同曾祖大哥载泽、同胞兄弟载涛和载洵，及乾隆后代孙儿辈毓朗等，在与袁世凯、奕劻一派的斗争中，因有共同利益，故一致维护清室权力，帮助载沣。载沣对他们也比较信任、忍让。载泽大哥有经验，经常给他出主意。他命大哥掌度支部、管财政，也比较放手。载泽与盛宣怀主持商办铁路干线国有，载沣支持。他的两位亲兄弟，依仗母亲——老醇亲王福晋之势，“肆意要求，监国不能制也。”“从中总机关尚在八姑奶奶”（载沣福晋瓜尔佳氏），“两介弟结好于八姑，而能使其乃兄之言听计从。”载洵要管海军，载涛要管军谘府，都如愿以偿，载沣亦视之为膀臂。

皇太极第十代后裔肃亲王善耆略有不同，宣统元年任民政部尚书，并与毓朗、载泽、载洵、载涛等主持建军，参与军民两政。他对奕劻的腐败固然不肯同流，与袁世凯不共戴天，对载涛一派也貌合神离，因而独树一帜，与立宪派、革命党联系较多，对立宪主张表示热心。载沣不愿立宪，恐立宪后由内阁对国会负责，架空皇帝。宣统三年（1911 年），各省谘议局代表孙洪伊等联合提请提前立宪，载沣震怒，各衙门大员对孙等避不敢见，而善耆却在民政部大堂迎见各代表，谈话中流露出他对立宪赞成之意。善耆并不赞成革命，但对革命党宽容，以缓和关系。汪精卫、黄复生图谋炸载沣被捕入狱，善耆为使之免死，得优遇和释放，均甚出力。同盟会员白逾桓与景定成所办《国风日报》，鼓吹革命，揭露清政府官吏丑恶，未被查封，因京师巡警厅属民政部管，不经善耆同意，不敢封闭报馆。载沣有察觉，虽令其参与建军，而不给予军权。宣统三年，又免其民政部大臣职。

还有一位恭亲王奕䜣的孙子溥伟，袭恭亲王爵，为溥字辈年长者，在内廷行走，人亦精明能干。庚子废大阿哥溥儁时，即有继统之望。光绪病重，溥伟跃跃欲试，以为自己最有希望继承皇位，在宫内一夜未出，等候立嗣消息。慈禧决定立三岁的溥仪，由载沣摄政。她知道溥伟有能力，故当载沣“叩头力辞”时，责骂之余，又提醒说：如果觉得力不胜任“溥伟最亲，可引以为助。”溥伟闻之很高兴。但遗诏中未写此事，溥伟为此大骂张之洞等军机大臣，要求修改遗诏。后又搅闹内务府工作。载沣有些恐慌，与奕劻入见隆裕。随后，以隆裕懿旨，严肃宫禁，除值班外，任何人不得在内住宿；又以宣统帝谕旨，令监国摄政王“代朕主持国政”，“自朕以下，均应恪遵遗命，一体服从，懿亲宗族，尤应懔守国法，矜式群僚。嗣后王公百官，倘有观望玩违及越礼犯分，变更典章，淆乱国是各情事，定即治以国法，断不能优容姑息。”这两道命令都是针对溥伟的。对溥伟，载沣不予重任，只派为禁烟大臣。

总之，载沣在派系斗争中，心中有数，但措施欠果断；内外有别，对皇族亲贵容忍多于限制，军政中枢机关尽力安插；去袁决心虽大，但办法和力量不足；对袁的同谋及内线奕劻，明知其拉帮结伙，图谋不轨，一直不敢触动，也无力解决，甚至御史奏报，不但不予鼓励，反而喝斥其不实，掩耳盗铃，姑息养奸。

第三章　虚假宪政

一

清代以皇权为核心的封建专制主义政治制度，在宣统朝以前，军机处已成为定制，作为皇帝私人机构与内阁并存，权超内阁。

与此同时，鸦片战争后，随着中国社会性质的变化，并受社会矛盾尖锐化趋向的制约，清朝政治制度在发生变化。筹备立宪是其中重大者。筹备立宪始于光绪朝，大部活动与斗争出现在宣统朝。国会未召开，而成立资政院以为过渡；宪法未制定而继宪法大纲后又颁布了宪法重大信条；以皇族内阁取代了旧日军机处和内阁；地方制度沿袭前朝所设谘议局，并继续筹办地方自治。

载沣和皇族中其他掌权人，对筹备立宪本不欲为，又不能不为；一心抵制，又佯作热心。因此，每走一步，都不能不暴露出其虚伪性、欺骗性，从而引起更多、更激烈的反对与攻击。

晚清统治呈现空前严重危机，要改良者，要革命者，要造反者均群起而应。清政府除了镇压而外，不能不略施权宜之计。光绪二十四年（1898 年），以慈禧为首的顽固派绞杀了维新运动之后，二十六年（1900 年）又煞有介事地举办起“新政”，成立专门机构督办政务处，以庆亲王奕劻、大学士李鸿章、荣禄、昆冈、王文韶，户部尚书鹿传霖为督办政务大臣，刘坤一、张之洞遥为参预大臣，主持新政工作。“新政”的主要内容可分三类：

第一类，为外事。根据帝国主义要求，于光绪二十七年（1901年），将总理各国事务衙门改为外务部。“班列六部之前”。奕劻为总理大臣。

第二类，为军警。为了巩固统治，镇压人民反抗和革命斗争，于光绪三十一年（1905年）成立巡警部，作为管理京师地方警察和全国警政的最高公安机构。

光绪二十九年（1903年）成立练兵处，为与编练新军相适应而新设立的总揽全国军政的机构。次年，任命奕劻为练兵总理大臣，袁世凯为练兵会办大臣，铁良为练兵襄办大臣。实权落入袁氏手中。

第三类，为财经文教。为发展实业，奖励工商，并适应帝国主义向华资本输出的形势，于光绪二十九年（1903年），将戊戌变法期间设立的矿务铁路总局合并而设立商部。载振任尚书。聘请张謇等有雄厚势力的实业界人士为顾问。

因科举停止，各省兴办学堂，须有总汇之区，以资统率，故光绪三十一年（1905年）设立学部。国子监事务，归并学部。荣庆为尚书。

为统一财政，解救财政危机，光绪三十年（1904年）成立财政处。奕劻主持其事。

此类“新政”，有的有一定进步性。

此外，光绪二十八年（1902年）裁撤詹事府、通政使司等机构。

总之，“新政”，在不改变封建君主专制的政治制度的前提下，对机构、制度做些调整。调整的基本精神是适应帝国主义打开中国大门后，中国社会及中外关系所发生的变化，为加强清朝统治，而学习外国的某些措施。推行的“新政”对中国来说是新的，但它所反映的是中国半殖民地化；推行的结果，使封建清王朝的统治进一步买办化，并非真正意义上的革新。问题不能解决，因而在“新政”的一番鼓噪之后，又有预备立宪出笼。

光绪三十二年（1906年）七月十三日，清政府正式发布“预备立宪”之谕旨：“仿行宪政，大权统于朝廷，庶政公诸舆论，以立国家万年有道之基。”

总之，清廷“预备立宪”实出于不得已，因而一方面尽力从中寻找有利于巩固皇权的措施，以大权统于朝廷，庶政公诸舆论为预备立宪宗旨；一方面有意拖延，缓慢办理，相机行事。

载沣摄政后，本心对立宪抵触，面对社会上的强烈呼声，又不敢公然不为。光绪三十四年（1908年）十一月初十，即宣统登极的第二天，宣布预备立宪依原计划进行，原在本年八月初一宣布预备立宪以九年为期。宣统谕旨：“仍以宣统八年为限”，颁布钦定宪法，召集国会。筹备工作亦在进行。但各省谘议局和人民代表，屡次要求速开国会，不被采纳。而各地反清革命斗争日益发展，新军起义，饥民抢米、抗捐、抗税、攻打衙署，革命党暗杀清朝官员直至摄政王，使清廷惊恐万状，除加强军备，血腥镇压外，于宣统二年（1910年）十月初三，颁诏宣布缩短筹备立宪年限，改于宣统五年召开国会。辛亥革命爆发，人民要推翻清政府的封建君主专制制度，清廷慌慌张张地于宣统三年（1911年）九月初九日，即武昌起义爆发后的二十天，下诏与军民维新更始，实行宪政。十五日谕资政院，迅速拟订议决议院法、选举法，办理选举，一俟议员选定，即行召集国会。深恐召集国会来不及，又于二十四日令各省督抚传喻士绅，每省公举代表三五人，到京开会商定国是。看来，清政府此时才觉悟到国家大事应和人民商量，但为时已晚。

终清王朝，宪政一直停留在筹备阶段。

二

清廷“预备立宪”开始后，进行了一系列活动，首位者是官制改革。“亟应先将官制分别议定，次第更张，并将各项法律详慎厘定，而又广兴教育，清理财务，整饬武备，普设巡警，使绅民明悉国政，以预备立宪基础。”在发布预备立宪谕旨的第二天，又发布改革官制上谕，命载泽、世续、那桐、荣庆、载振、奎俊、铁良、张百熙、戴鸿慈、葛宝华、徐世昌、陆润庠、寿耆、袁世凯共同编纂，着端方、张之洞、升允、锡良、周馥、岑春煊等督臣，选派司道大员至京，随同参议，又派奕劻、翟鸿禨、孙家鼐，总司核定，经过一个多月编制、评议，拟出改革方案。

此方案大体仿君主立宪国官制拟定，似三权分立的君主立宪内阁制。内阁，设总理大臣一人，左右副大臣二人。各部尚书均为内阁政务大臣，参知政事。各部设尚书左右侍郎各一人（外务部仍设管部大臣一人）。共十一部：外务部、吏部、民政部、度支部、礼部、学部、陆军部、法部、农工商部、邮传部、理藩部；四院：资政院、大理院、都察院、审计院；一府：军谘府。慈禧阅改新官制，于九月二十日下厘订官制谕：“军机处为行政总汇，雍正年间本由内阁分设，取其近接内廷，每日入值承旨，办事较为密速，相承至今，尚无流弊，自毋庸复改。内阁军机处一切规制，着照旧行。其各部尚书均着充参预政务大臣，轮班值日，听候召对。”这道谕旨，改变了原方案的基本点，以旧军机处为行政总汇，取代内阁。军机处由四军机组成，为皇帝御用机关；君主立宪制内阁对国会负责，两者不能相通。“说者谓此次厘定官制，原以预备立宪，而立宪国之内阁，实为行政之总机关。……其中央政府，即会合各部行政长官而成，名曰内阁，其制本甚善也。今仍设军机处，而罢设立内阁之议，得毋于预备立宪之道相背驰乎？”

得到批准的中央新官制，大部不变旧官制，如内阁、军机处、外务部、吏部、学部及宗人府、翰林院、钦天监、銮仪卫、内务府、太医院、各旗营侍卫处、步军统领衙门、顺天府、仓库衙门等。部分调整，如：巡警部改为民政部；户部改为度支部，财政处并入；兵部改为陆军部，练兵处、太仆寺并入；刑部改为法部；理藩院改为理藩部；大理寺改为大理院；都察院官职改为都御史一员，副都御史一员；商部工部归并立工商部；太常、光禄、鸿胪三寺并入礼部。部分新设，如：邮传部、资政院、审计院、海军部和军谘府（光绪三十三年设军谘处、海军处，隶陆军部。军谘府、海军部未设前，仍暂隶陆军部）等。基本上属于原制调整，只有新设资政院，作为谘询性机关，尚有新意。总之，仍然是大权统一于朝廷，朝廷听命于慈禧，这个实质性的制度没变。清政府大权向来由满洲贵族把持，满汉官员比例在中央机关大致持平，此次改革，名为“各部堂官均设尚书一员、侍郎二员，不分满汉”，实则增加了满人比例，各部大臣、尚书十二人，满蒙七，汉五。改革的宗旨很明显是加强中央集权，如当时评论所说：“近来满人的宗旨，都注意中央集权，所以改革中央官制，设一个陆军部，想夺各省的兵权；设一个度支部，要夺各省的财权；又设一个邮传部，想握全国的交通机关；另外又设一个农工商部，想骗商人的财产，又想握各省的实业权。”

中央官制改革中，废除了清初的三法司制度（都察院、大理寺、刑部共同处理刑事案件），实行四级三审制。

四级：初级审判厅、地方审判厅、高等审判厅、大理院；三审。一般案件由初级审判厅审判，地方审判厅二审，高等审判终审；徒、流、死刑案件由地方审判厅初审，高等审判厅二审，大理院终审。并设总检察厅和各级检察厅。构成一套完整的司法系统。

地方官制改革，自光绪三十二年（1906 年）四月，裁撤各省学政改设提学使司开始。谕旨："现在停止科举，专办学堂，所有学政事宜，自应设法变通，着即照所请，各省设提学使一员，统辖全省学务，归督抚节制。……所有各省学政，一律裁撤。"无学政者，如：吉林、黑龙江、江苏、新疆各省，增设提学使。提学使"掌教育行政，稽核学校规程，征考艺文师范。"

依光绪三十三年（1907 年）五月二十七日谕旨，各省按察使改为提法使，增设巡警、劝业两道，裁撤分巡、分守各道，分设审判厅，增易佐治员。并规定东三省先行开办，直隶、江苏择地试办。限十五年一律通行。

改按察使司为提法使司，解兼管驿传事务，专管地方之司法行政，监督各级审判。东三省设立提法使后，至宣统二年（1910 年），各省按察使均改为提法使。

光绪三十三年（1907 年），在奉天、吉林两省设交涉使司，附设交涉公署，负责办理公众交涉事务。至宣统二年（1910 年），先后在奉天、吉林、直隶、江苏、浙江、福建、湖北、广东、云南各省设立。

巡警道始设于光绪三十四年（1908 年）三月，专管全省巡警、消防、户籍、营缮、卫生事务。此前，各省分别设有警政机构，此后，统一由巡警道管理。至宣统二年全国只东三省、江苏、甘肃、福建六省未设。

劝业道亦始设于光绪三十四年（1908 年），负责振兴实业，专管全省农工商业及各项交通事务。至宣统二年，除黑龙江、江苏、山西、甘肃、福建五省外，其余各省都陆续成立。

此外，光绪三十三年（1907 年）各省始设督练公所。

三

官制改革方案中，有资政院之设。光绪三十三年（1907 年）八月十三日，发布谕旨："立宪政体取决公论，上下议院实为行政之本。中国上下议院一时未能成立，亟宜设资政院以立议院基础，著派溥伦、孙家鼐充该院总裁"，主持筹备工作。

资政院正式成立于宣统二年（1910 年）九月一日。它不是国会，是国会成立前的过渡性机构。总纲中规定：资政院钦遵谕旨，以取决公论，预立上下议院基础为宗旨。其独立性很小。资政院议员钦选者除名须请旨办理；开会、闭会、停会、解散，由特旨谕令决定；资政院开会时，请皇帝或特派亲贵大臣代行开会礼，宣布本期应议事件。资政院议决事件五款：1. 国家预算；2. 国家决算；3. 税法及公债；4. 制定、修改法典（宪法不在此限）；5. 其余奉特旨交议事件。第一至第四款，由军机大臣或各部行政大臣先行拟定，奏请皇帝交资政院议决。但第三款和第四款之修改法典事件，资政院亦可自行草具议案。资政院议决事项，奏请皇帝裁夺。资政院议决事项，军机大臣或各部行政大臣如有异议，得送资政院复议，资政院仍执前议，送皇帝圣裁。资政院对各衙门行政事件及内阁会议政务处议决事件，如有疑问，得咨请答复，但机密者可不答复。军机大臣或各部行政大臣如有侵夺资政院权限，或违背法律等事，据实陈奏，请旨裁夺。据此，资政院议决事项仅供谘询，一切听命于皇帝裁决；不具有国会的权限。

资政院设总裁二人，总理全院事务，由王公大臣中特旨简充；副总裁二人，由三品以上大员中特旨简充。后改为总裁、副总裁各一人，由世续、李家驹分任正副总裁。议员由钦选、互选两种方法确定。钦选者为：宗室王公世爵；满汉世爵；外藩王公世爵；宗室觉罗；各部院衙门四品以下七品以上者，但审判官、检察官及巡警官不在其列；硕学通儒；纳税多额者。互选者为：各省谘议局议员互选之后由该省督抚复选，咨送资政院。前者一百人，后者一百人。实际超过此数，前者为：皇帝委派王公世爵十人，宗室五人，中央各部院官员一百人，业主资产一万元以上者十人，共一百二十四人；后者，各省谘议局议员互选由督抚复核咨送的约一百六十至一百七十人，总计约三百人。依章，资政院可收受人民陈请，但须组织审查无违例不敬之语者；收受后或作为议案，或咨送各该衙门办理。但资政院不能发告示或传唤人民，不得受理民刑诉讼事件。从议员成分、产生方法及和人民陈请关系，有微弱的“民意”因素，远谈不上是人民代表机关。倒是清政府的一项漂亮的点缀。

地方设立与中央资政院同一性质的机构，为谘议局。光绪三十三年九月十三日发布《着各省速设谘议局谕》。次年六月二十四日宪政编查馆拟定了《各省谘议局章程》，同日清政府谕令各督抚限一年内办齐。宣统元年九月一日，为各省谘议局成立之期。除新疆外，其它二十一省均成立了谘议局。

清廷设谘议局是把它作为“地方自治与中央集权之枢纽，必使下足以裒集一省之舆论，而上仍无妨于国家统一之大权。”谘议局与资政院均“为议院之基础”。

据此，谘议局“为各省采取舆论之地，以指陈通省利病，筹计地方治安为宗旨。”“并为资政院储材之阶。”依《各省谘议局章程》规定，其应办事件：(1) 议决本省应兴应革事件；(2) 议决本省岁出入预算事件；(3) 议决本

中国书店

省岁出入决算事件；（4）议决本省税法及公债事件；（5）议决本省担任义务之增加事件；（6）议决本省单行章程规则之增删修改事件；（7）议决本省权利之存废事件；（8）选举资政院议员事件；（9）申复资政院谘询事件；（10）申复督抚谘询事件；（11）公断私解本省自治会之争议事件；（12）收受本省自治会或人民陈请建议事件。

谘议局议定事件，由督抚公布施行；督抚有异议可交复议；督抚提议事件，谘议局如果不同意，可议请更正；督抚与谘议局的分歧不能解决，督抚咨送资政院。谘议局对本省行政事件及会议厅议决事件有疑问，可请督抚批答，除机密者外，应予批答。督抚侵夺谘议局权限或违法，谘议局则呈请资政院核办。

谘议局会议由督抚召集，督抚有监督谘议局选举及会议之权，并于谘议局之议案有裁夺施行之权，有令其停会、解散、重行选举之权。

由上可见，各省谘议局议事虽多，但不具有省议会的权力，对督抚的制约，基本上属于形式上的；谘议局反而受督抚的监督和左右。但从条文上看，谘议局和督抚之间有一些对等的互相制约的规定，类似资政院和国务大臣的关系，而资政院议决事项要由至高无上的皇帝裁决，督抚尚不能有皇帝这种最后决定权，如此，谘议局比资政院的独立性似乎大一些。实际上，谘议局和资政院一样，只是一种在官方划定的圈圈里讲话的场所。“凡议员于谘议局议事范围内所发言论，不受局外之诘责。”但“凡议员屡违局章，或语言行止谬妄者，停止到会，其情节重者除名”。会内的言论自由极为有限，只是在封建君主专制国中尚属难得而已。

谘议局议员名额由章程规定，各省不等。多者一百四十名，少者三十名，总数一千六百七十七名。另旗制未改前，京旗得于顺直议员定额外，暂设专额十名，各省驻防者得于该省议员定额外，每省暂设专额一名至三名，东三省不另设。选举采取限制选举和复选办法进行。限制选举，即依财产或资望、学识、名位等，获得选举权。凡属本省籍贯之男子，年满二十五岁以上，具有下列资格之一者，有选举谘议局议员之权：（1）曾在本省办教育及其他公益事业，满三年以上著有成绩者；（2）曾在本国或外国中学及其以上学校毕业，或同等学历，有文凭者；（3）有举贡生员以上之出身者；（4）曾任文官七品、武官五品以上未被参革者；（5）在本省有五千元以上营业资本或不动产者。本省籍贯或居本省十年以上之男子、年满三十岁以上，有被选举权。品行不良、曾被处监禁以上刑、营业不正、失财产上之信用被人控实尚未清结、吸食鸦片、有精神病、身家不清白、不识文义者，不得有选举权与被选举权。本省官吏或幕友、常备军人及征调期间之续备后备军人、巡警官吏、僧道及其他宗教师、学生等停止选举权与被选举权，现任小学教师停止被选举权。

谘议局设议长一人，副议长二人，常驻议员若干人，均由议员中互选。

选举资格的限制，使广大劳动人民不能取得选举权。这次选举中，选民仅占全国人口的0.42%。除妇女完全被剥夺选举权外，还有大约47.5%的成年男子亦被“摒弃于政治生活之外”，日本明治维新第一次议会选举，选民比例是少的，也还占全国总人口1.1%。但谘议局和资政院不同，议员全是选举而无钦选的。议长是互选而不是钦定的。

总之，资政院和谘议局，仿效了资本主义国家议会的一些形式、组织方法、法规制度。但实质上它们不具有议会的权力、地位和作用。它以基本不改变封建君主专制制度为前提，以不分取皇帝、大臣、督抚大权为原则，是为了疏导日趋激烈的民愤，为了给外国看，为了给中国的立宪派、革命派看，而做的一种装潢。基本上仍是清朝皇帝和督抚操纵指挥之下的工具。

四

地方自治是“预备立宪”的组织部分。五大臣出洋考察归国后，在奏折中说：“考各国之强，莫不原于地方自治，夫设官本以为民，而有时官为代谋，转不若民之自谋为得者，是以必区官治、自治，相辅而行，然后治化日进。”奏请“取各国地方自治制度”，地方实行三级制，省为第一级，州县为第二级，乡市为第三级。第一级为官治，第二级为官治自治参半，第三级乡为完全自治，市略参官治之性质。并请以直隶为模型。

光绪三十二年（1906 年）九月二十日谕各省“筹议预备地方自治”。此后预备地方自治工作陆续开始。

清末试办自治，最早是戊戌变法时的湖南。这里是维新派人物集中地，事多由他们划策。自光绪二十四年至三十四年，全国各地，大多由绅商或地方官吏倡导推动，自立章程，自由发展，地区色彩浓，地区差异大。此间设自治局筹划者共十四处，立会研究者粗计不下五六十处，名称有自治会、自治研究会、自治期成会、公益会（社）、公约会、乡约等。筹备目标是成立议事会。结果，上海、天津经选举成立议事会、董事会。江苏、直隶、广东、江西、广西的个别或少数县亦有议员选举或议事会成立。

正式发谕旨筹备地方自治后，奉天、直隶两省先行试办。在天津设自治局筹办，经选举，于光绪三十三年（1907 年）七月初十日，成立天津县议事会，由议事会组建董事会。光绪三十三年八月二十三日，谕民政部妥拟地方自治章程，请旨饬下各省督抚，择地依次试办。接着两江在江宁诸城设筹办地方自治总局，在上元、江宁试办，经选举，议事会与董事会相继成立，町村置长。

光绪三十四年（1908 年）十二月二十七日，制定出《城镇乡地方自治章程》，开始正式筹办城镇乡地方自治。清廷认为地方自治“乃辅官治之所不及，仍统于官治之内，并非离官治而独立之词”。其对地方自治定性为：“自治之事渊源于国权，国权所许，而自治之基乃立”；地方自治与官治相倚相成，“地方自治既所以辅官治之不及，则凡属官治之事，自不在自治范围之中”；自治既然渊源于国权，“即应受监督于官府”。因此，《城镇乡地方自治章程》规定：“地方自治专办地方公益事宜，辅佐官治为主。按照定章，由地方公选合格绅民，受地方官监督办理。”自治范围为本城镇乡国家行政以外的下列事宜：（1）教育；（2）卫生；（3）道路工程；（4）农工商务；（5）救济及古迹保存，其他善举；（6）公共营业；（7）办理本范围事宜所需款项筹集；（8）其他向归绅董办理各事。

其自治机构，城镇设议事会、董事会，乡设议事会（或乡民会）、乡董。城镇人口过十万、区域过广者，可划若干区，设各区区董。乡户口过少者，合并办理。议事会、董事会、乡董办事之所为自治公所。乡选民会议员由本乡选民全体充任，选民互选议长、副议长。城镇乡议事会议员，由本城镇乡选民互选任之，议员互选议长、副议长。选举采取限制选举制，选民资格：（1）本国国籍；（2）男子年满二十五岁；（3）居本城镇乡接续至三年以上；（4）年纳征税或本地公益捐二元以上。素行公正，众望允孚者，虽不具备三、四两条，亦得为选民。纳税特多者，虽不具二、三条，亦得为选民。董事会设总董一人，董事一至三人，名誉董事四至十二人。总董由议事会选出正副各一名，由该管地方官申请督抚遴选任用之。董事由议事会选举，呈请该管地方官核准任用之。名誉董事由议事会选任之。董事会职员不得兼任该议事会议员。乡设乡董一，乡佐一，由乡议事会选举，呈该管地方官核准任用，其不得兼乡议员。议会议决事件，呈报该管地方官查核后，移交董事会或乡董执行；董事会、乡董执行议事会议决各事和地方官示谕委办之事、法规定所各事。董事会、乡董与议事会分歧相持不下时，交府厅州县议事会公断，不服，呈由地方官核断，再不服，由地方官申请督抚交谘议局公断。

城镇乡自治机关受各该管地方官监督，向地方官报告工作成绩、财务预决算，上报督抚，由督抚汇咨民政部。地方官有申请督抚解散议事会、董事会及撤销自治职员之权，解散后定期重新组建。

宣统元年（1909 年）正月二十七日谕：于本年各省均应举行谘议局选举及筹办各州县地方自治，设立自治研究所。三月十六日，制定《自治研究所章程》，限年内各省省城成立自治研究所，为“造就自治职员而设”。十二月二十七日，颁行《府厅州县地方自治章程》。府厅州县地方自治与城镇乡地方自治内容相仿之处居多，性质亦官治之辅助。将董事会改为参事会，以府厅州县长官为会长，示与下级之董事会名称有别。此后，清廷要求各地筹办府厅州县地方自治，续办城镇乡地方自治。

地方自治筹办情况，虽然缓慢，但也算得上在进行。尤其是形式上的活动，各地程度不同、进程不一地开展着。如：山东于光绪三十四年（1908 年）冬拟定自治研究所章程，一百零七州县，每处选派二人到省入所研究，宣统元年（1909 年）二月初一开课。自治研究所为地方自治培训人员，属于预备工作。广西于光绪三十四年三月设立全省自治局，以为筹办总汇之区。四月，局内设自治研究所。宣统元年二月，接到城镇乡地方自治章程，在临桂试办，拟年内粗具规模。湖南省于宣统元年先在省城设立自治研究所，三月十五日上课。甘肃则于宣统二年（1910年）春设自治筹办处，随后设自治研究所。

筹办地方自治步骤，是先城镇乡，再厅州县。如果以办成为标准，据官方报告："直隶创办最早，天津于光绪三十二年已设有自治局，各州县陆续开办，实具有厅州县自治规模"。江苏开通最先，办理极迅速，到宣统二年十一月，计四府一州城议事会、董事会"均已一律成立。"四川实办成绩亦很突出。宣统二年十月二十九日，宪政编查大臣奕劻等奏称：现查各省办理成绩，以四川为最，该省于本年夏间即将成都、华阳两县城议事会、董事会成立，并遵旨将成都驻防加入办理。其江北厅、简州、彭县等三十余厅、州、县城会，及繁盛各镇会，均一律依限告成。至原属中等及偏僻州、县、乡镇，均已提前办竣。综合计算，该省城镇乡等会成立者，多至七十余处，复将指定中等城六十余处，并各镇会统限年内次第组织，缕晰条分，其办理颇著成效。次为江西、湖北、陕西三省，广西又次之。江西城议事、董事会禀报成立者有七十余厅州县，繁盛的吴城等四镇，亦经该省电催赶办，约八月内可以观成。湖北如汉阳、天门等十数州县，已将城议事董事会并报成立。其议事会成立，董事会正在筹备选举者，则有江夏、兴国等厅州县。陕西繁盛城区，议董各会，如临潼、咸阳等二十余州县，已于宣统二年三月间一律成立，中等城区应立各会，亦于同年六月间成立至三十余处。广西议董各会成立者，亦得十有余处。此外，城议事、董事会业经成立者，如黑龙江之巴彦等处，直隶之天津、清苑，福建之闽县、侯官，甘肃之皋兰、武威等处，或创办较早，或藉资表率，均属办理无误。奉天则报称城镇乡自治会成立者，合计五十余处。河南自治会依限举办者，计十二城一镇，提前成立者计十城，乡自治已报成立者，计二十余乡。以上，实际建立组织者，主要是城镇乡；府厅州县还没见有办理完竣者。

据宣统二年十二月十七日修改的计划，地方自治应于宣统四年（1912 年）完成，五年开设议院。

地方自治进程不算太慢。关键问题是它徒有自治之名，而无自治之实，由官方办理并作为官治的辅佐，不是地方民主政治。而且，地方豪绅借机欺压人民，小民受苦更甚。御史萧丙炎于宣统三年（1911 年）闰六月初七奏，各省办理地方自治流弊滋大，拟请严加整顿折称：乃臣闻各省办理地方自治，督抚委其责于州县，州县复委其责于乡绅，乡绅中“公正廉明之士，往往视为畏途”，而“劣监刁生”，贿选者居多。这类人不识自治原理，假借公威鱼肉乡民，巧立名目为侵蚀肥已之谋，“甚者勾通衙役胥差，交结地方官长，藉端牟利，朋比为奸……”。办自治中就地筹款，豪绅以合法名义“藉端抑勒，挟私自肥”。自治尚未办成，百姓已不胜负担，“则怨渎丛生”，以致“酿成事变”。

五

谘议局成立后，由江苏谘议局议长张謇等人带头发动了一个规模相当大的国会请领运动。首由江苏谘议局大会通过联合各省请愿速开国会及组织责任内阁议案，之后派人到各省联络，约定各省谘议局闭会后，派代表赴上海开会，商讨办法。各省响应，先后到上海者：直隶、奉天、吉林、黑龙江、山西、山东、河南、湖北、湖南、江西、安徽、浙江、福建、广东、广西及江苏十六省代表，会议结果决定北上京师请愿。张謇设宴送行，并上摄政王书，请定以宣统三年召集国会，此前开临时国会，以为大政谘询；同时请设责任内阁，以分监国之忧劳。各省代表于宣统元年（1909 年）十二月，初在京由直隶代表孙洪伊领衔上书，请于一年内速开国会。清政府不准，仍坚持九年预备，再开国会。国会请愿代表团不肯示弱，于宣统二年（1910 年）五月十日，发动了第二次请愿。除各省谘议局代表外，商会、教育会、华侨及直隶绅民旗籍代表也加入请愿行列。清政府仍不允，并谕“勿得再行渎请”。国会请愿代表团决不后退，决定第三次请愿。并建议：1、国会不开，各省谘议局不承认新租税，并限制各该省民选资政院议员，均不得承认新租税；2、各省谘议局今年常会，应只限要求速开国会一议案，如达不到目的，各局同时解散。第三次请愿是向资政院上书。资政院于宣统二年九月一日成立。国会请愿代表团仍由孙洪伊领衔，上书资政院，请议决代奏：于宣统三年内召集国会。资政院予以支持，二十日讨论，一致通过奏请速开国会决议，专折具奏。

国会请愿代表团又上书摄政王、政务处王大臣，并谒庆王、肃王、朗贝勒、泽公及军机大臣那桐、徐世昌等，力陈速开国会的理由，取得王公枢臣同情。请愿活动也影响着各省督抚。云南总督李经羲，吉林巡抚陈绍常，黑龙江巡抚周树模，直隶总督陈夔龙，两江总督张人骏，安徽巡抚朱家宝，山东巡抚孙宝琦，山西巡抚丁宝铨，湖南巡抚杨文鼎，广西巡抚张鸣岐，两广总督袁树勋等，纷纷通电，一致主张从速设立内阁，召开国会。各省督抚将军十八人，于九月二十三日，联名致电军机处，请为代奏，谓：“内阁国会为宪政根本”，恳请“立即组织内阁”，并“明诏定以明年开设国会”。谘议局诉愿，尤其资政院和督抚请愿、奏请，对清政府形成巨大压力，乃于十月二日，内阁会议政务处王大臣会议，讨论召集国会组织责任内阁一案。十月三日谕缩短筹备立宪时间，改于宣统五年开设议院，之前厘订官制，组织内阁，编订宪法、议院法、议员选举法等。并令各省请愿代表团解散归里。此后各地仍有小规模请愿、学生停课游行，要求早开国会事件发生，清政府严谕禁止。

宣统三年（1911 年）四月十日颁布内阁官制及暂行章程十四条，并发表新内阁人事命令，谕令废止旧内阁、军机处及会议政务处。

内阁成员：

总理大臣　奕劻　协理大臣　那桐　徐世昌

外务大臣　梁敦彦　民政大臣　善耆

度支大臣　载泽　学务大臣　唐景崇

陆军大臣　廕昌　海军大臣　载洵

司法大臣　绍昌　农工商大臣　溥伦

邮传大臣　盛宣怀　理藩大臣　寿耆

依《内阁官制》及《内阁办事暂行章程》设立“内阁”。内阁由国务大臣组成，总理大臣、协理大臣、各部大臣均为国务大臣。国务大臣“辅弼皇帝，担任责任”，内阁总理大臣为国务大臣之领袖，“秉承宸谟，定政治之方针，保持行政之统一”。内阁会议由内阁总理大臣为议长。内阁会议应议事件：（1）法律、勅令及官制；（2）预算、决算及预算外支出；（3）条约及重要对外交涉；（4）奏任以上官员进退；（5）各部权限争议；（6）特旨发交及议院移送之人民陈请事件；（7）各部重要行政事件及其他应经阁议事件。皇帝颁布法律、敕令及有关国务的谕旨，须经总理大臣、协理大臣会同有关部务大臣副署，涉及所有各部之事项，由全体阁员副署。

内阁之外，作为与内阁并设的机构，增设弼德院，“该院权限与内阁相为维系，所关重要，必须同时并设，用备顾问”。顾问方式比较特别：奏事均由面奏或奏片，不具正折；所奏事情，以特旨谘询为限；所奏之事不登官报。弼德院设正副院长各一人、顾问大臣三十二人，这些人“参予机密，朝夕论思，并审议洪疑大政”，具有皇帝贴心机密参谋机构性质。

礼部改为典礼院，负责清朝典礼事项，由掌院大学士、副掌院学士、学士、直学士组成。

为统一盐政管理，增加收入，宣统三年八月盐政处改为盐政院，设盐政大臣一员，由国务大臣兼，管理全国盐政，统辖盐务各官。十一月十九日将盐务行政事宜归并度支部，盐政院裁撤。

军谘处于宣统元年五月，从陆军部分出，特派大臣管理。宣统三年四月设责任内阁时，改为军谘府。已如前述，这是一个皇帝亲信的总参谋部。

另法制院，为内阁所属机构，掌法规编纂。

新内阁设立后，机构有较大变动，制度亦有不少变动，过去的诸多“召见”、“请旨”、“上奏”等政府官员、衙门和皇帝之间上传下达事项，均集中于内阁，显得内阁权势很重。这固然有分皇权的趋势，但内阁与皇权并不对立。在人员组成方面，十三个国务大臣中，满族九人、汉族四人。满族中，皇族占其六。因而被称为“皇族内阁”或“亲贵内阁”。在体制上，内阁对皇帝负责，而非对国会负责。“恭绎钦定宪法大纲，统治之权属诸君上，则内阁官制自以参仿日、德两国为合宜。”与日本的各大臣“对于君主负责任”，与德国的宰相“对于其君负责任”的制度“相类”，而“与英法之注重议院者不同”。它与历代置宰相用意无殊，又有资政院之摆设，弼德院之赞襄，“互相维系，法理精严，加以兵柄别有专司，法权又归独立，更无从威福自擅”，“各部之长皆为同体，皆如宰相，地位比肩，熟甘附和”。它与原军机处、军机大臣实质并无太大区别，仍然是服务于皇帝行使权力的工具而已。

显然，“皇族内阁”，不是资政院、谘议局和各界要求的责任内阁，舆论一致谴责“皇族内阁”，要求解散另组完全内阁。清政府置之不顾，并下令批驳。辛亥革命后，不得已于宣统三年九月九日，宣统帝下罪已诏，同时下诏取消“皇族内阁”，撤销内阁办事暂行章程，组织“完全内阁”。

九月十一日，“皇族内阁”奕劻、那桐、徐世昌奏请罢斥，另行组织完全内阁。同日，载泽、载洵、溥伦、善耆奏请去职，另简贤能，以符宪政。同日，批准“皇族内阁”辞职，授袁世凯为内阁总理大臣，令来京组阁。然后，把奕劻待安插到弼德院，奕劻任院长，那桐、徐世昌任顾问大臣。

九月二十六日，任命袁世凯推举的国务大臣。皇族内阁结束。

六

在官制改革之后，光绪三十四年（1908 年）八月初一，核准颁布宪政编查馆与资政院（筹备组织）拟订的宪法大纲，作为将来编制宪法的准则。

宪法大纲标榜“谨按君主立宪政体”制宪，又规定“君上有统治国家之大权，凡立法、行政、司法，皆为总揽，而以议院协赞立法，以政府辅弼行政，以法院遵律司法。”这种乾纲独断，三权归一的体制，并不是立宪政府，仍是封建君主独裁专制政府。大纲上没有主权属于人民的字样，而君上大权十四条，第一条为“大清皇帝统治大清帝国，万世一系，永永尊戴”。第二条“君上神圣尊严，不可侵犯”。接着，是皇帝的颁行法律，发交议案，召集、开、闭、停、展、解散议院，设官制禄，黜陟百司，统率陆海军及编定军制，宣战媾和，订立条约及派遣使臣与认受使事，宣告戒严，爵赏及恩赦，总揽司法，发布命令及使发命令，议院闭会时发紧急代法律之诏令，及以诏令筹措必需之财用，制定皇室经费常额，督率皇族及特派大臣议定皇室大典等。大纲中规定了臣民的权利义务九条，其中权利六条：依法得为文武官吏及议员，在法律范围内有言论、著作、出版、集会、结社自由，非按法律不加以逮捕、监禁、处罚，可请法官审制其呈诉案件，专受法律所定审判衙门之审判，财产及居住无故不加侵扰；义务三条：纳税、当兵、遵守国家法律。宪法大纲以皇权为中心。其中关于臣民权利义务规定，应属进步，有无实效，则是关键问题。

宪法大纲颁布不久，光绪帝和慈禧先后逝世。宣统即位后，依该大纲行使统治权，以筹备立宪之名，行加强君主专制统治之实，更加激怒了要求立宪的人们。随着要求早日行宪的浪潮的发展，宪法大纲的内容、宪法编制方式都必须改变。以民权代替皇权，由民意机关审定取代钦定，为势在必行。

宣统三年（1911 年）九月十三日，即武昌起义之后，清廷批准了资政院拟具的宪法重要信条十九条“将来该院草拟宪法，即以此为标准”。十月六日，告祭太庙宣誓宪法信条，监国摄政王载沣摄行祀事。

十九信条中，关于皇权的规定，隆重但空泛：“大清帝国皇统，万世不易。”“皇帝神圣不可侵犯。”语极惊人，但皇帝的地位和权力、皇位继承，都要受宪法和国会的限制。中国向来是“普天之下莫非王土，率土之滨莫非王臣”。十九信条中却连皇室经费之制定、增减，也要国会议决；皇室大典，不得与宪法相抵触；皇族不得任总理大臣、其他国务大臣及各省行政长官。十九条成立，政权归公，爱新觉罗氏的王朝只剩下皇帝空名，其余一切均要受宪法和法律约束，行使权力受国会制约和监督。

国会是最高立法机关，上院议员由国民公选，宪法经资政院起草议决，皇帝颁布后，改正提案权，属于国会；总理大臣由国会公举，皇帝任命，其他国务大臣，由总理大臣推举，皇帝任命；陆海军直接由皇帝统率，但对内使用军队，应依国会议决之特别条件，此外不得调遣；国际条约，经国会议决始得缔结，媾和与宣战，如不在国会开会期中，由国会追认；本年预算由国会议决，不得有预算外的非常财政处分；国务裁判机关，由两院组织之。

内阁为最高行政机关，总理由国会产生，对国会负责，受国会弹劾时，非国会解散，即内阁辞职。

十九信条强调法制，规定“不得以命令代法律”，“官制官规，以法律定之”。

十九信条基本上是抄袭西方民主制的宪法条文，但没有人民权利的规定。

至此，清政府的预备立宪活动已达到顶点和终点。从预备立宪提出，就很不情愿地被推着走，走一步，看一步，挡一步，对付立宪派，对付革命派，对付反对清朝统治的人们。武昌起义的巨大震动和打击，迫使清政府踉踉跄跄地向前趔趄了一大步，解散了皇族内阁，颁布了十九信条，不再说“黜陟百司，系君上大权”，“议员不得干预”了。清朝统治者们想捞宪政这棵救命草，收拢人心，补救倒塌下去的宝座。宪政的确是治封建专制的对症药，但已无法医治病入膏肓的清王朝。

第四章　内外交困

大清帝国在历史上有过光辉灿烂的时期。它的创业之君和守成之主们，在中国、在世界上显赫一时。白皮肤的传教士，黄皮肤的朝贡者，无不以崇拜的目光注视着大清，以能来华夏一睹皇帝圣颜为荣，不放松一切时机炫耀来华历史。

而今，曾经辉煌一时的大清帝国已沦落到了风烛残年的地步。在世界各资本主义国家走向帝国主义阶段，迫切需要向外扩张的形势下，腐败无能的大清帝国，成了各列强进攻和掠夺的对象。清王朝为了镇压国内日益激烈的人民斗争，和为了缓解财政上的困厄，不惜出卖民族利益，拿国土、主权与列强做交易。于是，内忧外患一齐袭来。

一

晚清人民革命，与此前反清斗争有所不同，它是一场资产阶级的民主革命。封建社会制度已经没落，资本主义产生，资产阶级作为新的社会力量成长起来，要求变革社会制度，走向进步。帝国主义对中国的侵略与奴役，深深地刺伤了中国人民的心，促使中国人民要独立，要自强，加速了革命的发生、发展。于是，以推翻清朝统治为目标的革命斗争，此伏彼起。资产阶级政党同盟会成为这场革命的领导核心。

从宣统帝即位这年（光绪三十四年，公元 1908 年）谈起，大的革命活动就有：

光绪三十四年（1908 年）二月二十五日，黄兴发动钦州起义；

同年三月三十日，黄明堂等组织河口起义；

同年十月二十六日，熊成基率马炮营在安庆起义；

宣统二年（1910 年）一月三日，倪映典率新军于广州起义；

同年三月四日，长沙发生抢米暴动；

同年四月十三日，山东莱阳饥民掀起抗捐抗税斗争；

宣统三年（1911 年）三月二十九日，广州黄花岗起义；

同年四月十六日，长沙各界反对铁路国有政策，开展斗争；

同年四月十八日，长沙、株州一带筑路工人示威，反对清政府卖国卖路；

同年七月初一，成都保路同志会发动罢市、罢课，七月十五日，四川人民保路斗争掀起高潮，扑攻督署；

同年七月十六日，四川华阳起义；

同年八月四日，王天杰、吴玉章等在民团起义基础上，宣布四川荣县独立，为辛亥革命时期同盟会建立的第一个政权；

同年八月十九日（公元 10 月 10 日）武昌起义爆发。

二

宣统朝一开始，就对人民反清革命强硬镇压，其势汹汹，不顾一切。熊成基率马炮营举行安庆起义后，千余人会合攻城。清安徽巡抚朱家宝据守城池，并命江面兵舰数艘炮轰炮营。起义军弹尽粮绝，向合肥方向撤退，清廷谕两江总督端方等："亟宜迅速扑灭"，对被俘者"所供党伙，或另有外应，均须立即认真追究缉获，不准含糊了事。"得知起义军余部在皖北"尚有五六百人之多"，恐其与皖北"伏莽"结合"成大股"，令该督抚："严饬派出各营，兼程追截，迅速歼除。"起义军散匿后，又"严饬地方文武"认真搜捕，"务将首犯熊成基惩办。"并要求将同谋者"一律殄除，以免死灰复燃"。同时，对各省地方官也施加压力。要求各地将事态控制在局部地区，消灭在萌动之中，明令："倘各省再有乘隙煽乱情事，以致牵动大局，恐该督抚等，难当此重咎也。"

为了阻止流亡到海外的孙中山等革命党人回到国内从事革命活动，特降旨沿江各地"严加防范"。得息海外革命党人向京外各衙署局所学堂寄宣传品，令邮传部"迅电各处邮政局"，认真检查，凡有"外洋"寄来汉文函件，字迹封式在五件以上，分致上述各处者，"立即折阅"，倘有问题，"即刻一律焚毁。"

宣统元年（1909 年），湖南水灾，粮食歉收。上自省巡抚岑春蓂，下至地主劣绅，以及外国洋行，乘机抢购谷米，囤积居奇，抬高米价，牟取暴利，使人民所受天灾之苦上，更加一层人祸之难。饥民大批拥入长沙。长沙米价一日数涨，以卖水为生的黄某，因饥饿所迫，全家四口人投水自尽。民情激愤。宣统二年（1910 年）三月三日，长沙人民开始捣礁房，抢米店，官府采取高压政策，人民不服，集聚两万余人，拥向巡抚衙门，"殴伤官长，打毁衙署"。岑春蓂下令开枪，打死二十余人。事态扩大，群众愤怒达到极点，"有放火烧毁房屋情事"，"焚毁衙署、学堂，波及教堂"。清政府明知此事"因米价昂贵，要求平粜而起"，又诬称"有莠民痞棍，从中煽乱"，以证明"非严惩不足以昭炯戒"。令岑春蓂"认真弹压"，"速即解散胁从，严拏首要，从重惩办”。并派兵赴湘镇压。岑春蓂因为“未能先事预防”，“办事失当”，被罢免。九日，英、美、法、日、德等国派军舰配合清军镇压，群众被捕数百，伤亡无数。

宣统二年（1910年）春节期间，广东新军二、三标与警察发生冲突，一标协统、标统以军警交哄，将初二、初三假日改为运动会，一标“营兵首先哄闹”。初三，革命党人倪映典到一标发动起义，约千余人参加。清政府闻讯，令“迅调水陆防营，严密防范，剿抚兼施，务将首要各犯，设法擒获，悉数歼除”。水师提都李准率防军约二千人，出动步炮兵，滥肆射击捕杀，“几致良莠不分”。清兵“枪炮齐施，当场杀毙叛兵百余名，并斩骑勇头目五人，生擒叛兵黄洪昆等四十余人”。

同年四月十三日，山东莱阳饥民数千人，在曲诗文领导下，抗捐抗税，受到官方压迫，举行武装起义，直至发展到进攻莱阳城。清政府除调集军队镇压外，并派人“密赴该两县，详细访查”起事原因、曲诗文是否土棍、其何以在“不数日间，聚众至万余人”、夺获枪械甚伙果系从何而来、有无暗中接济等。山东巡抚孙宝琦派兵镇压，用大炮轰毁莱阳城北柏林庄，血洗各村，屠杀乡民千余人。起义农民不肯屈服，退出莱阳县境，与海阳、荣城一带起义队伍汇合，坚持斗争。

镇压黄花岗起义和成都血案更骇人听闻。宣统三年（1911年）三月二十九日，同盟会在广州举行武装起义。两广总督张鸣岐会同水师提督李准，进行镇压。革命党人八十六人死难。清政府犹令“搜捕余党，从严惩治，毋任漏网”，“毋留余孽”，“并准调广西防营协助”。事后，清廷对镇压革命的刽子手们论功行赏，革命党人最痛恨、屡欲谋杀的“广东水师提督李准着赏穿黄马褂”。

同年四月十一日，清政府以铁路干线均归国有的名义，将已经归民办的川汉、粤汉铁路收归国有。又将铁路修筑权出卖给英、法、德、美四国银行团，激起湘川鄂粤人民反对，发展为波澜壮阔的保路运动。清政府铁路国有措施本身就理亏，不敢见阳光，一是失信于民，一是屈从外国压力。矛盾爆发后又不知反省，只知下令“弹压”，“照乱党办法，格杀勿论”。御史陈善同奏：“内乱叠生，亟应设法绥缉。”提出八项措施：“一、修实备；二、禁流言；三、广抚恤；四、节縻费；五、靖盗贼；六、饬吏治以苏民困；七、兴实业以厚民生；八、维礼教以防民慝。”前五项为治标办法，后三项为治本办法。清廷表示接受，但对治本无计可施，仍侧重以军事压力阻挡日益发展、势不可遏的革命大潮。

人民不满的是以铁路国有为名，排斥民办，向外国出卖路权。武力解决不是正确的出路。湖南、四川等地人民，呼声强烈，斗志高昂。六月下旬，四川绅民、省谘议局副议长罗纶等二千四百余人，呈请护理四川总督王人文代奏，对铁路国有“不敢从命”。清政府一味强硬，连同代奏的王人文一并斥责。清廷得悉川人为路事将有集会，立即令四川总督赵尔丰严行禁止，严拿倡首惩办。到了七月，“川人因争路事，群情激烈，愈持愈坚”，“自初一日起，罢学罢市”，州县“已有相继罢市并打毁格局所者”。“且又罢税抗粮，为患日甚，大局岌岌可危。”四川巡警道徐樾请求川路暂归商办，以缓和矛盾，维持局面：“军督陈奏请将路事交资政院议，法律应照未议之前暂归商办。如蒙朝旨允许，川患立弭。”四川总督赵尔丰以四川民众要求，请川路暂归商办，并请将借款修路一事，交资政院议决。有的官员对路事表示同情，宁愿“以争路罢官”，甚至“军警多助同志会”。御史黄瑞麒奏：“借款官修干路宜仍留商股。”即使从维护清朝统治着想，此类建议亦属可取。昏庸的清王朝，竟冒天下之大不韪，一意孤行，坚持“弹压”、“严行弹压”、“鍓办”、“格杀勿论”。其理由，据内阁奉上谕中驳斥赵尔丰的电文中说，实行路事交资政院议决，“窒碍甚多，一经交议，必不以收归国有订借外债为然”。也就是不想让资政院推翻清廷既定方针。其窒碍之一为“朝廷岂能因此收回成命”；二为“合同早经签字，业已开卖债票，尤不能轻易取消，致起交涉”；三为事关四省，恐竞相效尤。

内阁的这个回电是在七月初七。赵尔丰遵旨“切实弹压”。七月十五日，保路群众数千人扑攻督署，赵尔丰诱捕保路同志会代表、谘议局副议长罗纶和议长蒲殿俊等，封闭铁路公司，命军队开枪，打死请愿群众数百人，造成“成都血案”，“流血满地”，“惨不忍睹”，“而赵尔丰尚命示众三日”。

清政府从上到下都是这般愚蠢，不懂得革命是杀不退的。成都血案之后，从十六日起，十余州县民团在省城外聚集，约“数万人”，“四面围攻，势甚危急”，“成都电报，数日不通”，附近各府州县，亦有革命党活动，“川省大局，岌岌可危”。清政府调数省重兵前去镇压，七日之间，捕杀甚多。川汉、粤汉铁路督办大臣端方，由湖北率新军一标入川镇压保路运动，十月七日，其自带之兵发生兵变，被杀于资州，实罪有应得。

赵尔丰制造“成都血案”刚过一个月，支援赵尔丰的清军还在向四川行进，武昌起义爆发。它与四川保路运动遥相呼应，其势更“沸乎暴怒，汹涌澎湃”，如冲决大堤，一泻千里，清王朝的末日来临了。

三

宣统朝对外关系，继承慈禧“宁赠友邦，勿与家奴”的衣钵，对列强的贪婪索要、侵夺，一味采取妥协退让态度。加之财政拮据，一再向洋人伸手求助，不能不受制于人，不惜拿国土主权做交易。

中日甲午战争与日俄战争中，日本均获胜利，极大地刺激了日本侵华的欲望和野心。由于日本国威大振，对列强在东方利益构成重大威胁，涉及列强在中国及东方其他国家的权益，都不能不与日本发生关系。故有光绪三十一年（1905 年）八月一日，日英缔结第二次同盟协定，光绪三十三年（1907 年）四月三十日，日法协定，同年六月二十一日日俄协定，次年十一月七日，美日换文：罗脱——高平协定。它们都是妥协谅解性的协议，各国均以承认日本侵华所取得的特权和利益，换取日本对它们在华利益的承认，以及机会均等原则的保持。实际上，各国纷纷与日本协约，等于承认日本的东洋盟主资格，有利于日本在中国扩张其侵略势力。它们对中国当然是不利的。而日本则乘机实现其侵略政策。日俄战争后，日本夺取了朝鲜，下一个猎物是中国东北和蒙古。

日俄战争后的一两年，日本加紧筹划建立侵略东北的机构。光绪三十二年（1906 年），成立了“南满洲铁路株式会社”（简称满铁）和关东州都督府。前一个机构本社设在东京，支社在大连。从名称上看，它是一个铁路公司，实际上是日俄战争之后，日本政府推行侵略东北、在东北从事殖民政策的执行机构和先锋队，作为实行经济侵略的大本营，隐蔽地配合军事、政治的侵略活动，所谓“假公司之名，行机关之实”、“文装的武备”正好说明其性质。后一个机构是日本设在旅顺的进行军政统治的殖民机关。关东，指辽东半岛，俄国划旅大为租借地时称之为俄国的一个州——关东州，日本沿用其名。其职责是管辖关东州和掌管有关管理南满铁路事宜。

此时，日本在东北的侵略活动，以铁路为重点，兼顾矿产，但不仅仅为了经济，更着眼于军事，为军事侵略，占领东北做准备。由于日本不断向东北伸手，引起中日交涉。光绪、慈禧去世，日本视为良机，宣统元年正月初十，提出安奉铁路问题，正月十六日，日本公使伊集院彦吉向清政府外务部提出包括安奉铁路问题在内的关于东北六案交涉。另五案为：新法铁路、营口支路、京奉路展至城根、抚顺烟台煤矿、间岛问题等。

安奉铁路，指安东（今丹东）、奉天（今沈阳）间铁道。原是日俄战争期间，日本非法修筑的轻便行军铁路。战后，光绪三十一年（1905年）十一月二十六日，在中日满洲善后协约中，“中国政府允将安东奉天间军用铁道仍由日本政府接续经营，改为专运各国商工货物铁道，自此路改良竣工之日起，以十五年为限，即至光绪四十九年止，届期双方选请他国评价人一名，妥定该铁道各物件价格，售与中国。”此为俄国所获在华利益之外，日本在日俄战后乘机多掠之权益，中国被迫承认。日本为了把这条铁路和朝鲜境内的汉城——新义州铁路相接（并计划在鸭绿江上架设铁桥），以便对东北进行经济掠夺和军事侵略，故要将铁路改为宽轨，改变原有路线，多占土地，并派兵警驻扎。宣统元年正月初十，日本提出会办，清廷交东三省总督锡良办理。锡良竭力维护中国主权，据理力争，主张该路工程只允依原路改建，不得扩张轨道，不许改变路线，不得多占地亩，并要求日本撤退该路守备兵警。五月二十日，东北留日学生向清政府外务部电告安奉铁路改筑消息，谓日本政府“开阁议取任意行动方针”，建议清政府“亟筹对待之良策，以保我主权大幸甚”。六月二十一日，日本向清政府外务部正式发出照会，公开声言“自行改筑安奉之线路”，态度极蛮横。而且，不待中国政府同意，即行开工。清政府不敢阻止，屈从了日本的方案。七月四日，由锡良和日本驻奉天总领事小池张造议定《安奉铁路节略》，按日方意见，改轨、移线，即行动工改建；

用地由中国政府掌握，撤兵警一事置之不论，虽中国方面要求撤退，“然亦不固执成见”，软弱不力争，日方一直拖延不行。翌年二月二十五日，奉天交涉司又与日领事订立《鸭绿江架设铁桥协定》，日本的计划全部可以实现。

妥协导致无穷的祸患。安奉铁路改建问题迁就日本的无理要求，是一个缺口。日本进而要求解决一系列悬案。宣统元年（1909 年）七月二十日，即交涉半年，中日双方由清政府外务部尚书梁敦彦和日本驻华公使伊集院彦吉签订《东三省交涉五案条款》（以下简称五案条款）五案一一依日本要求解决。

新法铁路问题，实质是日本要扩展南满铁路网，而干涉中国自建铁路。新法铁路，从新民屯至法库门，系中国计划借美英资本自建之京奉铁路支线，拟将来展至齐齐哈尔和瑷珲，以达西伯利亚。有抵制日本在东北势力过分膨胀的意图。日本得讯，即以新法路是南满铁路并行线为由，提出反对。

宣统元年（1909 年）日本提出东北六案交涉时，对新法铁路拿出两个方案：一为中国不修新法铁路，而建法库门至铁岭铁路，以与南满铁路连接；二为中国建新法铁路，但必须应允“满铁”修造由南满路之一站起，经法库门至郑家屯的支线。清政府采取了既妥协又躲避的态度，在“五案条款”中，应允如建造新法铁路，“与日本先行商议”。

大石桥至营口支线问题，原俄国修南满铁路时，为运送材料便利，中国准其设营口支线，但须在南满铁路建成后依中国要求撤除。南满铁路归日本后，理应照此办理，但日本不肯实行，遂成悬案。“五案条款”中，承认大石桥至营口支路为南满铁路支线，俟南满铁路期满时一并交还中国。

当日本要求会办安奉铁路改建时，中国提出多次协商不成的京奉铁路接近奉天城根问题。因为京奉铁路车站距奉天城根遥远，清政府拟将车站移至奉天城根，在穿过南满铁路之处，架设天桥或开隧道。日本同意该路展至城根，但乘机要求将京奉路车站与南满铁路车站合并或在和南满路车站连接地方设立新站，以便使京奉铁路为南满路服务。

抚顺烟台煤矿问题。抚顺煤矿原由中国商人经营，因曾向俄国道胜银行借款，日本指为俄人产业。烟台煤矿在辽阳，原由中国私商集股开采，一部分股票卖给俄人，日本也强认为俄人产业。日俄战争后，日本霸占两矿不还。中日交涉中，日本声言两矿为东清铁路之附属产业，应由日本无偿继承。中国外务部以两矿为中国商人所办，不曾让与俄国，非东清铁路附属产业，不同意归日本所有。双方曾相持不下。五案条款中，承认日本对抚顺、烟台两处煤矿的开采权，日本向中国纳税，税率按中国他处煤税最惠之例另行协定；开采之煤出口外运时，税率应按他处煤觔最惠之例征收。

“间岛”问题，本为中朝问题，日本以“保护国”的名义无理干涉，借机侵略。早在康熙五十一年（1712 年），中朝两国就曾勘定以图们江、鸭绿江为两国国界，并于长白山两江水源白头山上树立界碑。间岛，在图们江北岸，为中国吉林省延边地区和龙县光霁峪附近一处滩地。“长数里，广约一里，面积约二千余亩”，同治年间，朝鲜咸镜道饥馑，朝民渡江移居间岛，乃至附近数县。日俄战后，日本为了侵略我国东北，阴谋利用朝民移居间岛造成的历史纠纷，侵略我延边地区。为此“强名图们江北地方为间岛”，并将“间岛”范围扩大到包括延边数县的广大地区。光绪三十三年（1907 年），日本军警侵入延吉厅龙井村设统监府派出所（即统监府办事官厅），日本以“间岛”为朝鲜领土和保护韩民为借口，公然与我国延吉厅争主权。由此引起中日交涉。宣统元年（1909 年）正月十六日，日本驻华公使伊集院彦吉向清廷外务部提起“东三省六案”，将“间岛”问题掺入。交涉结果，日本实际是在铁证面前理屈词穷，但又以无赖手段，提出其他无理要求，作为承认“间岛”为中国领土的交换条件。日本承认中国对“间岛”地区的领土权，中国在某些问题上向日本让步。七月二十日，中日由梁敦彦和伊集院彦吉缔结《图们江中韩界务条款》（间岛协约）。内容为：以图们江为中朝两国国界，即承认图们江以北为中国领土；中国开龙井村、局子街、头道沟、百草沟为商埠，并设日本领事馆或领事分馆，同时撤走日本统监府派出所；居住图们江以北韩民，服从中国法权，归中国地方官管辖裁判，向中国纳税，韩民之民事刑事等一切诉讼案件，由中国官吏依中国法律审判，但日本领事官可任便到堂听审，人命重案，得先通知日本领事官到堂听审，其可提出非依法之处，请中国另派员复审；修筑吉（林）会（宁）铁道，办法与吉长路同。

修筑吉会铁路，是日本承认延边地区为中国领土的重要交换条件之一。吉会路是吉长路的延伸。早在光绪三十三年（1907 年）三月三日，根据日本要求，中日缔结了新（民）奉（天）、吉（林）长（春）两铁路借款条约，由中国自营，向“满铁”部分借款，以两路财产、收入作为借款之担保。并聘日本技师、会计、办事人员等。此路名为自筑，实路权已丧之日本之手。但日本目标不限于此，而要求将吉长路延长至延吉厅南边境与朝鲜会宁路接连。吉会路筑成，将使日本取得一条经朝鲜到中国东北中心地带长春的捷径。“铁路所及，即兵力所及”。有筑路在先，即有武装侵略在后。此为人所共知之理。

日本承认延边为中国领土，不仅换取了吉会铁路的路权，而且对抚顺煤矿的要求得到满足，也是它索取的代价之一。在“间岛”问题的谈判中，中国代表有意引导，如果日本承认延边为中国领土，中国可在其他问题上让步。外务部折中说明了这种意图：“与日使协商，必俟延吉一案公认图们江及石乙水为交界，以巩领土之权，并声明垦地韩民归我裁判，以收管辖之权，然后可将吉会、抚顺两案酌量让步，辩论数次始克就范。”

而且，日本虽承认中国在延边地区的领土主权，但开商埠，设领事馆后驻兵警很多，干涉中国司法审判等，均属侵犯中国主权。

上述协定成立，中国东北吉辽两省囊括“满铁”势力范围之中，东北领土主权已部分丧失。然而，日本对我东北的上述扩张侵略行为，非出于局部问题之冲突，实为日俄战后，丧心病狂，欲霸占东北，侵夺中国领土主权，并排斥其他列强。故并不以上述六案为满足。当时还有锦齐铁路问题、渤海渔权问题、渤海领海问题、满铁附属电线公用问题，日本军用电线收买问题，旅顺芝罘间海底电线问题等，以后新的索取要求更层出不穷。

东三省总督多次报告日俄在东北的侵略活动和阴谋，尤其对日本越来越肆无忌惮地扩张，感到压力非常之大，屡向朝廷请旨。清廷束手无策，当然，主观上也想抵制日本，曾有过联美制日的尝试，但均以失败而告终。

宣统二年（1910 年）四月二十五日，英、德、法、美四国银行团组成。司戴德作为美国银行团的驻华代表来中国。他除了办理湖广铁路借款交涉外，继续他攫取东北路权的活动。中国鉴于日俄两国在东北扩张的威胁日迫，认定“非于两国路线之外，另筑一路不足以救危亡”，打算建造葫芦岛经锦州、齐齐哈尔、横断中东路，到瑷珲的铁路。司戴德过去和唐绍仪也商讨过与之有关的铁路修筑之事。他与英国宝林公司商讨，决定合组银团，由宝林公司用美国工程师、美国材料、美国银行团投资、建造中国设想中的这条铁路。美英企图通过这条铁路的修建，发展在东北的势力。清政府甚为同意，宣统元年七月四日，密谕东三省总督锡良、奉天巡抚程德全等：

> “东省介居两强，势成逼处，积薪厝火，隐患日滋。迭据臣工陈奏，莫如广辟商埠，俾外人麕集，隐杜垄断之谋，厚集洋债，俾外款内输，阴作牵制之计。即着该督笔斟酌事理，体察情形，按照以上所指各节详审熟筹奏明办理。”

锡良等力主借美国款筑路，以牵制日俄，不仅因自身财力不足，还认为“我若自修，不见阻于日，即见阻于俄，无论何路，终无让修之日”，所以“非借外人之款，不足经营东省，尤非藉外人之力，无由牵制日俄”。上下一致。司戴德表示有信心排除日俄干涉，故顺利协商成功，于宣统元年八月十九日，锡良、程德全和司戴德订立了《锦瑷铁路借款草合同》。后因中国外务、度支、邮传各部认为中国损失权利太重，中方没批准。美国方面，不曾料到中国推翻原议，竟头脑发热，由国务卿诺克斯于同年九月二十四日，提出“满洲铁路中立化”方案，企图让日俄交出南满、中东铁路，统归国际共管。

清政府认为美国的“满洲铁路中立化”方案，是最佳方案。但日、俄坚决反对这个“中立化”和锦瑷铁路计划。它们照会美国表示拒绝；分别照会中国政府，进行威胁，公然要求锦瑷铁路事，必须先经它们批准，否则不得从事。并提出进攻性条件，日本要求对该路借款、雇用工程司、购买材料、建筑工程，都参与一份；并要中国修一条支线，将锦瑷铁路和南满铁路南端车站连接起来。日本的目的是利用锦瑷铁路，使之起南满铁路支线作用。俄国则要求中国不建锦瑷铁路，而建张家口至蒙古境内或再展至恰克图直达俄国边境的铁路，俄国资本参加。日、俄各有打算，并加紧彼此勾结。法、英也拒绝锦瑷铁路计划和满洲铁路中立化主张。只有德国表示同意。在这种情况下，美国两案均未成立。

宣统二年秋，清外务部尚书梁敦彦出使德国和美国，一为求德国协助改组军队；二为向美国借款；三为试探中德美三国协定的可能性。德国和美国都无意同中国成立协定，也就是说它们不打算为中国承担什么义务。只借款一项，不但美国欢迎，于九月二十五日签订借款五千万美元草合同，德、英也想介入，美国将这一借款权转让给四国银行团，因而有次年三月十七日借款一事告成。

清政府这种联美制日，或“以夷制夷”政策，不能从根本上抵制日本的侵略扩张，反而烧香引鬼。即使用美国的力量排除了日本的侵掠，也不过前门驱虎，后门进狼，摆脱不了被侵略被奴役的命运。

宣统朝国库空虚，各帝国主义争先向中国投资，借款给清政府，以便以债权者资格获取在中国的特殊权利及主宰地位。因而，清政府向外国借款接二连三，至宣统二年，数达十万万。

如粤汉川汉二路国有，实质问题是向外国借款。人民群起保路，亦为的是反对清政府借外债，而力求保中国之路权。宣统元年（1909年）四月十九日，督办粤汉铁路兼鄂境川汉铁路大臣、大学士张之洞与德国的德华、英国的汇丰、法国的东方汇理银行订两湖境内粤汉铁路、鄂境川汉铁路借款合同草约（待皇上批准），名为中国国家湖北湖南两省境内粤汉铁路鄂境川汉铁路五厘息借款，拟借六百万英镑，用于偿还美国合兴公司旧债，并筑上两线铁道。后美国摩根公司等加入，组织为四国银行团。张之洞去世后，两湖地区资本家要求该路拒款自办。英、德、法、美致中国外务部照会，认为中国资本家请商办铁路，有碍借款合同，屡次催办，要求结正约。盛宣怀人主邮传部后，主张借外债开发实业，拟实行二路借款。据此，邮传部奏请取消商办，以便四国铁路借款合同签字。宣统三年四月十一日，谕全国铁路干线国有“定为国策”，令所有宣统三年以前，各省份设公司集股商办的干路，因延误已久，即由国家收回，赶紧兴筑，“除支路仍准商民量力酌行”外，其“从前批准的干路各案，一律取消”。谕下十一天，即四月二十二日，盛宣怀与四国银行代表缔结借款正约。其借款总额为六百万镑，利息五厘。此款用以偿还旧欠美国合兴公司公债及利息；筑自武昌至宜章（与粤路接）之湖广粤汉铁路、湖北省广水经襄阳荆门州宜昌至四川、夔州之湖北境内川汉铁路。以两湖厘捐等为担保物，得请英人、德人、美人各一名为总工程司。此约签订与铁路国有，全国舆论沸沸扬扬，保路运动高潮兴起，接着武昌起义。“清廷失败多端，致亡之道虽不一，然此次大借款，实为起革命军之导火线。”然而，不借款无法活，“度支部、邮传部，库空如洗，除借款实无他法。”

外交、国力之间相互关联，外交以国力为后盾。清廷国力弱，而外交软；外交失利又损害国力，两者恶性循环。

第五章　被迫退位

溥仪当了二年零不足十个月皇帝，以推翻清朝统治为直接目标的辛亥革命爆发了。又过了四个月零六天，也就是他当皇帝满三年零两个半月的时候，那是宣统三年（1912 年）十二月二十五日，中华民国元年（1912 年）二月十二日，宣统皇帝退了位。这时，他还不满六岁。应当说，是辛亥革命把清朝封建帝制推翻，把皇帝赶下了台。但取代宣统当国家元首的，不是创建民国的孙中山，而是清政府的内阁总理大臣、北洋军阀首脑袁世凯。被革命的宣统皇帝溥仪、革命的南京临时总统孙中山，几乎同时退位。这段历史的演变，异乎寻常，奇特而复杂，又有必然性。

一

孙中山领导的革命已经进行了十几年，到宣统朝发展到一个新的高峰。四川保路风潮和武昌起义，把这场革命推进到决战阶段，也就是最后推翻清王朝阶段。同盟会领导的这场革命的目标，在同盟会的纲领中规定得很清楚："驱除鞑虏，恢复中华，建立民国，平均地权"即以民族、民权、民生三大主义为目标。其矛头直指清朝政府，"满政府穷凶极恶，今又贯盈。义师所指，覆彼政府，还我主权。”因此，同盟会以颠覆清政府为首要任务，“颠覆现今之恶劣政府，此造端之事业也。”推翻清政府之后，实行立宪共和制，而不是立宪君主制，“吾人信今日支那国民之程度，不可以无政府；惟旧之为异族政府所有者，固当倾覆之；而数千年君主专制之政府，亦必同时改造。”既然如此，是肯定不要皇帝的。同盟会制定了这样的革命目标，用它指导各地起义。

武昌起义本此目标行动。宣统三年（1911 年）八月十九日（10 月 10 日）《中华民国军政府布告全国文》中，历数清政府罪状，以为推倒之根据。简言之有：1.“假立宪之名，行专制之实”。2.“借举行新政之名，行搜刮民财之实”。用搜刮的民脂民膏修园陵，治宫寝，赉嬖佞，赏民贼。而全国饥民遍野，清政府漠然不顾。3.矜其“宁送友邦，勿与家奴”之谬见，向帝国主义乞援，卖国殃民，“今日献一地，明日割一城，今日卖矿，明日卖路”。爱国人民奋起抗争，清政府视如仇敌，“不曰干与政权，即曰格杀勿论”。4.“举吾民自办之路，自集之款，一网而归之官”。正因如此，本中华民国军政府“首举义旗”，目的在于使清政府“瓦裂山颓”，然后“永久建立共和政体”。

清王朝不甘心失去自己的天堂，做垂死挣扎。武昌起义爆发，湘鄂赣军警镇压，湖广总督瑞澂“亲率警察抵御。”当时，清政府正陆续派兵赴川镇压保路运动。鄂变又起，清政府得息，一面立即命令军谘府、陆军部，“迅派陆军两镇，陆续开拔，赴鄂剿办”；一面令海军部“加派兵轮”，由长江舰队统制，海军副都统、正都统衔萨镇冰督率前进。并令程允和，率长江水师，即日赴援。派陆军大臣廕昌，督率前往湖北“剿办”，“所有湖北各军，及赴援军队，均归节制调遣，并着瑞澂会同妥速筹办。”武汉被革命军占领，清政府加意长江一带、京汉铁路、黄河铁桥的防守。汉口德国海军舰队，为廕昌部队打气，说什么革命党“如与贵军相抗，直如以卵击石。廕大臣必可迅平此乱，决无疑义”。

清廷以瑞廕对武昌起事“毫无防范，预为布置，竟至祸机猝发，省城失守”，二十一日“着即行革职，带罪图功，仍着督署湖广总督”。八月二十三日，谕令袁世凯补授湖广总督。组军三个，第一军，已由瀓昌督率赴鄂；第二军，派冯国璋督率迅速筹备，听候调遣；第三军，驻守近畿，专司巡护。九月初六，清政府授袁世凯为钦差大臣，“所有赴援之海陆各军，并长江水师暨此次派出各项军队，均归该大臣节制调遣。其应会同邻省督抚者，随时会同筹办，凡关于该省剿抚事宜，由袁世凯相机因应，妥速办理。”命军谘使冯国璋总统第一军，江北提督段祺瑞总统第二军，统归袁世凯节制调遣。“此次湖北军务军谘府陆军部不为遥制，以一事权而期迅奏成功。”同日召廕昌回京。袁由彰德南下，初十，到信阳，移驻湖北孝感督阵。时清兵达万人以上，数量大大优于革命军。但革命军士气旺盛，顽强拚搏。清军穷凶极恶，进行反扑，九月初六开始攻汉口，初九，即放火烧城。汉口火头达十多处，市街顿成一片火海。九月十一日，清军攻入汉口市区，继续焚掠，革命军退守汉阳。大火烧到九月十四日，市区五分之一被烧。资政院奏：“十三日接南省各团体电称，汉口并附近一带地方，官军恣意残杀，惨及妇孺，焚烧街市，绵亘十余里，奸淫掳掠，无所不至，人心愤激，达于极点。”十月初七，清军占汉阳。

但革命洪流势不可当，继武昌首义后，湖南、陕西、山西、云南、江西、上海、贵州、江苏、浙江、广西、安徽、福建、广东、四川等省纷纷起义，宣告独立。直隶、河南、山东、东三省、新疆、甘肃，也程度不同地起义响应。在南北各省起义夹攻下，清腹背受敌，尾首不能相顾。至十月十二日，南京光复，南方独立各省联成一片，居于显然优势地位。清政府控制下的北方六省和新疆、甘肃，响应起义者，亦前仆后继。旧的统治秩序全线崩溃，清王朝的灭亡，宣统帝下台，指日可待。

在此期间，清政府曾向黎元洪劝降，黎元洪“并允投降”，但以宣统帝退位为条件。袁世凯谋与湖北军政府议和时，军政府表示可以与袁携手，但必须皇帝下台。黎元洪认为：“此时不将皇上推倒，随便和了，将来更无法子。”“须将皇族另置一地与他居住，管他的吃穿，不准他管我们汉人的事情。”表明不论用什么手段解决问题，宣统帝都必须下台。

革命狂澜猛烈地冲击着清王朝的根基。统治集团内部产生了裂缝和动摇。有些人转而支持革命。九月初八、十一日，清军第二十镇统制张绍曾及混成协协统蓝天蔚等联名电奏，请速开国会，由国会制订宪法，组织责任内阁等。第六镇统制吴禄贞（同盟会员）驻兵石家庄，准备与张绍曾配合，待机起事，京城受到严重威胁。

清政府无力招架，转而采取退守政策。宣统三年九月初九日（1911 年 10 月 30 日），连下四诏。一为罪己诏：

“朕缵承大统，于今三载，兢兢业业，期与士庶同登上理。而用人无方，施治寡术。政地多用亲贵，则显戾宪章。路事蒙于佥士，则动违舆论。促行新治，而官绅藉为网利之图。更改旧制，而权豪或只为自便之计。民财之取已多，而未办一利民之事。司法之诏屡下，而实无一守法之人。驯致怨积于下而朕不知，祸迫于前而朕不觉。川乱首发，鄂乱继之。今则陕湘警报叠闻，广赣变端又见。区夏腾沸，人心动摇。九庙神灵不安歆飨，无限蒸庶，涂炭可虞。此皆朕一人之咎也。兹特布告天下，誓与我国军民维新更始，实行宪政。凡法制之损益，利病之兴革，皆博采舆论，定其从违。以前旧制旧法，有不合于宪法者，悉皆除罢。化除旗汉，屡奉先朝谕旨，务即实行。鄂湘乱事，虽涉军队，实由瑞澂等乖于抚驭，激变弃军，与无端构乱者不同。朕维自咎用瑞澂之不宜，军民何罪？果能翻然归正，决不追究既往。朕以眇眇之躬，立于臣民之上。祸变至此，几使列圣之伟烈贻谋，颠坠于地。悼心失图，悔其何及。尚赖国民扶持，军人翼戴，期纳我亿兆生灵之幸福，而巩我万世一系之皇基，使宪政成立，因乱而图存，转危而为安。端恃全国军民之忠诚，朕实嘉赖于无穷。此时财政外交，困难已极，我君民同心一德，犹惧颠危。倘我人民不顾大局，轻听匪徒煽惑，致酿滔天之祸，我中国前途，更复何堪设想。朕深忧极虑，夙夜旁皇，惟望天下臣民共喻此意。”

二为据资政院要求，令溥伦等遵钦定宪法大纲，迅速拟齐宪法条文，交资政院审议，然后颁布。

三为据资政院所奏，取消皇族内阁，撤销内阁办事暂行章程，一俟事机稍定，简贤得人，即组织完全内阁。

四为接受资政院请开党禁以示宽大要求，宣示自戊戌以来政治犯、因政治嫌疑逃匿、及此次乱事胁从来归者，皆赦其既往。

四诏发出后，即着手实施。同年九月十一日，奕劻等皇族内阁成员辞职，准，授袁世凯为内阁总理大臣，命进京组织完全内阁，仍节制湖北各军及长江水师。九月十三日，颁布《宪法信条》十九条。十六日，释放谋杀摄政王载沣的革命党人汪精卫等；谕旨说，据法部奏请，党禁既开，拟将监禁的因犯政治革命嫌疑人犯，悉予释放。准开释汪精卫、黄复生、罗世勋，发往广东，交张鸣岐差委。

与此同时，对革命由剿转抚。指挥湖北战事的袁世凯，接到九月初九日的四诏，“已令各军停进，一面出示晓谕招抚，并向武昌宣布德意解散”，九月十四日，清廷予以肯定，并命各省统兵大员“妥速安抚”。

也许要表示皇帝关心民间疾苦，宣统三年八月八日，龙溪、南靖两县大雨，河水陡涨，决堤成灾，皇帝恩赏帑银二万两，令散放灾民，“毋令失所”。八月廿九日，摄政王奉皇太后懿旨，“俯念饥民难民流离荡析，深为悯恻”，将慈禧所遗宫中内帑拨银二十万两，交袁世凯在湖北一带赈济灾民。九月初三，摄政王又面奉皇太后懿旨，“着每省拨出宫中内帑银三万两，由内务府发交该督抚，派委妥员，核实散放，以赈饥民”。又据盛宣怀建议，令设立慈善救济会。初五，摄政王面奉皇太后懿旨“现在设立慈善救济会，着赏宫中内帑银三万两以资拯救。”并派人赴鄂对“受伤被难军民”，“医伤救难”。九月十三日，又以慈禧所遗宫中帑银十万两赈济四川。

满汉民族矛盾，在清朝统治的二百多年中始终存在，成为革命起因之一。仅发型一项，清政府强迫汉族人民服从满族，就一再引起强烈不满。至宣统三年十月十七日，清廷终于在大火烧身时才肯正式下令准许自由剪辫。

早知今日，何必当初。此时此刻，任何开明的政策都挽救不了宣统下台的命运。

二

辛亥革命起，清廷重新起用袁世凯。这在载沣来说是出于不得已，是在诸方压力之下，首先是军事压力之下，屈从于奕劻等人的极力推荐。

清政府的军队主体是新军，十三万余人，另有旧军四万余人，共十七万余人。武昌起义后，各省新军纷纷独立，剩下新军北洋六镇七万余人，旧军巡防营四万余人，另有新军第二十镇、二十三镇和禁卫军，共十三万九千余人。其中北洋六镇是主要力量，而且是可以迅速调动的军队。但北洋系军队由袁世凯一手练成，骨干多袁之亲信，如同私家军，袁世凯虽去职，仍能遥控。廕昌指挥不了北洋军。宣统三年（1911 年）八月二十三日，奕劻等保荐袁世凯，载沣无可奈何。溥伟日记所载极为真切：

> “数日后，忽起用袁世凯督师。复谒醇邸，叩其因。醇邸以袁四有将才，且名望亦好，故命他去。余曰：袁世凯鹰视狼顾，久蓄逆谋。故景月汀谓其为仲达第二。初被放逐，天下快之，奈何引虎自卫。醇王默然良久，始嚅嚅言曰：庆王、那桐再三力保，或者可用。余曰：纵难收回成命，可否用忠贞智勇之臣，以分其势。醇王问为谁。余曰：叔监国三年，群臣臧否，自在洞鉴，伟不在政界，何敢谋此。醇王曰：都是他们的人，我何曾有爪牙心腹。”

清廷其他人对起用袁世凯，也颇不一致，有主张不用袁世凯，而严申军令，用亲贵督师者。但两种意见“争不能决，乃奏请隆裕太后决定。太后主起用袁，议乃定”。已如前述，隆裕身边有袁世凯的人，隆裕并无主见，偏听偏信而已。

起用袁世凯，意味着载沣向袁世凯投降，宣统皇帝的命运也随之注定。袁世凯征服革命派还是失败于革命派，宣统都必须退位。这一点载沣和袁世凯心里都不会想不到。袁世凯正等着这一天。袁世凯不会服服帖帖地出山，他要利用这个机会讨价还价，实现一定的目标，也就是要有所得。

九月初四，根据袁世凯的奏请，清廷派冯国璋任一军总统，调第二军陆续开往信阳一带，署江北提督段祺瑞北上后任第二军总统。袁世凯的亲信一个一个的委以军事重任，集中在袁世凯将要任事的地方，军事大权迅速归于袁世凯一伙之手。这时，湖南、陕西已宣布独立，各省局势不稳，有群起响应革命的趋势。而袁世凯仍迟迟不动。清政府再出高价，于九月六日授袁世凯为钦差大臣，所有赴援之海陆各军，并长江水师及此次派出各项军队，均由其节制调遣，其应会同邻省督抚者，随时会同筹办。凡关于该省剿抚事宜，由袁世凯相机因应，妥速办理。并以军情瞬息万变，命湖北军务由袁世凯全权办理，军谘府，陆军部“不为遥制，以一事权而期迅奏成功。”同日，谕令廕昌将第一军交冯国璋统率，俟袁世凯到后，廕昌回京供职。并命军谘府军谘使冯国璋总统第一军，江北提督段祺瑞总统第二军，均归袁世凯节制调遣。九月九日，下四诏，并催促袁世凯迅赴事机。

袁世凯索要的前线军事指挥全权已经到手；因皇族内阁取消，“完全内阁”总理非袁莫属，掌握政府行政大权当不在话下。袁世凯对被授钦差大臣“感激陈谢”，并动身南下。初十日，到信阳与廕昌晤商一切。他的北洋亲信们也积极行动起来。“冯等闻袁氏将出，始奋力与革命军搏战，数日后竟夺取汉口。”清军于九月初六，即清廷任命袁世凯为钦差大臣的同一天，始攻汉口，九月十一日，即袁世凯到信阳与廕昌交接的第二天，攻下汉口。此前清军无大进展。

根据责任内阁精神，奕劻等请辞内阁大臣职，准。奕劻力主以袁氏组阁，段祺瑞、冯国璋等推波助澜，大造“非宫保再出，不能挽救危局”的舆论。外国人亦有非袁莫属之论。九月十一日，授袁世凯为内阁总理大臣，着来京组织完全内阁，所有派赴湖北陆海各军及长江水师，仍归袁世凯节制调遣。同日，起参谋部作用的军谘府军谘大臣载涛开缺，廕臣为军谘大臣。二十一日军谘大臣毓朗开缺，以大学士徐世昌充军谘大臣。二十三日，令近畿各镇新军及各路军队等，均归袁世凯节制调遣，随时会商军谘大臣办理。袁世凯于九月二十二日离开湖北前线赴京，二十三日到京，二十四日召见。二十六日，清政府任命袁世凯推举的国务大臣；皇族无一人参与。

至于摄政王，袁世凯必欲除之而后快。“完全内阁”又是一个方便的借口。九月二十八日，袁世凯面奏，内阁业已成立，嗣后所降谕旨，凡关于某部事项，即由该国务大臣随同总理大臣署名。十月初二，袁世凯以内阁总理大臣身份面奏呈览《关于奏事入对暂行停止事项》，得旨从之。谓完全内阁业经组织，但各项制度尚未制定，与立宪相违者停止。1. 除照内阁官制召见国务大臣外，其余召见官员均暂停止。总理大臣不必每日入对，“遇有事件奉召入对，并得随时自请入对”；2. 除照内阁官制，得由内阁国务大臣具奏外，其余各衙门应奏事件，均暂停止，所有从前应行请旨事件，均咨行内阁核办。其必应具奏者，暂由内阁代递，凡无须必请上裁事件，均以阁令行之。关于皇室事务，暂仍照旧章具奏，统由内务府大臣承旨署名具奏后，即时知照内阁，但以不涉及国务为限。3. 各部例行及属于大臣专行事件，毋须上奏。4. 向由奏事处传旨事件，均暂停止，内外折照题本旧例，均进呈内阁，由内阁拟旨进呈，再请黔章。只谢恩请安、进呈贡物，仍暂由奏事处照旧呈进。摄政王无政可摄。而且，隆裕让奕劻请外国人帮助清政府时，奕劻“转达”外国人的话说：“如果要我们帮忙，必须摄政王退位。”英国主张使摄政王退位，奕劻转达的也是袁世凯的意图。隆裕于十月十六日，据载沣的“泣请辞退监国摄政王之位”的面奏，准其退位。“所钤监国摄政王章，着即缴销，仍以醇亲王退归藩邸，不再预政。”以后用人行政均责成内阁总理大臣、各国务大臣担承责任。摄政王代理的陆海军大元帅一职，更必须解除，“陆海各军，暂责成现行专司诸大臣督率管理。”原归摄政王管辖调遣的禁卫军，交给专司训练大臣督饬训练。十月十九日，将禁卫军由两协编成军，派冯国璋任总统官。专司训练禁卫军大臣、一直管理训练禁卫军的贝勒载涛，得旨“妥为交代，再行离任。”不久，袁世凯以出征为名，调禁卫军出京，以新编之拱卫军“保护”都城。

袁世凯向小皇帝伸出两支手，一支手要权，一支手要钱。要他出山，他一开口，就要了白银四百万两。这是国库里的钱，清政府的国库是空的，一直靠借外债过日子。旧债花完了，新的借不来。袁世凯想到了皇室。清室在统治中国的二三百年中，搜刮了一大笔财富。袁世凯要隆裕把钱拿出来。他说：“乾隆新疆金川诸役，嘉庆川湖陕东豫之师，饷款合计，皆及万万，中兴告成。”而今“兵食之筹备者，知本月而不知下月”，兵不能征调，匪不能剿灭，被围之城不能救，失陷之地不能复。隆裕在宣统三年八月二十九日，懿旨从慈禧所遗宫中内帑内拨银二十万两，由内务府发交袁世凯，说是在湖北赈济灾民。九月初六，懿旨拨出宫中内帑白银一百万两，专作军需之用。十三日，懿旨从慈禧所遗宫中帑银拨十万两，赈济四川。十一月十一日，准将盛京大内热河行宫旧存瓷器变价充饷。十五日动员王公们将存款取出购买国债。清政府度支部在北京西交民巷大清银行、京师商务总会各设一处统理“爱国”公债处。据十二月六日至十一日统计，度支部收到购买公债金额为一万五千二百四十元。认购者上自大臣、将军，下至士兵，多者购数千元，少者五元。王朝末日，有人认购那有去无回的公债，说明或出于被迫，或仍有人不想让清王朝灭亡。亲贵们资助军饷，据说“其数不下千万”。奕劻依袁世凯之计“首倡”，自任百万元，说好完成带头任务后归还，但袁世凯自食其言。前军机大臣世续纳五十余万。袁世凯仍不满足。但隆裕却说："现在内帑已竭，前次所发之三万现金，是皇帝内库的，我真没有。"

钱，"没有"了。属于爱新觉罗氏的权力还剩下什么呢？

政权——属于内阁，总理大臣袁世凯；没有皇族参加，袁世凯热心"责任内阁"，正是用它夺皇室之权。

军机——陆军、海军、禁卫军，在袁世凯、王士珍、冯国璋、段祺瑞、萨镇冰等人手中；载沣、载涛、载洵兄弟及其他皇族成员无权过问。

财权——归内阁的度支部，严修任大臣；载泽已靠边站。

议和——全权大臣袁世凯。

正如御史欧家廉所奏："尽罢亲贵，易大臣，人心益疑。未几又以组织内阁，停止奏事入对，撤销直日，人心愈疑。以为实权既去，空文亦亡，朝廷自此替矣"。监国摄政王一去，使"皇上以一孺子，茕然独处于内，诸臣麋然屏迹于外，内外隔绝，上下不通，宁知复取我君父置于何地！"萧一山在《清代通史》中的结论是："于是清廷自卫之壁纍，亦尽行撤除，仅留一孤儿寡妇，被袁世凯玩弄于股掌上矣。"剩下的事，只能听命了。

袁世凯手中掌握的清政府的大权和宣统皇帝，又是诱逼革命党交政权给他的资本。宣统退与不退，已经不能自行决定，而取决于袁世凯；袁世凯让不让皇帝退，什么时候让皇帝退位，要看革命党给他的价码多大。他要的代价是：当总统。

清军攻下汉口之后，袁世凯命前线各军停止前进，清廷降旨批准，由"剿"转"抚"。袁世凯间接与湖北军政府联系，要求黎元洪和平解决。军政府无心打下去，又对袁世凯有幻想，认为可利用袁世凯杀宣统皇帝的回马枪。黎元洪答复必须推倒皇帝；黄兴回信说只要袁世凯能建拿破伦、华盛顿之功，推翻清朝，南北各省人民都将“拱手听命”。在双方交往中，宋教仁说，如果袁世凯倒戈，可被举为大统领。袁世凯为了使对方就范，对湖北军政府采取一打一拉策略。十月初七，清军攻占汉阳，革命军退守武昌。之后双方停战议和。黄兴表示：只要袁世凯赞成共和，将举其为中华民国大总统。袁世凯对清廷说，南方兵力强盛，我方兵弱饷缺，军械不足，没有办法打。十七日，清政府任命袁世凯为议和全权大臣，袁世凯派唐绍仪为全权代表与军政府和谈。

南北议和的主要分歧点，看上去是政体问题。北方主张立宪君主制，南方主张立宪共和制。实际上，北方以袁世凯意志为依归。他的本意并非坚持君主立宪，但口头上主张“留存本朝皇帝，即为君主立宪政体”。其目的，一是做给清廷看，表示他是坚持要皇帝、忠于清朝的，而是南方坚持非共和不可；二是用来与南方讨价还价。他更非真心要共和，但南方要共和，他可以用它来赶跑皇帝。十一月初八，唐绍仪电内阁，称国体问题惟有交国会公决。次日，清廷同意了。袁世凯装模做样地让唐绍仪与伍廷芳商议召集国会诸事，然后由国会决定君宪、共和问题。唐绍仪已经预料，将来国会公决“必为共和”。

这之后，发生了一件使袁世凯恼火的事。宣统三年十一月十三日，民国元年（1912 年）元旦，在南京成立中华民国临时政府，孙中山在南京就任临时大总统。袁世凯质问南方代表：“选举总统是何用意？设国会议决为君主立宪，该政府及总统是否亦取消？”并通过唐绍仪向南方探询，清帝如果退位，孙中山肯让袁出任总统“有何把握”。孙中山早在就任临时大总统之前，就对袁世凯明确表示：“暂时担任”此职，“而虚位以待之心，终可大白于将来”。就临时大总统的第二天，电袁世凯，重申“倘由君之力，不劳战争，达国民之志愿，保民族之调和，清室亦得安乐，一举数善，推功让能，自是公论”。此绝非“诱致之意”。对唐之探询，于民国元年（1912 年）一月十五日（农历十一月二十七日），孙中山复伍廷芳电称：“如清帝实行退位，宣布共和，则临时政府决不食言，文即可正式宣布解职，以功以能，首推袁氏。”得到孙中山的这种许诺后，袁世凯加紧逼宫活动。

一月十六日（农历十一月二十八日），袁世凯入见隆裕太后，公然与诸内阁大臣联衔密奏，提出宣统皇帝退位一事，请示最后决策。这天退朝回家，在东华门外丁字街遇革命党人行刺，三位革命党人在东华门大街便宜坊酒楼上投掷炸弹，谋炸袁世凯，未中，炸死其侍卫长袁金标，炸伤护兵数人。从此，袁世凯借故请病假，以“发烧未已，步履尚难照常”，“心跳作烧及左髋疼痛”，拒不入朝，由国务大臣赵秉钧、胡惟德等代奏。清帝以功封侯，亦屡辞不受。奕劻是袁世凯在皇族亲贵中的实际代理人，袁请其以优待条件疏通，美其名曰为了清室及满人安全，退位为最上策。奕劻在御前会议和亲贵中活动的结果，亲贵们皆气馁，莫知所为。但军谘使良弼与一派亲贵策划，反对共和，反对南北议和，反对袁世凯，并曾上书警告袁世凯。退位之议在御前会议未通过。袁世凯一派接连不断地向清廷施加压力，赵秉钧在御前会议上，以内阁全体辞职相威逼，并先行退席，致会议无结果而散。袁世凯接到良弼上书后，口称准备与南方再战，暗调驻滦军队曹锟第三镇等进京“保卫”，一月二十八日（农历十二月初十）至天壇，构成对清廷的军事戒备与威胁。并授意、指挥前方作战的署湖广总督、第一军总统官段祺瑞，联名发出拥护共和通电。段祺瑞于一月二十五日（农历十二月初七）致内阁电，称前方领袖要求“非共和不可”，要求联衔。“压制则立即暴动，敷衍亦必全溃”。因“兵无备补，饷械缺匮，战守无具，败亡不免”。袁世凯也在初七这天威胁隆裕：如由国会公决国体，则优待条件也需交国会公决，其结果不一定照前优。袁世凯之所以如此，是他早已不打算走国会公决的过场，而决定直接逼迫清帝退位。一月二十六日（农历十二月初八）段祺瑞等四十七名军事将领发出致内阁请代奏电，内称形势不稳，“有兵溃民乱、盗贼蠭起之忧”；兵力、粮饷无援，无力再战，寸筹莫展，不能再战；共和政体乃人心趋向，“恳请涣汗大号，明降谕旨，宣示中外，立定共和政体”。此电非同小可，将领既然说不能战，只得降。萧一山在《清代通史》中评论：“世凯于清末内依徐而外依段，最后能逼迫清室退位，取得民国统治者，仍赖徐之运用，段之威胁耳。段氏通电实不啻满清二百六十八年天下之催命符。”

详知内幕的袁世凯心腹赵秉钧透露：袁世凯“本具雄心，又善利用时机。”一直要着两面派手法。“虽重兵在握，却力避曹孟德欺人之名，故一面挟北方势力与南方接洽，一面挟南方势力以胁制北方。”袁世凯原对南方估计不足，“以为南方易与，颇侧重南方，及南方选举总统后，恍然南北终是两家”，如果国会成立，将为其挟持，不能摆脱，决然放弃国会公决国体一策，“乃决计专对清室着手，首先胁迫亲贵王公，进而胁迫清帝，又进而恫吓太后，并忖度其心理，诱饵之以优待条件，达到自行颁布退位，以全权组织临时政府”。

三

将满六岁的小宣统皇帝并不明白天下发生了什么事情，他在《我的前半生》中这样记述当时的情景：

> “我胡里胡涂地做了三年皇帝，又胡里胡涂地退了位。在最后的日子里所发生的事情，给我的印象最深的是：有一天在养心殿的东暖阁里，

隆裕太后坐在靠南窗的炕上，用手绢擦眼，面前地上的红毡子垫上跪着一个粗胖的老头子，满脸泪痕。我坐在太后的右边，非常纳闷，不明白两个大人为什么哭。这时殿里除了我们三个，别无他人，安静得很，胖老头很响地一边抽缩着鼻子一边说话，说的什么我全不懂。后来我才知道，这个胖老头就是袁世凯。这是我看见袁世凯惟一的一次，也是袁世凯最后一次见太后。如果别人没有对我说错的话，那么正是在这次，袁世凯向隆裕太后直接提出了退位的问题。从这次召见之后，袁世凯就借口东华门遇险的事故，再不进宫了。”

这时代表清室决策的人物是隆裕。隆裕领着宣统皇帝在宫里，像是由她“训政”，又无政可训。她也说与当年慈禧训政不同，因为是内阁制。但内阁有事报告，需要清室表态时，袁世凯定要找她。她没有见解，更不用说深谋远虑，只能受制于人。袁世凯要她怎么定，就对她怎么说；袁世凯怎么说，她就怎么定。王公中的奕劻，“依然入朝”。隆裕身边的太监小德张和袁世凯串通一气。她对什么是共和、君宪，并不清楚其真实含义，对中国采取什么样的国体、政体合适，也不关心；最关心的是如何保住荣华富贵，能不能得到优待条件。而袁世凯们正是用优待条件引诱她、挟制她。奕劻、小德张与袁世凯配合，用同样的语言劝导她，由不得她不被牵着鼻子走。

清室的王、贝勒们，遵照家规祖制，对隆裕多有迁就，不愿冒犯。溥伟在一次“御前会议”上发表了一些不同意见，过两天，载沣对他说：“你前奏对，语太激烈，太后很不喜欢。说：时事何至如此。恭亲王，肃亲王，那彦图三个人，爱说冒失话，你告知他们，以后不准再如此。”

监国摄政王载沣退位后，朝中一些人为他鸣不平，认为他为人忠厚素朴，本没有什么过错；酿成祸乱责在掌用人行政权的大臣奕劻、那桐、徐世昌，还有内外合谋主持铁路国有的载泽、盛宣怀、瑞徵，要求将这六人的罪状宣布天下。但载沣对卸职不但半点怨言没有，反而如释重负，轻松、平静，不想在蜗牛角上争事，甘愿当无事“小神仙”。溥仪的母亲苏完瓜尔佳氏，对溥杰说：“你的老阿玛在辛亥革命后，从宫中回到家来，神情不变地对我说，‘从此就好了，我也可以回家抱孩子了。’我听了大哭一场，你长大了，可不要像你阿玛那样的没有志气？”退职后，他对国事一言不发。这除了没有兴趣之外，还出于谨慎。他对溥伟说：“我处嫌疑之地，也不能说话。”

载沣最依靠的亲兄弟载洵、载涛，顺顺当当的交出了军权，没有图谋挽救清朝政权的迹象。

宗室其他人员，多数态度淡漠。只溥伟等强烈反对清帝退位。溥伟是恭忠亲王奕䜣的孙子，世袭恭亲王。辛亥革命后，良弼、溥伟、铁良等纠集成满洲皇族的反动组织宗社党，以挽救清朝灭亡，反对宣统退位，以阻止袁世凯与南京临时政府议和为宗旨，在北京、天津等地进行秘密活动。但一月二十六日（农历十二月八日）良弼被同盟会员彭家珍炸死，这一派的气焰也不那么盛了。

这就是清皇室最后时刻的阵容。

一月十六日（农历十一月二十八日），袁世凯以全体国务员的名义向隆裕太后密奏，一改从前拥护君主立宪腔调，公然提出皇帝退位问题。即前面所述溥仪看到胖老头“满脸泪痕”跪在地下那次。也就是袁世凯退朝遇刺的那次。袁世凯在皇帝、太后面前依然是“忠诚”的、“悲哀”的、“不得已”的，但所奏内容是可怕的，说：除了实行共和，别无出路。原因是：“海军尽叛，天险已无，何能悉以六镇诸军，防卫京津？虽效周室之搬迁，已无相容之地。”“东西友邦，有从事调停者，以我只政治改革而已，若等久事争持，则难免无不干涉。而民军亦必因此对于朝廷，感情益恶。读法兰西革命之史，如能早顺舆情，何至路易之子孙，靡有孑遗也。”

原先袁世凯一直表示反对共和，主张君宪，突然倒了个。隆裕吓得不知所措，忙召集近支王公开御前会议。一月十七日（农历十一月二十九日）的会议，国务大臣胡惟德、赵秉钧、梁士诒列席。赵秉钧说，袁世凯拟设临时政府于天津，同时与南方谈判，再定办法。恭亲王溥伟坚决反对，以汉阳已攻下，主张乘胜“痛剿”。梁士治说，各省响应起义，北方无饷械，不能再战；到天津去设临时政府，是“惧惊皇上也。”胡惟德则以列强反对战，若一意主战，恐引起外国人责难为由，驳溥伟主张。

王公等开御前会议讨论共和问题时，奕劻、溥伦主张接受共和制，余皆反对。争论很激烈，奕劻、溥伦后来不敢公开赞成共和制。

一月十九日（农历十二月初一），在养心殿开会，隆裕主持，满、蒙王公贝勒十四人参加，但宣统“未御座”。隆裕太后问：“你们看是君主好，还是共和好？”众人回答：“臣等皆力主君主，无主张共和之理，求太后圣断坚持，勿为所惑。”那天奕劻没与会。隆裕说：“我何尝要共和，都是奕劻同袁世凯说，革命党太厉害，我们没枪炮，没军饷，万不能打仗。我说可否求外国人帮助，他说等奴才同外国人说看。过两天，奕劻说：外国人再三不肯，经奴才尽力说，他们始谓：革命党本是好百姓，因为改良政治，才用兵，如果我们帮忙，必使摄政王退位。”溥伟提醒隆裕：“现在载沣已经退政，外国何以仍不帮忙，显系奕劻欺罔。”会上，溥伟、载泽、善耆主战，隆裕没有信心，说：“胜了固然好，要（若）是败了，连优待条件都没有，岂不是要亡国么？”与会王公贝勒十四人，只四人发言，“余皆缄口”。善耆奏：“少时国务大臣进见，请太后慎重降旨。”太后又没有了主意，叹曰：“我怕见他们。”“少刻他们又是主和，我应说什么？”溥伟出主意说：“请太后仍是主持前次谕旨，着他们要国会解决”。就是把退位问题推到以后国会召开时去解决。可是，赵秉钧带来了袁世凯早已准备好了的话，威胁隆裕说：如果拿到国会讨论，“有没有优待条件，可就说不准了！”这是她最关心的事。本来“御前会议”上，载泽和善耆叮嘱她不把会上的事对太监讲。她虽然答应了，但回到后宫，小德张先开口：“照奴才看，共和也罢，君主也罢，老主子全是一样。讲君主，老主子管的事不过是用用宝。讲共和，太后也还是太后。不过这可得答应了那‘条件’。要是不应呵，革命党打到了北京，那就全完啦！”

“御前会议”开过几次毫无结果。拖到一月二十六日（农历十二月初八日），段祺瑞等通电拥护共和，同一天良弼被炸致死。“御前会议”调子低沉下来。溥伟、善耆等离京。二月三日（农历十二月十六日），隆裕懿旨，对各省督抚岑春煊、袁树勋等，出使大臣陆征祥等，统兵大员段祺瑞等电请速定共和国体一事，“着授袁世凯以全权，研究一切办法，先行迅速与民军商酌条件，奏明请旨。”她决定投降了。原主战的冯国璋、那彦图等均表示赞成共和。因病不入朝的袁世凯，自这一天起入朝。

同一天，袁世凯代表清廷向南方代表伍廷芳提出清帝退位条件。二月五日（农历十二月十八日），南京临时参议院讨论此条件，议决一份修正案。袁世凯接到修正案后，令梁士诒入宫请示隆裕，隆裕坚持：留“大清皇帝尊号相承不替”十字；不用“逊位”一辞；宫禁及颐和园随时听使居住。袁密电唐绍仪与伍廷芳协商。二月九日（十二月二十二日），南京临时政府将最后修正案电袁世凯，次日，袁世凯召集内阁各部大臣及近支王公讨论通过此清帝退位条件最后修正案。

同时形成的另一文件，是清宣统帝退位诏书。据云草拟者为张謇。它在清廷与南京临时政府及袁世凯间反复协商修改过，其中“即由袁世凯以全权组织临时共和政府”一项，系袁世凯所加。其用意是表示他掌政权受命于清廷，非受命于南方；南京临时政府不交权，他即以北京的临时政府与南方对峙，从而加重自己的法码。

二月十一日（农历十二月二十四日），隆裕同意优待条件，决定宣统帝下诏退位。十二日（农历二十五日）以宣统帝奉隆裕太皇懿旨的名义，颁布了宣统皇帝退位诏书。其文曰：

“前因民军起事，各省响应，九夏沸腾，生灵涂炭。特命袁世凯，遣员与民军代表讨论大局，议开国会，公决政体。两月以来，尚无确当办法。南北睽隔，彼此相持。商辍于途，士露于野。徒以国体一日不决，故民生一日不安。今全国人民心理，多倾向共和。南中各省，既倡议于前，北方诸将，亦主张于后。人心所向，天命可知。予亦何忍因一姓之尊荣，拂兆民之好恶。是用外观大势，内审舆情，特率皇帝将统治权公诸全国，定为共和立宪国体。近慰海内厌乱望治之心，远协古圣天下为公之义。（袁世凯前经资政院选举为总理大臣，当兹新旧代谢之际，宜有南北统一之方，即由袁世凯以全权组织临时共和政府，与民军协商统一办法。）总期人民安堵，海宇乂安。仍合满汉蒙回藏五族完全领土为一大中华民国。予与皇帝得以退处宽闲，优游岁月，长受国民之优礼，亲见郅治之告成，岂不懿欤。”

同日，下“劝谕臣民”之诏，要求官守其职，民安其分，期保平安。同一天下的第三道诏书是优待皇室各条件，内容如下：

“甲、关于大清皇帝辞位之后优待之条件：

今因大清皇帝宣布赞成共和国体，中华民国于大清皇帝辞位之后，优待条件如左：

第一款，大清皇帝辞位之后，尊号仍存不废，中华民国以待各外国君主之礼相待。

第二款，大清皇帝辞位之后，岁用四百万两，俟改铸新币后，改为四百万元。此款由中华民国拨用。

第三款，大清皇帝辞位之后暂居宫禁，日后移居颐和园。侍卫人等，照常留用。

第四款，大清皇帝辞位之后，其宗庙陵寝，永远奉祀，由中华民国酌设卫兵妥慎保护。

第五款，德宗崇陵未完工程，如制妥修，其奉安典礼仍如旧制，所有实用经费，均由中华民国支出。

第六款，以前宫内所用各项执事人员，可照常留用，惟以后不得再招阉人。

第七款，大清皇帝辞位之后，其原有之私产，由中华民国特别保护。

第八款，原有之禁卫军，归中华民国陆军部编制，额数俸饷，仍如其旧。

乙、关于清皇族待遇之条件：

一，清王公世爵，概仍其旧。

二，清皇族对于中华民国国家之公权及私权，与国民同等。

三，清皇族私产，一体保护。

四，清皇族免当兵之义务。

丙、关于满蒙回藏各族待遇之条件今因满蒙回藏各民族赞同共和，中华民国所以待遇者如左：

一，与汉人平等。

二，保护其原有之私产。

三，王公世爵，概仍其旧。

四，王公中有生计过艰者，设法代筹生计。

五，先筹八旗生计，于未筹定之前，八旗兵弁俸饷仍旧支放。

六，从前营业居住等限制，一律蠲除，各州县听其自由入籍。

七，满蒙回藏原有之宗教，听其自由信仰。

以上条件，列于正式公文，由两方代表照会各国驻北京公使，转达各该政府。”

当天，北方即以全权组织中华民国临时政府袁世凯的名义，将宣统帝退位诏书和优待皇室各条件，照会各国公使，并请转达各国政府。北京原清政府外务部照会各国公使：现在大清皇帝业已辞位，由前内阁总理大臣袁世凯全权组织中华民国临时政府。

清朝封建君主专制统治，以宣统皇帝退位诏书颁布为标志，于民国元年（1912 年）二月十二日，正式宣告结束。

推翻清朝封建统治，是辛亥革命的胜利，是以孙中山为代表的革命派，前仆后继，流血牺牲，英勇奋斗的结果。在清廷同意停战，退位，并表示赞成共和国体的前提下，给清朝皇帝及其家族人等以优待，与当时形势有关，也反映了南京临时政府的人道主义，避免皇帝及其家族流亡，给以生活出路。但分析其条款，发现其中若干过分迁就与照顾之处。

其一、保留大清皇帝尊号，清王公世爵概仍其旧。

“皇帝”，是国家元首，有政权，才有皇帝，有皇帝才有王公。爱新觉罗氏得天下，建立统治权，而立皇帝，为大清国之君。清朝统治被推翻，爱新觉罗氏政权不复存在，皇帝下台，皇帝尊号、王公世爵何所依？

如果新国家采取君主立宪制，可以保留皇帝。民国由

《中华民国临时约法》规定，由南京临时政府实行的，是民主共和制。而且，南北谈判，最后统一于“共和”。在这样的国家里，保留皇帝尊号，就像西装少年拖着一条小辫子，极不协调，且碍观瞻。

打倒皇帝建民国，“皇帝”是革命对象，怎么会是尊号？土地改革，打倒地主之后，再叫谁“地主”、“东家”，会被看做是辱骂。可是当年，隆裕极力争取保留“皇帝”尊号，并要世袭，这是愚昧无知者追求的虚荣。南京临时政府迁就，并也认为“皇帝”是尊号，是荣耀，一般人也如此认识。可见，制度上的皇帝虽倒，而人们心中的皇帝没有倒。

其二、对大清皇帝以待各外国君主之礼节相待。事实也是这样做的。宣统是前朝皇帝，并非外国皇帝，辞位后无所领之国。每年以待外国君主之礼，与民国大总统礼上往来，似乎平起平坐，有一个国中之国，民国之中有一个王朝，不仅累赘，而且招引祸患。

其三、宫中所用各项执事人员照常留用，侍卫人员照常留用，有人就有机构，所以宫内府等旧有机构、制度便保存下来。与上述第二项一样，成为类似国中之国的小实体。其活动，其制度、礼节，其上下左右关系均依清朝旧制。

其四、溥仪六口之家，拥有财产不算，每岁用银四百万两（元），即使与民国富有阶层的生活费用比，也高出多少倍。以致民国政府支付不起，年年拖欠。当初商定条件时，就把标准定得太高，很不实际。

其五、民国标榜自由、平等、博爱。可是，保留着尊号上的“皇帝”，这个“皇帝”和他的家族王公，都高平民一等；宫中人员以封建等级为序；可以使用太监，仍以奴主相称，民国废除贱人之称的法令，不进紫禁城。

总之，优待条件规定的不仅仅是对辞位皇帝的优待，它超出了正常的优待；是保存了一个没有全国统治权的小朝廷，一个国中之国。它关起门来，和从前没有什么两样。这是民国的一个死角，一条辫子，一个帝制尾巴，被视为全球无二的怪现象。

其后果，简言之，于国于民于溥仪本人，都有不良影响。保留“皇帝”、“宫廷”、“礼节”，就保留着清朝、帝制复辟的祸根，给人以借口，以阵地，以条件。对溥仪本人成长的不良影响是相当严重的。优待条件本身，把他置于君不君、民不民的地位。当他长大之后，规划自己的一生事业时，他何去何从？有其号，不做其事，对不起祖宗；谋其事，背历史潮流。他大半生中，矛盾、彷徨、忧虑、烦恼、不幸，均应归罪于此。

第六章　复辟迭起

一

1912年改朝换代，有名无实的民国代替了大清帝国的统治。躲在紫禁城中的爱新觉罗氏的皇室宗族，仍然度着无名有实的“帝王”岁月。表面上，故宫内外好似一片死寂的平静，但是在这里的每个皇室宗族、太监宫娥和清王朝的遗老遗少的内心世界，却充满了复仇和复辟的愿望。这种愿望，就象幽灵一样，在紫禁城内外到处游荡着。

溥仪“逊位”后，皇室宗族和死保“皇上”的王公遗老，并不甘心他们的失败，确信“大清帝国不会亡国的”，甚至“皇上是真龙天子”，不可能就这样结局的陈腐观念在作祟。更使他们信心十足的是，有利于复辟的国内外局势。外有表面倾向民国政府的帝国主义，在暗中仍然与清王朝复辟派勾勾搭搭，尤其是英、日、美、德等帝国主义，一直支持清王朝搞复辟。因为它们懂得只有清王朝才能“量中华之物力，结与国之欢心”。对内来讲，不仅国内有相当数量的复辟力量，这就是遗老遗少、各地军阀、政客等等大有人在；而且还有一个最大的野心家。这个人就是骗取隆裕太后交出清王朝政权，又窃得民国大权的袁世凯。他表面上对清王朝毕恭毕敬，暗地里为自己当“皇帝”一直在搞阴谋诡计。

1912 年 2 月 15 日，袁世凯被推选为临时大总统代替了孙中山，并没有满足他的欲望。于是，他又在定都问题上打算了主意。他心中非常清楚要是按革命党人意见建都于南京，他就变成光杆临时大总统，不仅不能调动一兵一卒，而且很快使他自己孤立于革命派之包围中。他打定了主意坚持在北京宣誓就职，并用诡计迫使南京专使就范。最后参议院不得不同意袁在北京宣誓就职，但必须遵守《临时约法》，袁满口答应。4 月 1 日南京临时大总统孙中山宣布解职。4 月 5 日，参议院决定迁都北京。

袁世凯在北京就职后，大耍两面派手法。一方面，对退位的“小朝廷”假献殷勤，表示不忘“旧主”的龙恩。1913 年元旦，他派朱启钤为礼官代表民国政府给皇上拜年。这一出乎人们意料之举，使“小朝廷”的皇室宗族受宠若惊。元旦这天，9 岁的溥仪又被打扮一番，穿上皇帝龙袍褂，戴上珠项冠，挂了朝珠，坐在乾清宫的宝座之上，两侧站立御前大臣和御前侍卫，准备接待大中华民国的礼官到来。果然，迎来了朱启钤。由朱宣称：“大中华民国大总统敬向大清皇帝问好……”俨然有如特使呈递国书。这一举动，虽是袁世凯的一点诱惑的表示，但对皇室宗族和那些遗老遗少来讲，无疑是一次极大欣慰。溥仪的老师陈宝琛满意地说：“优待条件，载在盟府，为各国所公认，连他总统也不能等闲视之……”至于其他人员更不屑说了。

袁世凯不仅在元旦派礼官去朝贺，而且逢有“皇帝”生日、隆裕太后生日，无不派人前往祝贺一番。特别是隆裕太后去世时，袁世凯的举动更加动人。他带着黑色臂纱致哀，并通令全国下半旗一天，文武官员服丧 27 天；又动员了全体国务员前往致祭，在太和殿举行所谓国民哀悼大会，由参议员吴景濂主祭，有如国丧。不久他又调动军警包围国会，强迫议员选他为正式大总统。当他镇压所谓“二次革命”之后，更加得意忘形，给“小皇帝”溥仪写了一份如下报告：

“大清皇帝陛下：中华民国大总统谨致书大清皇帝陛下，兹于宣统三年十二月二十五日奉大清隆裕皇太后懿旨，将统治权公诸全国，定为共和立宪团体，命袁世凯以全权组织临时共和政府，合汉满蒙回藏五族完全领土为一大中华民国。旋经国民公举为中华民国临时大总统。受任以来，两稔于兹，深虞陨越。今幸内乱已平，大局安定，于中华民国二年十月六日经国民公举为正式大总统。国权实行统一，友邦皆已承认，于是年十月十日受任。凡我五族人民皆有进于文明，跻于太平之希望。此皆仰荷大清隆裕皇太后暨大清皇帝天下为公、唐虞揖让之盛轨而克臻此。我五族人民感戴兹德，加日月之照临，山河之涵育，久而弥昭，远而弥挚。维有薰督国民，革新郅治，恪守优待条件，使民国巩固，五族协和，庶有以慰大清隆裕皇太后在天之灵。用特报告，并祝万福。

中华民国二年七月十九日

袁世凯”

这份报告不仅稳定了皇室宗亲，而且给清王朝的遗老遗少带来很大希望和幻想，溥仪老师陈宝琛很得意地说：“我早说那个优待条件里的“辞”字有意思。为什么不用退位逊位，袁宫保单要改成个辞位呢？辞者，暂别之谓也。……”遗老们是越来越兴奋了。

在这复辟的年代里，清遗老的复辟活动，极为嚣张。这群人都是赤手空拳的清官僚，他们很清楚要复辟就得依靠拥有实力的军阀；而拥有军权的军阀，其中个人野心家、复辟派，比比皆是，大有人在。这群遗老主要是凭他们的三寸不烂之舌，旁敲侧击，游说军阀，利用矛盾，从中起到穿针引线作用，以进行复辟活动。

为复辟而奔走的人，在行动上也有他们一定的路线和策划。这就是：在争取北洋军阀方面走的是冯国璋路线和辫帅张勋的路线，希望利用各方面的矛盾，拉拢冯、张合二而一的兵力来实现复辟的企图。他们的分工是，对冯的工作，主要由胡嗣瑗去做；对张的工作，主要由刘廷琛去做。结果因为冯、张各有自己的打算，始终无法联系。

前清遗老胡嗣瑗，曾任过翰林院编修，也曾当过幕僚。辛亥革命后，为了进行复辟活动，曾任直隶都督冯国璋的幕僚。他利用一切工作之便对冯进行拉拢，离间冯国璋与袁世凯关系的同时，千方百计调和冯、张之间的关系。但是，老奸巨猾的冯国璋，并不上钩。他虽有复辟打算，但不轻举妄动，而是待机而动。这时有位前清翰林院编修、御史，名叫温肃的，想去说服冯国璋，冯以“时机未到”为开脱，拒绝与张一道进行军事行动。此后，他们便将一切希望都集中在辫帅张勋身上了。

二

清遗老张勋，字少轩，号松寿，江西人。辛亥革命前曾任江防营统领、江南提督。张勋不是北洋派的嫡系，也不是袁世凯实行帝制的支持者，而是一个极其顽固的复辟头子。民国成立后，他为向清廷表示“忠心”誓意不剪辫子，在当时的有名人物，一文一武，留着长辫子：一个是张勋，一个是辜鸿铭。张对其的部下，不准剪辫子，所有的士兵都留着一条大辫子，所以人们称其为“辫子军”，称张勋为“辫帅”。1913 年他利用参与镇压孙中山“二次革命”之机，重点在南京烧杀抢掠，无所不为。后因误伤外侨，被调往徐州，任长江巡阅使。他公开声称：“我在前清受恩深重，君恩难忘。”张勋与宫廷内外复辟派相互勾结，除与胡嗣瑗、陈毅等人策划复辟之外，在他幕后还有以溥伟为首的潜伏在青岛的诸人。溥伟之下最起作用于张勋的是张的同乡，原翰林院编修、陕西提学使、京师大学堂监督、学部大臣刘廷琛。此人经常为张出谋划策，传递消息与张、溥之间。他们为扩大其势力和准备复辟，从1916年6月至1917年5月末，由张勋主持前后在徐州开了4次会议，会议主要内容是筹措复辟大计。参加会议的有山东督军张怀芝、奉天督军张作霖、吉林督军孟思远、黑龙江督军毕桂芳、江苏督军冯国璋、河南督军赵倜、湖北督军王占元、江西督军李纯、福建督军李厚基、直隶督军曹锟和省长朱家宝、浙江督军杨善德、淞沪护军使卢永祥、第七师师长张敬尧、第五师师长张树元、衮州镇守使施从滨、两广矿务督办龙济光，以及京师警察总监吴炳湘、北京步兵统领江朝宗等等。所谓“督军团”的要人，几乎都参加了这一活动。在第二次徐州会议上，成立了所谓“十三省省区联合会”，推戴张勋为“盟主”。他们打着“以联国防，巩固势力，拥护中央为宗旨”的幌子，暗地里一切都是为复辟做准备。此外，还有安徽督军倪嗣冲，段祺瑞代表徐树铮和靳云鹏、吴光新、曾毓隽、丁士源等人，也都卷入了这一活动之中。进行复辟之势已成，只待时机了。

时机终于到来了。这时北京政府内部矛盾开始尖锐起来，由于黎元洪和段祺瑞发生了所谓“府院之争”。张勋以黎元洪邀他入京“调停”为名，于6月7日应召带着随员140余人及辫子军步、马、炮兵10营5000人由徐州赴京。他启程前一天，先由刘廷琛入京向清宫报信。消息传来，震动清宫男女老少，如饥似渴地翘首等待这一天的到来。

接着，在上海、青岛、天津等地遗老，多如过江之鲫，纷纷云集于北京。同时，各显神通“奉献”复辟大计，从各地赶来的有陈曾寿、沈曾植、王乃徵、郑孝胥、李季高、沈瑜庆、康有为等人。其中有一人在当年是“清觥觥为维新之魁”的沈曾植。他当年曾赞助康有为创立强学会，推动康上“万言书”。可是今天，他与康有为一样，在辛亥革命之后，都从维新派变成了复辟派。而今他为复辟奔走呼号，用心良苦。为即将复辟草拟了“第一月行政大略”，奉献给张勋。其原文如下：

草创时，暂时不设内阁，置议政大臣于外朝（四五六人不拘），置军机大臣于内庭（二三人，宜少不宜多），随时诏授，不必定额。

特诏各部长均设为尚、侍，督军、省长改称督、抚、藩司（其下庶僚，由所司逐渐规复），以改易海内视听。

桓侯统环卫之任，定武军选数营为侍卫军。桓侯（即张勋）仍为议政大臣、军机大臣之首席。

征召遗老，以电旨行之。可分数次，每次数十人。

复翰林院、两书房。修史馆为实录、国史馆。

议院封闭。其诸会不散者，军警监视，不必下明诏。

凡诸措置，皆可以简单谕旨行之。不必事事详言其所以。

凡今日秘书之职，实为政治枢机，必不可诿之他人。诸公不可不置身其间，握其关辖。尚、侍皆虚车耳，以尊有功，以待耆旧。

右第一月行政大略。灯下书此，目眵神疲，不必详委。公是解人，闻一知十可已。

其他复辟诸公，也都纷纷效颦，甚至有的人连复辟“登极诏”都准备好了。这些东西使踌躇满志的张勋更加忘乎所以。他率兵进京后，即在法华寺设宾馆接待诸遗老，自在南河沿公馆，举行最高级会议。参加会议的有刘廷琛、沈曾植、王乃徵、雷震春、张镇芳和胡嗣等人，还有张的参谋长万绳栻等，会议决定7月1日宣布复辟。

6月30日，张勋偕其同党潜入清宫，召开“御前会议”，决定当晚发动政变。叫清宫遗老赶快做好“奉还大政”的准备。会后，忙坏了溥仪的老师陈宝琛、梁鼎芳等人，对一个什么事情也不懂的溥仪，现教导如何接见，说什么，有啥举止，甚至皇帝龙袍、服饰等也得为其准备好。至于宫中4位“太后”更是乐得闭不上嘴了。

6月30日晚，张勋若无其事，应江西同乡会的邀请到宣武门外的江西会馆看堂会戏，看完戏后，午夜12时回到南河沿公馆，用电话将北京政府的陆军总长王士珍、步兵统领江朝宗、警察总监吴炳湘、驻防京畿的第二十师师长陈光远召来。张见到他们，开门见山道：“我这次来，是为了复辟，决定明天一早宣布。各位意见怎样？”几人面有难色，张立刻拉下脸说：“这件事，我说到做到。各位赞成，请立刻传令开城，让我驻在城外的军队进来。不开城，就请回去调动军队，拼个你死我活。”这几人什么话也不敢再问，匆匆忙忙叫士兵开城，不到几小时的工夫，满城都是辫子兵了。

7月1日凌晨，张勋身着朝服，率文武官员300余人，拥入清宫。这时在“养心殿”内的溥仪，端坐在皇帝宝座上，张勋跪奏称：“代表二十二省军民真意，恭请我皇上收回政权……”溥仪照师傅的教导模式，动作一番。于是，就把12岁的溥仪捧上了皇位。从复辟之日起，到7月12日止，先后发下了所谓八道上谕，概括如下：

首先，发布了“登极诏”。这个所谓“登极诏”，据说是遗老陈曾寿草拟后，略加修改公布的：

> 朕不幸以冲龄继承大业，茕茕在疚，未堪多难。辛亥变起，我孝定景皇后至德深仁，不忍生灵涂炭，毅然以祖宗创垂之重、亿兆生灵之命，付托前阁臣袁世凯设临时政府。推让政权，公诸天下，冀以息年弭乱，民得安居。乃国体自改共和以来，纷争无已，迭起干戈；强劫暴敛，贿赂公行，岁入增至四万万，而仍患不足；外债增出十余万万，而有加无已。海内嚣然，丧其乐生之气，使我孝定景皇后不得已逊政恤民之举，转以重苦吾民。此诚我孝定景皇后初衷所不及料，在天之灵恻痛而难安者；而朕徂居深禁，日夜祷天，彷徨饮泣，不知所出者也。今者复以党争激成兵祸。天下汹汹，久莫能定。共和解体，补救已穷。据张勋、冯国璋、陆荣廷以国本动摇，人心思旧，合词奏请复辟以拯生灵；又据瞿鸿禨等为国势阽危，人心涣散，奏请御极听政以顺天人；又据黎元洪奏请奉还大政以惠中国而拯生民各等语。览奏情词恳切，实深痛惧。既不敢以天下存亡之大责，轻任于冲人微眇之躬；又不忍以一姓祸福之誓言，遂置亿兆生灵于不顾。权衡重轻，无人交迫。不得已，允如所奏，于宣统九年五月十三日临朝听政，收回大权，与民更始。自今以往，以纲常名教为精神为宪法；以礼义廉耻收溃决之人心。上下以至诚相感召，不徒恃法守为维系之资；政事以道德为本原，不得以国脉为尝试之具。况当此创深痛巨、存亡绝续之交，朕

临深履薄，固不有乐乎为君，稍自纵逸；尔大小臣工尤当精白乃心，息息以民瘼为念。为民生留一分元气，即为国家延一息命脉。庶几危亡可救，感召天庥。所有兴复初政，亟应兴革诸大端，条举如下：一、钦遵德宗景皇帝谕旨，大权统于朝廷，庶政公诸舆论，定为大清国君主立宪政体。二、皇室经费仍然所定每年 400 万元数目，按年拨用，不得丝毫增加。三、懔遵本朝祖制，亲贵不得干预政事。四、实行融化满汉畛域。所有以前一切满、蒙官缺已经裁撤者，概不复设；至通婚易姓等事，并着所司条议具奏。五、自宣统九年五月本日以前，凡与东西各国正式签订条约及已付债款合同，一律继续有效。六、民国所行印花税一项，应即废止，以纾民困；其余苛细杂捐，并着各省督、抚查明奏请分别裁撤。七、民国刑律不适国情，应即废除。暂以宣统初年颁定现行刑律为准。八、禁除党派恶习。其从前政治罪犯，概予赦免；倘有自弃于民而扰乱治安者，朕不敢赦。九、凡我臣民无论已否剪发，应遵照宣统三年九月谕旨，悉听其便。凡此九条，誓共遵守。皇天后土实鉴临之。特此通谕知之。

这套冠冕堂皇欺人之谈，岂出之于 12 岁小皇帝之口，竟然为愚民所信服?

其次，按照沈曾植事先提出的方案，设立内阁议政大臣，各部恢复尚书、侍郎官衔，各省恢复总督、巡抚称号；

第三，诏封张勋、王士珍、陈宝琛、梁敦彦、刘廷琛、袁大化、张镇芳为议政大臣，胡嗣瑗、万绳栻为阁丞；授瞿鸿禨、升允为大学士，张人骏、周馥为协办大学士；另设弼德院，以徐世昌、康有为为正、副院长；后又任命：梁敦彦为外务部尚书，李经迈、高而谦为左、右侍郎；张镇芳为度支部尚书，杨寿枏、黄承恩为左、右侍郎；雷震春为陆军部尚书，田文烈、崔祥奎为左、右侍郎；萨镇冰为海军部尚书；朱家宝为民政部尚书，吴炳湘、张志潭为左、右侍郎；沈曾植为学部尚书，李瑞清、陈曾寿为左、右侍郎；劳乃宣为法部尚书，江庸、王乃微为左、右侍郎；李盛铎为农工部尚书，钱能训、赵椿年为左、右侍郎；詹天佑为邮部尚书，阮忠枢、陈毅为左、右侍郎；贡桑诺尔布为理藩部尚书。同时发表：张勋为直隶总督，冯国璋为两江总督，陆荣廷为两广总督；曹锟为直隶巡抚，齐耀林为江苏巡抚，杨善德为浙江巡抚，陈炳焜为广东巡抚，谭浩明为广西巡抚，张作霖为奉天巡抚，孟思远为吉林巡抚，许兰州为署理黑龙江巡抚，倪嗣冲为安徽巡抚，李纯为江西巡抚，赵倜为河南巡抚，张怀芝为山东巡抚，阎锡山为山西巡抚，王占元为湖北巡抚，谭延闿为湖南巡抚，刘存厚为四川巡抚，唐继尧为云南巡抚，李厚基为福建巡抚，刘显世为贵州巡抚，陈树藩为陕西巡抚，张广建为甘肃巡抚，杨增新为新疆巡抚。此外，又以冯国璋、陆荣廷并为参预政务大臣。

这些人，只有少数人到位就职，其余，有的拒绝授命，有的未及赴任而复辟已垮台了。

张勋复辟后，立即遭到全国各族人民的强烈反对，各阶层群众纷纷起来声讨。7 月 4 日，孙中山等人，首先发表《讨逆宣言》。这时，卖国能手段祺瑞却乘机在天津马厂组织“讨逆军”，并宣布张勋八大罪状，进行声讨。这时，紫禁城内，大清朝的遗老遗少们还在弹冠相庆，欣喜若狂之际，忽然从天上掉下“讨逆军”飞机的炸弹，方才炸醒了他们的复辟之梦。

7 月 12 日，“讨逆军”分三路大军攻入北京，张勋的辫子军不堪一击，纷纷挂起五色旗投降。张勋和康有为分别逃入荷兰和美国使馆。溥仪仅仅当了 12 天的复辟皇帝，就遭到了彻底的失败。

三

“张勋复辟”的闹剧结束之后，溥仪等皇室成员依然住在紫禁城。后来发生的“冯玉祥逼宫”事件又逼迫他搬出了皇宫，整件事是如何发展的呢？溥仪搬出皇宫后又到哪里了呢？

1924 年 9 月，在中国北方爆发了第二次直奉战争。以张作霖为首的奉系军阀和以吴佩孚为首的直系军阀开战。战争一开始，双方即投入激战。

1924 年 10 月，当直、奉两军在榆关一带激战正酣之际，直系将领讨逆军第三军总司令冯玉祥与驻喜峰口的直系援军第二路司令陕军第一师师长胡景翼，联合京畿警备副司令孙岳，秘密计划倒戈驱曹。10 月 19 日，冯玉祥率部由古北口兼行回师。23 日凌晨进入北京，包围总统府，软禁了贿选总统曹锟，发动了震动全国的“北京政变”。

冯玉祥，字焕章，安徽巢县人。少入保定练兵营当兵，后历任近卫团军团长、旅长。有正义感，倾向革命，以救国救民为夙志。10 月 24 日，冯将所部改称国民军，后组织以黄郛组阁。11 月 2 日，曹锟被迫宣告退位，由黄郛摄新总统职务。至此，直系军阀控制的北京政权结束了。

当时，北京的政局混乱，而少数保皇党人大肆活动，清帝复辟之谣言四起。冯玉祥遂毅然决定把中国的末代皇帝溥仪驱逐出皇宫。并于 11 月 4 日，摄政内阁会议做出修正清室优待条件五条，即日执行。

北京政变消息传入紫禁城，溥仪与王公大臣都感到十分震惊，想不到事情来得如此突然。遂于养心殿召开两次紧急“御前会议”，都认为冯玉祥与其他军阀不同，没有通融余地，讨论结果谁也拿不出主意来，只好静待事态的发展。

1924年11月5日晨，冯玉祥派北京警备总司令鹿钟麟、警察总监张璧和知名人士李煜瀛前往皇宫执行任务。他们率领军警40人，进入神武门，首先将清廷护军全部缴械。这时，“小朝廷”的内务府大臣绍英赶忙出来迎接。鹿当即向绍英出示大总统令。只见写道：

大总统指令

派鹿钟麟、张璧交涉清室优待条件修正事宜，此令。

中华民国十三年十一月五日。

国务院代行国务总理黄郛。

绍英看后当即吓得魂不附体，幸好旁有随侍李国雄和严桐江将其扶住。绍英稍稍镇静对李煜瀛说：

“你不是故相李鸿藻的公子吗？何忍出此？”

李笑而不答。

又指鹿钟麟说；

“你不是故相鹿传霖的一家吗？为什么这样逼迫我们？”

鹿说：

“你要知道，我们来此执行国务院的命令，是为了民国，同时也是为了清室，如果不是我们，那就休想这样从容了。”

绍英又说：

“我大清入关以来，宽仁为政，没有对不起百姓的事，况优待条件尚在，怎么能这样办呢？”

鹿接着说：

“你这是替清室说话。可是，满清入关以后的‘扬州十日’和‘嘉定三屠’，老百姓是永远忘不了的。况且张勋复辟，颠覆民国，优待条件早为清室所毁弃……现在宫内外已布满军警，其势汹汹，就要动手，如果不是我们劝阻他们稍等片刻，现在就出乱子了。”

绍英无奈，乃告溥仪，并往返数次，仍希有转圜。鹿钟麟见事不能决，遂大声告诉随员说：“快去告诉外边，时间虽然到了，事情还可商量，先不要开炮放火，再延长二十分钟……”

这时，溥仪见势不妙，实出无奈，才表示愿意接受修正清室优待条件。他见条件上写道：

“今因大清皇帝欲贯彻五族共和之精神，不愿违返民国之各种制度仍存于今日，特将清室优待条件修正如下：

第一条，大清皇帝即日起永远废除皇帝尊号，与中华民国国民在法律上享有同等一切之权利；

第二条，自本条件修正后，民国政府每年补助清室家用五十万元，并特支出二百万元开办北京贫民工厂，尽先收容旗籍贫民；

第三条，清室应按照原优待条件第三条，即日移出宫禁，以后得自由选择居住，但民国政府仍负保护责任；

第四条，清室之宗庙陵寝永远奉祀，由民国酌设卫兵妥办保护；

第五条，清室私产归清室完全享有，民国政府当为特别保护，其一切公产应归民国政府所有。

中华民国十三年十一月”

溥仪看后，无可奈何，不得不答应迁出宫外，随即交出印玺，并收拾私物，在鹿、张、李的监视和保护下一同离开皇宫，将他送到后海甘水桥旧醇王府邸。鹿向溥仪说：

“从此以后，你是愿意当平民呢，还是愿意做皇帝？在我们中华民国不允许。皇帝存在，我们有对待皇帝的办法。”

溥仪答称：

“我现答应接受修改优待条件，当然不能再做皇帝，我愿做一个平民。”

鹿说：

“我们对平民当然要保护。”

溥仪离开皇宫之后，对宫内的宫女和太监等，均限期任其自由迁出宫外。

此后，即由国务院下令成立“清室善后委员会”，任命李煜瀛为委员长，下设委员 14 人，即汪兆铭、蔡元培、鹿钟麟、张壁、范源濂、俞同奎、陈坦、沈兼士、葛文濬、绍英、耆龄、载润、宝熙、罗振玉等。这个委员会的任务是：对故宫保存的历史文物进行清点、登记、整理、保管，以防遗失或损坏，并由民国政府派兵保护。

至此，真正结束了清王朝在故宫的统治。

溥仪被赶出皇宫之后，怀着满腔愤懑和仇恨暂栖居于他父亲载沣的北府，时间虽说是很短促，但他不甘心当“平民”，决心“敝屣一切，还我自由”，又蠢蠢欲动了。

自从溥仪和后妃来到北府之后，北府门外立即变成了有国民军把守，戒备森严的场所，除了王府的人可以出入，其他外人都被拒之门外。一时间，府内上下惊慌万状，不知如何是好。以载沣为首的一家人，特别溥仪本人犹如热锅中的蚂蚁一样，每天在屋内走来走去，拿不出半点主意，又与外面的遗老断绝了联系，呼救无应，焦头烂额，狼狈已极。而载沣急得更是坐立不安，惶惶不可终日，弄得空气格外紧张。在溥仪身边的遗老只有绍英一人，叫他往外打电话，也打不出去。实在没有办法，才叫他出去寻找王公大臣和溥仪师傅等人。过了两天后，守卫的国民军也放宽了尺码，除了外国洋人，其他遗老遗少都允许进入王府探望溥仪。

至此，他才知道外面所有封建孤臣余孽和军阀政客都为他被驱赶出皇宫“鸣不平”。一日傍晚，他的老师庄士敦捎来喜人消息，说是外国人对他被驱赶出宫一事，深表同情，并积极为他想办法。就在这时候，果然有公使团首席公使荷兰的欧登科、英国公使麻克类、日本公使芳泽正式向新摄政内阁外交总长王正廷提出了“抗议”，要求王正廷保证溥仪等人的生命财产的安全。

这一消息传来，就像吃了一粒“定心丸”一样，对王府上下来讲，确实起了镇静作用。

在此同时，溥仪的师傅陈宝琛、朱益藩和冯恕，朱汝真等人，为溥仪奔走呼号求助于异国使馆和刚上台的段祺瑞等人，请求民国政府主持公道，恢复逊帝宣统的自由。并分别向上海、天津、青岛、广州等地的清朝旧臣求得资助，还通过这些人向当地军、政、报界和社会团体进行呼吁，挽求他们的“危急”。

这时，心急如焚的溥仪，又得知罗振玉在天津会见了日本天津驻屯军司令，并得到日本的支持。说司令官已派人游说即将出山的段祺瑞，希望段予以支持。后来段又接到北京日本特务竹本大佐转来郑孝胥的求援电报。于是，这个卖国求荣，帝国主义走狗，立即发出了一封反对冯玉祥“逼宫”的通电。同时，日本竹本大佐通过罗振玉、陈宝琛等人给溥仪打气说：“日本骑兵将在北府附近巡逻，如国民军对北府有什么异样举动，日本兵营会立即采取‘断然措施’。”所有消息都给溥仪增加了“敝屣一切，还我自由”的勇气。

这群复辟派的遗老，不仅活动了日本人及其走狗段祺瑞为溥仪张目，而且还策动蒙、藏王公、假借“民意”，向冯玉祥和革命人民施加压力，为溥仪大声疾呼，以摆脱其困境。于是，他们草拟了一篇《满蒙藏人宣言书》，其文谓：

近见公布修正清室优待条件及各报所载强迫移宫情形，有强权，无公理，中外人无不同愤也。优待条件临时国会议决，与约法同效，是法律也，条约载明“待以外国君主之礼”，且曾通告全国，实与国际条约无异，是条约也。以命令变更法律是危国本也，以私意强改条约是破国交也。法律而可以命令变更也，非特清室一族已受其危也，凡满蒙回藏实同等优待，无不同受其危也，即汉族全体亦将不能受法律之保护而人人自危也。国本危矣！条约而可以私竟强改也，非特与条约同等之清室优待条件已破也，凡与东西各国所订条约无不可以私意强改而全破之也。国交破矣！以一二人之私意遂至变乱，法律破坏，国交其失，不已甚乎？是当先请撤销修正案，然而再将原订优待条件明交议会，应否修改，依法议决，如果公议修改，仍须双方同意，并通告各国，始可履行。盖优待条件不尽限于内政，非特案关法律，且亦效等国际条约。此次国民军事以依法为号召，知与革命不同，而冯总司令诸公又皆尊民意，主公理，为中外所共饮，当必能依法据理，维国本而保国交，而有以平中外人之同愤也。公道自在人心，真理岂能久屈，愿与中外人共评之。

这篇所谓代表“民意的宣言”，出于遗老金梁之手，他也居然讲起法律来，无非是用以为溥仪鸣不平，对冯玉祥施加压力而已。实际上在社会舆论中毫无作用。

在此期间，溥仪又接受金梁等人收买人心的建议，叫他“将以后岁费拨办慈善教育及文化事业，庶足以维人心而挽众望”。于是，他们于1924年11月9日，又搞了一个宣言书，即所谓《创办平民工厂学校及文化慈善事业条例》。

他们费尽心思搞了这个条例，指望为溥仪收买人心，由于王公遗老意见不一，结果受阻，没有发表就夭折了。

在当时最使溥仪兴奋的是，他听说段祺瑞和张作霖沆瀣一气，要和冯玉祥军队火拼的消息。同时，又见到段祺瑞的密电：“皇室事余全力维持，并保全财产。”更使他充满希望，得意忘形。

此时由日本人办的《顺天时报》，也连篇累牍地为他大嚷大叫，极尽其造谣之能事。说什么“欺凌寡妇孤儿”，这是“泰山压卵”，“逼宫”等词句污蔑摄政内阁和冯玉祥国民军。甚至编造“旗人纷纷自杀”，“蒙藏发生怀疑”等蛊惑人心的谣言。甚至编造出“某太妃流血殉清朝”，说受其凌辱淑妃文绣，“断指血书，愿以身守宫门”和“淑妃散发攀轮，阻止登车”的惊人奇闻，用来煽动群众对国民军的不满。其他帝国主义办的报刊，也都发表许多类似文字，从中为溥仪喊冤叫屈，助纣为虐。

11月28日，国民军从北府大门撤走的第二天。溥仪在北府用清宫内务府的名义发出了致民国政府内务部的一封公函，公开表示“抗议”：

……查法理原则关于刑律之规定，凡以强暴胁迫人者，应负加害之责任，其民法原理凡出于强暴胁迫，欺罔恐吓之行为，法律上不能发生效力。兹特专函声明：所有摄阁任意修正之五条件，清室依照法理不能认为有效。云云。

此时此刻的溥仪，不仅如此器张敢于提出“抗议”，而且还通过《顺天时报》记者发表谈话，公开违背自己的诺言，说“此次国民军之行动，以假冒国民之巡警团体，武力强迫余之签字，余决不如外间所传之欣然快诺……”云云。

更使溥仪感到莫大兴奋的是，鼎鼎大名的新文化运动名人洋博士胡适，对他的崇拜和为他的叫屈。原来胡博士自从与溥仪挂上钩之后，对溥仪的一举一动十分关切。溥仪被驱赶出宫后，这位洋博士急得在报纸上发表了致民国政府摄政内阁外长王正廷一封公开信，指责政府，大骂国民军，以表示他对于“以武力胁迫”修改优待条件这种行为的“义愤”。今天正当溥仪处于“三岔路口”之时，洋博士亲自来到北府拜谒溥仪来了。当然受到溥仪的热情欢迎，不免对博士在报上公开发表文章感谢一番。于是，胡适对国民军又骂了一通，说：“这在欧美国家看来，全是东方的野蛮！”并问溥仪今后有何打算。接着，他们又做了如下的对话：

溥仪说：“我希望能独立生活，求些学问。”

胡适说：“皇上很有志气！上次我从宫里回来，就对朋友说过，皇上很有志气。”

溥仪说：“我想出洋留学，可是困难。”

胡适说：“有困难，也不太困难。如果到英国，庄士敦先生可以照料。如果想去美国，也不难找到帮忙的人。”

溥仪说：“王公大臣不放我，特别是王爷。”

胡适说：“上次在宫里，皇上也是这样说过。我看，还是要果断。”

溥仪说；“民国当局也不一定让我走。”

胡适说：“那倒好说，要紧的还是皇上自己下决心。”

这一番对话，对溥仪来讲又增加不少勇气，越发感到自己不是孤立无援的。胡适走后，他正想连日以来一个接一个对自己“复号还宫”的好消息，十分得意的时候，又来了为他复辟效命的郑孝胥。看样子郑十分紧张，拿一张《顺天时报》说：“皇上看看《顺天时报》！报上报导了赤化运动来了，马上要天下大乱了。”溥仪当时虽然很年轻，但他早就听说过，赤化主义的厉害，什么共产共妻，什么有如洪水猛兽等等，现在无疑对他也要下毒手了。

这时，罗振玉也赶来了，他说日本人告诉他，冯玉祥和“过激主义”分子，联合起来，冯已占领了颐和园，劝溥仪说：“出事可能在这一两天，皇上要趁早离开这里，到东交民巷躲避一下才好。”

这时洋人老师庄士敦也来了，他听到的消息，更是骇人听闻，说冯玉祥要第三次对北京采取行动了。

溥仪听到这些消息，早已沉不住气了，不知所措。这时他才开始意识到：“盖自段、张到京后，皆空言示好，实无办法。公为所欺，以为恢复即在目前，于是事实未见，而意见已生。有主张原订条件一定不能动者，有主必还宫复号者，有主改号逊帝者，有主岁费可减必有外人保证者，有主移住颐和园者，有主在东城购屋者。实则主权在人，皆不知所见而云然也。”于是他的心里不禁充满了恐惧和失望。

第七章　天津寄居

溥仪出宫后成了中华民国的一个平民。他面前摆着两条路：

一条，如他自己表示的，做一个自由自在的平民。那就是按“修正优待条件”所示，甘心放弃帝王尊号，打消复辟欲望，做一个拥有大量财宝和田庄的、中国第一富有的“平民”。如求上进，可以用充足的财力求学深造，增长才干，对社会进步有所作为；

一条，继续与时代潮流对抗，为复旧做垂死挣扎：谋恢复“优待条件”，争取重返紫禁城，进而谋帝制复辟，那就要寻求支持，为人利用。

溥仪的心里不无矛盾。在他的思想境界里，有青年人向往自由，追求上进，弃旧图新的角落，但仍顽固地保留着一个“恢复祖业”的王国。正如溥仪所说：“在我的思想中，以为祖国是一家一姓帝王的祖国，认为清朝是中国的正统。辛亥革命让政时我岁数还小，那是受了袁世凯的愚弄。恢复祖先的事业是我第一个任务。”

对于被逐出宫，并不像他对鹿钟麟表示的那么开明、理解，而是视为冯玉祥不近人情。他将自己比做“困龙”、“蒙尘”，说什么“我当皇上，也是天注定的，是前生修来的福。我现在是困龙受灾难，等灾难一过，我还回宫当真龙天子。”然而，复辟没有市场，从辛亥革命起，中国人民坚决不要皇帝；谁实行帝制，谁就被抛弃，被打倒。

而这时溥仪身边的人，包围着他。企图影响他、支配他的人，除了王公贵族遗老们之外，又增加了日本帝国主义侵华势力。后者看准了目标，不遗余力的争夺，终于一步一步地把溥仪引入自己设计的圈套。溥仪从一个牢笼出来又钻进一个更黑暗的牢笼，解脱一种控制，又被加上更严酷的控制，生来就不幸的溥仪，进一步陷入更大的不幸和罪恶深渊。

二

溥仪住在北府，门外国民军看管着，他不得自由出入。

民国十三年（1924 年）十一月八日，鹿钟麟和张璧又到北府，因为他们听说溥仪要出走，以谈善后的名义，前往开导。

载沣出面接待。鹿钟麟提出三件事：第一，北府守卫情况；第二，故宫雇用人员尚不下千人，先遣散一部，然后逐步收缩；第三，国务院决定组织清室善后委员会，办理善后事宜，特来征询溥仪意见。载沣很开通，表示宫中一切听善后委员会主持办理，不必征询溥仪意见，他已是一个新人物，出宫是一件幸事。

鹿钟麟要求与溥仪一见。他俩又有一段交谈。鹿钟麟回忆说：

> “我向溥仪说明来意后，问道：‘你对修正清室优待条件还有什么意见?’溥仪答：‘民国政府对清室仍然如此优待，我实在再没有什么意见了。’我继又问：‘你对废除皇帝尊号有何感想?’溥仪答说：‘废除皇帝尊号，我不但完全接受，而且也感觉很轻松，因为我对宫廷生活，早已厌

腻，今天能作为中华民国的一个平民，实在是一件幸事。’我接着问：‘你考虑过将来如何打算吗?’溥仪答：‘关于我个人的将来，现在还没有具体打算，只希望在北京能有个住处，多读些书，如有可能，也有个出国深造的愿望。’”

载沣和溥仪都要求门禁放宽，出入给予方便。鹿钟麟答应了，规定醇王府的人可以自由出入，前来会见的人，只要溥仪同意，即准出入；但年轻人，外国人不得自由出入。

溥仪内心隐藏着另一种念头，只有鹿钟麟走后，才对婉容、文绣说出来。他认为“宫中的东西，全是列祖先帝苦心经营起来的，积二百多年的财力，始有今天，应当是我们皇室私财。现在全叫冯玉祥给强霸占去了，天理何容?”

宫中的财物，确实把相当大的一部分作为公物进行处理，其中主要是文物。确认属于私有者都归还了他和他的家庭成员。早在十一月十一日，绍英要求发还宫中所存银两，经国务院批准发还。共有库存十一万五千一百五十二两，多数是元宝、大小银锭，少数为金银钱，有的上面镌有福、禄、寿、喜、财等字样，因有文物价值，善后委员会留出大元宝十三锭、寿字中锭二枚、金银小锞子二枚、金银钱各一枚，用于陈列展出，其余均归还溥仪。至于衣物、生活用品等，均允取出。十一月二十日，敬懿、荣惠两太妃出宫时，她们宫中所存银两二万五千三百两及衣服、用品、家具等，全准带走。清点工作结束后，将属于私人的财产概行归还。

不可忽视的是，“修改清室优待条件”中规定，政府每年补助清室五十万元，并特支二百万元在北京开办贫民工厂，尽先收容旗籍贫民。这是一笔相当不小的收入。

此外，溥仪在京城和外地，还有存款、土地、房产等。但倒底有什么、有多少，他这个一家之主说不清楚。鹿钟麟问到他皇室财产情况时，他回答说：皇室私产，一向由内务府管，“我不清楚”。绍英现在也在这里，可以叫他把皇室私产全部交出来。绍英是总管内务府大臣，也就是皇帝的大管家，他也说不清楚皇室有多少财产，对张壁说：内务府所管的皇室私产，除在盐业银行所存的现款可以很快地交出外，还有房产、土地很多，这些年来我们就没清查过。现在有极少数按季交租银的还可以查得出来，不交租的我们连房产、土地等有多少，坐落在什么地方也弄不清楚。问起房地的契约、合同，绍英说：“契约、合同有的是，现在库里存放。如要清查的话，就是每天用筐子来抬也得抬上几天。”这大概是中国头号大富翁，也是第一大糊涂。溥仪也没考虑如何用他的财富从事有意义的事业。

自从溥仪到北府，他周围的人们对冯玉祥没有底，不知将发生什么情况，气氛非常紧张。溥仪的父亲载沣失魂落魄，语无伦次，半点主意也没有。据庄士敦说，溥仪倒很庄严平静。

庄士敦搬出了公使团首席公使荷兰的欧登科、英国公使麻克类、日本公使芳泽。他们向摄政内阁的外交总长王正廷提出“抗议”，王正廷保证溥仪的生命财产安全。得到这个消息，府中气氛和缓了下来。

到北府后，王公和遗老旧臣们开始商讨“营救”溥仪的方案。随着形势变化，“营救”的方式、内容也不断更新。大体以载沣为首的清室王公贵族们，反对溥仪离开北府；幻想争回“优待条件”，重返紫禁城，享受昔日优待。以郑孝胥、罗振玉、庄士敦等为一派，再加上一个胡适，主张溥仪出洋深造，借助外力企图恢复。

前者主要是通过社会关系到政界、军界求援，尤其是着眼于北京政变后将对北京政权起主宰作用的奉系、段祺瑞、内阁总理黄郛等。当然得到的答复多半不坏。而且很快奉军入京，段祺瑞出山，冯玉祥受排挤，黄郛内阁结束。这一派的幻想有增无减。特别是段祺瑞，有许诺在先，有行动在后，如果不是社会舆论的强大压力和孙中山北上并明确表态，段祺瑞不会收敛，王爷们还要以胜利者自居呢。

后者要复杂得多，表面上是营救，幕后的内容是溥仪想不到的。这中间的关键性人物是郑孝胥和罗振玉。

郑孝胥（1860—1938 年），福建人，举人，曾在日本东京任驻日本使馆书记官、日筑领事、神户大阪总领事等职，光绪二十年（1894 年）归国。后曾任总理各国事务衙门章京、广西边防督办、安徽按察使、广东按察使、湖南布政使。辛亥革命后，以清朝遗老自居，“凡诗文简扎题识，仍用宣统甲子，始终疾恶共和，未尝书民国年号也。”北京政府授官不受。民国十二年（1923 年）农历七月奉溥仪召入京，“他从盘古开天辟地一直谈到未来的大清中兴”，“说到激昂慷慨处，声泪俱下”，溥仪“大为倾倒”，“立时决定让他留下，请他施展他的抱负”。先任懋勤殿行走，民国十三年（1924 年）三月三日，溥仪命之为总理内务府大臣，佩带内务府大臣印钥，赏头品顶戴，全权整顿内务府，六月二十五日辞职，仍任懋勤殿行走，进讲《资治通鉴》。

罗振玉（1866—1940 年），江苏人，十五岁中秀才，后入京任学部二等谘议官。三年后补参事官，兼京师大学堂农科监督。辛亥革命爆发，亡命日本京都，“虽闭门著书，不问世事，而实际则异常积极，联络友邦朝野，待时而起”。升允、善耆到日本寻求复辟支援时，和罗联系。在日本住九年，民国八年（1919 年）春回国。离日本前与犬养毅谈政治，强调东西方之不同，东方政教之一致，应及早防赤等。“从日本归国，住在天津租界，因为和日本人的关系较深，和日本驻津的领事馆与驻屯军司令部的首脑都有往来。”民国十三年（1924 年）农历八月，溥仪诏入直南书房，命审定内府所藏古彝器，查养心殿陈设物品。

这两个人一步一步把溥仪送到日本侵华势力手中去。据溥仪说，民国十二年九月，日本发生大震灾，溥仪拿出估价在美金三十万元上下的古玩字画珍宝赈灾，日本劳泽谦吉公使陪同日本国会代表入宫向溥仪致谢，从此东交民巷的日本公使就和紫禁城的某些人有了交际。罗、郑到紫禁城后，竟又和日本兵营“有了往来”。溥仪被驱逐出宫到北府之后，郑、罗，日本使馆，北京政变后出任执政的段祺瑞，三者之间围绕着溥仪的安排问题，进行着紧锣密鼓的密谋，居间沟通者郑、罗二人。日本方面和郑、罗二人，对于“营救”溥仪出北府，表现出惊人的积极性。他们并不是出于关心和担心，因为段祺瑞掌政后的北京政府，实在没有，也不能对溥仪采取什么比“修正优待条件”更可怕的步骤。只因为溥仪是大清皇帝，“奇货可居”，在日本侵华阴谋中也许用得上，谁把他掌握到手，都是一笔不小的资本。段祺瑞和日本的关系有史可查，当然密切配合。此外，庄士敦是溥仪的老谋士，催促溥仪早日离开，和溥仪研究着出洋深造的事，他还转达了张作霖的“关怀”，张作霖欢迎溥仪到东北去住。金梁鼓动溥仪先出洋留学，“一旦有机可乘，立即归国”，“虚名上之帝号必不可要，而人心中之帝号必不可不要”，亦即“敝屣今日之假（皇帝），始可希望将来之真（皇帝）”。和郑孝胥交了朋友的胡适，先登报表示了对武力胁迫修改“优待条件”的义愤，然后上门劝溥仪下决心出洋。郑孝胥和金梁“几乎每天轮流到北府与溥仪进行密谈，有时也在一起吃饭。”载沣进行监视，溥仪很反感，向父亲明确表示，有来访者不希望他总在场。

溥仪本来就对王公大臣的禁锢、封锁不满，反抗过。出宫以后根本不打算在北府久留，拟购裱褙胡同一处房屋，从北府迁出。十一月二十六日，溥仪写给张作霖的信中说："数年以来，困守宫中，囿于闻见"，乘此出宫后的机会，"拟为出洋之行"，需准备一段时间，"日内欲择暂驻之所，即行移出醇邸"。在力主出洋派各种人物的推动下，溥仪下决心外逃。

关于出逃计划，最先是郑孝胥和日本使馆卫队司令官竹本多吉大佐商定的：由竹本的副官中平常松大尉穿便衣，带一名医生，假装送溥仪去医院，出北府，进日本兵营。十一月五日夜，郑孝胥带着两个日本人到北府，说出计划，遭到王公大臣和师傅们一致反对，认为太冒险。载沣反对最激烈，他说即使进了东交民巷日使馆，冯玉祥向我要人怎么办？故"阻不得行"。郑孝胥和日本人被送走了。

接着是罗振玉经过奔走天津日本驻屯军、段祺瑞诸方，谋得的有攻有守的方案。还在冯军入城驻兵景山时，罗振玉即赴日本公使馆，谋得通行证，并与竹本大佐取得联系，约定有事以无线电报通知。十一月五日，乘车赴津，"行装甫卸，径赴日本军司令部，见参谋金子氏"，金子告以顷接北京电报，鹿钟麟已率兵入宫，逼改清室优待条件。罗振玉请日司令官出名片介绍见段祺瑞。这时段祺瑞已接到竹本大佐转来的郑孝胥求援电报。罗到段邸，段已就寝，由秘书丁士源代见，段允发电阻止冯军，由罗、丁商定电文，交日本军司令部拍发。罗并请段再发一官报，段允。六日返京，知溥仪已出宫。次日到北府见溥仪。段祺瑞十一月六日（鱼日）已发出反对冯玉祥"逼宫"电报。在天津时日本军司令部的人告诉罗，北京的竹本大佐有办法。所以他返京后去找竹本，竹本说：日本骑兵将在北府附近巡逻，如果国民军有异动，日本兵营立即采取“断然措施”。同时日本兵营转来段祺瑞“皇室事余全力维持，并保护财产”的电报。

十一月二十四日，段祺瑞就任中华民国临时政府执政。二十八日，北府大门国民军受段祺瑞之命撤走，由几名警察站岗守卫。段祺瑞甚至有恢复“优待条件”的表示，形势已经缓和。如果仅仅为了溥仪的安全，为了索回皇室的利益，就会全力与政府交涉恢复政变前的待遇。奇怪的是，郑、罗等人制造新的紧张空气，因而有最后逃出北府进入日使馆的方案和行动。

十一月二十八日，郑孝胥拿着日本使馆支配下的日商报纸《顺天时报》，大惊小怪地指着上面一条关于“赤化运动之平民自治歌”的消息给溥仪看，上面有“留宣统，真怪异，惟一污点尚未去”之语。郑说天下要大乱，“赤化主义”要对溥仪下毒手了。罗振玉报告说日本人得到情报，冯玉祥和“过激主义”分子将对溥仪有不利行动，并且说一二天内可能出事，必须马上离开。庄士敦也带来外国报纸上关于冯玉祥要第三次对北京采取行动的消息。溥仪对外界隔膜，听了他们的话，惊慌失措。陈宝琛本来和郑孝胥的关系就很亲密，这时也同意郑孝胥等人的意见，要溥仪赶快躲进东交民巷去。

溥仪与陈宝琛、庄士敦“悄悄地商议了一个计策”。郑孝胥、陈宝琛到庄士敦处“共同磋商”。郑孝胥与陈宝琛、罗振玉“密筹脱出之计”。总之，溥仪及这些谋士们进行了一系列密谋，做出一个四步行动计划。第一步，溥仪和陈宝琛出去探望十一月二十日出宫住在麟麟碑胡同的敬懿、荣惠两太妃。之后，回北府，使府中人们对溥仪外出放心。第二步，借口去裱褙胡同看一所准备租用的房子，从那里去东交民巷，住进德国医院。第三步，住日本使馆。第四步，接眷属到东交民巷。

这个计划既对官方保密，也瞒着王爷。但事先与日本使馆取得联系，得到了支持。郑孝胥说事先议定去日使馆。溥佳说：二十六日晚，郑孝胥带日本使馆武官和翻译到北府，与溥仪密谈，建议溥仪去东交民巷，他们一定帮助安排一个安全的地方居住。

罗振玉在《集蓼编》中记载：他与溥仪、陈宝琛商量好，由陈宝琛借庄士敦的汽车去北府迎溥仪，先到德国医院小憩，然后去日使馆。事先，罗振玉与日使芳泽打过招呼，芳泽的答复是使馆派人去接不方便，如自己来，当竭诚保卫。有了日本使馆的同意，溥仪开始实施行动计划。

第一步，很容易地做到了。

第二步，是关键。定于十一月二十九日进行。行动的前两天，溥仪把从宫中带出的珠宝整理在一个手提箱里，准备带走。二十九日这天，正午稍过，溥仪动身出门，先对博佳说："我现在就到东交民巷，住处还没找好，皇后和淑妃先不要去，等我找好了住处之后，再派人接她们来。你们以后再找我去罢。"为了不引起王爷怀疑，溥仪没带行李，只把一包珍宝交给庄士敦，放在庄士敦的皮大衣夹层里带走。但溥仪刚上汽车，载沣的大管家张文治奉王爷之命要求陪同前往，实为监视。溥仪和庄士敦乘第一辆汽车，陈宝琛和张文治乘第二辆汽车。出门时，两名警察踏上溥仪坐的车两旁踏板上同行，是例行公事，没有监视任务。汽车在庄士敦指挥下开往使馆区。为了蒙骗张文治，先到乌利文洋行停一下，装做买东西，溥仪在这里买了一块法国金怀表，又到德国医院。那里的棣柏医生曾入宫看病，认识溥仪。到医院后，庄士敦向棣柏说明来意，溥仪就到一个空病房休息。张文治见状，立即回府报告。庄士敦去使馆交涉，他先后去日本、荷兰、英国使馆，最后在下午近三点钟见到日本公使芳泽，芳泽同意接纳溥仪，并准备把自己的房间腾出来给溥仪用。庄士敦回到德国医院，但这时溥仪已被郑孝胥接走了。

原来郑孝胥去北府时是下午，溥仪已经出走。郑孝胥找到德国医院，见到了溥仪和陈宝琛。庄士敦还没回来。郑说已议定可去日本使馆。溥仪令郑去通报日使馆。郑去日使馆见到竹本，竹本报告公使芳泽，然后说："请皇帝速来。"郑回到医院引溥仪出医院后门，登马车驱日使馆。竹本先把溥仪迎入兵营。庄士敦从医院再返回日使馆，在竹本大佐的司令部见到溥仪、郑孝胥、陈宝琛等人。随后，芳泽把溥仪迎人使馆。张文治回府报告后，载沣等一行前来。

溥仪从他父亲家里逃到日本使馆，是福是祸？在《罗振玉传》和《郑孝胥传》里，都把这件事作为营救皇帝的历史功绩来写。溥仪本人急于逃出，当然认为是得救，一则冯玉祥再有什么行动，便无奈何于他；二则以父亲为首的王公大臣们再也管不着他。他当庆幸自己获得了"自由"。但以后的命运并非如此。

溥仪逃到日本使馆后，命郑孝胥往告段祺瑞，命张文治告知张作霖。中国政府认可。芳泽将溥仪来日使馆事告知民国政府外交部并转段执政，"蒙其答复，极为谅解。"虽有"反对优待清室大同盟"发表宣言，谴责段政府放纵溥仪和日本，但政府默然置之。执政府除向芳泽表态外，又派陆军中将曲同丰，亲自到日本兵营竹本那里，表示执政府极愿尊重逊帝自由意志，并在可能范围内，保护其生命财产及其关系者安全。

日本方面对这件事极为重视。劳泽收留了溥仪之后，发表公开谈话，说"事出突然"，佯做事先不知，欺骗视听。并立即发电报告知其本国；电话通知各国使馆及各公使夫人。芳泽亲自为溥仪打扫住处，命书记官池部政次待候。溥仪到使馆的第二天，婉容要驱车出北府去使馆，被阻。她给溥仪写了一张便笺，祈求溥仪想办法把她接出去。芳泽得知，派外交秘书带着命令去北府接婉容，又被阻。于是，芳泽亲自去找段执政，要求段下令给北府卫队放行。“不到一小时，秘书先生顺利回到公使馆，带回了皇后。”婉容和文绣到了溥仪身边。

溥仪和他的妻妾，加上太监、宫女、随侍、厨役、南书房行走、内务府大臣等，共几十人，使馆特意腾出一所楼房给他们住。于是宫廷的奏事处，值班房全部恢复。在这里，度过民国十四年春节。春节这天，溥仪坐在座北朝南的西式椅子（代宝座）上，接受了王公遗老旧臣的朝贺。溥仪生日那天，使馆把礼堂让出来，供祝寿之用，王公大臣、遗老、东交民巷各国的使馆人员，共五六百人，分班贺寿。溥仪借此机会发表演说，大肆攻击冯玉祥“不近人情”、民国“失信”，宣泄“心中抑郁”。日使对溥仪可谓关怀温暖备至。住在使馆，他的父亲及家族其他成员不断到使馆看望，规劝溥仪回府，溥仪不允。实际上他已经成为日本的笼中鸟，想回也回不去了。

在日使馆，郑孝胥、罗振玉的态度发生突变，简直视溥仪为他们看管的囚徒。罗振玉对前来看望溥仪的王公遗老们，正言厉色地说：“这里不同在北府，每天来的人太多，对于使馆治安上很不相宜。我已和使馆方面谈妥，今后有事要来的，就在星期三、五两日；其他的日子要来，就必须经过使馆方面许可才能进来。”溥仪的情绪很不好，对溥佳说：“我来到日本使馆以后，感觉很不方便，就连院子走走都不随便。”“可是北府也不能再回去了，我一定要想办法离开这里。”他并不知道，去哪里也逃不出日本人的手心。

二

溥仪在日使馆住了近三个月，他决定去日本留学。这时郑孝胥、罗振玉因争夺“营救”溥仪之功，及争夺对溥仪控制权，斗得不可开交。郑孝胥居劣势而回上海。罗振玉出台唱主角，他和日本使馆书记官池部政次策划，并得到芳泽同意，决定把溥仪送到天津去。但他对溥仪说到天津好做出洋准备。溥仪同意了。冯玉祥军队入京后，溥仪曾和他的伴读兄弟博杰、溥佳秘密商议，如果宫中不能住，即去天津，到早先准备的住处去。那所房子在英租界。

但罗振玉说最好住日租界，住英租界不合适。溥仪后来回答关于这个问题的询问时说："住在日租界，人家'保护'起来方便。"

民国十四年（1925 年）年二月二十三日，溥仪向芳泽公使夫妇辞行、道谢，合影留念。然后由专程来京的天津日本总领事馆的警察署长和便衣警察护送，罗氏父子（福葆）陪同，前往天津。在天津车站迎接溥仪的是日本驻天津总领事吉田茂和驻屯军的官兵，约数十名。溥仪天津之行，对北京政府并不保密，芳泽通知了段执政和外交总长。段祺瑞不但同意，还要派军队护送，芳泽没接受。事后，日本公使馆又发表声明，还是说溥仪"突然"向天津出发，表示他们事先不曾与谋。

溥仪到天津，先在日本大和旅馆住一天，次日，池部夫妇陪婉容、文绣及溥仪在日本使馆的一套人马到天津，移居"张园"。张园占地约二十亩，中间一座楼房，主人是前清驻武昌第八镇统制张彪。张彪为了表示忠于清帝，坚决不收房费。溥仪在此住了四年多。张彪死后，民国十八年（1929 年）七月，溥仪一家搬到陆宗舆的"乾园"。当时蒋介石正和地方实力派混战，溥仪"静观变化，静待时机"，改"乾园"为"静园"。在此住到民国二十年（1931 年）去东北为止。他做了六年"寓公"。

既然到天津是准备出国留学，为何一住六七年不动身？从溥仪个人的动向来说，是复辟当皇帝的欲望压倒了他那微弱的当自由平民的闪念。一九九一年，日本记者采访张学良时，张学良提到在天津常见溥仪，曾劝溥仪：放弃当皇帝的那一套，到南开大学读书或出国留学，凭你当过皇帝的经历，将来可以竞选大总统。张学良那时风华正茂，年轻有为，是奉系的新派人物，目光比他的父亲远大，比同龄人思想开阔得多。事实证明溥仪没接受他的建议。

溥仪到天津后，摆脱了王公、太妃们的约束。他的父亲醇亲王载沣已经没有力量支配他的行动。在溥仪到天津居住的第四年，即民国十七年（1928 年），载沣移居天津英租界。溥仪在东北登上伪满洲国皇帝宝座那年的六月，他去看过一次长子。民国二十七年移居天津日租界。次年七月天津水灾，八月迁回北京住什刹后海醇王府内，后将住宅出售，多次搬家。一九五一年二月三日病故。

清朝旧臣、遗老、溥仪的师傅们，还有保皇派康有为，仍然对溥仪的去向参与意见，有主张还宫的，有主张出洋的，最终目标都是借助外国力量复辟，而以依靠日本的呼声最高。

在天津，溥仪和外界接触较多，军阀们对他表示的“忠心，使他产生一种错觉，以为依靠他们可以复辟。溥仪到天津时，奉军占据天津，直隶督办李景林第一个和溥仪见面，以地方官身份拜访，表示予以保护。

最对溥仪有诱惑力的是奉系张作霖。民国十四年（1925 年）夏天，张作霖派人给溥仪送十万元钱，并要求溥仪到他住的地方见面，因为他不便于进日租界。溥仪在初夏的一个夜晚，来到曹家花园张作霖的“行馆”。张作霖以叩拜礼迎接了溥仪。溥仪描绘当时的情景和心情时说：

“我下了汽车，被人领着向一个灯火辉煌的大厅走去。这时，迎面走来了一个身材矮小、便装打扮、留着小八字胡的人，我立刻认出这是张作霖。我迟疑着不知应用什么仪式对待他——这是我第一次外出会见民国的大人物，而荣源却没有事先指点给我——出乎意外的是，他毫不迟疑地走到我面前，趴在砖地上就向我磕了一个头，同时问：'皇上好?'

'上将军好?'我就着劲，扶起他，一同走向客厅门。我心里很高兴，而且多少——虽然这已不像一个皇上的心理——有点感激他刚才那个举动，这把我从'降贵纡尊'中感到的不自在消除了。当然，我更高兴的是，这个举足轻重的人物看来是并不忘旧的。"

交谈中，张作霖对冯玉祥"逼宫"表示了不满，并责怪溥仪不该在他带兵到了北京之后，逃向日本使馆，声称他是有足够力量尽保护之责的。他表示溥仪缺什么东西，提出来，可以解决；如果愿去奉天，可住在宫殿里；如果受日本人欺侮，也可以告诉他，他说："我会治他们!"溥仪知道日本是支持张作霖的，因此，在这次会面之后，复辟的希望立即升温。

向溥仪献媚的不只奉系，其他还有吴佩孚上书称臣，段祺瑞请见等。但奉系在溥仪心中份量很重。北方和中央政府在奉系手里，就实力和势力来说吴佩孚在其之下，段祺瑞更与之不能相比，尤其国民革命军北伐以后。因此，溥仪在张作霖叩头、谈话之后，加紧与奉系联络。通过与奉系有联系的载沣大管家张文治、前内城守卫队军乐队长李士奎，以及胡若愚等，引见奉系将领。褚玉璞、毕庶澄、张学良，相继来到"张园"会面。张宗昌还在溥仪住北府时就化装去看过溥仪，到天津后更是"张园"的常客。

张作霖死后，溥仪和他周围的人认为，日本要取东北，不能管理，必用“皇上”，于是采取“我欲借日本之力，必先得关东之心”的策略。张学良没有他父亲那样的表示，而且劝溥仪趁年轻读书。溥仪找到东北红十字会的商衍瀛，商原是广东驻防旗人，做过翰林，通过商活动奉系将领。他在民国十九年（1930 年）春给溥仪的奏折中吹虚说：“时局变幻不出三个月内”，让溥仪“待时机之变”。说将在吉林、哈尔滨活动，全是梦话。

奉系不是惟一要依靠的。这时溥仪近于饥不择食，白俄谢米诺夫，在中国满蒙边境从事土匪活动，由升允、罗振玉、郑孝胥推荐，民国十四年十月，溥仪在“张园”和谢米诺夫会面。这位白俄表示，要夺取满蒙建立反赤根据地，交给溥仪统治。溥仪对他也曾寄以很大希望，支持他的活动。

溥仪依靠他们复辟是一种幻想，甚至是一种幻觉。上述这些人中并不都表示支持大清复辟，有的仅仅是交往而已。即使那些说“人心思旧”的话的，如：毕庶澄，没有力量，也不见得有帮助他复辟的打算。还有一些表示矢忠清室，保证能完成复辟大业的，是些类型不一的骗子，他们看中了溥仪的钱财。以下的例子足以证明：

张宗昌，自民国十三年和溥仪来往，并不曾说明如何复辟清室。民国十七年（1928 年）张宗昌兵败之后，派人、信函吹虚自己实力如何强大，表示要依附和忠于清室，同时要“壹佰万元”或“叁伍拾万”。那位谢米诺夫，第一次与溥仪见面就拿去五万元，之后溥仪给他办一个存折，第一次存一万元，由郑孝胥经手，随用随取。谢米诺夫究竟拿去了多少钱，溥仪无法计算，直到“九·一八”事变前两三个月，“还要去了八百元”。替溥仪联络奉系的刘凤池，是许兰洲的旧部下。他以联系奉系为名，向溥仪索去古玩、字画、金表、珍珠、宝石、钻石等，甚至指名要十颗朝珠，要珠顶冠上那颗珠子，要端砚、细瓷、“外界不易得之物”。他要去多少珍宝，溥仪没报出数来，但他说：如果刘凤池报告的活动情况都如实的话，差不多奉系的旅长以上，甚至包括团长，以及红枪会首领、占山为王的草莽英雄等，“都拿到了我的珍珠、古瓷、钻石”，“只待我一声令下，就可以举事了。”但只见东西去，不见信息回，溥仪不再那么慷慨。类似人物“可以举出一串名子”，溥仪被骗走的财宝也可以列出一堆单子。但是，谁也不是诚心帮他重登宝座。他们不过是利用溥仪复辟心切，诈骗钱财而已。

溥仪在天津期间，为了复辟，花钱不少，花脑筋也不少。其中值得提出的，是他的目标被引向了东北，而且和日本对东北的侵略意图挂上了勾。溥仪也许只想到了利用日本，而没想到被日本利用的后果。

溥仪到了天津日租界，确切地说是自从到了北京日使馆，就已经失去了出洋留学的自由。对此，庄士敦看得很清楚。还在民国十四年初，即溥仪到东交民巷日使馆之后，庄士敦对溥佳说：“他（指溥仪）到了日本人手中，恐怕不会再放他出来了。”

事实上，溥仪自从到了天津日租界，就在日本监视之下。日本总领事派日本人警官一名和日租界内中国人巡捕三四名，借保护为名，经常在溥仪院内巡视。溥仪出门时，日警官跟着，并把他每天出门和见人的情况记载下来报告日本领事馆。溥仪的活动不得出日租界。民国十四年夏去张作霖住处，是第一次出日租界，第二天日本总领事有田八郎就提出警告：“陛下如再私自去中国地界，日本政府就再不能保证安全！”溥仪和他周围的人，都认为要复辟必须借助于日本的力量。“故对日本只有联合之诚，万无拒绝之理”。

日本方面极尽拉拢、引诱之能事。日本驻天津总领事馆、天津日本驻屯军司令部、日本黑龙会，都向溥仪伸手，刺探溥仪的动向。他们向溥仪表示尊重、友好、支持、保护，请溥仪参加他们的某些活动，特别向溥仪显示日本的军事力量。例如：请溥仪参观兵舰、阅兵典礼、日本侨民小学；还请他参加日本“天长节”活动，溥仪与日本人同声高呼“天皇万岁”；请溥仪吃饭，为溥仪祝寿等等。同时，日本司令部派人给溥仪讲时事，引申出什么中国混乱是群龙无首，没有皇帝，日本天皇制优越，中国民心唯有宣统帝才能收拾等等结论。这一切使溥仪更忘乎所以，一心想着复辟。溥仪复辟欲望越强，距日本阴谋越近。

三

溥仪觉得在天津的生活比在紫禁城里舒适。原因是他摆脱了紫禁城里那些他不喜欢乃至厌恶的东西：太妃、王公的管制，陈规旧制的约束，内务府里那群贪婪的、寄生虫上的寄生虫，笨拙的皇帝龙袍……但保留着他所需要的及象征着皇帝尊严的虚荣：中国人称他为“皇上”，外国人称他为“皇帝陛下”，他住的地方称为“行在”，园子里使用“宣统”年号，祝寿、贺年依然隆重、排场。最最主要的，他是一位拥有大量财富的贵族，从宫中运到天津的财宝，外国银行里的存款和利息，房产及租金，关内外的大片大片土地……并得到了紫禁城中没有或稀有的洋楼、暖气、抽水马桶、洋货；还有进行社交活动，逛大街，出入游乐场所、高级餐厅的自由，天津著名的德国“起士林”大餐馆是溥仪经常光顾的地方。他说：

“为了把我自己打扮得象个西洋人，我尽量利用惠罗公司、隆茂洋行等等外国商店里的衣饰、钻石，把自己装点成《老爷杂志》上的外国贵族模样。我每逢外出，穿着最讲究的英国料子西服，领带上插着钻石别针，袖上是钻石袖扣，手上是钻石戒指，手提‘文明棍’，戴着德国蔡司厂出品的眼镜，浑身发着密丝佛陀、古龙香水和樟脑精的混合气味，身边还跟着两条或三条德国猎犬和奇装异服的一妻一妾……”

张园设“清室驻津办事处”，北京有“留京办事处”、“陵庙承办事务处”、“驻辽宁办事处”、“宗人府”、“私产管理处”、“东陵守护大臣”、“西陵守护大臣”等机构，替溥仪管理家产和家务。天津一地的开支每月约需一万多元，那些运动复辟的费用在外。其阔气程度，比紫禁城时差得多，但在中国社会上仍然是少有的；洋气程度则是紫禁城不可能达到的。

“皇帝”头衔随着“优待条件”的修改而取消，但人们仍用好奇的目光看待他，称他为“皇帝”。尤其外国的使节们，不论日本、美国、英国、法国、意大利，这些国家驻天津的总领事、驻军长官、洋行老板，都对溥仪表示恭敬，称他为“皇帝陛下”，请他去参观兵营、飞机、兵舰，参加国庆日阅兵，向他贺年、祝寿。英王乔治五世的儿子过天津时也曾来访。通过有关人员转递，溥仪和英国国王、意大利国王互赠了照片。天津英国人办的“乡艺会”，是一所豪华游乐场所，不许中国人进出，后来允许外国会员带着中国买办资本家去，而溥仪则特殊，可以自由出入，且可携带家属。

所有这一切，使溥仪的虚荣心感到满足。但是，“张园”的生活仍然是空虚、乏味的。复辟是这位主人公的宗旨，而它是不合潮流、没有希望和光明的追求。这个宗旨经常使他陷于鬼鬼祟祟、心惊胆战、迷离惝恍之中。

通常富豪之家，往往物质生活上的豪华与精神世界的空虚并存。这种情况又容易种下家庭不幸的祸根，争吵、倾诈、分裂……随之而来。何况溥仪长期以“皇帝”独尊，我行我素，喜怒无常，家庭夫妻之间难得和谐。

一夫多妻，本身就制造对抗与排他，矛盾和斗争。何况是民国开国十年后组成的一夫两妻家庭。溥仪的婚事，如前述，从订婚、结婚全过程，可以看出，他和婉容、文绣素不相识，都是没有爱情基础的婚姻。在北京宫中，婉容、文绣之间已经产生种种不睦。不过，那时门关得紧紧的，溥仪有“皇帝”尊号，严格执行祖制家法，民国法制进不了紫禁城；婉容、文绣自幼受旧礼教的教育和熏陶；三人年龄都不大。由此种种因素的制约，他们之间的矛盾再深，也不易公开分裂。

婉容、文绣间的争斗是固有的。而溥仪与婉容、溥仪与文绣间的关系，则经历了曲折的变化过程。

文绣之所以为“淑妃”，地位低“皇后”一等，主要因为她的娘家贫穷。订婚当时，太妃们之间争夺，溥仪漫不经心，先圈选文绣为后，又改圈婉容为后，这中间有很大偶然性，与现代青年经过交往、了解，然后确定配偶完全不同。

文绣幼年丧父，母亲蒋氏，生她与妹妹文珊二人。父亲端恭去世后，她母女三人有出无入，生计艰难，蒋氏做些挑花活补贴。文绣从八岁起，白天上学读书，晚间帮母亲挑花。受母亲和环境影响，待人宽厚、善良，性情恬静。虽不具有花容月貌，可也五官端正，举止温文尔雅，落落大方，且头脑聪颖，有才华，善文学，通琴棋书画。入宫后，面对婉容的骄横霸道，她“甚自爱”，除按时请安外，独居长春宫，读书、做针线。

因为文绣能诗善文，溥仪和她很谈得来。婚后的一年多，他对一后一妃基本上能做到一视同仁。出入三人同行。如：民国十二年（1923）四月三十日、六月六日、六月九日，到醇王府探望患病中的祖母，携婉容、文绣同往。同年七月三十一日、八月三日游景山，八月四日探望婉容的父亲荣源，也是三人同往。溥仪与文绣常共同研讨诗文，他亲笔写新体、旧体的言情诗赠文绣。现录其中三首于下：

赠淑妃文绣诗三首

其一

夜坐阶生冷，思君方断肠。

宁同千万死，岂忍两分张。

孰意君至此，悲秋渐若忘。

洗盏相畅饮，欢罢愿连床。

其二

仆本无赖幸逢卿，感激何似老猴精。

最怕一句拉不拢，羞得粉面若深红。

其三

灯闪着，风吹着，

蟋蟀叫着，我坐在床上看书。

月亮出了，风息了，

我坐在院中唱歌。

月亮出来了，

她坐在院中微笑的面容。

忽然她跳起来冲着月亮和我鞠躬；

一面说：好洁净的月儿，弗呢来箇哉！

一九二三，北京，HENRY

诗中充满青年男女间的深情和理解。

在一封溥仪给文绣的信里，情意更浓些。原文如下：

“爱莲吾爱妆次：敬启者，狠以贱质，幸蒙青眼，五中铭感，何可胜言。一日不见，有如三秋。鹣鹣鹣鹣，我我卿卿，思情密密。月夜花前，携手游伴。柳岸河边，并座谈心。你是一个仙人，我是半个北鸭旦子么？”

从诗、信及文绣离婚后对娘家亲属所谈情况看，最初溥仪和文绣之间的感情满不错。

溥仪并没因为亲近文绣而冷淡婉容。相反，他在结婚时，就觉得婉容长得很美。婉容与文绣不同，是一位天津贵族小姐，雍容华贵，仪态不凡，不仅有秀美的面庞，而且身段苗条，文才虽不及文绣，但也有知识，谈吐文雅。她对溥仪，除了从男尊女卑、女子应三从四德的意义上，必须服从而外，在许多地方，溥仪需求教于她，尤其到天津之后。这主要指生活方面。溥仪说："我记得我的妻子婉容和我的母亲瓜尔佳氏，就比我和父亲懂得的事多，特别是会享受，会买东西。"岂止是买东西，连吃饭的本领，溥仪也比婉容不如。溥仪原不会吃西餐，第一次吃西餐，是令太监到六国饭店买的。溥仪看见一碟黄油，黏糊糊的，不知怎么吃，让太监尝尝，太监尝了说难吃；有一份乌龟汤，溥仪也觉得难喝。后来是婉容这位"漂亮的贵族小姐"指点他学会吃西餐，而且很喜欢吃。到天津后，时常吃"起士林"的西餐。溥仪和婉容之间也有谈情说爱的书信往还，有时用英文写。

但婉容和文绣之间，一开始关系就不融洽。这首先不是他们三人中哪个人的过错，而是一夫多妻本身造成的。在婉容方面，认为自己是"正宫"，理应高于"妃"；又觉得她和溥仪之间多了一个文绣，分走了本该属于她一个人的溥仪的心。在文绣方面，觉得进入民国时期了，后妃之间应当平等；论才学婉容不如她，不甘心低婉容一等。她俩的这种观念，都是合理的、可以理解并值得同情的，至少在民国时代如此。他们三人各自的缺点和相处中发生的问题，象火上浇油，雪上加霜，使相互关系恶化。

婉容以"正宫"自居，显得比较霸道，处处压文绣。民国十二年（1923）九月，婉容入宫后第一次过生日。因为农历九月二十七日是孝慈高皇后忌辰，改在十七日庆祝。事先赏宫中各处当差人员、太监等每人银洋二元、四元、十元不等，十七日请演员入宫演戏，很热闹。而文绣生日，由于婉容反对，溥仪被迫停止给文绣庆贺寿辰。这在文绣心中自然结了个疙瘩。

文绣和婉容之间有往还书信保留下来。今能见到的文绣给婉容的信，开头竟不写称呼语，这不能说是无意之中造成的疏漏。信中对婉容来信的错字毫不客气地指出："来函笔误甚多，兹特更正还回"。她俩来往信件，字里行间暗含着针刺，即使是相互问候，也缺乏真诚，有些表面应酬的味道。

溥仪的夫妻生活不正常。婚后，他住养心殿，婉容住储秀宫，文绣住长春宫。溥仪有时住在婉容的寝宫。他对第五个妻子李淑贤说，大婚后有时到婉容那里去住，不常去长春宫，"偶尔也去看看，呆一小会儿就走了。"宫中大火和驱逐太监之后，他疑神疑鬼，担心有人暗害，晚间找人守夜，挑来挑去，认为婉容最可靠，让婉容守夜；一连几天夜里她不能睡觉。溥仪多半住在自己的养心殿，婉容、文绣都守空房，都以为溥仪厚彼薄己。这更加一层她俩之间的嫉妒。

在婉容、文绣的矛盾斗争中，溥仪往往迁就婉容、偏袒婉容。婉容很厉害，为了文绣负责给溥仪梳头，溥仪去长春宫，婉容也要唾骂文绣。溥仪说："婉容很厉害，她不让我接近文绣"。文绣娘家的人根据文绣所谈，也形成这种看法，说："溥仪为了减少和婉容之间的一些无谓的争吵，对文绣就日渐疏远，厚婉容而薄文绣。一天到晚，全是婉容陪着他玩。"大致在离开紫禁城半年之前，溥仪和文绣就不常见面了。公开场合只带婉容不带文绣。如：民国十二年（1923）十二月二十二日，去醇王府探望祖母；民国十三年（1924）一月十三日，赴醇王府参加溥杰的婚礼；二月八日到醇王府为父亲祝寿等，都是携婉容一个人去。在溥仪的心目中，后、妃是两个等级，有贵贱、高低之分，高看“皇后”一眼是必然的。她俩娘家家境、社会地位的差别，也都影响着她们在爱新觉罗家的地位。

文绣独守空房，常年累月，十分凄苦。她对娘家人诉说过，在宫中一个人守在空旷的大宫殿里，点蜡读书（宫中常停电），“燃烧的蜡烛，不知不觉去了一大截”，“莫名的伤感，常常袭击着我。”她的一篇短文描写了那时的心情：

哀苑鹿

春光明媚，红绿满园，余偶散步其中，游目骋怀，信可乐也。倚树稍憩，忽闻囿鹿，悲鸣宛转，俛而视之，奄奄待毙，状殊可怜。余以此鹿得入御园，受恩俸豢养，永保其生，亦可谓之幸矣。然野畜不畜于家，如此鹿在园内，不得其自由，犹狱内之犯人，非遇赦不得而出也。庄子云：宁其生而曳尾于涂中，不愿其死为骨为贵也。

离开紫禁城住北府时，溥仪与文绣、婉容天天见面，又在“患难”之中，溥仪对文绣接近多了一些。北府离文绣母亲蒋氏住的地方不远。那是文绣入宫后，溥仪赐的住宅，在地安门后海南沿大翔凤胡同四十一号，独门独院十一间瓦房。溥仪允许文绣回家探望母亲。有一次，溥仪主动和文绣一起去看望岳母蒋氏，并带去厚礼。蒋氏接待这位高贵的女婿，诚惶诚恐，行跪拜礼，口称“皇上”，连头也不敢抬。尽管溥仪说：我也是国民一分子，不再是皇上了，她还是拘谨不安，不知该和女婿说点什么。不到一个小时，溥仪和文绣双双回北府。

溥仪和文绣关系恶化，是从民国十四年（1925）春节开始的。他们住在日本使馆。大年初一，日本公使芳泽夫妇给溥仪和婉容拜年，溥仪没让文绣露面。文绣不服气，说现在是避难，不能象宫里一样，后妃之分不必那么严。溥仪发了火，认为嫡庶名分是不能更改和逾越的，文绣的要求是越格非分之举。文绣顶撞了他，他打了文绣，并训斥说：

“婉容是我的皇后，你是我的妃子。哪有当小的份儿和皇后平起平坐呢？皇后陪我接见日本公使夫妇，是名正言顺。”

“你这是乘我蒙难，有意和我过不去呀。我从前宠幸你，是赏识你的文才。我早知道你这样目无君臣礼法和尊卑之分，不懂规矩，我早就把你废了赶出宫去。”

而这时，婉容一旁幸灾乐祸，添油加醋地说：“大年初一，不取个吉利，就惹皇上生气。”对这件事，文绣很是伤心。

到天津以后，溥仪的家庭关系进一步恶化。溥仪说，由于他不接近文绣，“日久天长，文绣对我的感情自然很坏，后来逼得她非跟我分手不可”。加之，“张园生活上的空虚。其实即使我只有一个妻子，这个妻子也不会觉得有什么意思。因为我的兴趣除了复辟，还是复辟。老实说，我不懂得什么叫爱情，在别人是平等的夫妇，在我，夫妇关系就是主奴关系，妻妾都是君主的奴才和工具”。

在天津，溥仪一家经常出入于商场、餐馆、剧院……这是紫禁城时代没有的。随之，“后”、“妃”的矛盾斗争又有了新内容。婉容这位天津的贵族大小姐，用溥仪的话说，她花钱买废物（买了用不着）的门道多。她买了，文绣也要买，为的是争平等；文绣买了，婉容又要买，而且必须花钱更多，为的是争“皇后”特权。如此循环往复，形成花钱比赛。溥仪给她们规定了花钱定额：婉容一千元，文绣八百元；后减到婉容三百元，文绣二百元。

外出活动，多数情况下是溥仪带婉容去。天津的大商店、游乐场所等吃喝玩乐的地方，如：惠罗、正昌、中原、义利等公司，起士林、利顺德等餐馆，以及溜冰场等，都是溥仪和婉容双双出入之处。文绣有时也同溥仪、婉容一起出去，但更多的时间被丢在家里。

溥仪每月用七十元（银元）薪水聘请一位教师任萨姆教授英文，婉容、文绣一起学。每逢过年、过节、“万寿”、“千秋”，以及给祖先做“阴寿”、“忌辰”，三人一起从事庆贺或致哀活动。除此之外，溥仪和文绣不接近，文绣的生日照例不庆贺。

婉容得宠，越来越骄横，盛气凌人，不可一世。她与文绣发生争吵，溥仪总是说文绣不对。他对文绣很不客气，甚至用口头的、文字的形式讥讽辱骂文绣。太监、仆人势力眼，见文绣失宠，竟不听从文绣使唤。文绣不堪忍受这种虐待和欺侮，愤然出走。

文绣出走的导火线是一件小事引起来的风波。民国二十年（1931）七月二十一日，文绣外出回来，在院子里吐了一口唾沫，婉容说文绣是针对她的，非要溥仪派人对文绣斥责不可。溥仪照做了。文绣给妹妹文珊的信中说：

> “六月初七日在监狱斗室囚坐，讵料大祸临身，彼忽遣随侍男仆李志源、太监李长安，来责我吐痰，诬我骂街。声色俱厉，逼我承认，禁止分辩。余茫然不解，畏惧已极，只得声声哀告，口口乞怜，求皇上、皇后开天高地厚之恩，赦我死罪。后又遣仆人来往数次，指我厉声责道：‘古来无你这等之人！清朝二百多年无你这不知礼之人！’我敬谨听受，又极口服罪，哀告求饶……”

文绣认为情况不实，要找溥仪当面诉说委屈，溥仪拒而不见。文绣悲愤难忍，痛不欲生，而不止一次寻短见，被太监发现阻止。

文绣有两位知心朋友，一位是远房外甥女、冯国璋的大儿媳妇玉芬。冯家在京津两地都有住宅。玉芬从前到醇王府去看过文绣，文绣到天津后，两人交往更密切，几乎无话不谈。一位是亲妹妹文珊，文珊是庆亲王载振的二儿媳妇，住天津英租界，常去看文绣。文绣有了轻生之念后，溥仪传文珊到家开导。这二位是文绣提出离婚的高参和策划者。

玉芬交际广，见识多，有主见。她劝文绣：现在已是民国，男女平等，溥仪没有生杀之权。你可以找律师写状子，告他虐待，和他离婚。并表示可在外面找人帮忙。文珊也认为和溥仪这种人生活在一起没有幸福，不如分开好。三人商量之后，文绣交给玉芬一千元钱，在外面请律师，准备起诉和溥仪离婚；把贵重首饰等交文珊陆续带出去保管。

同年八月二十五日下午，文珊以陪同文绣外出散心为名，取得溥仪同意，乘汽车到国民饭店，直奔预定的房间（三十七号）。事先请的律师如约到达。文绣打发随行的太监回去向溥仪回话，让太监带去三封信，两封是文绣的律师张绍曾、张士骏给溥仪的，一封是文绣的律师李洪嶽代表文珊的发言，说明文绣出走的原因和要求。太监走后，文绣在文珊的陪同下，离开国民饭店，到袁世凯七姨太张氏的亲戚家去住。溥仪得知文绣出走，认为有损于他的尊严，违反祖制家法，大逆不道，大发雷霆；立即派人到国民饭店及文珊家（老庆王府邸）寻找，不见踪影。婉容很得意地说："找什么，让她跑去吧。"溥仪和他身边的人都认为此事是家族的奇耻大辱，不愿提交法庭解决，由法律顾问、律师林廷琛、林棨出面，私下了结。溥仪要求不起诉，不登报声明。文绣除要求离婚外，并要溥仪支付赡养金五十万元。《北平晨报》报道文绣与林廷琛谈话：

> "林廷琛律师前日下午曾在某处晤及文绣，询其真意，彼惟掩面啜泣。告林曰：'我到现在还是一个老处女，素常受尽虐待，现在惟有请张律师等依法保障我应享的人权罢了！'言下态度颇为绝决。"

文绣为了自由和人权毅然同“皇帝”离婚，是对清制和旧礼教的宣战。历史上，皇帝废皇后、皇妃，比比皆是，如同扔一件穿旧了的衣服；皇妃与皇帝离婚，史无前例。这需要不寻常的勇气，顶住来自四面八方的巨大压力。社会上的陈旧势力诸多非难，他的族兄文绮在天津《商报》上发表一封公开信，满篇陈词滥调，斥责文绣。文绣没有示弱，写了一封回信，驳斥其种种诬蔑、诽谤之词，声明所行不过是不堪忍受难言之苦，而“要求受人道待遇”，完全符合中华民国训政时期约法及法律。

同年十月二十二日，双方议定条件签字。主要之点是双方脱离关系，文绣回母家居住，永不再嫁，溥仪给文绣五万五千元生活费。溥仪根据遗老们的意见，在京津沪三地报纸上，用宣统皇帝身份和年号登了一道“上谕”，谓淑妃擅离行园，“显违祖训”，“撤去原封位号，废为庶人”，放归母家居住反省过错，用以维护不存在的“皇帝”的尊严。

文绣离开，婉容成了“胜利者”。从此她不必担心溥仪与文绣要好，溥仪这个人归她一人所有。但是溥仪的心被这件事分走了。因而到东北后，对婉容一天天冷淡下去。

文绣的行为是果敢的。但那个半封建的社会里，歧视她的人远远超过支持她的人。离婚，被认为是奇闻，是邪恶。她要承受舆论的压力和诽谤、歧视。在宫中养成的娇、懒、铺张习气，影响她对独立的平民生活的适应。因此，离婚后的道路仍然十分艰难，诸多波折和痛苦。溥仪到东北后，她曾托人带信给溥仪，表示愿意回到他身边，溥仪没有那么宽大的胸怀，不同意。她回到北京，母亲已去世，房子被舅父占有卖掉，只好另租房住下。妹妹文珊和溥锐离婚后，到北京和姐姐生活在一起。文绣到私立竞存小学教国语，用傅玉芳名字。她很想把后半生献给儿童教育事业。但客观环境不允许，新闻记者的采访，她接迎不暇。附近一带居民在她上下班的路上、学校门口，围观她……她不得安宁。加之过惯了悠闲生活，每天按时上班，她感到劳累不堪。不得已，辞去教学工作。

溥仪给她的五万五千元赡养费，给玉芬、文珊、律师、中间人及有关开销，共花去二万多元，剩下二万六千元左右。她用这笔钱买了一个单独的小院落，雇佣一个厨师、二个妈子、一个梳头丫头，过起贵妇人生活。吃、穿、用，很讲究，洗一次手要换三盆水，水的温度一次比一次高，而且要适度。“不但衣来伸手，饭来张口，甚至穿衣、洗脚，都要佣人侍候，架子和脾气也很大。对穷困的同族本家人，都不愿意来往。所以和同族以及亲戚之间的关系，都闹得极为生疏。”

可是，这种生活能维持多久呢？她既不会持家，又不善理财，坐吃山空。人们以为她当过溥仪的妃子，一定有很多钱，国民党的、日伪的军官，富商，公教人员等，登门求婚，她不中意。日本占领华北时期，汉奸、特务、伪保长、警察等，敲诈勒索乃至调戏。她的日子很难过，手中的钱花光了，开始卖首饰。最后卖掉房子，辞掉佣人，租一间房住，到崇文门外找挑花活做，维持生活。

日本战败投降后，南京政府收复平津。文绣寄住表哥刘山家。刘山是瓦匠，一家五口，日子过得很紧。文绣和刘妻一起糊纸盒，摆烟摊。她还到华北日报社当过校对。后来和一个在北平行营作事的少校军官刘振东结婚，辞去工作，当上军官太太。刘振东人很朴实，手里有积蓄，于北平解放前退役，买了八辆平板车出租，生活过得不错。解放后，刘振东当清洁工人。一九五三年九月十七日，文绣因心肌梗塞去世。

溥仪任政协文史专员时，见到文绣的族兄傅功清，提起文绣，说：“文绣和我在天津提出离婚，当时我思想上很想不通，千方百计地设法阻拦着。幸亏那时是离婚了。否则，她的命运不见得比婉容好。”

第八章　执政满洲

一

土肥原在天津诱骗溥仪去东北的阴谋，第二天被报纸揭露出来，社会上许多人对溥仪提出忠告、警告，劝他“不要认贼作父，要顾惜中国人的尊严”。正好，刘骧业从日本东京发来一封电报，说“日本军部方面认为溥仪出山的时机仍然未至”。于是，溥仪又踌躇起来。这时，陈宝琛、胡嗣瑗、铁良等也不主张立即去东北，以为“当前大局未定，轻举妄动有损无益”。只有郑孝胥极力鼓吹不要“时机错过”，双方展开了激烈的辩论。最后，溥仪“被复辟美梦完全迷了心窍”，认为陈宝琛“迂腐不堪”，心里赞同郑孝胥的意见，只是表面“不露自己的意图”而已。

土肥原入津诱骗溥仪去东北的消息披露出来后，立即引起了各方面的关注。蒋介石派高友唐充当说客，表示国民政府愿意恢复优待条件，每年照付优待费，或者一次付给一笔整数也可以，还希望溥仪去上海。如果要出洋，除日本外均可。要到其他地方，除东北外什么地方都行。溥仪没有同意，他还是一心想去东北“恢复祖业”。

11 月 4 日，土肥原根据天津情况向关东军发回电报称：“经询问之结果，溥仪有离天津逃往满洲，并有在吉林组建政府之意向。但天津总领事桑岛主计曾接受日本政府应予严密监视之训令，其警戒森严，如不采取特别手段，将难以达到目的。”于是当天板垣以关东军参谋的名义致电陆军省军务局，要求通知外务当局不要干涉土肥原的行动。11月6日，币原外相电告桑岛：“如果对于国策的执行没有妨碍，听其自然也无不可。”

土肥原急不可待，为了早日达到挟持溥仪逃离的目的，搞了一连串阴谋活动。

先是利用特务进行恫吓。一天有个陌生人送来一份礼物，竟在水果筐里放了两颗炸弹。溥仪的随侍祁继忠慌慌张张地跑进来叫喊：“不好了!”“炸弹！两个炸弹!”吓得溥仪连站都站不起来了。第二天，吉田翻译官就以此为借口对溥仪说：“宣统帝不要再接见外人了。”“还是早些动身的好。”与此同时，溥仪还接到不少恐吓电话和恐吓信，有一封信说：“如果你不离开这里，当心你的脑袋!”祁继忠还告诉溥仪一个更可怕的消息，说有一些形迹可疑的人，“好象衣服里面有电刀”。静园的空气顿时紧张起来，溥仪感到安全受到威胁，因此决心随日本人出逃。其实，祁继忠是日本人安排在溥仪身边的日本间谍，这些伪造的惊人消息，就是日本特务通过祁继忠干的。

接着，土肥原按原订计划采取了扰乱天津的行动。11月8日，在土肥原策划下，汉奸张璧、李际春等人组织便衣队2000多人，对天津华界大肆骚扰，制造混乱。随后，驻天津日军司令部立即宣布戒严，占领日本租界的外围线，断绝了与华界的交通。日本军队还把装甲车开到溥仪居住的静园门口，把静园控制得很严。

11月10日晚，祁继忠瞒过所有耳目，偷偷地把溥仪藏进一辆敞篷汽车的后厢里，悄悄地离开了静园。翻译官吉田忠太郎坐另一辆汽车跟在后面，如果遇到日本兵阻拦时，经吉田一招呼，便立刻通过。汽车来到预定的一家日本饭店，在那里，一名日本军官拿出一件日本军大衣和军帽，给溥仪穿戴上。又换乘日军司令部的汽车，由吉田陪同，沿白河来到英租界的一个码头上。一只没有灯光的小汽船早已等候在那里，溥仪上了船，“看见郑孝胥父子俩如约等候在里面，心里才稳定下来”。溥仪在吉田忠太郎、上角利一、工藤忠、太谷猛等人监护下，由 10 名日本兵保卫离开了码头。溥仪坐在汽船上，眺望白河夜景，他把白河看做是“奔向海洋彼岸，寻找复辟外援的通路”，“不禁得意忘形”起来。可是当船行至军粮城时，突然从岸上传来一声吆喝：“停——船！”溥仪“像神经一下切断了似的”，“几乎瘫在地上”。日本兵立即上了甲板，伏在沙包后面做出准备射击的姿势。这时汽船装做听命的样子，行速下降，然后乘岸上不备，突然熄灯加速冲过了中国军队的警戒，一溜烟地逃到大沽口。然后，溥仪被送上日本商船“淡路丸”。在“淡路丸”上郑孝胥十分活跃，继续“高谈其同文同种的谬论”，和“治国平天下的抱负”。

13 日早晨，到达营口满铁码头。溥仪幻想在码头上一定有许多东北民众欢呼着迎接他。等上了岸他才明白，不但迎接的人很少，而且都是日本人，为首的是关东军特派特务甘粕正彦。溥仪在甘粕等人陪同下，先到汤岗子温泉疗养区的对翠阁旅馆住下。而实际是被封锁起来，不准下楼，也不准与外接触，仅由板垣和片仓两人负责联系，委托甘粕正彦在溥仪身边负责照顾。关东军还向关东州长官、总领事、满铁等方面发出通告：

> “溥仪因天津暴动深感其自身生命之危险，乃自发逃离天津，于 13 日 10 时突然于营口登陆，请予保护。出自人道主义立场，暂时将其收容于汤岗子予以庇护。但鉴于时间，禁止一切政治活动，断绝与外部之交通，严加保护。迄至适当时期之前，禁止发表有关溥仪之一切行动报

道，特此奉告。”

由于当时国际形势对日本不利，日本内阁不敢贸然行事，要求陆军大臣给关东军拍来电报，提出：“关于拥立溥仪，过早行之，徒然刺激列国，要求和中央联系后处理。”于是关东军决定局势稳定后，再抬出溥仪。11 月 18 日，关东军借口汤岗子“治安恶化，时有兵匪袭击”，又把溥仪护送到旅顺，加以严密封锁，仍由日本特务甘粕和上角负责“照顾”，实际上是把他软禁起来。溥仪对此非常不满，但身不由己，只好耐心等待。

溥仪转赴旅顺不久，关东军又派川岛芳子来到天津。川岛芳子是肃亲王善耆的女儿，原名金璧辉，认日本浪人川岛速浪为义父，改名川岛芳子，充当了日本特务。川岛芳子一到天津就与吉田忠太郎秘密策划挟持婉容的计划。

一天，在静园出现了一个年轻妇女，身着烟红色绣有金银丝大龙花纹旗袍，脚穿高跟鞋，脸涂胭脂，嘴抹口红。这个浓妆艳抹的妇女就是女特务川岛芳子。与她同来的还有一个瘦骨伶丁的“病人”，她们一来就住进了最里边的一个房间。过几天，从静园传出病人亡故，从外边运来一口大棺材。川岛芳子哭哭啼啼领着婉容一行人等，跟在棺材后面到白河岸边埋葬。在溥仪潜逃搭船不远的地方，由日本人“安排”，登上了日船“长山丸”，就这样，婉容也到了旅顺。

二

溥仪到旅顺以后，立即被日本人软禁起来。每天受着甘粕和上角的监视，除了郑孝胥父子和罗振玉极少数人以外，不许接见其他人。上角和甘粕告诉溥仪：新国家问题还在讨论，不要着急。郑孝胥也说：“皇上天威，不宜出头露面，一切事宜臣子们去办，待为臣子的办好，到时候自然顺理成章地面南受贺。”溥仪一心想重新当皇帝，也只能听从日本人的安排。

1932 年 1 月 29 日，板垣奉关东军司令官本庄之命，到旅顺探询溥仪的打算。溥仪虽然同意当“新国家”的“元首”，但还是主张恢复帝制，保留皇帝的称号。

1932 年 1 月关东军占领锦州以后，日本帝国主义加快了建立傀儡政权的步伐。2 月初，日本政府和陆军中央部连电催促关东军在国联调查团到来之前建立傀儡政权。陆相荒木贞夫更电令关东军司令官本庄：伪国的成立宣言，“应在本月中旬以前公布”。于是关东军便为建立傀儡政权忙碌起来。

从 2 月 5 日至 2 月 11 日，在沈阳关东军司令部的参谋长室里，举行了连续 7 天的“建国幕僚会议”。参加者有三宅参谋长、板垣、石原、竹下、和知、片仓等参谋，还有关东军顾问驹井德三和松木侠。会议进一步策划建立伪满洲国问题，并就如何操纵傀儡政权的行政、财政、军事等问题，进行了仔细讨论。

接着，关东军又于 2 月 16 日至 17 日，纠集伪奉天省长臧式毅、伪吉林省长熙洽、伪黑龙江省长张景惠及马占山，在沈阳张景惠的私宅举行伪建国会议，即所谓“四巨头会议”。老牌汉奸于冲汉、袁金铠和赵欣伯也到了场。日本关东军参谋长三宅、参谋板垣、和知及顾问驹井德三等名为列席，实际上完全控制这个会议。为了落实关东军早已拟定的计划，会议从 16 日晚 8 时一直开到 17 日早 3 时。17 日午后 2 时又召开会议，决定成立伪“东北行政委员会”，任命张景惠为委员长，臧式毅、熙洽、马占山、热河汤玉麟、哲里木盟的齐王（齐默特色木贝勒）、呼伦贝尔盟的凌升为委员，关东军要这个伪组织就建立“满洲国”的国体、政体、元首、宣言等诸项问题提出初步意见，并要求在 3 月 1 日以前，完成建立傀儡政权的工作。

18日，关东军操纵伪“东北行政委员会”发表所谓“独立宣言”，声称：“由此与党国政府脱离关系，东北省区完全独立。”在宣言发表前，马占山托病返回黑龙江，因此未在宣言上签字。接着又在沈阳连续召开“建国会议”。20日，关东军指定郑孝胥也到沈阳开会。

溥仪听到要在东北成立“共和国”的消息，感到失望和愤慨。因为他最关心的是复辟帝制，自己能当皇帝。于是写了十二条必须恢复帝制的理由，叫郑孝胥、罗振玉去沈阳交给板垣，郑孝胥临行前满口应承。可是在21日开会时，郑孝胥根本没有拿出十二条，只向板垣拍胸脯说：“皇上的事由我包办，无所不可。”罗振玉是主张复辟的，不防被郑孝胥抢先开了口，于是板垣以郑孝胥为主要对象，把罗振玉甩在了一边。所以罗回到旅顺对溥仪委屈地说：“臣就见了板垣一面，是郑孝胥跟板垣谈的。”其实在开会前，郑孝胥以溥仪名义已和关东军订了密约，把东北的权利整个出卖了。郑孝胥这笔卖国交易，使他赢得了“国务总理”头衔。

2月23日，板垣奉本庄之命到旅顺见溥仪。板垣首先表明他奉关东军本庄繁司令官之命，向溥仪谈关于“建立满洲新国家”的问题。板垣说：“这个国家名号是满洲国”，是“由五个主要民族组成，即满族、汉族、蒙古族、日本族和朝鲜族”。板垣一边说，一边从皮包里拿出了《满蒙人民宣言书》，以及五色的“满洲国国旗”摊在桌子上。溥仪生气地问：“这是什么国家？难道这是大清帝国吗？”板垣照样不紧不慢地回答：“自然，这不是大清帝国的复辟，这是一个新国家，东北行政委员会通过决议一致推戴阁下为新国家的元首，这是执政”。溥仪一听板垣叫他阁下十分刺耳，更气得要命，激动得几乎都坐不住了，大声道：“名不正则言不顺，言不顺则事不成！”反复表示不能放弃皇帝身份，不能就任执政，“这个问题必须请关东军重新考虑”。板垣接着说：“如果阁下认为共和制不妥，就不用这个字眼。这不是共和制，是执政制。”但是“所谓执政，不过是过渡而已”，将来在议会成立之后，“必定能恢复帝制的宪法”。溥仪听到“议会”二字，连忙摇头说：“议会没有好的，再说大清皇帝当初也不是什么议会封的。”板垣的表情始终含着微笑，但语气始终寸步不让。他们争论了三个多钟头，溥仪坚持不能放弃皇帝这个名号。最后，板垣冷冷地说：“阁下再考虑考虑，明天再谈。”便起身告辞了。

当溥仪拒绝了板垣之后，郑孝胥提醒溥仪说：“无论如何不能和日本军方伤感情，伤了感情一定没有好处，张作霖的下场就是殷鉴。”溥仪一听这话，又害怕起来。果然，第二天早晨，板垣便把郑孝胥、罗振玉叫到大和旅馆。板垣一副铁青脸，威胁地说：“军部的要求再不能有所改变。如果不接受，只能被看作是敌对态度，只有用对待敌人的手段做答复。这是军部最后的话。”接着用命令的口气，叫郑孝胥立即照原话向溥仪传达。溥仪听到这个回答，先是一怔，接着两腿一软，跌坐在沙发上，半晌说不出话来。郑孝胥接着说：“臣早说过，不可伤日本感情……不过现在还来得及，臣已经在板垣面前一力担承，说皇上必能乾纲独断。”郑接着谈了一些“识时务者为俊杰……”之类话，溥仪默不作声。站在一旁的罗振玉等一个个或垂头丧气，或呆若木鸡。郑孝胥突然大声说：“日本人说得出做得出，眼前这个亏不能吃。何况日本原是好意，让皇上当元首，这和做皇帝是一样。臣伺候皇上这些年，还不是为了今天。若是一定不肯，臣只有收拾铺盖回家。”一听到郑孝胥要“收拾铺盖”，溥仪顿时着了慌。垂头丧气的罗振玉才慢慢腾腾地说：“事已如此，悔之不及，只有暂定以一年为期，如逾期不实行帝制，到时即行退位。以此为条件，看板垣怎么说？”溥仪叹了口气，叫郑孝胥去和板垣说说看。最后，板垣同意了。

2 月 24 日，板垣从旅顺急返沈阳关东军司令部，报告了旅顺之行。然后，确定了傀儡政权的最后方案。第二天下午 5 时，以伪东北行政委员会名义发表了所谓《新国家组织大纲》。规定：伪国名：“满洲国”；伪国土：奉天、吉林、黑龙江、热河及蒙古自治领；伪国旗：红蓝白黑满地黄；伪元首：称执政，由溥仪担任；伪年号：大同；伪国都：长春，改称“新京”；伪国政治：“民本主义”。

日本侵略者为了欺骗舆论，把建立伪国说成是出于东北人民的“要求”，又指使汉奸大搞所谓“促进建国运动”。在沈阳，2 月 27 日，于东北大舞台举行所谓的“市民大会”。是日，到处张贴宣传品，且印制伪国纸旗数万张，“分发商民，勒令悬挂”。又以“白看戏”和“赏军用饼干一包”为诱饵，驱使市民前往开会。入门前迫令在名簿上签字，不会写者，由汉奸代笔，以做为赞成伪国成立的根据。28、29 两日，又举行了“全省代表大会”、“全满联合大会”。其情形与市民大会类似。在哈尔滨，于南岗喇嘛台搭成戏台多座，逼令名角在台上演戏，驱赶市民前往。入场后即关闭大门，禁止外出。在吉林，则以发一角钱的点心票引诱学生参加。伪建国运动整整闹了几天，丑态百出，乌烟瘴气。

2 月 29 日，关东军又强迫所谓“全满建国促进运动大会”通过决议，选出代表“敦请”溥仪出任“执政”。3 月 1 日，假借满洲国政府名义，发表了所谓《建国宣言》宣布伪满洲国成立。

伪《建国宣言》发表之时，溥仪还在旅顺等待。在关东军导演下，汉奸们还上演了一出“恳请”溥仪出山的丑剧。早在 29 日这天，上角和郑孝胥告诉溥仪，“代表”们要来旅顺“请愿”，须先准备两个答词，第一个是表示拒绝，第二个表示接受。3 月 1 日下午，冯涵清、张燕卿、赵仲仁、苏宝麟、凌升、葆康等6人果然来到溥仪住所，“恳请”溥仪就任“新国家”的元首。溥仪按着上角的指示，先让郑孝胥代为接见，宣读了事先准备好的答词：

“予自经播越，退处民间，闭户读书，罕闻外事。虽宗国之阽危，时轸于私念，而拯救之方略未讲。平时忧患余生，才微德鲜。今某某等前来，猥以藐藐之躬，当兹重任，五中惊震，倍切惭惶。事未更则阅历之途浅，学未裕则经国之术疏，加以世变日新，多逾常轨，际遇艰屯，百倍畴昔。人民之疾苦已臻其极，风俗之邪詖未所知届。既不可以陈方医变症，又不可以推助徇末流。所谓危急存亡之秋，一发千钧之会，苟非通达中外，融贯古今，天生圣哲，殆难宏济，断非薄德所能胜任。所望另举贤能，造福桑梓，勿以负疚之身，更滋罪戾。”

以责任重大，表示碍难接受。然后，由溥仪接见，彼此说了一通事先由别人嘱附好的话，无非一方“恳请”，一方“婉辞”。历时不过20分钟。3月4日，“恳请”的代表增加到29人，再次“恳请”，溥仪又拿出第二个答词：

“承以大义相责，岂敢以暇逸自宽，审度再三，重违群望。……勉竭愚昧，暂任执政一年；一年之后，如多陨越，敬避贤路。傥一年之内，宪法成立，国体决定，若与素志相合，再当审慎，度德量力，以定去就。”

溥仪接受了“恳请”，“代表”们也就完成了任务。接着，在3月5日，张景惠等一行10人，赶赴旅顺，又搞了个第三次“恳请”溥仪出山。

走完了“三顾之礼”的过场，3月6日，溥仪及郑孝胥、罗振玉等人，在上角利一、甘粕正彦的监视下，从旅顺乘车抵达汤岗子，秘密地住进了对翠阁温泉旅馆。随后婉容等人，在工藤忠和警宪的监护下，也乘车来到了汤岗子。汉奸张景惠、赵欣伯、熙洽等人早已在那里迎候。当天关东军参谋板垣和片仓也来到汤岗子，迫使溥仪在一封以他的名义给关东军司令官本庄繁的“书简”上签了字。这封“溥仪书简”，出自日人之手，早已拟就。所开各项，把东北的国防、治安、交通、官吏任免等权交与日本，溥仪在上面签字盖章，等于签订了一份卖身契，把整个东北出卖给日本。这一“书简”成为日后签订的“日满议定书”的母约，属绝密文件。溥仪签字于3月6日，而日期却署了3月10日。这是因为关东军考虑到，溥仪将在3月9日就任执政，把日期署溥仪任执政之后，可以使这份卖身契具有合法性。

3月8日，溥仪在张景惠、熙洽以及甘粕、上角等人陪同下，由汤岗子乘特别快车抵达长春。车站到伪政府一路，警戒森严，甚至“按户搜索，清查户口”。车站临时设有“承宣处”，以备各界签到及领取佩花。花分黄红两种，黄花是给指定的“各界代表”用的，红花是给被指定的“各界人”用的。另外，又有前吉林老八旗人，自称“大清国旧臣”，手执黄缎长方旗，组成所谓“迎銮团”，也到车站指定地点，为迎驾做陪衬。在“迎驾”的队列里，有西服、军服、和服、长袍马褂各色不齐，每人手执小旗一面。当专车到达车站时，溥仪在张景惠、熙洽以及甘粕、上角等一行人簇拥下走上站台，军乐声和人们呼叫声混杂在一起。最引人注目的是打着“黄龙旗”的“八旗迎銮团”，别的人群都是站着，只有这个“迎銮团”是跪着。熙洽指给溥仪看，并且说：“这都是旗人，他们盼皇上二十年了。”溥仪喜得眼泪夺眶而出，觉得他的复辟“是大有希望的”。

溥仪坐上了汽车，被送到一所从前是道尹府的破旧不堪的院落里，这就是溥仪的临时“执政府”。

3月9日下午3时许，在关东军导演下，于匆忙收拾起的一间大厅里，举行了溥仪的“就职典礼”。参加典礼的有旧奉系人物张景惠、臧式毅、熙洽、张海鹏、张燕卿、谢介石、丁鉴修、于冲汉、袁金铠、冯涵清、赵欣伯、韩云阶等，溥仪的旧臣有郑孝胥、罗振玉、宝熙、胡嗣瑗、陈曾寿、万绳栻、商衍瀛、佟济煦，前盛京副都统三多、前绍兴知府赵景祺，蒙古王公贵福、凌升、齐王等。日本关东军司令官本庄繁、高级参谋板垣征四郎、特务机关长土肥原贤二、满铁总裁内田康哉、代理奉天总领事森岛守人、伪奉天省最高顾问金井章次等也先后到了场。溥仪身穿西式大礼服，由张景惠和臧式毅代表“满洲民众”献上“执政印”，正式就任伪满洲国“执政”。郑孝胥代表溥仪宣读了“执政宣言”：

“人类必重道德，然有种族之见，则抑人扬己，而道德薄矣；人类必重仁爱，然有国际之争，则损人利己，而仁爱薄矣。今立吾国，以道德仁爱为主，除去种族之见，国际之争，王道乐土，当可见诸实事，凡我国人，愿共勉之。”

然后，内田康哉致祝词，罗振玉代溥仪读了“答词”。“接见外宾”时，溥仪走下礼台，向本庄繁鞠躬，而本庄繁却趾高气扬并未还礼。溥仪又率众人来到院子里，看着赵欣伯扯起了红蓝白黑满地黄的伪满洲国旗。典礼进行约30分钟，就草草收场了。从此，溥仪正式成为日本帝国主义在东北的傀儡。

三

溥仪当上伪满洲国“执政”的第二天，根据关东军司令部所提出的名单，公布了政府官员名单：

伪国务院总理兼伪文教总长郑孝胥，伪民政

部总长兼伪奉天省长臧式毅，伪军政部总长兼伪黑龙江省长马占山，伪财政部总长兼伪吉林省长熙洽，伪实业部总长张燕卿，伪外交部总长谢介石，伪交通部总长丁鉴修，伪司法部总长冯涵清，伪立法院长赵欣伯，伪监察院长于冲汉，伪最高法院长林棨，伪最高检察厅长李槃，伪参议府议长兼北满特别区长官张景惠，伪参议府副议长汤玉麟，参议袁金铠、罗振玉、贵福等，伪侍从武官张海鹏。日本人驹井德三为国务院总务厅长。

其中，汤玉麟并未到任；马占山表面接受，实未就任，没有多久，潜离长春，继续抗日，伪军政部总长改任张景惠；罗振玉像一只斗败的公鸡，去找溥仪诉苦，认为参议是个闲差事，托病力辞，溥仪改任他为监察院长，才抱着委屈就任，过了几个月，又跑回大连继续卖假古董去了，随之监察院这个机构也就不复存在，赵欣伯上任不久，去向不明，也无人继任，立法院只有几个秘书和职员看守空房，无公可办。

至于跟随溥仪的遗老遗少，只有郑孝胥由于讨得日本人的欢心，当上了“总理”，两个儿子郑垂、郑禹也当上了伪国务院秘书官之外，所有各部总长都是旧奉系军阀人物。溥仪只好把左右“旧臣”安插在“执政府”里，任命宝熙（豫亲王多铎九世孙）为府中令，胡嗣瑗为秘书长，陈曾寿、万绳栻、商衍瀛、罗福葆、王季烈分任秘书或内务官，佟济煦为警卫处长，宗室亲贵子弟智原（载涛之子）、金卓、宪原、宪基（肃亲王之子）、张梦潮（张勋之子）、熙轮奂（熙洽之子）等分任侍从武官、侍卫官。日本人工藤忠任侍卫处长。其中，陈曾寿后来跑回了天津。

这时，新上任的“国务总理”郑孝胥以及“各部总长”，在一群饿狗抢食中总还算捞到了一官半职。所以个个弹冠相庆，门庭若市，吹吹打打，热闹非凡。可是，没过几天这种场面就冷落下来，原来日本帝国主义对伪国的统治，实行的是内部统辖，推行的是总务厅中心主义，即，关东军司令官，是名副其实的伪满洲国最高统治者，由他向伪满洲国派遣大批日本官吏控制着各个部门的实权，而其中总务厅是控制伪满洲国日本官吏的机关，成为伪满政权的中枢。因此，由日本人担任的总务厅长官才是伪国务院的真正总理，掌握着伪国务院的实权。

充当第一任伪总务厅长官的驹井德三，是一个日本殖民主义分子，中学毕业就“梦想雄飞大陆，立志做中国浪人”，进入札幌农学校，毕业论文是《满洲大豆》。来东北不久便进入满铁，从事经济侵略活动。九一八事变后，成为关东军的爪牙，积极出谋划策，加紧拼凑傀儡政权，炮制各种殖民掠夺政策。因此得到了关东军的赏识，当上了伪满洲总务厅长官，并且秉承上司旨意积极推行总务厅主义。

郑孝胥当上伪国务总理以后，立即召开了第一次“内阁会议”，出席的有臧式毅、熙洽、马占山、谢介石、冯涵清、张燕卿、丁鉴修、韩云阶和驹井德三，会议讨论各部组织机构和司长级以上的人事安排。各部总长对部内都有个打算，某某任次长，某某任司长，准备在会上提出来。但是驹井德三首先便拿出了一份各部次长、总务司以及其他重要司长的名单，都是日本人。汉奸们感到愕然，彼此面面相觑，不发一言。熙洽沉不住气，提出了异议，他的话还没有说完，驹井猛然站起来，厉声说：“满洲国是一个独立国家，但它是包含着满、汉、蒙、日、韩五个民族的国家，它有五种民族的老百姓，就要有五种民族的好官吏，这是很自然的道理。况且满洲国是怎样成立的，难道说不是日本人用生命换来的吗？日本人诚心诚意地希望满洲国将来能够富强康乐，但是，这种富强康乐，必须有日本人的全力指导才能获得，所以日本政府派遣它的优秀官吏到满洲来，这完全是一份好意。你们应该表示欢迎，而不应该稍有敌意和怀疑。”驹井的嚣张气焰，压得汉奸们都不敢出一口气，名单就这样算通过了。

经过第一次内阁会议，汉奸总长们才知道，驹井德三提出的议案，是不容许有异议的，而且连一字一句都不能更动，只能表示赞成。可是在一次会议中，却例外地发生了争执。这次会议是讨论关于官吏薪俸标准问题，议案已由总务厅印好了，即席发给各部总长。由于这是关系个人利益问题，总长们研究得格外认真。按着拟定好的《给与草案》规定，日系官吏的薪俸与满系的不同，前者比后者的大约高出40%左右。对此，总长们表示不满，议论纷纷。熙洽又沉不住气了，首先提出异议，张燕卿、丁鉴修也跟着随声附和。驹井见意见太多，便叫议案起草人古海忠之解答。古海不慌不忙，谈出一番道理，大意是，要讲平等，就要先看能力平等不平等，日本人的能力大，当然薪俸要高，而且日本人生活水平高，生来吃大米，不像满人吃高粮米就能过日子。他又说：“要讲亲善，请日本人多拿一些俸金，这正是讲亲善！”总长们听了，纷纷表示不满，驹井只好宣布休会，明天再议。第二天，复会，驹井首先说，已经与次长们研究过了，关东军也同意，总长俸额一律提高，与次长同一标准。但是他又补充说：“日系官吏远离本乡，前来为满洲人建设王道乐土，这是应该感激的，因此另外要付给日籍人员特别津贴。这是最后决定，不要再争执了。”总长们听了这番话，不敢再做声了。只有熙洽自恃与本庄繁有点关系，没有把驹井放在眼里，又顶了几句：“我不是争俩钱，不过，我倒要问问，日本人在哪儿建设王道乐土？不是在满洲吗？没有满洲人能建设吗？”驹井勃然大怒，拍着桌子吼道：“你知道满洲的历史吗？满洲是日本人流血换来的，是从俄国人手里夺回来的，你懂吗?”熙洽面色煞白，问道：“你不让说话了？本庄司令官也没有对我喊叫过。”驹井仍然喊叫道：“我就是要叫你明白，这是军部决定的!”熙洽一听“军部”二字，就再不敢开腔了，结果议案还是通过了。从此，驹井开始注意熙洽，终于把他从财政部总长的椅子上赶了下来，放在伪宫内当个闲职的大臣，连参加国务会议的资格都没有了。

伪国务院的日行文件，经驹井德三签阅以后，一般由伪总务厅长办公室秘书送到郑孝胥的办公室，重要的文件则由驹井亲自送给郑孝胥签署。郑孝胥想看看文件内容，驹井便用铅笔连连敲打桌子催促，郑孝胥来不及看，便把文件交给秘书盖章了事。同样，各部日行文件，只要次长签了字，总长只能跟着画诺，从无例外。即使这样，由于郑孝胥一句话不中听，还被驹井派日本宪兵监视了两星期。这就是所谓伪满洲国的“内阁制”和“国务会议”。

至于“执政”溥仪的地位，也不比伪国务总理和总长们强多少，他的一举一动都要受日本人的监视。伪“执政府”迁到新修缮的前吉黑榷运局的房子以后，溥仪忽然想到外面去逛逛，便带着婉容和两个妹妹来到用他的年号命名的“大同公园”。不料进公园不久，日本宪兵队和“执政府警备处”的汽车就追来了，请他回去。原来日本人发现溥仪不在“执政府”里，就报告给日本宪兵队，宪兵司令部便出动了大批军警到处搜寻，弄得满城风雨。事后“执政府”顾问上角利一对溥仪说，为了执政的“安全”和“尊严”，今后不要私自外出。从这以后，溥仪除了关东军的安排，从没出过一次大门。

1932 年 5 月 4 日，国联调查团来到长春，会见溥仪时，团长李顿爵士向他提出两个问题：你是怎么来的？“满洲国”是怎么建立起来的？据溥仪后来自述，当时他想答称是被日本威胁利诱而来的，又想问李顿肯不肯把他带到伦敦去？可是，当这个念头刚一闪过，看到身边还坐着关东军参谋长桥本虎之助和高级参谋板垣征四郎，而且铁青着脸用眼睛盯着他，就老老实实按照他们预先嘱咐过的说："我是由于满洲民众的推戴才来到满洲的，我的国家完全是自愿自主的……"事后溥仪还暗自庆幸："幸亏我没有傻干，否则我这条命早完了，……现在顶要紧的还是不要惹翻了日本人，要想重登大宝，还非靠日本人不可。"

溥仪也想在日本人眼里提高自己的"权威"。他听说关东军司令官要换人的消息以后，赶忙叫胡嗣瑗替他拟定了五条要求：

一、执政府依组织法行使职权；

二、改组国务院，由执政另提任命名单；

三、改组各部官制，主权归各部总长，取消总务厅长官制度；

四、练新兵，扩编军队；

五、立法院克期召集议会，定国体。

溥仪信心十足地把这些要求交给了新任关东军司令长官武藤信义。狡猾的武藤看过之后，只说了一句话："对于阁下的要求，我必带回去认真地加以研究。"以后也就如石沉大海了。用溥仪自己的话说："在这期间，我的权威在任何人眼里都没有增加，而他的权威在我心里则日增一日，有增无已。"

其实，溥仪当上伪国"执政"之后，并不是以"三千万民众生活未安定，时泣饥寒，能建设平和之乐土乃满足矣"，而是梦寐以求实现他重新当上大皇帝的美梦。

于是，溥仪为了将来得到日本人的青睐，支持他当皇帝，经过一番苦思冥想，果然想出了三个誓愿。一天，他兴奋地告诉陈曾寿和胡嗣瑗说：

"我现在有三个誓愿，告诉你们：第一，我要改掉过去的一切毛病，陈宝琛十多年前就说过我懒惰轻佻，我发誓从今永不再犯；第二，我将忍耐一切困苦，兢兢业业，发誓恢复祖业，百折不挠，不达目的誓不甘休；第三，求上天降一皇子，以承继大清基业。此三愿实现，我死亦瞑目。”

此后，他确实“发愤”一个时期，但主要是讨好于日本帝国主义，甚至不惜一切与日本帝国主义签定卖国卖身契约。早在 1932 年 3 月 6 日，板垣征四郎就曾代表本庄繁与溥仪签订了一个密约。日本帝国主义为了掩人耳目，将签字日期，改为 3 月 10 日，即溥仪即位“执政”的第二天，使其卖国密约具有“合法性”，并成为后来签订的《日满议定书》的母约。密约全文如下：

径启者：此次满洲事变以来，贵国竭力维持满蒙全境之治安，以致贵国军队及人民均受重大之损害。本执政深怀感谢，且确认此后敝国之安全发展，必赖贵国之援助指导，为此，对于左开各项，特求贵国之允可。

一、敝国关于日后之国防及维持治安，委诸贵国，而其所需经费，均由敝国负担。

二、敝国承认贵国军队凡为国防上所必要，将已修铁路、港湾、水路、航空等之管理，并新路之布设，均委诸贵国，或贵国所指定之机关。

三、敝国对于贵国军队认为必要之各种设施，竭力援助。

四、敝国参议府，就贵国国人，选有达识名望者任为参议。其他中央及地方官署之官吏，亦可任用贵国人。而其人物之选定，委诸贵军司令官之保荐；其解职，亦应商得贵军司令官之同意。前项参议之人数及参议总数有更改时，若贵国有所建议，则依两国协议以增减之。

五、将来两国缔结正式条约时，即以上开各项之宗旨及规定，为立约之根本。

此致

大日本帝国关东军司令官

本庄繁

大同元年三月十日

溥仪印

这份由溥仪签字盖章的卖国密约，把中国东北的国防、治安、交通及官吏任免等权力，都赤裸裸地卖给日本，这是一份彻头彻尾的卖身契。

1932年9月15日，关东军司令官、兼驻伪国特命全权大使武藤信义代表日本政府和伪国代表国务院总理郑孝胥在长春签订了《日满议定书》，该书内容分为序言和正文两部分，在序言里，日本政府承认“伪国”是一个“自由独立国家”，日满两国要永远保持善邻友好关系，互相尊重领土与主权，维护东洋和平。在正文里有两条：

一、除日满两国将来另行签订约款外，所有日本国及日本臣民，在满洲国领域内依据既存之日中条约、协定、其他约款及公私合同所获得之权益，满洲国均应承认并尊重之。

二、日本国及满洲国确认：凡对缔约国一方之领土与治安之威胁，同时亦是对缔约国他方之安宁与存在之威胁。双方约定，两国共同担负国家之防卫，为此一需要，日本军队应驻屯于满洲国境内。《日满议定书》附有三个秘密附约：

1.《关于满洲国政府铁路、港湾、航路、航空线等管理与铁路线敷设、管理的协定》及《附属协定》；

2.《关于设立航空会社的协定》；

3.《关于规定国防上所必需的矿业权的协

定》。

溥仪以这份卖国契约换取了日本帝国主义对他的信任。不久，日本侵略者与南京国民党政府签订了中日《淞沪停战协定》和1933年5月《塘沽停战协定》后，从日本传来即将同意溥仪称帝的消息。这一消息，对溥仪和一些热心复辟的人们是一个巨大的鼓舞。郑孝胥就曾写下这样一首诗：

燕市再游非浪语，
异乡久客独关情；
西南豪杰休相厄，
会遣遗民见后清。

他们认为称帝时机已成熟，纷纷又行动起来了。

首先，于1934年初，他们又搞一次所谓民众推戴溥仪“早正帝号”的“请愿书”。其全文如下：

“呈为国是重大，人心倾向，合词请愿、吁恳鉴察事：洪惟我朝开基之始，起自阿朵里城，定国号曰满洲，相传弗替。至肇祖原皇帝定居兴京，太祖高皇帝天锡智勇，征服环境诸部，奄有辽沈，遂成帝业。太宗文皇帝缵承嗣服，创建百官，式廓版图，囊括蒙古。逮乎明政不纲，中原鼎沸，世祖章皇帝，入关定乱，勤政爱民，列圣相承，功德巍焕。我皇上冲龄践祚，适值革命军兴，圣怀慈仁，不忍兵祸，慨然逊政，敝屣尊荣。乃中华民国改建之后，上下交参，纪纲凌替，道衰俗敝，财匮民穷，名为五族共和，实成暴民专制。我满洲地方，则为张氏盘踞，穷兵黩武，暴敛横征，哀哀孑遗，无可控诉。洎夫前岁，大日本帝国仗义兴师，驱逐张氏，二十年秽恶，一旦消除，我民获庆更生，亟图自决。佥以先朝遗泽300余年，涤浃人心，讴歌未泯。我皇上遵时养晦，盛德远闻，乃议建新邦，恭迎故主。而宸情衝挹，谦让弗遑，渎请再三，始蒙俞允暂执政权。两年以来，政治规模，渐臻完备，地方秩序，日即敉平，人民得安其居，生业悉复其旧。日本友邦首先承认，世界列强不敢轻视，皆由我皇上仁心义问，略远宏谟，有以餍服群情，而昭示遐迩者也。惟念立国本根，首重国体，欲求久治，宜定一尊。孔子所谓正名，春秋所谓居正，胥此义也。我皇上运应乐推，事兼守创，优愿上体祖宗之成法，下念民众之归依，涣发纶，早正帝号。朝日升则爝火熄，沧海深则众流归，实为我满洲国万年有道之休，即为我三千万民无疆之福。为此合词请愿，伏乞宸断施行，谨呈。”

这个“请愿书”是大汉奸熙洽指使他的心腹林鹤皋，邀请一批满族“遗民”搞的把戏。

溥仪接到这个所谓“请愿书”，又来一个故作姿态，假惺惺他又搞一个“谦让”批语。其批语曰：

“尔等请愿书，予已览悉。尔等此次远来所请，决定国体，关系大局安危，民生休戚。全出于尔等爱国热诚及忧国远见。予自不能轻加可否。惟请予早正位号一层，予自本年权领满洲国执政，倏已数月，对于一切政治毫无成绩，方且内疚于心，何德何能，更足以付全国父老子弟之望？抚躬循省，盖切惭惶。但国体所关甚巨，当将尔等请愿书交下国务院详细讨论可也。”

接着，溥仪赶忙一方面派他身边日人亲信警卫官工藤忠（即工藤铁三郎），前去日本东京打听消息；另一方面他又命汉奸赵欣伯赴日研究称帝法制，以作称帝准备。1933年10月，得到工藤的消息，说一切属实。原来日本帝国主义所以作出这样决定，其原因有二：一是此时东北地区已完全控制，而华北地区又签定了《塘沽停战协定》，可得到暂时的稳定。同时，也可以切断溥仪与关内复清复辟派的勾结；其二是，溥仪已就范于《日满议定书》的圈套之中，已成为日本侵略中国东北的驯服工具。于是，它们又玩弄起“欲想取之，先欲予之”的鬼把戏来了。

果然，1934 年初，由武藤信义死后的继任驻伪国特命全权大使、关东军司令官菱刈隆正式通知溥仪说，日本政府准备承认他为“满洲帝国皇帝”。溥仪得知这个通知，心花怒放，已经达到忘乎所以的程度。他立即下谕成立以熙洽、袁金铠为首的“帝室大典委员会”，着手“登极”前的一切准备。并经过“御前会议”决定，先办四件事情：其一，“登极”时要穿祖传的“龙袍”；其二，按照清室的规矩筹备“登极”大典；其三，改年号“大同”为“康德”；其四，重新调整宫内机构，将“执政府”改为“宫内府”和“尚书府”。

此外，他还在“新京”西南郊的杏花村，修筑了“画方三百二十尺，坡高一百二十尺，上顶七尺，直径二十七尺，全部用黄缎围遮起来的天坛”，作为祀天祭祖之用。一切就绪，只等“登极”的时刻了。

忽然郑孝胥传来报告说，关东军坚持“登极”时要穿元帅正装，不许穿“龙袍”。因为溥仪是“新国家”的皇帝，不是复辟的大清皇帝。这一下气坏了溥仪，没想到他想了 22 年的龙袍，今天日本人不叫他穿。他发作一番，有的人说：“日本人不让‘登极’时穿，你还可以祭告天礼时穿。”溥仪无可奈何，只好乖乖地按照日本主子的旨意就范。

1934 年 3 月 1 日，溥仪在修缮一新勤民楼举行了所谓“登极”大典，第三次当上了傀儡皇帝。

四

溥仪称帝后，很想在日本主子面前表现他对日本帝国的“忠诚”，而日本帝国主义也极力想通过这个傀儡皇帝的言行，达到攫取之目的。中国封建社会的皇帝，说一不二，诏书圣旨都是它专横跋扈的表现形式。日本帝国主义很懂得其中的奥妙，他们对待一般所谓规章制度是通过伪国务院掌握实权的日本人兑现的；而重大的事情是通过傀儡皇帝溥仪颁发的诏书，作为圣旨下达的。

溥仪在位期间，前后共颁布六个诏书，其中除了 1934 年 3 月 1 日的“即位诏书”和 1945 年 8 月 15 日的“退位诏书”之外，其余四个诏书都是为效忠于日寇颁发的。这四个诏书是：1935 年 5 月 2 日的“回銮训民诏书”；1940 年 7 月 15 日的“国本奠定诏书”；1941 年 12 月 8 日的“时局诏书”；1942 年 3 月 1 日的“建国十周年诏书”，勾画出溥仪为了个人当“皇上”，出卖国土和人民，阿谀奉承于日寇的丑恶嘴脸及其罪恶行径。其中两次东渡“访日”的言行，更为形象地刻画了他内心的肮脏的世界观，永世贻臭！

1935 年 4 月间，溥仪为了表示进一步效忠日寇，答谢日本天皇派御弟秩文宫来对他“即位”的祝贺，也是为了对“日满亲善”的带头示范，在日本关东军精心策划下，进行了第一次东渡“访日”。

溥仪这次“访日”，的确受到日本政府的隆重的接待。为了迎接这个大有用处的傀儡皇帝。他们以枢密顾问官林权助男爵，也是日本侵华的“老手”为首，组成了 14 人的接待委员会。并派出日本大型的比睿丸战舰和带白云、丛云、薄云护航舰前来迎接。溥仪等人从大连港起航时，日本为了显示日本海军的“强大”，组成球摩、第十二、第十五驱逐舰队接受溥仪的检阅；到达横滨港时，又组成百架飞机编队，飞翔于凌空，表示热烈欢迎。这些出于别有用心的举动，确实感动了这位受宠若惊的傀儡皇帝，从肺腑中吟出了如下四言诗：

海平如镜，万里远航。

两邦携手，永固东方。

航行的第四天，日本政府在海上又请他看了一次有70条舰艇的大演习。这一举动更使溥仪晕头转向，于是又引起诗兴，得意洋洋地吟了一首七言绝句：

万里雄航破飞涛，碧苍一色天地交，

此行岂仅览山水，两国申盟日月昭。

战舰还没有靠岸，溥仪似乎已明白，日本对他是“真心尊敬，真心帮助。”当他步出东京车站时，又见到日本裕仁天皇亲自到车站来迎接他，更使他飘飘然，忘乎所以。接着为他设宴款待，又接见日本元老重臣，又受百官祝贺，又同裕仁一道检阅了军队，参拜了“明治神宫”等等。更使他丧心病狂的是去到日本陆军医院慰问那些侵略中国，双手沾满中国人民鲜血的伤病员。并竭力讨好裕仁天皇的母亲。有一次上一个土坡，溥仪亲自搀扶这位老太太，并说自己是象搀扶父亲一样的心情搀扶她的。其实象溥仪这样的人，何时搀扶过他的父母！用他自己的话说，“那纯粹是为了巴结”他们。

更令人作呕的是最后一天，他和裕仁弟弟雍仁代表裕仁送别他时的对话：

雍仁致欢送词说：

“皇帝陛下这次到日本来，对于日满亲善，是有重大贡献的。我国天皇陛下对此感到非常满意。务请皇帝陛下抱定日满亲善一定能做到的确实信念而回国，这是我的希望。”

溥仪回答说：

“我对这次日本皇室的隆重接待和日本国民的热诚欢迎，实是感激已极。我现在下定决心，一定要尽我的全力，为日满的永久亲善而努力。我对这件事，是抱有确实信心的。”

溥仪回到长春后，急急忙忙召集官吏，包括日本人在内，做了一个卖身投靠的发言，他说：

“为了满日亲善，我确信：如果日本人有不利于满洲国者，就是不忠于日本天皇陛下，如果满洲人有不利于日本者，就是不忠于满洲国的皇帝；如果有不忠于满洲国皇帝的，就是不忠于日本天皇，有不忠于日本天皇的，就是不忠于满洲国皇帝……”

这位天真傀儡皇帝，接着就叫郑孝胥为他起草了臭名昭著的第二次诏书，即“回銮训民诏书”，全文如下：

“朕自登极以来，亟思躬访日本皇室，修睦联欢，以伸积慕。今次东渡，宿愿克遂。日本皇室，恳切相待，备极优隆，其臣民热诚迎送，亦无不殚竭礼敬。衷怀铭刻，殊不能忘。深维我国建立，以达今兹，皆赖友邦之仗义尽力，以奠丕基。兹幸致诚悃，复加意观察，知其政本所立，在乎仁爱，教本所重，在乎忠孝；民心之尊君亲上，如天如地，莫不忠勇奉公，诚意为国，故能安内攘外，讲信恤邻，以维持万世一系之皇统。朕今躬接其上下，咸以至诚相结，气同道合，依赖不渝。朕与日本天皇陛下，精神如一体。尔众庶等，更当仰体此意，与友邦一心一德，以奠定两国永久之基础，发扬东方道德之真义。则大局和平，人类福祉，必可致也。凡我臣民，务遵朕旨，以垂万禩。钦此！”

溥仪这道“圣旨”一下，谁敢不遵？有如一座沉重大山压在东北3000万老百姓头上，喘不过气来。如稍有怠意，即以“大不敬罪”逮捕，敢于反抗则便遭杀戮，可谓阴损之极，罪孽深重。直到日本投降，伪国倒台，东北人民才搬掉这座“大山”。

随着日本帝国主义对伪满洲国统治的加强，和进一步愚弄傀儡皇帝溥仪的需要，1940年初，日本帝国主义又想出一个损招，要给溥仪调换个祖宗，真是滑稽已极，弄得溥仪啼笑皆非。

一天，溥仪在缉熙楼和他的“帝室御用挂”吉冈安直呆坐着，只见吉冈忽然提到中国佛教是外国传入的。日满两国精神如一体，信仰宗教也应该相同的。并详细讲起了他们日本天皇是天照大神的神裔，说每代天皇都是“现人神”，即大神的化身，日本人民凡是为天皇而死的，死后即成神。说日本的宗教就是满洲国的宗教，叫溥仪把日本皇族的祖先“天照大神”迎来立为国教。又说，今年正是日本神武天皇纪元2600年大庆，是迎接大神的大好时机，并建议溥仪亲自去迎请和祝贺，岂不甚好。

溥仪听罢心中难过极了。当年自己的祖坟被挖，今天又要给他调换祖宗，再大的耻辱也没过于这件事了。但是，他心中明白这是日本关东军的旨意，是不能违背的，只好不要祖宗也得去外国请来一位新“祖宗”，才能平安无事。

于是，在1940年5月，溥仪二次东渡日本，名为祝贺神武天皇纪元2600年，实则恭请日本“天照大神”奉为满洲国教。

这次溥仪去日本，当年那种欢迎气氛早已无影无踪了，只是做了一般接待。会见裕仁时，拿出吉冈给他写好的台词讲了一通，说为了体现“日满一德一心，不可分割的关系，我希望，迎接日本天照大神，到满洲国奉祀”云云。

裕仁答词极简单说："既然是陛下愿意如此，我只好从命!"

原来，所谓"天照大神"的象征就是3件东西，即一把剑，一面铜镜和一块勾玉。溥仪事出无奈，只好如捧"至宝"，恭恭敬敬请到"新京"皇宫内。并在宫殿旁修起一所用白木头筑的"建国神庙"他不但每天"晨昏三叩首"，还专门成立了"祭祀府"，由当年屠杀中国人民的近卫师团长、关东军参谋长和宪兵司令官桥本虎之助任祭祀府总裁，汉奸沈瑞麟任副总裁，强迫人们信奉"天照大神"。一时间，闹得乌烟瘴气充斥东北各地。

接着，溥仪又颁发了由一个日本人叫佐藤知恭的日本汉学家起草的所谓"国本奠定诏书"。全文如下：

"朕兹为敬立

建国神庙，以奠国本于悠久，张国纲于无疆，诏尔众庶曰：我国自建国以来，邦基益固，邦运益兴，烝烝日跻隆治。仰厥渊源，念斯丕绩，莫不皆赖天照大神之神庥。

天皇陛下之保佑，是以朕向躬访日本皇室，诚悃致谢，感戴弥重，诏尔众庶，训以一德一心之义，其旨深矣。今兹东渡，恭祝纪元2600年庆典。

亲拜

皇大神宫，回銮之吉，敬立

建国神庙，奉祀

天照大神，尽厥崇敬，以身祷国民福祉，式为永典，今朕子孙万世祗承，有孚无穷。庶几国本奠于惟神之道，国纲张于忠孝之教。仁爱所安，协和所化，四海清明，笃保神庥。尔众庶其克体朕意，培本振纲，力行弗懈，自强勿息。钦此!"

此外，他的所谓“时局诏书”和“建国十周年诏书”的内容已成为日本帝国主义公开掠夺资源和镇压东北人民，在政治上大开方便之门的保证。由于两个“诏书”的颁布，使日本帝国主义更加肆无忌惮的掠夺东北物资资源，和屠杀东北人民。

溥仪认为这样做或许能换得日本人对他的支持，事实上傀儡皇帝的日子，越来越不好过了。

五

从溥仪的主观愿望来讲，他是不甘心当傀儡皇帝的，也很想振作一番，力图恢复“大清祖业”。怎奈他没有实权，用溥仪自己的话说：我“除了依附日本关东军的皮靴上，我简直什么也不会”。其实这话也并不是完全真话，他当上皇帝之后，确实想试图干些“事业”。他很清楚要恢复“祖业”，首先必得有武装力量，还要栽培自己的“股肱”。这种思想早在天津当“寓公”时就已有了萌芽，为此他曾派他弟弟等人到日本学习军事。他当上“执政”时，就已着手组织以皇族和八旗子弟为骨干的“护军”。开始在宫廷里，招收 20 多名八旗子弟，办起“宫廷军事学习班”培养军事骨干。没想到这个“学习班”真办成功了，日本人并没有干涉。后来由他的警卫处处长、原是“同生照相馆”的掌柜的佟济煦负责组织“护军”，并于 1933 年再次将溥杰、润麟、万嘉熙、张挺、赵国圻、裕哲、溥佳、马骥良、庞永澂、毓峻，还有溥仪的近卫祁继忠等人派送日本留学。其余学员后也都编入“护军”。

溥仪当上皇帝之后，一心想加强他的“御林军”——“护军”。到 1934 年 9 月，这支“护军”真的建立起来了。“护军”由佟济煦任总队队长，下辖 3 个小队，每小队约有百人左右，第一队队长，由奏事官吴天培兼任，队员多是从河北沧州招的著名武林高手的后裔，很有战斗力；第二队队长，由溥仪亲信侍从李国雄兼任，队员是以“宫廷军训班”毕业学员为骨干和旧王公宗室子弟组成；第三队队长，由军事教员魏树桐担任，队员多是从内蒙和东北当地招募身强体壮的青年组成。

溥仪建立起这支“护军”并没有满足。于是他还想培养一批“股肱”力量，为“还政于清”准备力量。他又从皇室宗族中选了一批人，有溥俭、溥佐、溥英、毓塘、毓岐、毓岱、毓嶦、毓禅、毓慈等 11 人，在宫中又办起了一个“中学生班”，也叫“特别班”。溥仪“栽培股肱”力量的一切行动，早为他的“太上皇”关东军所侦悉，岂容傀儡皇帝如此乱来!

1935 年初，正当溥仪欣赏经他一手办起的“股肱”力量的时候，突然日本关东军给他派来一位“满洲国帝室御用挂”。此人是关东军高级参谋，名字叫吉冈安直，此来是代替即将解职的侍从武官石丸志都磨的，他也是溥仪当年的“老相识”。

吉冈安直是日本关东军的化身。他的使命是专职监视和要挟溥仪的一举一动的。他在溥仪身旁干了 10 年之久；他可以准时不误的传达关东军的旨意，“挟天子，令诸侯”；他可以及时地像电流一样反映情报给关东军。此人确实有一套特务本领，表面上点首微笑，内心比蛇蝎还毒狠。自从他来到溥仪身旁，就把溥仪牢牢地控制在他的手心里。溥仪的自由，只限于“皇宫”院内；溥仪的行动得通过吉冈安排。外面寄给溥仪的信件，都得先送给吉冈检查，他认为可以交给溥仪，溥仪方能见到信件，至于溥仪会见外人，或收到一封信，都瞒不过这个大特务。

平时，吉冈对待这位皇帝有说有笑，谈笑风生，好似亲如手足，要是办起他们要挟事情，却把脸一沉，使人不敢正视。溥仪的两次东渡“访日”；溥仪请来“天照大神”

撤换祖宗；溥仪几个“诏书”的出笼，皆是吉冈的指挥棒导演出来的一幕一幕丑剧。

不仅如此，溥仪所谓“公事”样样都操纵在吉冈手中，特别是有关带有政治性质的大事小情，无一网落；就连溥仪的家门私事也都通过吉冈，方能顺利办成，否则就是死路一条。请看以下几个事件：

（一）枪毙凌升。凌升是清末蒙古都统贵福之子，原为张作霖东北三省保安总司令部和蒙古宣抚使署顾问。此人又是伪国的“建国元勋”，由于失言得罪了日本人，加上有反满抗日活动，于 1936 年春被日本人逮捕。当时，凌升任伪兴安省长，也是溥仪的“亲家”，此时，溥仪的四妹刚刚与凌升的儿子订婚，溥仪焉有不动心之理。他正想不出主意的时候，又是这个吉冈对他讲，新任的关东军司令官兼第四任驻“满”大使植田谦吉来访。

溥仪自知来者不善，凶多吉少，忙起身迎接新任“太上皇”植田。

植田进来，还没等溥仪寒暄，他劈头就说：“前几天破获了一起案件，罪犯是皇帝陛下认识的，兴安省长凌升。他勾结外国图谋叛变，反对日本。军事法庭已经查实他的反满抗日罪行，宣判了死刑。”溥仪听到死刑吓得半晌说不出话来。植田又说：“这是杀一儆百，陛下，杀一儆百是必需的！”植田走后，又是这个吉冈通知溥仪，立刻跟凌升儿子解除四妹的婚约。溥仪连忙说“照办”。

据当事人讲，这一事件纯属无中生有，是日本人一手策划“杀鸡给猴看的”，株连不少亲属。这一招可吓坏了“沐猴而冠”的溥仪。此后，再也不敢痴心妄想了。

（二）强行解散“护军”。溥仪办“护军”之事，早成为日本人的心腹之患。关东军第四课专门精心策划来打击溥仪“敢于备军造反”的行动。事情也巧，1937 年 6 月 28 日，在“新京”发生了“大同公园（今长春胜利公园）

事件”。

事件引起是由于“护军”二队队员，在公园饮酒，遇到日本宪兵队的寻衅。于是，“护军”队员不堪忍受辱骂，遂借助酒后醉意，将几个日本宪兵打得抱头鼠窜。这一举动不要紧，可给他们惹下了杀身之祸。就在当天下午，吉冈带领一群日本宪兵闯入“皇宫”，威逼“护军”总队队长佟济煦交出在公园参加殴斗的全部人员。佟忙到“缉熙楼”向溥仪报告。溥仪一听，吓得魂飞千里，不知如何是好。最后，害怕日本人，对自己不利，于是乖乖交出10余名“护军”，才算了事。

岂知这几名“护军”被带到日本宪兵队，横遭非刑拷打，硬说他们是“反满抗日”行动，几乎打得致死。后来，又是这个吉冈出面，带来了日本关东军参谋长东条英机的处理事件的五条决定。溥仪仔细一看，气得目瞪口呆。原来是：第一，将警卫处长佟济煦革职，代之日本人长尾吉五郎接任“护军”总队长；第二，将“护军”改名为“禁卫军”；第三，缩小警卫处所辖编制，长武器一律换成短枪；第四，增加驻宫内日本宪兵的兵额；第五，警卫处改组为“皇宫近卫处”。这一招，使溥仪多年处心积虑搞起来的“护军”土崩瓦解。

（三）“庆贵人”谭玉龄之死。1937年，溥仪选了一个新“贵人”，名字叫谭玉龄，进宫时年仅17岁，又是一个挂名妻子。此人聪明伶俐，会唱京戏，很讨溥仪喜欢。由于她曾流露出对日本的不满情绪，1942年患病，本来是一般小病。吉冈请来日本医生治疗。头一天，日本医生非常热心，认真输血、打针注射。可是，当天吉冈找这位日人医生谈话后，第二天，注射一针后，谭玉龄就猝然死去。人刚咽气，吉冈就来了，说是代表关东军司令官向溥仪吊唁的，真是“此地无银三百两”。谭玉龄刚抬出去，吉冈就拿来一大把日本姑娘的像片，叫溥仪再选一个“日本姑娘”，这时的溥仪那敢“造次”，只好忍辱拒绝了。

（四）给溥仪换了一位“听话”的总理大臣。溥仪称帝之后，本还打算依靠遗老遗少为他效力。但是，在日本人的淫威之下，到1935年以后，走的走，死的死。胡嗣瑗已经被挤走，罗振玉负气去经商，万绳栻和陈宝琛病死，陈曾寿被迫告退回家。最后，还剩下郑氏父子了。但是，日本人并不得意他们父子，特别是为“大清复辟”出过力的郑孝胥，而他本人对日本人的野心悉如指掌，而又主张“共管”满洲的人，日本帝国主义岂能叫这样的人为溥仪“辅政”。

1935年6月，一天关东军司令官南次郎，告诉溥仪说：“郑孝胥总理倦勤思退”，需要他养老，换一位总理大臣。恰巧，溥仪正想换一位效忠他的国务总理大臣。人选他已物色好了，认为大汉奸藏式毅比较适宜。哪知道，溥仪刚一提出来，南次郎摇头说：“不，关东军已考虑妥了合适的人选，皇帝陛下不必操心，就让张景惠当总理大臣好了。”溥仪一听没敢吭声，就照关东军的旨意办了，不久这位著名的大汉奸、糊涂蛋走马上任了。

还有一次，日本在伪国务院会议上，提出地价1/4或1/5的代价强购东北农田，有的伪大臣怕引起“民变”。张景惠却说：“满洲国土地多的不得了，满洲人是老粗，没有知识，让日本人来开荒教给新技术，两头都便宜。”就这样通过了。所以，日本人就把“两头便宜”这句话当为口头禅来大肆宣传。

又如：日本人加紧推行“粮谷出荷”，在“国务会议”上遭到反对。张景惠对大家说：“日本皇军卖命，我们满洲出粮，不算什么。闹饥荒时勒紧裤腰带，就过去了。”“勒腰带”，又成了日本人最爱说的一句话。张景惠确实是一个“混蛋”，竟然受到日本关东军的称赞，说他是个“好宰相”，是什么“日满亲善身体力行者”。

总之，溥仪这个傀儡皇帝，外有“日满亲善”的日本关东军的要挟，内有张景惠这样“好宰相”的辅佐“国务”。到头来，溥仪真正尝到傀儡皇帝的滋味了。

六

傀儡皇帝这条绳索，把溥仪捆得紧紧的。随着岁月的流逝和环境的捉弄，使他变成了另一种环境的人了，每天过着天昏地暗，神魂颠倒的生活。他从小就过着宫廷养尊处优的生活，养成一身娇揉造作的生活习惯，迟眠晏起。1935 年以后，他没有一点自由，日本人不让他过问政事，不准他随便出出入入，不允许接近“臣下”，和“囚犯皇帝”没有两样。他变成了日本人的笼中之鸟，伪国的装饰品。每天无事可干，早 11 时起床，晚过夜 3 时才睡。每日两餐，早餐在中午 12 时至下午 1 时，晚餐在晚上 9 时至 11 时。用溥仪自己的话说：“我的日常生活，除了吃睡之外，用这个八个字就可以概括了，即：打骂、算卦、吃药、害怕。”

1937 年以后，随着他一切幻想的破灭，从心理状态上发生了异化。请看溥仪的自我写照：

> “随着日本崩溃的迹象越来越明显，我越是恐怖，就怕日本在垮台之前，会杀我灭口。在这种心理支配下，我对日本人是伺候颜色、谄媚逢迎，对家门以内则是脾气日趋暴躁，动辄打人骂人。我的迷信思想也更加发展，终日吃素念经，占卜打卦，求神佛保佑。在这种精神不宁和不正常的生活习惯下，本来就糟蹋坏了的身体，这时越发虚弱，因此又拼命打针吃药。……”

溥仪的心理状态的异化，主要表现在以下两个方面：

第一，冷酷无情：溥仪从小就缺少人性，不懂得什么是感情，更不懂得什么是爱情。溥仪自己说过：“对家庭生活更没有一点兴趣。我先后有过四个妻子，按当时的说法，就是一个皇后，一个妃，两个贵人。如果从实质上说，她们谁也不是我的妻子，我根本没有一个妻子，有的只是摆设。虽然她们每人的具体遭遇不同，但她们都是同样的牺牲品。”诚如他的自白，婉容、文绣、谭玉龄、李玉琴，四个所谓妻子的悲惨遭遇，都是溥仪一身铸成的大错。溥仪一向隐瞒自己生理上缺陷，更避讳别人说他性功能失调，一生中既害了自己，又坑了他人。他的帝王自私和女性都是男性的“牺牲品”思想，若不是他有病，将不知天下女子有多少人成为他们帝王的牺牲品！他的所谓四个妻子的命运，其结局最为悲惨的是婉容、谭玉龄，其次是文绣。只有李玉琴赶上了八一五光复，才从万丈深渊中得以自救。请看如下事实：

第一个妻子，皇后婉容，1922 年末被选入宫中，册封为皇后。婉容是怎样选入宫中？溥仪说：“我那时想不到什么终身大事之类的问题，也没有什么标准，便不假思索地在一张似乎顺眼一些的像片上，用铅笔画了一个圈儿。”就当选了。而第一个像片画圈的不是婉容，是文绣。后来由于说了算数的端康太妃的不满意，才在婉容的像片上又画了一个圈儿，这样婉容后来居上，册封为皇后。他们的婚姻既不是相恋，也不是一见钟情的结合。在他们大婚之日更叫人莫明其妙。溥仪在回忆他们大婚的情景时说：我人洞房只见“新娘子坐在炕上，低着头，我在旁边看了一会，只觉得眼前一片红：红帐子、红褥子、红衣、红裙、红花朵、红脸蛋……好像一摊溶化了的红蜡烛。我感到很不自在，坐也不是，站也不是。我觉得还是养心殿好，便开开门，回来了。”这就是溥仪与婉容的洞房花烛之夜！他当时想的是：“如果不是革命，我就开始亲政了……我要恢复我的祖业。”

就这样一年一年过去了。开始的时候，婉容出身于官宦世家的“名门闺秀”，深受封建伦理道德的束缚，即使与溥仪没有同床共枕的生活，她也自认是“红颜薄命”；但她又“自命不凡”和自重清高，常以荷花自比，“出污泥而不染”。她争强好胜，爱慕虚荣，并把自己皇后的地位看得很重，因此她宁忍生活的冷落，也要与溥仪保持名义上的夫妻，有时演戏于溥仪面前，谈笑风生，喜闹无常，企图把皇帝控制在自己一边。她妒嫉文绣的才华，后来她与溥仪默契，一唱一合将文绣挤出宫门。

溥仪当上傀儡皇帝之后，她与溥仪之间表面上保持欢洽的感情。然而，长期的令人难以忍受的冷落、寂寞和孤独，致使诱发起她轻佻放荡和不甘寂寞的欢欲，遂与侍从发生了“越轨行为”。这种行为对她来讲，在担惊受怕中度过短暂的快感，然而却留给她的是更加漫长可怕的冷落、卑视和灾祸。这件“丑闻”很快就被没有本事的溥仪知道了，他怒不可遏，很快弄清了真相。原来婉容先与正在日本留学的随侍祁继忠发生了关系，后又与她的随侍李体育发生了关系，而且怀了身孕。这样的皇室“丑闻”岂能宣扬出去。于是，溥仪先赶走了与婉容私通的侍从李体育，开除了祁继忠。并准备秘密地拟定废掉皇后的计划，以借口去旅顺避寒，将婉容打入冷宫。不料此事被日本关东军侦悉，出面干涉，而婉容执意不去旅顺，争吵数日没有结果。溥仪一怒之下，叫总管严桐江把婉容监禁起来。平日里除了伺候皇后的太监、妈妈、侍女外，不经溥仪的批准，任何人不得与婉容会面。从此，婉容被关在“缉熙楼”二楼的寝宫之中，终日过着孤独凄凉的生活。

几个月以后，婉容临产了，生下一个女孩。可怜这个刚刚来到人间的小生命，不到半个小时，就被残忍成性的溥仪一声令下，被送到内廷东侧的锅炉房焚烧了！当婉容知道后，失声痛哭，神经几乎到了崩溃的边缘。不久，婉容经不起这样残酷的打击，精神分裂。喜怒无常摧残自己，从此之后，她染上了吸鸦片的嗜好。1945 年八一五日本投降，她和宫女随同溥仪逃往通化，死于吉林延吉。

第二个妻子，淑妃文绣，1922 年末被选入宫中，册封为淑妃。文绣是溥仪第一个画圈的后妃候选人。当时文绣年仅 12 岁，敬懿太妃同意当选的，后来由于端康太妃不满意，而册封为淑妃，文绣入宫后，因得不到溥仪的钟爱，而又不堪溥仪与皇后婉容的凌侮和虐待，抛弃了“贵妃”的身份，并以向旧制度奋力抗争的决心和勇气，毅然离婚出走。

第三个妻子，庆贵人谭玉龄，由于得不到溥仪的保护，活活叫日本人害死了。

第四个妻子，福贵人李玉琴。溥仪和李玉琴的婚事，是他的“御用挂”吉冈安直一手“撮合而成”。1942 年 8 月，谭玉龄死后，吉冈几次动员溥仪从日本姑娘中再选一个妃子，遭到溥仪谢绝。但是吉冈不肯罢休，一天又拿来了数十张“新京”女学生的照片。最后溥仪选南岭小学一个年仅 15 岁的李玉琴为妃子，册封“福贵人”，李便成了他的第 4 个牺牲品。在溥仪看来，“挑一个年岁幼小的，文化程度低些的。即使日本人训练过，也好对付；而且只要我功夫作好也会把她训练回来。”完全为了对付日本人选的，哪有一点情义！所幸李玉琴来了不到两年，伪满洲国就垮台了。她才从火坑中逃了出来，走向了新生之路。

第二，残忍暴虐：溥仪从小就种下了残暴多疑、心毒手狠的根子。在紫禁城故宫里，就曾随意殴打处罚和虐待宫中的大大小小太监。他被赶出紫禁城来到天津后，又向前发展一步。对他的佣人立下了种种清规戒律。他的“家规”如下：

一、不准彼此随便说话，以防结党营私。

二、不准互相包庇袒护。

三、不准舞弊赚钱。

四、当同事犯过错时须立即报告。

五、上级对下级犯过的人，须在发现之后立即加以责打。如果放松看管，罪加一等。

他到东北之后，又附加了一项誓词：

“如有违背，甘心永受天罚，遭受天打雷轰。”

溥仪当上傀儡皇帝之后，心理状态日益异化，已经发展到“蛮横、狂妄、暴虐和喜怒无常”的地步，经常打人骂人，甚至于使用刑具，打人的花样很多，都是叫别人替他执行。打人时必须打得很重，否则他便疑心他们之间朋比为奸。他便叫人改打不肯使劲打人的人。

1940年过年时，他发现从紫禁城中带来的太监和佣人，都已年老体弱，干起活来十分吃力。于是，他接受侍从武官长张海鹏的建议，从“新京博慈院”中，弄来十几名12岁以下的孤儿，成立一个“宫廷勤务班”，以司房严相江作总管，“护军”二队士兵蒙古族多连元为班长。这群孤儿的任务，是包揽宫廷内所有的杂役，并负责坐更守夜。他们起五更爬半夜，每天都要做15个小时的活。而溥仪对这群孤儿十分吝啬和苛薄，给他们“吃最坏的高粱米、咸菜，穿破烂不堪的绿布衣裤。”孩子们衣不遮体，食不饱腹，加上一天的劳累、饥饿、困倦，时常有人昏倒在地。有一次，一个刚满13岁的孤儿，名叫周博富，由于过度劳累，伏在暖气片上睡着了，被班长多连元发现了，将这个孩子打得死去活来，不肯放手。最后，对大伙说：“小子们看见没有，这就是偷懒的好处。今后你们要跟他学，看我打断你们的腿！”

有一个叫孙博元的孤儿，因不堪忍受这里的折磨，屡次想逃出虎口。第一次逃走被发现抓回，挨了一顿毒打。第二次又逃走，这个孩子以为通暖气管的地道可能通到外面，他便钻了进去，顺着地道里爬来爬去，转了两天也没有找到出口，最后被人发现抓回。有人报告了溥仪，他命令“让他先吃点东西，然后再管教他！”这句话不要紧，活活断送了一条小命。溥仪知此事后，吓得要命，怕这个孩子变成冤鬼向他索命。于是，他在佛坛前又磕头又念经，超度亡魂。同时，又责令打过孩子的随侍们，在半年以内，每天要用竹板打自己的手心，以示忏悔。在他认为这样处置，就摆脱了罪过，真是荒唐已极。

后来，他对仆人的苛刻待遇，已经发展到极为无聊的地步。他经常怀疑厨师买菜时赚他的钱，时而向他妹妹进行调查。菜做的不好也要罚钱，做好的有时也赏钱。这一切，用他自己的话说：“我在自己的屋子外面无权无力，只能在日本人决定的法令上划‘可’；在自己的屋子里面，却作威作福，我行我法。”

第九章　被俘审判

一

1943年春夏，第二次世界大战出现了伟大的转折。反法西斯同盟在各条战线上展开全面进攻和反攻。法西斯集团转入战略防御和战略退却。在太平洋战场上，美军于1943年2月7日取得瓜达尔卡纳尔岛战役的胜利，日军被迫转入战略防御，美军由防御转入战略进攻。与此同时，在中国战场上，中国军队与世界反法西斯各战场的反攻遥相呼应，对日伪军发起大规模反攻，开始了向战略反攻阶段过渡。至此，日本法西斯每况愈下。1945年8月9日苏联对日宣战，出兵东北，最后终于迫使这个昔日的“日出之国”无条件投降。其所炮制的伪满洲国及其傀儡皇帝均与之同归于尽。

1943年下半年起，中国人民反对日本帝国主义侵略的各个战场，开始了向战略反攻阶段的过渡。侵华日军在内外交困、四面楚歌的形势下，再次拼凑兵力，以挽救其溃败的命运，结果却加快了它在华总战略的全面崩溃，解放区战场的反攻则更加广泛迅猛地展开。

1944年春，日军华北方面军将其第三十二师团及独立混成第七旅团南调正面战场，在山东地区只剩下一个师团和一个旅团等约 3 万人，伪军 20 余万人。为了充分利用有利形势，发展胜利，山东军区根据中共中央军委总部的战略意图，集中主力，向日伪军发动春、夏、秋、冬之连续的攻势作战，共歼灭日军 4800 余人，伪军 54000 余人，争取伪军 11000 余人反正，收复县城 9 座，解放国土 11.8 万余平方公里，人口 930 余万，八路军主力及地方部队发展到 15 万人，民兵发展到 37 万人，使山东抗日力量显著增强，日伪力量进一步削弱。1945 年春夏，山东解放区军民响应中共中央“配合同盟国，打倒日本侵略者”、“扩大解放区，缩小沦陷区”的号召，对日伪军展开更强有力的攻势作战，共歼灭日伪军 3 万余人，而我军主力已发展到 23 万人，民兵 50 万人，自卫团 150 万人。

1943 年底和 1944 年初，日军为了加强太平洋战场的防御和打开大陆交通线，先后从晋冀鲁豫边区调走 6 个师团，而以新编的 6 个旅团接替防务。由于兵力减少，大部分地区靠 15 万伪军警备，总的战斗力明显降低。晋冀鲁豫边区军民抓住有利时机，适时开展攻势作战，1 年内共毙伤日伪军 38000 余人，俘日伪军 34900 余人，反正和投诚的日伪军 3200 人，收复县城 11 座，解放人口 500 余万，收复国土 6 万余平方公里。在 1945 年春夏攻势中，晋冀鲁豫边区部队越战越勇，共进行战斗 2300 余次，歼灭日伪军 37800 人，攻克日伪军据点 2800 余处，收复县城 28 座。

晋察冀军区一面坚持根据地的巩固，一面积极向游击区和敌占区伸展，连续向日伪军展开攻势作战，1944 年一年中共攻克敌人据点 1500 个，一度攻占县城 24 座，曾两次攻进石家庄、保定等重要城镇。随后，晋察冀军区根据中共中央“努力向雁北、绥东、察哈尔、热河及冀东敌占区发展”的指示，以扩大解放区为目标，于 1945 年向日伪军发起强大的春夏攻势作战。其中，冀中军区共进行大小战斗330余次，歼灭日伪军8600余人，俘日伪军2200余人，拔除日伪军据点430余处，解放村镇527个，收复县城7座，直逼京津市郊。冀晋军区部队先后攻克村镇和据点79处，收复平山以北大片地区，解放人口40万。冀察军区开辟了1万平方公里的根据地，收复村庄327个。晋察军区歼灭日伪军1800余人，收复国土13000多平方公里，解放人口57万。冀热辽军区集中5个团及地方武装一部，分三路北越长城，发起了热辽战役。

晋绥军区在1944年攻势作战中，共拔除日伪据点106处，解放村庄3100余个，人口40余万，收复国土2400平方公里。在1945年春夏攻势中，基本将日伪军压缩到同蒲、平绥铁路和太汾、汾离公路沿线，解放区进一步扩大，抗日武装迅猛发展，为最后的大反攻准备了充分的条件。与此同时，该军区还由三五九旅组成南下支队，向鄂、湘、粤挺进，在日军打通大陆交通线所占领的地区，建立了抗日游击区和根据地，从背后打击日军，配合大反攻。

1944年，转战在华中敌后战场的新四军也对日伪军发起强大的攻势作战。一年中共歼灭日伪军5万余人，解放国土7400余平方公里、人口160万，使华中根据地得到了扩大和发展。接着，新四军部队在1945年春夏攻势中，又连克顽敌，先后攻下阜宁、睢县等重要据点100余处，歼灭日伪军3万余人，并争取了4700余名伪军投诚反正。其时，新四军主力和地方部队已发展到31余万人，民兵发展到96万余人，华中解放区人口已达3400万。

战斗在华南各地的人民抗日武装，乘日军集中兵力打通大陆交通线作战和加强要点守备之机，从敌后向日伪军展开广泛出击，华南抗日根据地不断扩大，东江区包括东起惠阳，西至之水、新会，北达增城，南迄大海的大片地区，直接威胁广州和香港。

总之，华北、华中、华南解放区军民，经过1944年及1945年春夏季的反攻作战，取得了重大的胜利，共毙伤日伪军38万余人，俘日伪军9万余人，收复县城77座，收复国土32万平方公里，解放人口2200余万，抗日主力部队发展到90余万人。

随着日军在亚洲和太平洋战场上的节节失利，日本统治集团内部矛盾日益尖锐化。好战的东条内阁被迫在1944年7月下台，换上的小矶内阁，对解决战争问题束手无策，也只好很快辞职。新组成的铃木内阁，面对不断加深的战争危机和经济困难，围绕日本是战是和问题，一直争吵不休。内大臣木户幸一秉承天皇的旨意，提议向当时同日本还保持中立关系的苏联递交天皇的亲笔信，请求苏联为日美间实现和平居中调停。

二

1945年5月17日，在东京首相官邸召开“大陆首脑会议”，伪满总务厅长官武部六藏、次长古海忠之，以及朝鲜、汪伪的代表均出席了会议。会上一反过去夸耀帝国军威的常态，弥漫着一片败战的颓唐气氛。日本海军大臣在报告战况时，不得不哀叹精锐无比的日本海军舰艇，已大部被击沉，如今只好把全部希望寄托在“光荣无敌”的日本陆军身上了。而陆军大臣也不敢谎报军情，讲给与会者的全是太平洋战争失利和在中国大陆上被打得焦头烂额、处于不能自拔境地的坏消息。军需大臣关于战备物资动员计划的报告，更是令人泄气。原定筹集200万吨钢，落实不了，只好减缩一半。日本国内发生粮荒，供给的全是带八成糠的米。总之，无论从军事力量或经济力量看，侵略战争的败局是无法挽救的。但日本帝国主义者这只遍体鳞伤的困兽仍想垂死挣扎，仍在紧锣密鼓地进行战争部署。日本大本营曾提出本土决战后把首都迁到满洲新京的设想。

就在日本法西斯进行战争动员以图最后挣扎时，反法西斯同盟国于 1945 年 7 月 26 日发出了促令日本投降的《波茨坦公告》，但是日本法西斯自恃还有一定力量，对《公告》并不认真对待，采取置若罔闻的态度。7 月 28 日，日本首相铃木贯太郎发表谈话，竟说什么“不予理睬，只有完成战争。”所以要使日本法西斯真正接受《波茨坦公告》的要求，无条件投降，反法西斯同盟国还要在战场上作最后的较量。

1945 年 8 月 6 日 8 时 15 分，美国向广岛投下第一颗原子弹，使广岛 78150 人丧生，51408 人负伤或不知去向。8 月 7 日，美国总统杜鲁门发表声明：“7 月 26 日在波茨坦发出的最后通牒，旨在拯救日本人民免遭彻底的毁灭。他们的领袖迅速地拒绝了这最后通牒。如果他们现在还不接受我们的条件，他们的毁灭将自空中而降……”8 月 8 日下午，东乡外相在皇宫地下室晋谒天皇。天皇面谕：“敌既已使用此种武器，则战争之继续更不可能，为获得有利条件起见，……应努力结束战争。”8 月 9 日上午 10 时 30 分，美国又在长崎投下第二颗原子弹，造成 66773 人伤亡。

就在美国第二颗原子弹爆炸前的数小时，亦即 9 日零点，苏联对日宣战。8 月 8 日晚 11 时，苏联外长莫洛托夫召见日本驻苏大使佐藤尚武，宣布从 8 月 9 日起，苏联政府与日本处于战争状态。8 月 9 日零时一过，苏联红军百万雄师，便以迅雷不及掩耳的凌厉攻势，从各个方面突入中国东北的中苏边境线，对日本关东军发起全线总攻击。

此时的关东军能够用于对苏作战的兵力，连朝鲜北部算在一起，总计为 24 个师团，11 个独立旅团，大约 75 万人。加上为数不多的伪满、伪蒙的军队，不足苏军进攻兵力的一半，苏联红军在中国人民、朝鲜人民的有力配合下，仅用3周多时间，便一举打垮了霸占中国东北多年的关东军和其他日军，为世界人民反法西斯斗争的最后胜利，作出了重大的贡献。

日本法西斯最终被迫选择了无条件投降之路。1945年8月10日，日本通过中立国瑞典、瑞士，向盟国发出乞降照会。8月15日，日本政府向全国广播了天皇的《停战诏书》。但实际上日军并没有完全放下武器。因此，中国解放区军民的大反攻和苏军向关东军的进攻，只得仍按原计划进行。

8月26日，盟军的先遣队、空运部队、海军部队开始进驻日本。盟军最高统帅麦克阿瑟于8月30日飞抵日本。9月2日，在停泊于东京湾的密苏里号旗舰上，举行了日本向盟国投降的签字仪式。首先由日本外相重光葵代表日本天皇和日本政府、总参谋长梅津美治郎代表日本帝国大本营在投降书上签字。然后由受降国的盟军最高统帅麦克阿瑟上将、中国代表徐永昌将军、美国代表尼米兹海军上将、苏联代表德勒维亚中将、英国代表福莱塞海军上将以及澳大利亚、加拿大、法国、荷兰、新西兰等九国代表签字。穷凶极恶的日本帝国主义终于无条件投降了。

三

伪满洲国是日本帝国主义一手扶植起来的傀儡政权，当日本法西斯全面溃败的时候，伪满洲国也难逃其迅速垮台的命运。

1943年这一年对伪满政权震动最大的事件，是意大利的战败投降。9月8日深夜，一向喜欢晚睡晏起的伪满皇帝溥仪，从收音机里听到了盟军在西西里岛登陆，意大利法西斯政权被推翻，墨索里尼被处以绞刑的消息。起初并不相信，认为这是盟国的造谣宣传。但后来他很快从日本电讯、报纸和批阅的文件中有所发现：以往那些“强大无比”、“无敌的皇军”、“堂堂入城”等字样，逐渐被“以身殉国”、“光荣战死”、“宁为玉碎”所代替。这从另一方面证实了意大利投降和墨索里尼被处死的消息是准确无误的。于是溥仪大有兔死狐悲之感，想到墨索里尼的可悲下场，仿佛有一条绞索正向自己的脖子上套来，搅得他寝食不安，惶惶不可终日。其后，令人担忧的事情接踵而来。1944 年 7 月 12 日午后，关东军最后一任司令官山田乙三上任，这个兼“驻满大使”来到伪皇宫向溥仪递交国书。仪式刚刚进行，突然传来了刺耳的空袭警报声，他们迅速钻进防空避弹室。直到关东军参谋部送来了报告，说“新京”上空出现的是美国侦察机，溥仪和山田方知受了一场虚惊。紧接着，7 月 29 日传来了美国 B—29 轰炸机空袭大连、鞍山的消息；9 月 8 日又收到了美机轰炸鞍山、本溪的报告；“新京”上空也经常出现喷着缕缕白烟的美国飞机。一阵阵空袭警报声吓得溥仪在“缉熙楼”——“勤民楼”——“同德殿”——“防空避弹室”之间跑来跑去，不得片刻安宁。

这时，溥仪越是担惊受怕，需要他处理的公文反倒多起来。什么“紧急生产推进本部”成立，需要皇上裁可啦；什么总理晋交陈述“增产状况奏章”，需要皇上御览啦；什么“振兴国民精神大会”，需要皇上驾临啦，如此等等，不一而足。透过以上情况，溥仪隐约地感到，日本人所进行的“大东亚圣战”已经到了精疲力竭的时刻。关东军为了“背水一战”，正在强化对东北的殖民统治和经济掠夺。世界人民反法西斯的战火，正在向“新京”——这个关东军的老巢烧来。

在伪满洲国行将垮台之际，有三件事最使溥仪伤感。

其一，是“觐见”日本空军“神风队”队员。日本空军为了对付美国空军，在空战中，不惜采取用小型飞机装上炸药与敌机硬撞的“自杀”战法，美其名曰：“体挡”，派去执行任务的驾驶员被称作“肉弹”，并以中队为单位组成了“神风”空中敢死队。为了给这些自寻死亡的“肉蛋”打气，关东军司令官让“帝室御用挂”吉冈把“神风”队员带进帝宫，接受皇帝的“赐见”。而溥仪为向主子表示支援“圣战”的诚意，曾先后几次“觐见”神风队。“觐见”时，溥仪先是走到“神风”队员面前，按吉冈事先拟定的讲话稿发表祝词，然后与每个“神风”队员拥抱，并一一赐酒。溥仪后来回忆说：当时他看到这些所谓的“肉弹”，大多是十几岁的孩子，他们一个个眼里流露出恐慌、颓丧的神情，泪流满面地口呼“天皇陛下万岁！”这种近似于歇斯底里的狂呼声，使人感到好象野兽在濒临死亡前的绝望的哀嚎。

其二，是“觐见”日本陆军大将山下奉文。山下是日本关东军的著名将官之一，曾担任过溥仪的军事老师。后因指挥日军进犯马来西亚有功，被称之为“马来西亚之虎”。1942 年 7 月，山下被任命为关东军第一方面军司令官时，溥仪曾在同德殿“觐见”过他，当时山下有一种日本军界人士那种不可一世的狂态。二年后，山下再次奉调南洋，临行前特意向溥仪告别。在“觐见”中，溥仪发现此时的山下，与以往相比，简直判若两人。这个曾骄横一时的刽子手，竟有失军人体统，当面抽泣起来。“觐见”结束时，他深深地给溥仪鞠了一躬，说道：“此次是山下向陛下作最后的诀别，永别了……”说完便转过身去，步履艰难地走出了“觐见室”。象山下奉文这样的日本高级将领，都悲观绝望，更使溥仪内心中有一种不祥的预兆，并开始为自己的处境担心起来，害怕总有一天会走上山下奉文的道路。

其三，是关于汪精卫的死亡。1944 年 11 月 1 日，伪南京政权的首脑人物，大汉奸汪精卫在日本一命呜呼。汪精卫作为溥仪旧日的“宿敌”，他的丧生并未给溥仪带来更多的悲伤。可他们共同效忠于日本侵略者的命运，又不能不使簿仪对汪的死感到疑惧。尤其是对汪的死因更使溥仪心惊肉跳。当时，社会上对汪的死因有种种传闻，一说是被日本人害死的；一说是汪在日本做手术后，因无人护理，引发肺炎，死于医院地下室里等等。无论这些传言是真是假，都说明充当傀儡的人的结局是悲惨的。古往今来，凡是汉奸走狗，都没有好下场。溥仪所担心的也正是这一点。因为溥仪懂得，他是日本人一手扶植起来的伪满政权的头面人物，对日本殖民统治和“东亚圣战”的内部情况知之甚多，日本一旦战败，就必然杀人灭口，置自己于死地。所以汪精卫的死亡，使溥仪对自己未来的命运更加忧虑，终日处于极端恐惧和十分矛盾的心理状态之中。最后溥仪下决心，为了保住皇帝名义和身家性命，只要日本关东军存在一天，他就要把这出傀儡戏唱好一天。于是他一方面在政治上屈从迎合日本人的意志，极力标榜自己是“以天皇之圣意为己心”，与日本“一心一德”，“一切听从关东军的指挥”。另一方面，在经济上加强对民众的横征暴敛，来支持所谓的“大东亚圣战”。他除下令在东北各地收缴民间存有的金、银、铜、铁、锡等物品外，还以“下赐”名义将宫中一些珍贵的物品奉送给关东军，以显示自己的忠心。仅1945年1月至3月，就两次“下赐”物品183件。此外，溥仪还下令加强伪皇宫的警卫，采取从仓库里取出两挺轻机枪、20支匣枪和一箱子弹，放在他经常拜佛的地方，发给近亲每人一支手枪和一些子弹，在同德殿楼下堆起沙袋等措施，旨在保护自己的生命安全。

1945年8月9日，苏联突然宣布对日作战，关东军被打得措手不及，伪满洲国全面崩溃的日子终于到来。但是在崩溃中的日本关东军及伪满洲国傀儡政权并不甘心自己的失败，他们仍纠集各种力量，进行垂死的挣扎。

在苏联出兵前夕，1945 年 7 月 25 日，伪满国务总理大臣张景惠奉命匆忙召集临时伪省长会议，部署城市防卫事宜。会上由伪总务长官武部六藏进行具体安排。武部说："西部战事已经结束了，苏联有可能向东方进攻，国境上有关东军守护，可保无虞，但满洲内地免不了有暴动者起来响应，为此各城市要搞防卫设施。"他同时要求全伪满修筑 100 多座土城和许多碉堡，限期各地在 7 月末 8 月初完成。但是伪满的这项防卫计划未等完成，苏军的进攻就开始了。

8 月 9 日零时，苏军全线进攻开始。此时关东军司令山田乙三正在大连观赏歌舞艺伎演出。总参谋长秦彦三郎急忙召集作战会议，于 8 月 9 日 6 时下达全面作战命令。同时决定实施《伪满洲国防卫法》。随后，秦彦三郎、武部六藏会同伪国务总理大臣张景惠一起拜见伪皇帝溥仪。此时，因苏联飞机轰炸，溥仪正躲在防空洞中索索发抖，经溥仪点头裁可，履行了批准实行《防卫法》的形式手续。8 月 10 日，伪总务长官武部六藏召集伪政府各部、局负责人员开会，宣布关东军及伪满政府要改为战时体制，将以通化为活动中心，要全部迁往通化。以溥仪为首的汉奸们闻此讯后，全体反对，由张景惠出面要求将"新京"作为不设防城，遭到关东军的严厉拒绝，并只给三天期限，必迁通化无疑。同一天，关东军总司令部接到大本营的命令："根据帝国全面战况，以朝鲜为最后一线，必须绝对予以保卫。以满洲全土为前进基地，在万不得已的情况下，可以放弃。"这一放弃满洲，确保朝鲜的计划，使关东军及日本在满要人更加产生了惊恐不安情绪，眼见满洲不保，遂开始了逃跑疏散工作。关东军调用军用列车，让其全部家属，带上细软家私，抢先乘车去朝鲜避难，紧跟着满铁的家属也开始逃亡。

就在这一片败逃的混乱中，嗜血成性的日本侵略者仍不忘杀人放火，阴谋和破坏在东北各地不断进行。8月9、10两日，东满地区、西东安、西鸡宁的火药库、油库被炸毁；东安被服厂被烧毁，内存可供一个师团用一年以上的被服；鸡宁电厂、东安电信电话会社、林口粮秣厂等全被破坏，粮厂内存有一个军可用三年的粮食。交通也受到破坏，密山桥、林口至牡丹江隧道、牡丹江铁桥全被爆破。东京城守备队在撤退时破坏了镜泊湖水电站，使之丧失发电能力，佳木斯电站也被炸毁。在白城子，日军117师团长铃木启久下令，为阻止苏军进攻，破坏平齐线上的江桥铁桥、洮儿河铁桥和长白线上的洮儿河铁桥。在哈尔滨市郊平房地区，细菌战元凶石井四郎，为隐匿其研制细菌武器的滔天罪行，于8月14日炸毁了8栋建筑物，使731部队驻地——杀人魔窟，成为一片断垣残壁的废墟。此外，驻哈的日军还烧毁了市内的军用仓库、顾乡屯军用滋养糖制造工厂、大陆理化研究所等。苏联最先攻击的牡丹江市，日伪人员在临撤退时，将伪军政机关大楼里的一切物品倒上汽油烧了，到处是火，爆炸声在牡丹江市响个不停。总之，在日伪溃败中，破坏是空前的、全面的。据土屋芳雄等41名日伪人员交待材料统计，在八一五前后，共烧毁军用设施1254栋，地方机关建筑153栋，中国百姓住宅1687栋，烧毁粮食15000吨，干草6000吨。

同时，各监狱大开杀戒。牡丹江监狱于8月12日将100余名反满抗日的“国事犯”押送宪兵队，随后又用两辆大汽车押往刑场准备集体枪杀。途中，一辆汽车翻倒，有些人被压死，还有四五十人被当场打死。另一辆汽车开往铁岭河监狱，日寇施放毒药于饭、水之中，一些人饮用后当即死去。龙江泰康刑务署将被关的20名东北抗联人员，押到署外二道岗，用机枪进行扫射，当场打死18人。

王爷庙特务机关长金川耕作下令，将在押的汉、蒙、苏60余名“犯人”，在乌兰哈达用机枪打死，只有5人幸免。哈尔滨监狱关押着抗联三军干部孙国栋，伪高等检察官沟口嘉夫亲自来监狱督促将孙绞死。伪司法部决定于8月14日将新京监狱所押的建大等校学生政治犯70余人全部杀害。当天下午将他们骗出长春，准备在吉长公路寻机枪杀。队伍走到东南拉拉屯附近，遇到起义的军官学校学生，将押送的日本军警打死，这些人才幸免遇难。

就在日伪大崩溃的同时，长春、沈阳等地人民自发地起来反抗，暴动事件层出不穷。对此，日伪当局则进行血腥镇压，对中国人民又犯下新的滔天罪行。1945年8月15日，在长春大马路，日伪以5辆坦克对正在示威游行的中国群众进行武力镇压，当场打死约150人。同一天，在长春大经路，敌城防司令部一个小队40人对中国暴动群众约100人进行镇压，当即打死20人。8月16日，在长春市南关附近，60名宪兵和防卫司令部一个中队80余人，动用10辆坦克，对约千余人的暴动群众进行镇压，当场打死约百余人。同日在长春南湖房产住宅区，一个宪兵小队和防卫司令部一个小队镇压了正向该地拥来的中国暴动群众，当场打死30余人。8月19日，在沈阳北市场附近，奉天第一特别警备队350人，对数千名中国暴动者进行镇压，打死52人。同日该特别警备队在奉天车站附近先后打死中国暴动群众25人。在东北其它各城市，日伪均有镇压中国群众反抗的暴行。据铃木义夫等参与镇压中国群众暴动的35名伪宪警人员的交待统计，当时在长春共发生镇压事件26起，杀害447人；在沈阳发生镇压事件9起，杀害154人；在其他地区发生镇压事件7起，杀害10人，伤害24人。由此可见，日伪反动当局在临近覆灭的日子里，是何等凶残地进行垂死挣扎的。

四

自从关东军总部决定“迁都”通化以后，伪满“帝都”新京一片混乱，呈现出失败后仓皇出逃的狼狈景象。

在关东军的催逼下，8 月 10 日，溥仪下令收拾出逃行装，同时将访日和巡守的电影胶片全部烧掉。12 日关东军总司令山田乙三等人乘飞机率先逃到通化。这时，十几年来一直闪耀在日伪统治中心关东军司令部大楼上菊花皇帝纹章被悄悄拿掉了；西公园入口处（今胜利公园）骑在马上威风凛凛、不可一世的儿玉大将铜像的脑袋被砍掉了；关东军司令部更是一片败亡逃窜的景象，日本陆军大臣阿南唯儿“只有坚决把保卫神州的圣战进行到底，纵使茹草啖泥，卧伏山野，只要坚决战斗，相信死中自有活路”的训示，被抛在极密的电报板上，无人理睬；新调任的新京地区防卫司令官饭田中将，在“一切我全不清楚”的情况下，匆忙组织城市防御，紧急动员部分日伪人员在长春的主要街道上修筑街垒，摆出准备巷战的架式，以图稳定人心。然而，这些过去倚仗武力，骄横跋扈的殖民主义者，却像泄了气的皮球一样，“在精神上似乎被抛到没有重力的宇宙之中……”

8 月 12 日这一天，日本在长春的一般市民开始疏散。8 月 11 日晚 11 时左右，溥仪一行乘汽车离开伪皇宫。汽车直奔二道河子方向开去，在长春东站改乘火车。次日晨到达吉林，尔后换乘吉林到通化的列车。经过两天三夜，于 14 日晨到达通化大栗子沟。

1945 年 8 月 15 日中午，败逃到通化的日本关东军的军官们，挤坐在收音机前聆听着日本天皇的《停战诏书》的广播。他们掩饰不住失望的心情，不禁失声恸哭起来。8 月 16 日，在幕僚、参谋会议上，总司令官山田乙三顺势表态说："本军只能奉戴圣旨，全力以赴结束战争。"

此时，逃亡到通化大栗子沟的傀儡皇帝溥仪，正在打卦摇钱，以课定吉凶。"帝室御用挂"吉冈代表关东军司令部正式通知他：日本天皇已经宣布无条件投降，美国政府已表示对天皇陛下的地位和安全给以保证。溥仪的预感变为现实，思想活动极其激烈。首先是害怕关东军杀人灭口，于是马上来个"批颊请罪"的傀儡表演。吉冈的话音刚落，他立即跪在地上，向苍天磕了几个头，念诵道："我感谢上天保佑天皇陛下平安。"吉冈也随着跪下来，磕了一阵头。

8 月 17 日，张景惠、臧式毅、熙洽等汉奸来到大栗子沟。当晚在武部六藏的导演下，于大栗子矿山公司食堂召开了参议府会议，上演了一场溥仪退位的闹剧。会议开始，大家都沉默不语，各想心事。还是身为国务总理大臣的张景惠首先发言，提出："日本既然投降，满洲国已失去了依靠和存在的意义，皇上应自动退位，给满洲国以最后终结。"臧式毅有气无力地响应，这样就算通过决议，并连夜举行伪满皇帝退位仪式。溥仪直到这最后一刻，仍旧是个任人摆布的傀儡，他仅用两分钟就读完了日本人拟就的伪满洲国送葬词——"退位诏书"，然后含着眼泪和各位伪大臣握手告别。这群一直追随溥仪左右的伪满重臣们，面对颓丧已极的伪皇帝，表面上都装出一副悲戚的样子，有的还挤下几滴眼泪。可是等到皇帝一转身，他们立即做鸟兽散，各自携带细软，竞相逃命，纷纷撤离临江，奔往通化。而溥仪这下子可变成真正的"孤家寡人"了。

被抛下的溥仪，皇帝梦已经彻底破灭了。由于自身难保，只好就地烧了随身携带多年的大清列祖列宗的"神位"。溥仪的先祖如果有灵的话，也会痛骂这个卖国的不肖子孙的。同时，溥仪还下令烧了从天津以来他所写的 20 余本日记，以消灭证据。这时溥仪身边的伪军警卫部队让日本人撤了，换上的全是日本宪兵。他此时无处可去，想回北京隐居，又担心提出来会被日本人杀头。去日本，在一个战败投降的国度里，自己的下场又将如何？正在他一筹莫展的时候，吉冈跑来告诉他："日本关东军已和东京联系好，决定送你到日本去。"原来关东军并不想完全放弃溥仪这个活证据，感到与其把他交给中国人，还不如挟其去日本更有利一些。于是开始与大本营联系，起初遭到拒绝，答复说由于国内战败，很难保证人身安全。关东军一再坚持，大本营最后同意溥仪到日本京都饭店暂时栖身。所需花费则由关东军安排专机将价值 4 亿日元的金条先行运到日本，并指定伪中央银行总裁随专机去日本安排。一心要保全性命的溥仪要求日本人能保证他的安全，便试探性地问："到了日本以后怎么样?"吉冈冷冷地回答道："到日本，生命可也没有绝对保证。"溥仪听后，心中没底，显出六神无主的样子。吉冈却拿出法西斯军人的派头，命令溥仪："挺起腰板来，挺起了腰板走!"溥仪无奈还是选择了流亡日本的道路。按关东军轻装简从的要求，溥仪只携带一个皮箱，内装黄金盾两个，金手表怀表四五十块，白金表链二十余根，以及其他金首饰、宝石、钻石、珠子等。抛下皇后婉容、福贵人李玉琴和几个妹妹，以及跟随他多年的老乳母，在日本宪兵的监护下，由"帝室御用挂"吉冈安直、伪祭祀府总裁桥本虎之助陪同，带着弟弟溥杰、两个妹夫、三个侄子、一个医生、一个佣人，坐火车去通化，然后又由通化乘三架小飞机去沈阳，准备在沈阳换乘大飞机去日本。溥仪在沈阳机场刚下飞机，天空中便出现了苏联飞机，一架接一架地着陆，一队队手持冲锋枪的苏军空降部队纷纷从飞机上走下来，很快解除了机场上日军的武装，溥仪等人随之也成为苏军的俘虏。在机场大厅里，苏军校官宣布要把他们这些人送到苏联去，溥仪闻言拍手称快，此突然之举令人惊奇。而当吉冈提出要和溥仪在一起的时候，溥仪又从背后摆手示意反对，苏军即将他们分别押走，溥仪终于摆脱了这个缠在他身上十几年的“贴树皮”。

再说张景惠等汉奸，自打从通化大栗子沟离开溥仪之后，急忙赶回长春，组织起包括武部六藏等伪满大臣在内的维持会。张景惠为维持会长，吕荣寰、于镜涛为副会长。他们通过广播与重庆联系，幻想讨好重庆国民党政府，以所谓“保境安民”之功，来折卖国求荣之罪，梦想国民党接收后，再度飞黄腾达。结果这些有奶便是娘的民族败类，好景不长，不久就被进入长春的苏联红军和我抗联部队全部逮捕，押往苏联，与溥仪殊途同归，同样做了阶下囚。这样，日本侵略者所扶植的伪满洲国，在经过14个年头以后，最终在人民欢庆胜利的锣鼓声中彻底垮台了。

五

1945年8月19日，溥仪一行在沈阳东塔机场候机大厅被苏军俘虏以后，于下午3时左右被押上一架苏联飞机，经过20分钟的飞行，在通辽着陆。第二天早晨，溥仪他们还饿着肚子，就被苏军押送到一架大型军用运输机直飞赤塔。他们是第一批到苏联的伪满战犯，除溥仪外，还有溥杰以及两个妹夫润麒、万嘉熙；3个侄子毓嵣、毓嵒和毓嶦；外人只有医生黄子正和随侍李国雄。他们9个人于傍晚时分，乘坐苏军事先预备好的小汽车离开机场。约半小时左右到达赤塔市区。半路，车停下来，并传来一句中国话：“想要解手的，可以下来！”溥仪听后大吃一惊，这时，溥仪最怕落到中国人手里。他认为在外国人手里尚有活命的一线希望，若是到了中国人手里，象他这样的汉奸卖国贼必死无疑。所以他一听见中国人讲话，就浑身起鸡皮疙瘩，结果闹了一场虚惊。太约半夜左右，汽车终于停在一座灯火辉煌的楼房前面。随后他们被带进一间大房子，房中间摆着一条铺着毛毯的长条桌子。不一会儿赤塔市卫戍司令，一位苏联少将从另一房间走过来，通过翻译向他们宣布：“苏联政府命令，从现在起对你们实行拘留。”然后他又态度和蔼地问大家一路上累不累，吃过饭没有。如还没吃可以让厨房准备，溥仪一点也不客气，他代表大家回答道：“我们都没吃饭呢！”饭后他们就在这里住下了。这样，在赤塔的莫洛科夫卡疗养所，溥仪一行开始了颇受优待的拘留生活。平常每日吃四餐：早餐有面包、咖啡、茶等，面包是精白粉优质面包；午餐至少两道菜、一道汤；下午3、4点钟还开一餐，称作“午茶”，上面包、黄油、咖啡；晚饭常吃西餐，摆出牛舌、牛尾、果酒、点心等等，主副食都相当丰富。日常生活有服务员照料；医生、护士经常为他们检查身体、治疗疾病。此外，每个房间内都有广播喇叭、书报、各种文娱器材，在规定的范围内还可以自由散步。对这种悠哉游哉的生活，溥仪感到非常满意，并产生了留居苏联的奇怪想法。

溥仪到赤塔不几天，张景惠、臧式毅、熙洽等伪大臣也被押到这里。他们听说溥仪想留在苏联，便立即来到他的住处请愿。张景惠开口便说：“听说您愿意留在苏联，可是我们这些人家口在东北，都得自己照料，再说，还有些公事没办完。请您跟苏联人说一说，让我们早些回东北去，您瞧行不行？”溥仪对他们的请求毫无兴趣，冷冷地说：“我怎么办得到呢？连我是留是去，还要看人家苏联的决定。”这些人一看溥仪不管，就苦苦哀求起来：“您说说吧，您一定做得到。”“这是大伙儿的事，不求您老人家，还能求谁呢？”“大伙推我们做代表来恳请溥大爷的。”他们现在不再称溥仪为“皇上”、“陛下”，就没口地乱叫起来。溥仪被缠得没法，只好找苏联负责官员渥罗阔夫。

渥罗阔夫听完后，淡淡地说："好吧，我代为转达。"后来溥仪才明白，他们这些人了解国民党的内幕，知道国民党对他们的特殊需要。因此相信回去不仅保险，而且政治上还能捞一把。也许诱惑力太大的缘故，有的人想回去想得几乎发了疯。

在莫洛科夫卡，每天早晨溥仪他们可以在门前、山坡上散步或进行其他活动。虽然也有一定的限制，不许走得太远，而且总有苏联军人跟在后面，但相对来说，还是比较自由的。日子一久，则限制更少，山上、山下、小河边、树林里，这些地方都可以随便走走。常跟着溥仪散步的那位苏联军官，渐渐也就不跟了。溥仪的活动范围比在伪皇宫时大得多，生活兴趣也比那时浓得多。就在溥仪神经逐渐松弛的时候，有一件事却把他吓个半死。一天清晨，女服务员托尼娅神色慌张地告诉万嘉熙，说苏方让他们赶紧收拾东西去飞机场。溥仪听说后，惊得六神无主。老实讲，根据这些天的观察，他不相信苏联人会轻易杀掉他。但苏联人会用飞机把他送到哪里？斯大林和毛泽东都是共产党的头，他们是否已达成协议，要把他送到延安去？果真将他引渡到延安，那可是要处以极刑的啊！想到这里，溥仪仿佛浑身的血液全凝固了，突然大叫一声，向后跌去，只见他双目紧闭，牙齿咬得磕磕响，任凭臣子们千呼万唤，哭哭啼啼，却一丝不觉，死人一般地躺在床上。苏联军官急忙赶来，见状也大吃一惊，着急地问："怎么回事？早餐时还好好的，现在却病成这样，等会儿怎么拍电影呢？""拍什么电影？"毓嵣问。"你们来的那天，因为是晚上，光线不好，没有拍照，所以今天要补拍溥仪入苏电影，现在赤塔市军政首长都到机场去了，塔斯社还等着发消息呢！"正在苏方为溥仪的昏迷不醒而着急的时候，只见他突然翻身坐起，口中急切地叫喊着"鞋，鞋"。毓喦、毓嵣赶紧过去伺候，大家也都搞不清溥仪刚才到底犯的什么病。其实，溥仪哪有什么病，只因被突如其来的坏消息所迫，一时想不出良策，情急生智，倒在床上装病，心里却再明白不过。先前人们哭天抹泪时，他还在心里骂道："这群笨蛋，我略施小计，本想拖延时间，糊弄苏联人，倒把你们吓成这样。"所以等到他从苏联军官那里明白了真相，便急不可待地坐起来了。溥仪一行到达赤塔机场后，走进一架早已准备好的飞机，苏联军官渥罗科夫象导演给演员说戏似的，比划了好一阵，才让溥仪他们走下飞机，溥仪经过吉冈训练了十多年，演傀儡戏确实很有功底。只见他准确地把握住囚徒的身份，耷拉着眼皮走下飞机，一到苏军少将跟前，马上满脸谄笑，点头哈腰，并且小心地同新主人握手，说："感谢贵国盛情接待，履行国际公法，不杀溥仪之恩。"说罢，还挤出几滴眼泪。少将嘟噜一阵，经翻译后，溥仪连声道谢，又同别的苏联官员握手，谄笑之后，便垂下眼帘向汽车走去。后边的人也仿照溥仪，如是而行。苏军少将满意地瞅一眼摄影师，"叭"地用手指拧出个清脆的响声，"欧钦哈罗绍（顶好）!"他万没想到溥仪会表演得这样成功，举手投足，一言一行都恰到好处。他兴奋地对身旁的官员说："这部纪录片就是我们对日战争胜利的最好说明，斯大林同志见了一定很高兴。"

一天，苏军中校渥罗阔夫找溥仪谈话，让其揭发日本侵略东北的罪恶活动，以便为将来国际法庭审判战争罪犯提供证据。溥仪当面连连点头称是，回去后就坐卧不宁，又犯了疑心病。心中暗想："这一段时间苏联对我们照顾得很周到，八成是想把我们稳住，等把需要的东西全套出来，就该下死手了。"想到这里，他暗下决心："不行，决不能上苏联人的当，眼下最要紧的是防止内部出奸细，必须预作布置。"于是，溥仪赶忙把三个侄子叫到跟前，试探地问道："苏联当局最近要调查'满洲帝国'的事，要审判战犯。你们说，他们能抓住我的什么错处吗?”“皇上有什么错? 每天吃斋念佛，净为满洲百姓乞求好日子啦。”“皇上连苍蝇老鼠都不让打，积德行善，心肠再仁慈不过了。”溥仪听完他们的回答，满意地说:“好，有人问起你们，就这样说。”随后又脸色一变，威胁道:“你们都是我的亲信，又是近支皇族，要是治了我的罪，你们也要跟着坐牢。记住，不许乱讲。”溥仪安排好这边，叫三个侄儿下去，又把溥杰叫来密议。博杰说道:“苏俄历来刁钻，我朝吃了他们不少亏，不可不防。圣上自北狩以来，他们三日一小宴，五日一大宴，图的是什么，还不是要把满洲帝国的事一点一点钓出来，待到目的达到，就会图穷匕见，既或不杀头，也得坐牢房。”溥仪一听，更加着急起来。“这可怎么办呢?”“千万不能怯阵，如果第一回合败下阵来，苏方就会得寸进尺，步步进逼。”溥仪认为有道理，便叮嘱溥杰:“你去告诉老万和润麒，苏方一旦找你们谈话，要作出倔强的态度，万不可稍露气馁。另外，关于‘满洲帝国’的材料，就由你代笔吧!”“写些什么呢?”溥杰问道。“关于我，一定要强调是上当受骗，被挟持当的皇上。对日本人要多写他们蛮横无理，残害满洲人民，掠夺财富的罪行，还要把我在宫中诵经念佛，乐善好施的事写上。苏联人调查时，毓嵣他们都可以作证。”经过这番安排后，溥仪那颗悬着的心才放下来。后来，苏方果然找溥杰、老万等人谈话，他们按事先统一的口径回答，苏方也不过分深究，只是让他们揭发日本人的罪行。后来，他们帮助溥仪写了几份揭发材料交上去，也就敷衍过去了。

晚秋时节，莫洛科夫卡疗养所霜凝大地，寒气袭人。溥仪他们为了消磨时间，便到附近的山上、河边找乐趣。有时他们砸开冰块，观察里边的小虫子，有时到山上寻找歪脖子树，回来做拐杖。溥仪虽不动手，也饶有兴趣地在一旁看着。这种吃饱了饭没事干的百无聊赖的生活，不久就结束了。1945 年 11 月中旬，溥仪一行被押往伯力。

六

溥仪被从赤塔押送到伯力后，刚出站台就受到一群苏联儿童的“热烈欢迎”。小家伙一边冲他们大喊：“牙崩各”、“牙崩各”（含有日本鬼子的贬意），一边拣地上的石头子往人堆里撇。这真是叫他们丢丑的一幕。押送他们的苏联士兵一面全力掩护，一面向孩子解释：“他们不是日本人!”原来苏联儿童把溥仪他们当作日本战犯了，才如此憎恨。此情此景对溥仪触动很大，如果说刚刚过去的那段悠闲的疗养生活，或许会使他忘记自己是战俘的话，那么这些苏联儿童的不雅致的“欢迎”，则足以让他清醒一下：他的确不是日本人，但确实当过日本人的帮凶。

是日，溥仪一行被押送到伯力郊区的红河子收容所。红河子收容所坐落在山坡上，山脚下有一道江岔子河，周围环境优美，令人赏心悦目。溥仪他们被安排到一栋二层木头楼房里，有一个院落，院内矗立着一座岗楼，日夜都有值勤的哨兵。起初他们住在一楼。这层有一间大厅，其余都是小房间，有厨房、食堂。红河子别墅不是疗养所，不设服务员，而溥仪离了伺候一天也活不下去。于是李国雄和溥仪的三个侄子便以战俘身份兼作他的侍从。这不是苏方安排的，而是完全凭着他的权威。他们每天给溥仪叠被、收拾屋子、端饭、洗衣服。他们不敢明目张胆地称溥仪为“皇上”，便改称为“上边”。每天早晨起床，他们照例要向溥仪请安。这里的生活待遇远不如莫洛科夫卡，但仍可吃上各种可口的饭菜。苏方常给溥仪发酒，都是“月桂冠”名牌日本酒。苏军击溃日本关东军后，作为战利品从原伪满仓库中运回了大量食品、用品，溥仪在伯力时期吃的、喝的、穿的、用的，基本上都是“战利品”。苏方总是发给溥仪不启封的原瓶酒，但不说明这酒是几人份，溥仪则认为属于他自己，有时给随侍倒一杯，算是他的赏赐。喝剩了就放在桌子上，其他人谁也不敢擅自倒上一杯喝。就这样溥仪还时常打发随侍们到食堂要，留着以后慢慢喝。开始苏方对溥仪颇为尊重，每要必给。时间一长，就不那么尊重他了，有时把喝剩的半瓶给了他，有时干脆就说没有。在苏联的 5 年拘留生活中，溥仪有这种储存食物的习惯。譬如在 45 收容所，伙食采取每人一份按人头发放的办法，面包、黄油、香肠、白酒等，大体平均。当然苏方对溥仪还略有照顾。他不参加任何劳动，还要吃得好些、吃得多些。往往自己的一份吃完了，还让随侍到厨房去要，厨房只要听说溥仪要，马上就给。然后溥仪把要来的东西就存起来，有一次被苏联军官发现了，命令跟来的士兵把溥仪存放的食物取走，并对溥仪说，这样存放食品不卫生。其实是各有心腹事，苏方怕犯人留足食物逃走，溥仪则时时提防着时局变化，总想有备无虞。所以每次食物被搜走，他仍让下边人继续去要。

在伯力，溥仪不仅自己不愿参加劳动，而且也不愿意他家里人包括随侍去给别人干活。他们到红河子不久，苏方管理人员把溥仪的三个侄子和李国雄找去，让他们清理楼前草坪，拔除杂草。他们都没干过这类粗活儿，内心满不高兴，但面上不敢表露。溥仪看到后，心里也不舒服，问道：“在院子里干粗活儿感觉怎么样啊?”“太阳晒着挺难受的。”“那就回去吧!”“能行吗?”“让你们回去就回去，晒太阳多了要患日射病的。”他们几个人刚回屋去，苏方管理人员就找上门来，比比划划地叫道：“刚开始干活就休息，这是不准许的。”催促他们再去草坪。他们刚出去，溥仪又让回来。如此往复三次，直到溥仪公开向他表示不满后，这位苏方管理人员用俄语骂了一句就再也不管了。还有一次，溥杰和万嘉熙、润麒吃饭时给大家摆台子，溥仪很不高兴，心想“我的家里人怎么可以去伺候别人”，当即予以制止。1947 年到 1948 年期间，溥仪与他的侄子、侍从李国雄分开关押，使他感到很大不方便。苏联政府允许溥仪在自己的屋里吃饭，可是没有人给他端饭，他的岳父荣源自告奋勇地承担起照顾溥仪的任务，不仅给他每天端饭，就连洗衣服、倒尿盆这些事也都替他代劳了。

在红河子收容所，有一天苏方管理人员拉来许多松木杆子，并以木楼为中心，在 30 米半径上挖坑埋桩，里外拉起三层铁蒺藜墙。这引起溥仪的疑心，一会儿问这人，一会儿又问那人，坐卧不宁，象似发了神经质。接着苏方又让溥仪从一楼搬到二楼，“这又是要干什么?”惊恐不安的心情使他彻夜难眠。两天后从远方开来几辆大汽车，一直开进收容所院内。正在楼上观察的溥仪突然面露喜色，原来他看到这些从汽车上下来的人都是他的臣子，有伪满总理大臣张景惠、有伪满参议府议长臧式毅、有伪满宫内府大臣熙洽等，共 30 来人。“原来是为了让我们君臣在这里相会啊!”竖铁蒺和搬家的答案有了，溥仪那颗悬着的心又放下了。伪满大臣住进木楼一层的空房子以后，很快便把红河子这座幽静的别墅，变成了嘈杂、混乱的赌场。他们这些人当大臣的时候，每天的“正经工作”无非是牌局、戏局、饭局、抽大烟、玩女人。现在一切都没有了，只剩下未遭苏方没收的口袋里的纸牌，便整天吆五喝六地以打牌来消磨时光。对此，苏方不理不睬，溥仪也没法管，只好听之任之。有一天中午，溥仪想散散步，从楼上下来，一个大臣见到他连眼皮也没抬一下，对这种非礼现象，溥仪非常生气，从此就不想下楼了。每天呆在楼上自己的房间里，大部分时间都消磨在念经上。不过，一般来说，伪大臣们对溥仪还是非常尊敬的。举例说，在苏联的

5年，每逢过旧历年，大家包饺子吃，第一碗总要先盛给溥仪。还有一回，伪大臣们正在楼下玩牌，溥仪想找其中的一个人谈话，派李国雄下楼去叫。李国雄走到这位大臣跟前，大喊一声："上边叫！"那人就乖乖地跟着上楼了。

在伯力的几年中，收容所当局曾发给溥仪他们一些中文书籍，如《联共党史》，《列宁主义》等，并且有一段时间让他们自己组织学习，让博杰等人照着本子边念边讲。结果讲的人莫名其妙，听的人也糊里糊涂。溥仪内心中只有一个想法，假如不让他留在苏联，将来还要送回中国，那么，就是把这两本书背下来又有什么用呢？所以对"学习"，溥仪根本就不重视，每次上课，他都坐在讲桌旁边，假装认真听"教员"讲那些"孟什维克"、"国家杜马"等干巴巴的名词，思想上却早就开了小差："如果能住在莫斯科，或者伦敦，手中的珠宝够用多少年"，"苏联人不吃茄子，自己种的茄子怎么个吃法……"

这几年里，由于溥仪既放不下架子，又不肯学习，在思想改造上变化不大。溥仪知道，在法律面前，他是犯有叛国罪的，而且罪孽深重。但同时又认为这是命运的偶然安排。"强权就是公理"，"胜者王侯败者寇"嘛。至于自己到底应该负有什么责任，犯罪的思想根源在哪里，根本就不去想它。为了争取摆脱受惩办的命运，溥仪把全部希望寄托在苏联身上，极力地向苏联讨好，并上演了"藏宝——献宝——毁宝"的闹剧。

有一次，伯力内务局长宴请溥仪。席间，这位苏联局长对溥仪说："苏联需要恢复战争创伤，希望有所贡献。"溥仪当场满口答应，但又舍不得全部献出他所带来的珍宝。于是决定精选一批最贵重的藏起来。为了找个安全的办法，溥仪和他的侄子密谋多日，确定在溥仪随身携带的黑皮箱上做文章。随后找来李国雄研究具体藏法。李在赤塔时曾帮溥仪藏过两只金锡，因此深得溥仪信任。"大李你看怎么办?”“做双层底吧！把黑绒里子撕开，从底下垫木条，垫到一定高度，找块木板盖上，外面糊好黑绒里子就看不出来了。”“妙!”溥仪听完李国雄的主意后，高兴地做出拍巴掌的动作，当然不敢发出响来。“不过，重底不能太厚，太厚了外长内短，容易漏馅。”“好，你酌量办吧1”溥仪当场拍板。然后进行分工，毓嵒、毓嶦负责寻找木条、木板、小钉等，李国雄负责具体制作。工程本不大，但条件不好。首先只能在夜间做，因为白天有外人出入，容易被发现；其次缺乏工具，向别人借怕引起怀疑，惟一的工具就是一把小刀，而且很钝。李国雄先把皮箱内的黑绒底和硬纸底都揭下来，再把四周的黑绒撕开，用小刀削出三根相同的木条，把箱底打了三道隔。隔板完成以后，便把溥仪精选出来的珠宝、首饰、翡翠、钻石、怀表等一样一样摆进去，总共放入468件。最后在上面镶装硬纸板，把黑绒里子按原样糊好，不留一丝痕迹。这样，用了三个晚上的时间，终于完成。溥仪左看右看，非常满意，心里踏实多了。随后，溥仪把一些体积大、不易收藏的金瓶、金碗等，通过当地内务局送交苏联政府，溥仪乘机再次提出留居苏联，苏方表示向上级反映溥仪的要求。

这次藏宝以后，溥仪的烦恼仍未完全摆脱。因为除藏在皮箱里和已经献出的珍宝外，尚有一部分带在身边。溥仪担心这些珍宝一旦被苏方发现，肯定要没收，更要紧的是他将失去苏方的信任，在“献宝”方面前功尽弃，留居苏联的愿望化为泡影。思来想去，溥仪动了“宁失宝物，不失苏方”的毁宝念头。他先挑出质量较差的珍珠500粒，交给李国雄销毁。李把珍珠扔进火炉中化为灰烬，溥仪在一旁看着毫无惋惜之意。后来溥仪还把一些珍宝藏在肥皂里，实在藏不了的又陆续销毁一些。有一条镶钻石的白金项链，被李国雄扔到一个大烟筒里。毓嵒等人也分别扔掉一些，有的埋在院墙根地下，有的埋进当花盆用的铁罐头盒里。这件事还差点惹出麻烦来。一天，一个苏联军官和翻译走进大厅，手里举着一个亮晃晃的东西，向大家问道："这是谁的？谁放在院子里废暖气片里的？"大厅里的人都聚过来，看到那军官手里拿的是一些首饰，上面还有北京银楼的印记。"奇怪，这是谁的呢？"溥仪一下子也认出来正是自己让侄儿扔掉的东西，但他死不认账，也在一旁摇头晃脑地说："奇怪，奇怪，这是谁搁的呢？"不料那翻译径直走到溥仪身边，手里拿着一把旧木梳，说："在一块的还有这个东西，我记得这可是您的木梳啊！"溥仪慌了起来，连忙矢口否认："不是，不是，木梳也不是我的。"由于溥仪百般抵赖，弄得两个苏联人也没办法，怔了一阵，最后只好走了。

溥仪在苏联的5年俘虏生活中，有两点还是应该肯定的。一是以极大的积极性向苏联提供了日寇在东北的罪行材料；二是到东京"远东国际军事法庭"去作证，控诉了日本战犯的种种暴行。但由于当时他怕自己受审判，对个人的罪过只字不提，到头来还是便宜了日本军国主义者。

七

1946年8月，溥仪以证人身份出席东京"远东国际军事法庭"，证实日本侵略中国的真相，说明日本如何利用他这个清朝末代皇帝来侵略和统治东北的情况。溥仪前后共出庭8次，是在这个法庭上作证时间最长的人。那些天的法庭新闻，成为世界各地某些以猎奇为能事的报纸上的头条消息。

8月9日，溥仪乘军用飞机从苏联伯力直飞日本东京，居住在苏联驻日本大使馆里。

8月16日，溥仪第一次出庭作证。设在前日本陆军省大会堂的审判厅顿时显得狭窄起来，旁听席变得拥挤不堪，连贵宾席和保留座位都已座无虚席。当溥仪步入证人席时，所有的摄影机的镜头全都对准他。普通证人只有一名宪兵护送出庭，而溥仪却由两名宪兵一左一右伴入。身着藏青色西装的溥仪，表面上看上去镇定、从容、严肃，可内心里却忐忑不安。“作证中竭力开脱自己”，这是他来东京前就已定下的原则。然而，如果承认自己在伪满是一个傀儡皇帝，就怕被说成是勾结日寇的卖国贼；若是彻底揭露日本侵略者的罪行，又担心暴露与己有关的历史真相，进一步加重自己的罪责。溥仪就是怀着这样一种矛盾的心理，站在了证人席上。

“你叫什么名字？……”担任首席检察官的美国人基南，依照惯例，对证人的出生地、简历等，提出了一系列询问。溥仪以低沉的语调叙述了自己从3岁“登基”的经历，法庭上一片寂静。

问：“你不当皇帝后住在哪里？”

答：“仍住在皇宫。”

问：“你到日本大使馆时多大岁数？”

答：“按中国算法19岁，实际上是18岁。”

问：“你在日本大使馆住了多久？”

答：“大约半年或许稍长些。”

问：“你离开大使馆又去哪里了？”

答：“我得到民国政府的允许，到了天津。”

这时辩护律师布莱克尼插话：“你在讲述自己的生活简历时，我认为你忘记提到，有一次你重新恢复了帝位。你是否给我们讲讲那是什么时候的事？”辩护人所以提出这个问题，是想证明溥仪在12岁就想复辟帝位，而这一点恰恰是他后来投降日本人，当上伪满皇帝的思想基础。

溥仪答道：“对。这事发生在我12岁那年。那时张勋将军同其他一些人推翻当时的总统，恢复了我的帝位。当时，我们都处在张勋的势力下，我太年轻，抓不到统治权。……几天以后，张勋就失败了，我第二次被推翻。”

溥仪回答得很巧妙，基南继续询问。

问：“你离津赴旅顺前和日本著名人物有什么接触吗？”

溥仪回答时，只是心虚地谈到与日本驻屯军司令香椎浩平的会见，而对在天津夜见土肥原那一幕却避而不谈，因为那确是他勾结日本侵略者的“铁证”。正是在这次会见中，溥仪提出“建立满洲国必须是帝制的，否则不去”。当公诉人基南询问溥仪，他为什么最后接受了日本人的建议，到满洲领导一个傀儡政权的时候，溥仪进入了一个“感人”的角色。他戏剧性地逐一环顾了面前的11位法官，然后以演讲的姿势申诉说：当时那么多的民主国家都不能抵抗日本的侵略，“余何独能耶？”他居然反问起检察官来了。随之语调一转，他又如泣如诉地控告了板垣对他的威吓：“这是关东军的决策，如果你拒绝接受，将对你采取严厉行动！”为了证实其真实性，溥仪抬出了郑孝胥，说板垣的恐吓话是郑向自己转达的。这时，正在被告席上的板垣，听到溥仪的证词，用眼睛斜视溥仪，脸上露出鄙夷的神情。不管板垣反映如何，溥仪仍一口咬定他自己是被胁迫去满洲的。在结束这一阶段调查时，基南提出最后一个问题。

问：“你是否谈谈迫使你当‘满洲国’执政的基本原因？”

答：“我那时很年轻，在政治问题上没有经验。我的四个顾问说服我同意板垣的要求。他们说，如果我拒绝，生命就可能有危险。由于日本军阀的压迫，我曾想，中国人最好利用这个机会进入满洲，这样我们就有可能拖延时间，训练我们的军队，组建民政机关，到时候‘满洲人民’就可能有机会同中国人民联合起来，等待有利时机开始反抗日本人，这就是我的愿望，我就是带着这个愿望走入虎国。……”

溥仪这些自欺欺人的谎话，引起审判大厅一片嘘声。

8 月 19 日，溥仪第二次出庭。基南询问的主要问题是满洲国的傀儡性质问题。溥仪在证词中淋漓尽致地揭露了日本军国主义的罪行。

问：“根据历史记载，你于 1932 年 3 月 1 日当了满洲的执政或首脑。你能否对我们谈谈那时谁负责控制满洲？”

答：“整个政权由驻满洲的日本关东军司令官本庄将军及一些副司令官和参谋长板垣上校掌管着。”

问：“你是否记得 1932 年 4 月 1 日发布了一系列管理满洲的敕令？”

答：“任何时候任何一个敕令都不是我亲自发布的。”

问：“你同你执政时签署的《日满议定书》有什么关系？”

答：“在那个议定书签字的前一天，我还不知道有那样一个议定书。第二天日本驻满洲大使来找总理大臣，并说：‘这就是议定书，需要签字。”

问：“至少在把议定书呈送给你和你签字表示同意之前的那段时间内，问过你对那个议定书的意见吧？”

答：“是的，议定书是我正式批准的，但当时我们受军事力量的威胁，已完全丧失自由……”

问：“如果你是日本恐怖政策的牺牲品，那么 1932 年国际联盟特别委员会主席李顿调查满洲事件真相时，你为什么不说明真实情况，却宣称满洲国是主权国家呢？”

答，“我当然很钦佩李顿勋爵的才智，既然他的使命关系到满洲事务，我便很想同他详细说说。当时我尽力想同李顿勋爵单独会晤，或邀请他到一个地方，但这只是愿望而已，任何时候也实现不了。因为，当我同李顿勋爵交谈时，关东军的军官就在我身边监视，所以我若是对他说了实话，这个使团一离开满洲，我就会立即被杀害。这就像强盗钻进你家，邻居前来救你，但你什么也不能说，因为匪徒正用武器对着你的后背。”

问：“你是否记得你执政时那个负责制订满洲法规的机关叫什么？”

答：“立法院。”

问：“你执政时出席过那个机关的会议吗？”

答：“一次会议也没开过。”

问：“你同那些满洲帝国政府制定的基本法律的条款有什么关系吗？”

答：“若按照那些基本法律，我这个皇帝该享有属于皇帝的各种权力。”

问：“你怎样行使满洲政府的立法权？”

答：“根据基本法的规定，我有上述全部权力。但实际上我没有任何权力。当时的情况是，法律是法律，实际是实际。那时法律是一纸空文，不许任何一个满洲人做点什么事。”

问：“在任命满洲军队的某一级军官时你行使什么权力？”

答：“根据法律条文我有权任命所有各级军官。但实际上我一个也不能任命。”

问：“允许你给军队下达有关军队编成、训练、调动或类似的问题的命令吗？”

答：“根据法律我应该有这一切权力，实际上我什么权力也没有。”

是日下午，溥仪继续出庭作证。他的表演更是达到了登峰造极的地步。“现在谈谈我的亲属”，溥仪说：“吉冈将军给我一张可以获准同我见面的亲属的名单。当我会见这些亲属时，日本宪兵就监视他们什么时候来，什么时候走，并把这些情况报告给关东军。各种朋友给我发来的信件都被日本检查官截留并检查。吉冈将军根据梅津将军的指令，禁止我去拜谒祖先的灵墓。”

问：“你能不能说说由于你的权力或特权，曾以应有的方式给你妻子治病的事？”

溥仪气愤得不能自控，竟以拳头猛击桌面，高声怒叫：“谁害死了她？就是吉冈中将！开始给她治病的是中国医生，但后来吉冈将军推荐一位日本医生。在日本医生开始给她治病时，吉冈同日本医生锁上门谈了3个小时。她患的病并不重，经日本医生治疗后第二天就死了。要不是吉冈杀的，为什么谭玉玲刚咽气，吉冈就送来了事先准备好的花圈？”

溥仪继续说：1940年日本军国主义分子甚至用宗教来为其侵略政策服务。“梅津将军遵照日本政府的意愿，侵入满洲国的宗教基层。为用宗教思想奴役全世界各民族，他们先在满洲开始了这项试验。在他们的压迫下，我们丧失了各种自由，我也完全丧失了我个人的全部自由。我打心眼里反对传入日本神道教。”这时，一个日本律师向溥仪提出抗议，说溥仪攻击了日本天皇的祖宗。溥仪激动地大声咆哮：“我可是并没有强迫你们，把我的祖先当你们的祖先！”遂引起法庭里一片笑声，而溥仪犹愤愤不已。

溥仪的脸上渐渐流露出满足的神色。因为他看到法庭上的人们是那样全神贯注地听着他对日本人罪行的揭露：“……居住在东北的中国人往往被日本人驱至荒芜不毛之地，被迫从事劳作，毫无行动自由。不仅如此，还被强迫将存款储蓄在日本银行，当时竟达600亿元！……凡是十八岁至四十岁的人，都要在‘劳工服役法’下被日军驱作牛马，根本没有医药的治疗，每日只得到极少食物而已！东北的中国人要随身携带身份证，不准迁居，丧失了人身自由。日本人还在东北贩卖鸦片，所得净利高达20亿元，并拿这些钱来资助日军经费……”由于这次出庭得以发表长篇陈词，结束时溥仪似乎以胜利者的姿态走出了法庭。

然而溥仪的乐观太盲目了。溥仪的证词使辩护人的观点受到了冲击，于是律师们就试图进行反击。但他们所攻击的自然不是伪皇帝陈述的并有无可争辩的证据牢牢证明了的事实本身，而是攻击他的人格。也就是说溥仪究竟是在日本人胁迫下违心当上傀儡皇帝，还是为了复辟大清王朝诚心想当皇帝。这个问题从质询一开始就尖锐地提了出来。溥仪竭力想证明是前者，否则“卖国贼”的罪名难辞其咎；相反，日本战犯的辩护律师则要通过质询，找出溥仪不是傀儡的根据，希图减轻日本战犯的罪行。这场双方都感到性命悠关的质询持续了 6 天，被日本报纸称为“冲锋肉搏式”的交锋。

溥仪刚松口气，美国律师布莱克尼又上阵了。

问：“在一些人试图让你重新登上帝位之前，政府是否按期给你支付 400 万银元?”

答：“曾提出给我们这么大一笔款子，但政府财政困难。因此就敷衍了事地给我们支付了一些。常常是给几十万银元，有一次给了 100 万银元。”

问：“在你第二次被推翻之后还是这样吗?”

答：“是。”

庭长：“您想达到什么目的，布莱克尼少校?”

布莱克尼：“我希望证明一下这位证人先生的思维性质。我想证明他一直想找机会重登帝位，努力创造这种机会，最后利用了这种机会。”

但溥仪也毫不相让，他顽固地坚持自己的主要立场。他说他不是英雄，因而成了被迫的牺牲品、恐惧的牺牲品。这种恐惧能解释一切，为一切作辩护。溥仪还说：“你问得许多问题我已经回答过了。我认为你如果继续向我提出同一问题，对你们毫无益处。……最后整整 10 年，我受尽了压迫，当然我愿意对我的朋友和广大听众讲述我所经受的一切。我已经回答了。可能你不喜欢那种回答，你是辩护人，当然愿意歪曲事实，但我宣布，我说的全是事实。”

问：“你看过李顿的报告书了吗？”

答：“记不清了……”

在布莱克尼的步步紧逼下，溥仪越发惊慌失措。在先后十几个问题上——甚至连“登基大典”的日期，他都以“记不清”作答。翌日，各大报纸均以“溥仪被美律师询问的神经紧张，前日被盘诘突失忘忆”为题作了报道。更使溥仪难堪的是，布莱克尼拿出英国记者伍海德撰写的《在中国的记者生活》一书中溥仪亲口说的话，来证明溥仪是自愿做皇帝。在溥仪还是“什么都记不起来”的遁词下，美国律师被激怒了，要求法庭“协助”令证人回答问题。这时坐在被告席上的日本战犯们无不“面显欣喜之色”而幸灾乐祸。8 月 22 日下午，布莱克尼终于拿出了他的“杀手锏”——一封溥仪于 1931 年 11 月 1 日写给日本参谋本部次长南次郎的亲笔信被提交法庭。这时法庭上的气氛异常紧张。“信”交到溥仪手中辨认，只见他两眼紧瞪着“黄绢信”，双手甚至颤抖起来。突然，他猛地抬起头，火冒三丈地振臂高呼：“这是伪造的！”又一下子把“黄绢信”抛到地上。

问：“这是谁的笔迹？”

答：“不知道！”

溥仪表面气呼呼的，但心中却暗自庆幸自己只在“黄绢”上盖了“御印”，而没有签名，真是阿弥陀佛！

布莱克尼问来问去不得要领，气愤地向溥仪大声喊道：“把一切罪行都推到日本人身上，可是你也是罪犯，你终究要受到中国政府的审判！”

布莱克尼的公庭咆哮，对溥仪确实起到震慑作用。惧怕作为卖国贼受到审判，使他心头笼罩上了一层阴云。这时，好几个国家的代表关照他，“一定要坚持到底”。中国代表对他也很同情，安慰他说：“不要畏惧，中国政府会设法开脱你的罪行，不会审判你的。”这些关怀的话语，使溥仪那高度紧张的神经，得到了稍微的松弛。以后出庭，不管律师问什么，只要他认为对自己不利，统统答以“不知道”或“记不得了”。质询中有 6 名律师都被溥仪这个“绝招”弄得束手无策。一名法庭官员甚至因此而“道歉”。原来，溥仪这种装糊涂的做法，使一位法庭语言组长轻率地动了火：“东方人士受压力时，即欲躲避其供词。”他说这句话时竟忘了在场的绝大部分是东方人士，遂招致了人们的不满和愤怒，迫使这位摩尔先生立即表示歉意，并收回了发言。

度日如年的溥仪终于坚持到作证的第 8 天，也就是最后一天。法庭出示了 1931 年日本驻津总领事馆给外务省的机密文件。文件上记载：“土肥原大佐，已领导溥仪自天津逃出。溥仪被秘密载入汽车内，偷出租界后，即被带至码头，在携有两挺机枪之武装人员 4 人保护下登艇，开抵大沽，改乘日船‘淡络号’。”而刻意介绍这次作证的《世界日报》登出了这条消息：“日外务省密件证明，土肥原胁诱溥仪，造成 1931 年天津暴动，溥仪在武装保护下登艇。”向世人公布了溥仪被胁诱的真象。当天，纽约广播电台广播：“东京消息，伪满皇帝溥仪，出席远东国际军事法庭作证 8 日，今日已告终止。”

数日后，溥仪乘飞机返回了苏联伯力。

第十章　接受改造

一

1950 年 7 月，苏联政府把伪满战犯移交中国，到 1959 年 12 月中华人民共和国最高人民法院发出特赦通知书，溥仪在抚顺战犯管理所渡过了近 10 年的学习改造岁月，他经历了由知罪、畏罪到认罪、悔罪的痛苦改造过程，完成了由皇帝到公民的历史性转变，并获得了新的生命。

1950 年 7 月，从伯力开往绥芬河的火车缓缓地行驶着。在卧铺车厢里的溥仪，已经 3 天 3 夜未能合眼了。苏联把他们这些伪满战犯引渡到中国，这意味着溥仪留居苏联或移居国外的美梦已经化为泡影，他最担心、最恐惧的事情终于发生。负责押运的苏军大尉阿斯尼斯见溥仪久久不能入睡，便走过来安慰他说："天亮就看见你的祖国了，回祖国总是一件值得庆贺的事。你放心，共产党的政权是世界上最文明的，中国的党和人民气量是最大的。""欺骗、彻头彻尾的欺骗！"溥仪在心中恶狠狠地骂了一句。溥仪在各种各样的恐怖设想中渡过难眠的一夜。天明时当阿斯尼斯大尉告诉他去见中国政府代表的时候，他甚至在想：他在临死时有没有勇气喊一声"太祖高皇帝万岁！"

溥仪昏头昏脑地跟随阿斯尼斯走到一个房间。这里坐着两个中国人，一位穿中山装，一位穿草绿色军装，胸前佩戴“中国人民解放军”符号。他们俩站起身简单地与阿斯尼斯大尉进行交接，其中穿中山装的人转身对溥仪说：“我奉周恩来总理的命令来接收你们，现在你们回到了祖国。”

列车到了沈阳。溥仪和一些年岁大的战犯被安排下车休息。出站后他们乘坐一辆大轿车向市中心广场开去。这时，溥仪一把拉住毓嵣的手，悲哀地说：“完啦，沈阳是祖宗发祥的地方，现在我带你去见祖宗吧！”毓嵣一听，脸色一下子变得煞白。汽车在一座大楼前停下来，门口站着端冲锋枪的士兵，溥仪被领进门后，心想既然是死，那就快点吧！便三步并作两步，向楼上的一个房间走去，进屋后见桌子上有水果、点心、纸烟等，随手拿起一个苹果就吃，暗中叨咕：“这是送命宴，快吃快走。”吃了一半苹果，后面的人才陆续到达。一位穿中山装的负责人开始讲话，溥仪却一句也没听清。好容易吃完那个苹果，便站起来说，“别说了，快走吧！”那个正在讲话的人笑着说：“你太紧张了，不用怕，到了抚顺，好好休息一下，老老实实地学习……”听到这几句话，溥仪怔住了，难道不是叫他去死吗？这是怎么回事？恰在这时，进来一个人，手里拿一张纸，说除熙洽生病外，其余的都来了。溥仪以为这人手里拿的是死亡判决书，便不顾一切地上前把它抢过来，这一意外的举动引起满屋子人的哄堂大笑。溥仪看到这张纸上写的是需要下车休息的人员名单，这才相信刚才那位领导说的话，顿时眼泪有如泉水，汹涌而下……固然，溥仪此时出现的轻松感并没能持续多久，但当时确实起到了松弛神经的作用，否则他是真会发疯的，因为打从伯力上火车后，5天来他一直处于死亡恐怖的包围中，精神已面临着彻底崩溃的边缘。

到抚顺战犯管理所后，溥仪与其家族成员关在一起。这里虽没有在苏联伯力期间那样松散，但所方在各方面想的都很周到，发给每人新被褥、新衣服，调剂伙食，组织学习，安排洗澡等，所有这些使溥仪从死亡恐惧心理中摆脱出来，好像看到了生的希望。然而这里毕竟是监狱，他们毕竟是战犯，担心被惩办的畏罪心理时时处处都会表现出来。在战犯管理所，首先让溥仪感到紧张的一件事，是所方把溥仪与他的家族成员分开关押。为什么把溥仪和家族分开？溥仪到后来才明白，这在他的改造过程中，实在是个极其重要的步骤。可是在当时，溥仪却把这一决定看做是共产党跟他势不两立的举动，认为这是要通过他的家族成员调查他过去的罪行，以便对他进行审判。原来溥仪被捕以后，在苏联一贯把自己的叛国行为说成迫不得已，是在暴力强压之下进行的。他把跟土肥原的会谈改编成武力绑架，把勾结日本帝国主义的行为和后来种种谄媚民族敌人的举动全部掩盖起来。知道底细的家族成员一律帮他隐瞒真相，哄弄苏联人。现在回到国内，溥仪就更需要他们保密。只有和家族成员在一起，他才能把他们看管好，免得他们举措失当，说出不该说的话来。为此，溥仪一有机会就对三个侄子大谈伦常之不可废，大难当前，和衷共济之必要。因为和毓嵣在火车上有“睚眦之仇”，溥仪特别嘱咐别人：“对毓嵣要多加小心，注意别让他有越轨行动，多哄哄他。”同时，溥仪还单独向毓嵣解释了火车上那回事，并非出于什么恶意，他对他一向是疼爱的。经过一番努力，毓嵣没有发生什么问题，溥仪也就放心了。不料所方突然让溥仪搬家，他立即意识到危险的存在。刚搬过去，溥仪就向所长反映：“我从来没跟家里人分开过，我离开他们，非常不习惯。”所长解释说：“为了照顾你和年岁大些的人，所里给你们定的伙食标准比较高些，考虑你们住在一起用不同的伙食，恐怕对他们有影响，所以才让你搬出去。”溥仪明白了所长的用意后，连忙说：“不要紧，我保险他们不受影响。”所长微微一笑：“你想得很简单，你是不是也想过，你自己也要学一学照顾自己？”“是的，是的。不过，我得慢慢练，一点一点地练……”溥仪忙不迭地说。这样，溥仪就又搬回原来的那间房子。溥仪与家族成员分开了半天，觉得就像分别很久似的。他告诉大家所长要他“练一练”的话，感到政府并不急于处理他，大家就更高兴了。然而，家里人并未让溥仪去练，溥仪自己也不想练。10 天后，所里又通知他搬家。他趁毓嵒为其收拾东西之机，写了一张纸条，大意是：他们相处得很好，他走后仍要和衷共济，他对他们每人都很关怀。写罢交给溥杰，让他在全体家族成员中传阅。以后溥仪只能利用每天下午的散步时间与家里人说一会话儿。从接触中，他看到几个侄子情绪没什么变化，心里便踏实了。

不想新的问题出现了。这就是过去 40 多年的“饭来张口、衣来伸手”的生活习惯，给溥仪带来了极大的苦恼。40 多年来，溥仪从来没叠过一次被，铺过一次床，倒过一次洗脸水。他甚至没有自己洗过脚，没有自己系过鞋带。像饭勺、刀把、剪子、针线一类东西，从来没有摸过。与家人分开后，一切事都要他亲自动手，使他陷入了十分狼狈的境地。早晨起床，人家早已把脸洗完了，溥仪才穿完衣服；等到他准备去洗脸了，有人提醒他应该先把被叠好；等他胡乱地卷起了被子，人家早洗漱完了；漱口的时候，已经把牙刷放到口里，才发现没有蘸牙粉，等他忙活完这些事，别人都快吃完了早饭。这样，他每天总是落在其他人的后面，且忙得昏头胀脑。

让溥仪更难为情的还不在于此。从到抚顺第一天起，各个监房都建立了值日制度，大家每天轮流扫地、擦桌子和倒尿桶。没跟家族分开时，这些事都由家里人代劳了。搬家以后难题就来了，扫扫地尚可，而倒尿桶这可是上辱祖宗、下羞子孙的要命事，他怎么能干呢？正在溥仪一筹莫展的时候，一位干部对大家说；“溥仪有病，不用叫他参加值日了！”听到这句话，他有如绝处逢生，心中第一次产生了感激之情。一天，溥仪在外面散步，所长叫住他：“溥仪，你的衣服怎么和别人不一样？”溥仪低头看看自己，再看看别人，原来别人穿戴的整整齐齐、干干净净，而自己却是窝里窝囊，邋里邋遢。口袋扯了半边，上衣少了一只扣子，膝盖上染了一大片蓝墨水，两条裤腿一长一短，两只鞋上只有一根半鞋带。“我这就去整理一下”，溥仪红着脸说。“你可以多留心一下别人是怎么生活的，能学习别人的长处，才能进步！”所长说完便转身离去。当时，尽管所长的语调很温和，溥仪听了却如坐针毡一般，心中非常气恼懊丧。他独自溜到墙根底下，望着灰色的大墙，心中感慨万千。此时，他并非因为自己无能感到悲哀，而是由于被人当众指责感到气恼，甚至怨恨起他过去由别人伺候的特权的丧失。溥仪刚刚对所方有点好感，因所长的几句批评话，又产生了严重的抵触情绪。

1950年秋天，美国侵略者已把战火烧到鸭绿江边。10月25日，中国人民志愿军奉命出国作战，伟大的抗美援朝战争开始了。根据当时的政治、军事形势，抚顺战犯管理所北迁至哈尔滨。这一迁移在溥仪等伪满战犯中间引起了极大的恐慌。他们一方面担心中国吃败仗，美国军队占领东北，另一方面担心共产党看到大势已去，就会先动手杀掉他们。正在大家感到绝望的时候，公安机关的一位首长来所讲话，他说：“我代表政府明确地告诉你们，人民政府并不想叫你们死，而是要你们经过学习反省，得到改造。共产党和人民政府相信在人民的政权下，多数的罪犯是可能改造成为新人的。共产主义的理想，是要改造世界，就是改造社会和改造人类。”所长在讲话中也说：“你们只想到死，看什么都像为了让你们死才安排的。你们可以想想，如果人民政府打算处决你们，又何必让你们学习?”不久，所里要求全体战犯每人写一份自传，客观地、毫无保留地反省一下自己的历史。溥仪认为写自传是为审判做准备，既然要对他进行审判，这说明他还有一线生机。为此，就需要隐瞒好投敌的行径，以减轻自己的罪责。他担心随侍大李把他从天津到东北的真实情况透露出去，便专门找大李进行“面谕”，在得到大李的肯定答复后，才动手写起自传。在“自传”中，他写下了自己的家世……最后写道：“我看到人民这样受苦受难，自己没一点办法，心中十分悲忿。我希望中国军队能打过来，也希望国际上发生变化，使东北得到解救。这个希望，终于在1945年实现了。”完全把自己说成是救苦救难的菩萨心肠。

二

溥仪与家族成员分开后最担心的事发生了；大李变了，不愿意给“上边”修眼镜。毓嵣、毓嵒变了，编写快板讽刺溥仪算卦求神；最不可思议的是毓嵒的变化，他曾被溥仪立为承继人，现在却不愿与溥仪见面，也不给他洗衣服了。一天溥仪值日，毓嵒借送饭菜的机会塞给他一张纸条，上面写着：“我们都是有罪的，一切应该向政府坦白。我从前给您藏在箱底的东西，你坦白了没有?自己主动交代，政府一定宽大处理。”溥仪看完了纸条，倒吸一口凉气：好厉害的共产党啊，不知是使了什么法儿，让他们变了。接着又着起急来。毓嵒会不会向所方检举他?想到这里，溥仪除了气恼、忧虑，更感到左右为难。把珠宝交出去吧，自己后半生生活没了依靠，再说隐瞒了这么长时间，会失去别人的信任；继续隐藏下去吧，一旦被揭发出来，后果不堪设想。“主动交代，可以宽大处理”这句话在溥仪的脑海里刚刚闪现，便立即消失了。“不能去坦白”——他对自己说。毓喦他们还不至于真的能“绝情绝义”到检举他溥仪的地步。这事便拖下来了。过了一个星期，再次轮到毓喦送饭，溥仪偷偷地观察着。只见毓喦神色十分严肃，临走还对皮箱狠狠地盯了一阵，“大事不好”，溥仪在心里嘀咕道，这小子别是有什么举动吧？两个小时后，毓喦匆匆忙忙走过来，在溥仪房外停了一下，又匆匆地走开。溥仪看得很清楚，他正在用眼睛搜索那只皮箱。溥仪断定毓喦刚才一定去过所长那里，他再也沉不住气了，“与其被揭发出来，倒不如主动交代的好。”于是他一把抓住组长老王的手：“我有件事情要向政府坦白。我现在就告诉你……”在所长接待室里，溥仪低着头喃喃地说：“我溥仪没有良心。政府给我如此人道待遇，我还隐瞒了这些东西，犯了监规，不，这是犯了国法，这东西本来不是我的，是人民的。我到今天才懂得，才想起了坦白交代。”溥仪把468件珍宝一古脑儿倒在靠窗的桌子上，在阳光的照耀下，这些珠宝放射出熠熠的光彩。溥仪心想，假如这次“坦白交代”能够挽救自己，假如宽大政策对自己有效的话，那么这些珠宝就让它光彩去吧！溥仪哪里知道，这一切都是所方有意安排的。其实，毓喦、毓嵣他们早就向所长检举了溥仪藏宝的事，并几次建议去监房搜查，但所长却让他们用写纸条等办法，启发溥仪主动交代，目的就是要把溥仪改造为新人。

溥仪交出珍宝后，同监的人都庆贺他有了进步。前伪满驻日大使老元说：“老溥是个聪明人，一点不笨。他争取了主动，坦白那些首饰，做得极对。其实，这种事瞒也瞒不住，政府很容易知道的。政府掌握着我们的材料，比我们想象的还要多。你们想想报上的那些三反、五反的案子就知道，千百万人都给政府提供材料，连你忘了的都变成了材料，飞到政府手里去了。”老元的一席话，又触动了溥仪的另一番心思，那就是他在自传里扯的谎，看来也瞒不住了。恰在这时，政府为了准备对日本战犯的处理，开始进行有关调查，号召伪满战犯提供日寇在东北的罪行材料。当所方宣布这件事的时候，有人提出："除了日寇的，别的可不可以写?"所长回答："当然可以写，不过主要的是日寇罪行。"他想把自己在自传里撒谎的事主动向所方交代，但又有点犹疑不决。就在他写揭发日寇罪行材料的第三天，一位上级领导来所视察。这位领导走到溥仪跟前，和蔼地问道："你在干什么?"溥仪站起来报告说，正在写日寇的罪行。"你知道哪些日寇罪行?"溥仪讲了日寇屠杀修筑秘密工程工人的事。"你为什么不向日本人抗议呢?"这位领导以严厉的目光逼视溥仪。"我……不敢"，溥仪嗫嚅着说。"你不敢，害怕，是吗? 唉! 害怕，害怕就能把人变成这样!"溥仪低声说："这都是由于我的罪过造成的，我只有向人民认罪，我万死不足以蔽其辜!""也不要这样，把一切揽到自己头上。你只能负你自己那部分责任。应当实事求是。是你的，你推不掉，不是你的，也不算在你的账上。""我的罪是深重的，我感激政府对我的待遇，我已认识自己的罪恶，决心改造好。""只要真正认罪，有了悔改表现，一定可以得到宽大。共产党说话算数，同时重视事实。人民政府对人民负责，你应当用事实和行动而不是用嘴巴来说明自己的进步。努力吧!"说完向其他监房走去。这位领导干部的铿锵话语，久久地震撼着溥仪的心。"是你的，你推不掉"，"应当实事求是"，"用行动来说明自己的进步"，这几句话使溥仪觉得面前有一股无法抗拒的巨大冲力，他感到在这股冲力的作用下，日寇在东北的罪行将全部被清算，伪满大小汉奸的旧账也无法逃掉。他回到屋里，拿起笔来，写下了这样一份学习心得：帝国主义侵略中国，离不开利用封建和买办的势力，我的经历就是个典型例子。以我为招牌的封建势力在复辟的主观幻想下，勾结日本帝国主义，而日本帝国主义则用这招牌，把东北变成了它的殖民地。溥仪在这篇材料里把他在天津张园、静园的活动，把他那一伙人与日本人的关系，以及他与土肥原见面的情况，原原本本地写了出来。这是他经过学习改造后，在认罪问题上的一次重大飞跃。

揭发检举日本战犯侵略东北的罪行，使伪满战犯受到了强烈的感染，许多人主动坦白自己的罪行，并积极检举别人。溥仪也陷入了来自四面八方的仇恨中，其中包括了家族的仇恨。他的侄子、妹夫和大李也都写了揭发材料。在一次全体大会上，溥仪刚对自己的罪行坦白完，不想毓嵣突然站出来质问：“你说了这么多，怎么不提那张纸条呢?”“纸条，毓喦的纸条”，毓嵣站起来补充道：“那些首饰珍宝你刚才说是自动交代的，怎么不说是毓喦动员的呢?”“对，对”，溥仪连忙说，“我正要说这件事。这是由于毓喦的启发，我才……”会议结束后，他赶紧向所方写了检讨材料，同时心里却埋怨起毓嵣，干嘛把这事告诉别人呢，毓喦和毓嵣也未免太无情了，咱们到底是一家人，你们不跟老万和老润学，竟连大李也比不上。然而当溥仪看到家族的揭发材料后，那简直就像芒刺在背一般。老万的揭发材料说：“1945 年 8 月 9 日，晚上我入宫觐见溥仪。溥仪正在写一纸条……内容大意是：令全满军民与日本皇军共同作战，击溃来侵之敌人（苏军）。溥谓将依此出示张景惠等，问我有何见解。我答云：只有此一途，别无他策。”“糟了，我把这件事算在吉冈的账上了。”溥仪暗想。看到大李的揭发，更令溥仪吃惊。大李不但把他离开天津的详细经过写了出来，而且把他如何与其订立“攻守同盟”的事也揭发了。事情不仅限于此，他们还对溥仪过去的日常行为，怎样对待日本人，又怎样对待家里人等，都揭露得非常具体。例如老万写道：“在伪宫看电影时，有天皇出现，（溥仪）即起立立正，遇有日兵攻占即大鼓掌。

原因是放电影的是日本人。”等到溥仪把这些材料全看完，他心里激起阵阵涟漪：看来他自己对所犯罪行的认识还远远不够。在从前，总把自己的行为看作是有理由的。自己屈服于日本的压力，顺从它的意志，是不得已而为之的；自己对家里人作威作福，予取予夺，动辄打骂，以至用刑，也当作自己的权力。现在认识到，那一套为自己行为辩护的理由，是根本不成立的。说到弱者，没有比被剥夺权利的囚犯更“弱”的了，然而掌握着政权的共产党人对囚犯，一不打，二不骂，更没有不当人看；说到强者，具有世界第一流装备的美国军队可算是“强”了，然而装备远逊于它的共产党军队硬是不听邪，竟敢跟它打了三年之久，一直打得它在停战协定上签了字。这样，溥仪通过这次检举，更加认识到自己是一个罪孽深重的人，更是一个没有任何理由为自己罪行作辩解的人。此时，他的最大感想是“天作孽，犹可违；自作孽，不可活”，这是溥仪在认罪问题上的第二次飞跃。

1954 年底，一位年轻的检查人员对溥仪说：“努力改造吧，争取做个新人。”

1955 年元旦，所长问溥仪：“新的一年开始了，你有什么想法?”当溥仪回答“唯有束身待罪，等候处理”的时候，所长却摇摇头：“何必如此消极？应当积极改造，争取重新做人。”

1955 年 3 月，一些解放军高级将领来抚顺战犯管理所视察，有个留着小胡子的首长亲切地对溥仪说：“好好学习、改造吧，你将来能亲自看到社会主义建设实况的。”后来溥仪才知道，说话的人是贺龙元帅。

春风化雨，点滴入土。这些曾被溥仪视为“洪水猛兽”的共产党人，从检察员、所长到元帅，无一不把他当人看的，无一不希望他彻底改造成新人的。他们那些关切的话语，无时无刻不在温暖着溥仪这颗悔罪的心。从此，溥仪在日常生活中，在所方组织的劳动中、在外出参观中，开始联系思想实际，进行自我改造了。

1956年春节过后，所里组织溥仪等战犯到外面参观，接触社会，接触群众，以便更好地加强他们的思想改造。他在参观中所看到的人，所受到的待遇，完全与他心目中的标尺相反。

方素荣，一位普通的青年妇女。她是当年平顶山惨案的幸存者，现在是抚顺露天矿托儿所的所长。日本战犯参观托儿所时，再三恳求要向她当面谢罪。她向日本战犯详细介绍了平顶山惨案经过后，对他们说："凭我的冤仇，我今天见了你们这些罪犯，一口咬死也不解恨。可是，我是一个共产党员，现在对我更重要的是我们的社会主义事业，是改造世界的伟大事业，不是我个人的恩仇利害。为了这个事业，我们党制定了各项政策，我相信它，我执行它。为了这个事业的利益，我可以永远不提我个人的冤仇。"她表示的是宽恕！这种宽恕，不是一般的宽恕，而是体现了中国共产党及其领导下的人民的博大胸怀。一个普通青年妇女能有如此非凡的气度，这在溥仪看来是不可思议的。然而他在参观中还亲身遇到了更加令人难以想象的事情。这一天溥仪等人访问了抚顺郊区台山堡农业社一户刘姓家庭。这一家共五口人，老夫妇俩参加农业劳动，大儿子是暖窖记账员，二儿子读中学，女儿在水电站工作。刘大娘告诉说：她们家早先有七口人，种七亩地，在伪满时过着象乞丐一样的生活。"种的是稻子，吃的却是橡子面，家里查出一粒大米，就是经济犯，有个人犯病时吐出几粒大米，就被警察抓走了。有一年过年，老头子说，咱偷着吃一回大米吧。结果，半夜警察进了村，一家人吓得东躲西藏。原来是抓差，叫去砍树、挖围子，说是防胡子，什么胡子，还不是怕咱们的抗日联军！结果老头子被抓走了。这屯子出劳工就没几个能活着回来的……"

正说着，刘大娘顺手掀起屋角一个大缸盖，让溥仪看看里面的大米。她的儿子不禁笑起来："大米有什么可看的？"她立刻反驳道："现在没什么可看的，可是你在康德那年头看见过几回？"刘大娘的这句话使溥仪的心灵受到沉重的撞击。他站立起来，向刘大娘说："你说的那个康德，就是伪满的汉奸皇帝溥仪，就是我。我向您请罪。……"溥仪的话音未落，同来的几个伪大臣和伪将官都站起来了。"我是那个抓劳工的伪勤劳部大臣……""我是搞粮谷出荷的兴农部大臣……""我是给鬼子抓国兵的伪军管区司令……""我们向您请罪！"刘大娘呆住了。她怎么也不会想到眼前的这些人是使她过去家破人亡、受尽苦难的人。"哎！事情都过去了，不用再说了吧！"她擦擦眼泪，"只要你们肯学好，听毛主席的话，做个正经人就行了！"刚开始溥仪他们还是默默地流泪，听完刘大娘一席话，都放声大哭起来。"我知道你们是什么人。"半晌没说话的儿子说，"毛主席说过大多数罪犯都能改造过来。他老人家的话是不会错的。你们好好改造认罪，老百姓可以原谅你们。"这两个普普通通的农民，被溥仪想象为"粗野、无知、疯狂复仇"的农民，是多么深明大义啊！他们是不可能用他溥仪的狭隘标尺去衡量的伟大人民。从这次参观以后，溥仪下决心，今后无论遇到什么样的艰难曲折，也要把自己改造成对祖国、对人民有用的新人。

第十一章 洗心革面

一

公元1959年12月4日，对爱新觉罗·溥仪来说，这是一个意义重大的日子，是他后半生的起点，从这天开始，溥仪不再是皇帝，也不再是罪犯，而是中华人民共和国的普通公民。因此，这不能不说是他感受万千的一天。

在抚顺战犯管理所俱乐部主席台上方，正面悬挂大红绸制成的横幅，写着“抚顺战犯管理所特赦战犯大会”几个大字，右侧条幅写的是“劳动改造，重新做人”，左侧条幅写的是“改恶从善，前途光明”，会场布置颇有喜庆色彩。

大会即将开始，在主席台前排就坐的有辽宁省和抚顺市政府领导干部，省公安厅厅长和省高级法院院长，而抚顺市公、检、法的官员坐在后排。

在押的国民党和伪满战犯300余人列队进入会场，顺序在长条木椅上落坐。记者拍摄的一个镜头记录下了当时的真实场景：溥仪和他的同学们并排坐着，每人的面孔都是严肃的，完全可以想见那时的心情有多么紧张。不过，左前胸上带有981号白色名签的溥仪却显得安详自若。这显然是在宣布特赦名单前拍下的，当时，溥仪对自己不被特赦有最充分的思想准备。而且，他也有点儿不想立刻就离开这里。

当主持会议的抚顺战犯管理所代所长金源宣布开会后，辽宁省人民政府副秘书长侯西斌代表省委、省政府发表了简短讲话，随后，辽宁省高级人民法院副院长刘生春登台宣读特赦名单，全场鸦雀无声。

“爱新觉罗·溥仪！”这就是那张“特赦名单”所报出的第一个名字。

溥仪一下子愣住了，他完全没有想到的事情却在一两秒钟之内突然出现了，他似乎不知道应该怎样接受这一事实，呆呵呵地坐在原处未动。这时，就在旁边的溥杰急了，暗暗捅他一下，悄声说：“快站到前面去！”

溥仪如梦初醒，竟激动得哭了起来。手急眼快的记者迅速摁动快门，留下了这个永恒的瞬间，从照片上看得出：他的激动发自内心，哭出声音，流下热泪，那完全是人之常情。不过当时他还无从知道：毛泽东和中共中央其他领导人都记挂着他的改造，为他的点滴进步而高兴。这次对他的特赦也是党中央最高领导层经过充分讨论所做的决定。

溥仪终于慢慢地站了起来，在全体战犯注目下，缓缓走到主席台前，伸出颤抖的手，从刘生春副院长手中第一个接过《中华人民共和国最高人民法院特赦通知书》，然后鞠躬行礼。那份通知书上标明编号为“1959 年度赦字 011 号”，落款日期上骑印着带有国徽图案的中华人民共和国最高人民法院公章。正文如下：“遵照 1959 年 9 月 17 日中华人民共和国主席特赦令，本院对在押的伪满洲国战争罪犯爱新觉罗·溥仪进行了审查。罪犯爱新觉罗·溥仪，男性，54 岁，满族，北京市人。该犯关押已经满 10 年，在关押期间，经过劳动改造和思想教育，已经有确实改恶从善的表现，符合特赦令第一条的规定，予以释放。”

这通知书无异于向世界宣告：一个崭新的政治生命诞生了，就诞生在中国的宣统皇帝的躯壳之中。这时记者再摁快门，准确摄下了溥仪从最高人民法院法官手中双手接过特赦通知书时的场面。这消息当天就登上了日本报纸的显要版面，第二天又在华盛顿、伦敦、巴黎，以及台北和香港等地见了报，一下子传遍世界。

全国共有33名战犯在首批特赦中成为公民，而抚顺战犯管理所共特赦了10人，其中伪满战犯两人：伪满皇帝溥仪和伪满第10军管区中将司令官郭文林；国民党战犯8人：国民党25军40师上校副师长杜聚政、国民党第三绥靖区上校高参赵金鹏、国民党北平市警察局外事科长兼北平警备总司令部少将参议孟昭楹、国民党工兵团70军参谋处二科少校科长唐曦、国民党太原绥靖公署建军委员会军训处训练课少将课长白玉昆、国民党徐州总部定国部队3支队中校副支队长周震东、国民党工兵团72军233师698团上校团长叶杰强和国民党晋冀区铁路管理局总务处长贺敏。

这10位新公民站到前排，无一不激动得泪流满面。上下五千年，纵横八万里，世界上无数的改朝换代产生了无数的末代君主，或断头，或流放，从来就没有好下场，溥仪却改变了历史！

代所长金源至今仍能清晰地记得溥仪在那次特赦大会后分组讨论时的发言。他痛哭流涕地总结了前半生的罪恶历史，还面对苍天发问："谁让我走上了犯罪的道路？是封建王朝，是自己企图借助洋人的势力复辟封建制度！是管理所的工作人员，让我懂得了人生的道路。今后，我愿跟着共产党，走社会主义道路，活到老学到老，改造到老。"

特赦大会开完后，根据领导的安排，这10个人搬到同一房间来住，等候出发。因为他们都已经有了"公民"

的新身份，当然不可以再住“监号”了。

事过8个多月以后，溥仪在1960年8月18日给他侄儿肇毓嵣写了一封信。肇毓嵣即爱新觉罗·毓嵣，也就是《我的前半生》一书中多次出现过的小秀，他前后跟随溥仪26年，从长春到伯力又到抚顺，一直在一起。1957年春节前夕被释放，回到吉林市定居。溥仪特赦后给他写过两封信，都很长，热情洋溢。10年动乱开始时，因害怕搜查而毁掉了第二封信。第一封则因夹在废纸中幸免于火。这信中有一段话是谈他对12月4日特赦的感想的：“我在去年12月4日，在抚顺管理所蒙到特赦（这次我是和郭文林两个人），完全是做梦也想不到的事。过去对祖国对人民犯下了不可容如的罪恶，政府和人民不加以惩治，已然是史无前例的宽大，而这次竟蒙特赦到社会中去，能和劳动人民在一起，直接参加社会主义建设，得到真正重新做人的机会，这真是任何古今中外历史上空前的事情。这只有以改造社会、改造人类为历史使命的中国共产党才能这样，对事不对人，治病救人，对什么人都加以彻底救治（除了坚持花岗石脑袋自愿见上帝的人以外），治好了每个人的病，使魔鬼变成了人。所以共产党、毛主席不仅是解救6亿5千万中国人民的大救星，同样也是罪犯的重生再造的父母。”12月4日已成为溥仪心目中的温馨而美好的回忆。

当天晚上，伪满战犯和国民党战犯分别举行晚会，欢送特赦人员。第二天上午则是全所送别大会。有一张照片拍下了10名特赦人员在“改恶从善、前途光明”的条幅前引吭高歌的情景。晚会上的演员是用喉咙歌唱，而这里的10位新公民是用心脏歌唱；他们的歌声可能并不悦耳，却震动了世界！从右边数第三人，把嘴张得最大，那眉眼之间所呈现出来的也并非一幅笑眯眯的温情画面。确切地说是一副哭相，宣统帝溥仪在哭，哭声和着歌声表达了他的心声！

送别大会把这次特赦激起的波澜推向新的高潮，俱乐部大厅里响起了震动屋宇的欢笑声，10位新公民被“同学”们一次次地高高举起，深情的话别，诚挚的祝愿，从管理所的这个角落飘荡到那个角落。任何一个人如果是在这个时候来到这里，都会忘掉“监狱”的概念。

与此同时，发生在这里的事实，被冠以“不可思议的奇迹”、“开天辟地的特大新闻”等形容词或评价语，通过有线和无线的电波，迅速传播到世界各个角落。法新社当天从台北发出的一则电讯这样写道：“北京最近特赦释放在押的伪满洲国皇帝溥仪和其他33名战犯，在台北看来，这种行动是在表明中国共产党执政10年后的稳固。”

12月5日下午，代所长金源把10位特赦人员召集在一起开座谈会。金所长在座谈会上以《新生后怎样正确对待自己》为题的讲话，就像习习的春风、涓涓的溪流，温暖和湿润着特赦人员的心田：

> 你们学习了10年，这10年间社会起了很大变化，你们不熟悉了。不妨稍住几天，先了解一下再走。当然愿意马上走的也可以，愿意先参观一下的就留一留。所里正给大家准备车票，每个人都发给路费和路上零用钱，到了家乡都给安排职业，没有家的愿意在当地的就给安排在当地工作。到了家里如果有什么困难不好解决，愿意回来的也可以到抚顺就业。
>
> 我建议你们，回到家里先向家乡的人们道个歉，因为你们过去对不住他们。你们道了歉，他们会原谅你们的，也会相信你们已经改好。即使一时还有人怀疑，只要你们用事实表现，怀疑也会消除的。
>
> 回到自己家里，自然要明白，家庭是个新的

家庭。旧的家长制度没有了，不能再拿出旧日的家长态度了，要团结和睦，互相帮助。

你们在这里10年，现在要走了，今后一定要珍惜来之不易的新生，继续改造自己。对管理所有什么意见，也希望你们提出来，这对我们改进工作是有好处的。

所长想得周到，讲得全面，千叮咛、万嘱咐，情真意切。

实在来说，被特赦者这时的心情也很复杂，10年之间天地发生了巨变，虽然自己已经历了改造，但老乡亲、旧朋友，还有原来的同事等等，许多老账和往日的纠缠，会不会再翻腾起来？会不会因为宿怨而又遭白眼？有人就提出来，说他已在战犯管理所内的电机厂学会了电机制造，他对自己使用的那台机床也很熟悉了，遂要求留在电机厂内工作。金源所长说："你是有家的，还是应该回家，至少看看，如果觉得那里不合适，你再回来，给你在抚顺安排一个电机生产的工作。"

为了特赦后的定居和工作安排问题，管理所的领导已经做了不少工作，无论想投亲的，想靠友的，还是想返籍的，想留下的，全依个人自愿充分考虑。他们也为此征求了溥仪的意见，由于他已与住在长春的妻子李玉琴离了婚，又不愿回到那个当了14年傀儡皇帝的城市去，而希望先回到北京五妹韫馨家暂住，遂根据本人意愿，决定送他回北京。

在座谈会上，特赦人员们异口同声地表示：希望能允许他们多住几天，希望所长再多说几句，为大家指指以后应走的道路。这时，在所长的脸上露出了会心的微笑。正像一位辛勤的耕耘者看到金黄的丰收景象时所能有的表情。他又说："我最后要说的就是：希望你们珍惜自己的新的生命，新的灵魂。改造是长期的，在生活的道路上，每人都不断地要受到考验。在考验中，或者前进，或者后退，自满永远是前进的敌人。”溥仪和其他被特赦者都用心地把所长诚挚的希望牢牢记住了。

当天晚上，战犯管理所为了庆祝特赦，演了一场电影。看完电影，金源代所长特意把溥仪和溥杰找到一块儿，让这一对手足兄弟分别前再推心置腹地聊一聊。

在管理所内一间会议室里，溥仪对二弟说：“我这次特赦出去，只剩下孤身一人，妻子死的死，离婚的离婚。今后只有紧跟中国共产党，走社会主义道路，才有自己的光明前途。过去当皇帝，衣来伸手，饭来张口，过的是寄生虫生活。但经过在管理所的劳动锻炼，体质也有所提高，这回到社会上以后，我要凭两只手，以劳动养活自己。我要为人民服务。”

博杰听了大哥的话，心情很激动，深感大哥确实进步了，不枉10年改造之功。他对大哥说：“我和你一样，今后如蒙特赦，也是孤身一人，嵯峨浩能否来中国还不知道。我也必须依靠共产党，走社会主义道路，也要凭劳动维持生活，过去的剥削生活是可耻的，我再也不愿回到那样的生活中去了。”

兄弟俩互相勉励。溥仪希望二弟加强自我改造，争取人民的原谅，早日在北京重逢。溥杰则希望大哥不要放松思想改造，正确对待社会上的人和事，尤其要珍惜来之不易的新生。

话锋一转，溥仪面带严肃之色，又非常认真地告诫二弟：“我要走了，而你还留在这里，真不放心！我想，你的主要问题还是日本老婆问题。他们为什么要给你找个日本老婆呢？那是让你紧紧地跟着日本帝国主义走。嵯峨浩肯定是个特务，她要千方百计拉着你靠拢日本帝国主义的，所以你必须和嵯峨浩划清界限，和她离婚。”溥仪特别嘱咐溥杰，与嵯峨浩通信时要特别慎重，因为她为了丈夫的释放问题而在日本采取了“过激行动”，对此则一定要有正确态度。溥仪说：“分别毕竟有十多年了，她现在日本的情况怎样，我们知道得不多，所以必须谨慎从事，不要在这方面犯错误。必要时可当机立断，而不可藕断丝连，更不能因此影响了自己的改造。即使你将来放了出来，也要和她离婚，以表明你的政治立场是正确的。这次特赦没有你，恐怕主要还是你没有处理好日本老婆问题。我相信你会正确对待这个问题，争取下一批获得特赦。”

在嵯峨浩的问题上，溥杰表示“实在不能同意”大哥的看法。他直言不讳地说：“我们虽然靠日本军阀包办了这桩政略婚姻，但我俩的感情却是真挚的。浩是反对日本军阀侵略中国的，浩是听我的话的。我如果特赦出来能够和浩重逢的话，我可以影响浩，使她反对日本军国主义，我俩共同从事中日友好的工作。”他又说，大哥可以放心，在这个问题上，自己能够做出正确判断，能够正确处理与妻子的关系。

溥杰说，那天晚上他们兄弟俩谈了一个多小时，这样的倾心之谈实不多见。金源代所长担心溥杰想不通，事后又特意找他谈话，他说：“溥仪为什么第一批获赦？因为他对日本帝国主义深恶痛绝，他在揭发批判日本帝国主义方面都超过了我们，所以应该先释放他。”但所长并未要求溥杰与嵯峨浩划清界限，在这个问题上，溥仪实在是有偏见的。

二

12 月 6 日和 12 月 7 日两天中，特赦人员兴奋地进行各项出发前的准备工作，他们领取管理所特别发放的全套棉装、棉帽和棉鞋，洗澡、理发、整理行囊，可以说是万事就绪，只待起程了。

这天，新华社辽宁分社记者任步方和李健羽在管理所大会客厅内采访了溥仪，管教员李福生把溥仪领进房间后，记者请他坐下，他稍显得有点拘谨地又站了起来，半晌才开口说："能允许我和新中国的记者握一下手吗？"两位记者被这句话提醒了：溥仪现在已经不是战犯而是一个新生的公民了，应该向他致贺。两人遂起身主动与溥仪握手，很长时间攥在一起，溥仪十分动情地说："人都有一双手，手本来是用于劳动的，劳动创造了世界。可是我这双手生下来就是废物，事事得靠别人。作为人的手，我这一双在过去是退化了的，简直和原始时代猿猴的爪子差不多。是共产党和社会主义祖国恢复了这双手应有的功能，它今天终于有用，可以劳动了，也庆幸它有资格与新中国的记者握手了。"不能不说这是一席借题发挥的话，却也是发自肺腑之言，记者们被深深地感动了。

"溥仪先生，我为你重新做人而高兴。可是，你是否知道我小时家住长春，曾经在过往'宫内府'时向你遥拜呢？"记者李健羽毫不隐讳地说。

"罪过，罪过呀！"溥仪由此又把话题转向当伪满皇帝时的罪恶，表示今后到社会上不会放松思想改造，他一定百倍地珍惜这来之不易的新生。

接着，战犯管理所开始向特赦人员发还由所方代为保管的个人财物。为此，所方还把这些财物陈列出来，请所有人一一点验过目。当然，应该收归国有的不在此例。

溥仪的贵重物品最多，都是原清宫藏品，1924 年 11 月他被逐出宫前，以"赏赐"为名，通过博杰等人陆续偷运出宫，带到天津，带到长春，又带到伯力和抚顺，其间不但大量变卖，赏赐臣下，逃离长春和通化大栗子沟时又大量弃置宋元珍籍及晋唐以来的书画卷轴和部分珍宝而不顾，并且后来还以"支援苏联经济建设"为名捐献了一批，所剩虽已不多，仍能装满两三只大皮箱。

这些贵重物品可以区分为珍宝、钟表和稀有珍品三类。珍宝类中有珍珠数十串，其中有如鸡蛋黄大小的珍珠，有玛瑙、钻石、蓝宝石、红宝石、猫儿眼宝石、绿玉、翡翠、玉佩和黄金首饰等，还有几件是慈禧太后使用过的东西，如绿、黄、白、古铜各色佛珠，镶嵌各种宝石的珐琅发簪，镶嵌在帽子上的如大拇指大小的钻石，以及她赏给溥仪的扁又子等，真是琳琅满目，光彩耀人。钟表类共30余种，其中大都是各国皇室王公给清朝皇帝的贡品，有双凤朝阳式音乐钟，有镶嵌玉石的表，有可以随时问询钟点的怀表和带有四季景色装饰的怀表。还有一块怀表形似“蝉”，两只翅膀上镶有130多粒钻石，轻轻触动表的尾部，两膀展开便露出表的时针来。稀有珍品类，如乾隆的田黄石玉玺，系三颗方形玉印用石链条系在一起，玉印上刻有“受命于天”、“既寿永昌”字样，雕工极其精细，玉质地发出黄色耀眼的光彩。

其中能够达到国宝级的物品就有468件之多。此外，溥仪还有一些贵重的日常用品，包括几套西装，十七八件高级衬衣和数十条领带等。

据参与管理所战犯财物保管工作的所方干部孙世强回忆，当年来所参观的中央、省、市级领导很多，他们主要是想看一眼溥仪，能与之交谈则更好，离所前还一定要看看溥仪的那几箱稀世珍宝。金源代所长便与所内其他领导商定，在管教科办公区腾出一个房间，又花5000元定购了展览柜，陈列那些珍宝，专供各级领导和来所的重要客人观瞻。

现在溥仪就要离开战犯管理所了，对于这些珍宝当然要有一个处理。溥仪本人曾多次表示，这些珍宝都是人民的财产，自然该上缴给国家。管理所经上级主管领导批准，向溥仪正式宣布了关于那些珍宝的处理决定：鉴于他的一切贵重物品都是从北京故宫私运出来的，理应全部归还人民，但考虑到他刚刚获得新生，为了今后工作和生活方便起见，允许他在钟表类贵重物品中挑选一件，供私人使用。

当孙世强把溥仪带到贵重物品存放室以后，他没有挑选那些后半生能够赖以生存的价值连城的稀世珍品，只选了那只已经发旧、但仍然金光闪烁的怀表。论价值无法与那些洋人进贡清朝皇帝的钟表相比，而对溥仪却是一个念物。原来它正是1924年11月28日即溥仪从北京醇王府逃往东交民巷日本公使馆那天，为了摆脱父亲派来跟踪的张文治，而在乌利文洋行想主意时购买的那块法国金表。正是这块表记载了他在日本军国主义魔影下度过的全部时刻，他留下这块表，是要让它再陪伴自己走完光荣的后半生的分分秒秒。

孙世强回忆当时的情形说："为了完结手续，我让他给我写一张收据。溥仪接过纸、笔写道：'今收到政府发给我的金壳怀表一块。'手续办完后，溥仪恭恭敬敬给我行了一个九十度礼，并激动地说：'感谢人民政府对我10年的教育改造，感谢政府工作人员和孙先生（伪满战犯统称我们管教员为先生）对我的谆谆教导，才使我这个天下第一号大笨蛋变成一个能自食其力的新人。请先生们看我今后的行动吧。'"

现场采访记者李健羽曾回忆溥仪接过怀表时的一个细节，他左看右看，竟不知道应如何让这块表的时针转动起来。管教人员教了半天，他才第一次学会了给表上弦的这个简单动作，当场出了这个丑，他很不好意思，苦笑着对记者说："你们看我这双不中用的手啊！"

溥仪离开抚顺以后，那些珍宝仍保管在抚顺战犯管理所，并继续陈列在展览柜内供来访的各级领导参观。

1964年9月12日，周恩来总理在公安部党组《关于处理伪满战犯溥仪等人贵重财物问题的请示报告》上批示："处理这些贵重财物，同意不再经过法律手续，但是必须经过行动手续，不应由一个机关单独处理，应由公安部、法院、财政部、文化部和政法办公室（为主）五个单位负责处理，然后给国务院作一报告结束此案。"

总理批示后，公安部、最高人民法院、财政部、文化部和政法办公室立即组成了中央验收小组。同年11月28日，抚顺战犯管理所接到公安部的电令，即派管教科科长王奇壮和负责珍宝保管的干部孙世强把溥仪上缴的珍宝押送到北京。并在故宫博物院办公区，经过逐件鉴定、评价和验收后，向中央验收小组转交。仅一块曾镶在慈禧帽子上的钻石就被专家作价为4，000元，其价值都远远超过了管理所干部原来的估价。

这些珍宝最后的去向也是经总理批示而确定的，其中绝大部分具有重大文物价值的物品移交给故宫博物院，一些文物价值不大的移交给财政部，还有一部分工艺品则移交给北京特种工艺品公司了。

12月8日下午，将要返回北京定居的溥仪和孟昭楹，以及路过北京或天津返乡的郭文林、赵金鹏与贺敏同车离开抚顺。为了他们在旅途中方便，战犯管理所派管教员李福生陪同他们一起前往北京。代所长金源和管理所的学习委员会主任亲自陪同特赦人员登上火车，他们要把溥仪等人送到沈阳，还有新华社辽宁分社记者任步芳和李健羽也同车从抚顺返回沈阳。列车呼啸着穿越抚顺市区，向沈阳方向疾驶。坐在车窗旁的溥仪向站台上送行的人们频频招手，留下一片依依惜别之情。

三

为了避免不必要的麻烦，随行的管教员李福生一再嘱咐同行的人，不要暴露身份。所以，一路上，这列普通客车上的旅客谁都不曾想到，坐在某一个车窗前的身穿普通蓝色棉装的人正是中国末代皇帝。

不过，还是露了点儿“马脚”，据坐在溥仪对面座位上的任步芳和李健羽两位记者说，当列车员端着茶盘到各个座位分送茶杯并为旅客倒水时，轮到溥仪，他还是情不自禁地站起身来打躬行礼，因而引起车上旅客们的注意。有的窃窃私语：这人有点怪，精神好像不大正常。

溥仪当然不是精神上有什么问题，实在他的经历太特殊了，谈到真正以公民身份与社会接触，从出生那一天算起，这还是头一回呀！看到两位在场的记者暗笑，溥仪深有所感地小声对他们说：“新中国好，社会主义的服务精神就是好啊！”

溥仪这样说是因为一件眼前发生的事实：有位中年妇女领着一个10来岁女孩也上车了，女孩显然正在生病，摸摸孩子前额挺烫手的，原来是车站附近某小学女学生正上课时小腹剧疼，怀疑是阑尾炎，必须立即到沈阳大医院检查，女教师怕耽误病情，来不及找到家长，便带孩子上了车。这时溥仪后排座上的旅客早已把座位腾出来，让孩子躺下了。这是溥仪出狱后碰上的第一件事，虽是一件小事，却在他的心底激起了巨大波澜，他想起了陈宝琛师傅给他讲过的孟子的一句话：“老吾老以及人之老，幼吾幼以及人之幼。”当年全不在意的这句话，今天一下子理解了。

溥仪这样描述了他当时的心情：“我默默望着车窗外驰过的景色，激情又从我心底升起。我看着这个付给了我这种骄傲之感的城市的景物，逐渐离我远去，让我想起过去的日子。在那里，我才懂得了什么叫人，什么叫生活，什么叫良心，什么叫是非。”

列车离开抚顺车站，一个多小时以后到达沈阳南站。溥仪等要在这里等候换乘去北京的列车。新华通讯社军事记者李健羽和负责政治报道的记者任步芳，与溥仪握手告别。当时的场面至今深深印在李健羽的脑海里。老任说："你们到北京，该是明天天亮的时候，祝你们一路顺风！"溥仪似有所思地说："明天，天亮；天亮，明天，我会一路顺风的，谢谢，谢谢，请放心吧！"

沈阳南站候车室里人很多，李福生便与车站值班室联系，值班领导听说特赦的前皇帝和将军们在这里等车，便把他们让到贵宾候车室里休息。金源代所长也一直送到沈阳，跟溥仪亲切交谈。

他们上了开往北京的列车，又赶上严重超员，列车长了解到这一情况后，又格外照顾，把他们送人软席车厢。条件虽好，溥仪却连一丝睡意也没有，一路上，与同行的几个人兴奋地相互谈论各自回家的打算，李福生曾问溥仪将来想做什么工作？溥仪很真诚地说："一切听从党和政府的安排。"

列车开晚餐的时候，餐车服务员还特来商量，说现在就餐的人多，可否最后就餐？大家表示同意。据李福生回忆，那顿晚餐饭菜都做得好，溥仪的心情也好，他平时的饭量就不小，这一餐吃得更多，是最后一个离开餐桌的。当夜，他们谁都没有合眼。

溥仪默默地望着车窗外的景色，心情十分激动。那刚刚逝去的改造10年啊，使这位末代皇帝感慨万分。也许有人很不理解：一个犯人，被关押了整整10年，而当他获释出狱的时候为什么能产生如此依依惜别的感情？溥仪自己后来在一次全国政协座谈会上发言时回答了这个问题。他是这样讲的：

> 我所说的一切变化，都是在监狱中发生的。这对许多外国人几乎是不可想象的事。缅甸学者兼政治家、前议会议长肖恢塔，曾和他的夫人一起参观了管理所，和我谈过话。他十分感叹地

说，这不是监狱，而是一座大学校。他的夫人想起自己的父亲，想起他作为政治犯住过的那个监狱，对比之下，她哭了起来。是的，我住的监狱就是一个学校——改造灵魂，把鬼变成人的学校。

古今中外的监狱，我从前听人说过，无论是前清的，民国的，伪满的，以及外国的、日本的，那都是和刑罚、侮辱、勒索等等分不开的，越是对待共产党员越是残酷。而在我们这里，这一切都完全相反。这种出乎意料的人道主义待遇，连我们刚到的时候也是迷惑不解的。伪满战犯中有不少司法大臣、警察署长、军法少将一类人物，他们最清楚两种监狱是怎样的不同。

1964年12月，在四届一次全国政协会议上，溥仪作为全国政协委员的发言中，更谈到当他把这种对于监狱的感情向外国朋友述说时所遇到的情形。他是从党的改造政策谈起的，他说："在这里使我情不自禁地想起1959年我蒙特赦、离开那重生之地——抚顺战犯管理所的心情。当时我一方面感激党和政府的宽大，但同时，当管理人员送我出所的时候，我又像一个将要离家的孩子一样，恋恋难舍。这种心情，我曾经同资本主义国家的人们说过，但是他们是无法理解的。这种感情并不是我一个人有，连一些日本帝国主义战犯在离开战犯管理所时，也都异口同声地说，抚顺战犯管理所是自己的重生之地。有些怀着敌意的日本记者，曾企图从日本战犯口中听到对中国政府这种不满的声音，但是他们总是大失所望。无论在管理所以及离开管理所回到日本，日本战犯也总是说我国政府的政策好！"

车轮飞转，带动溥仪的思绪，回到10年改造的难忘岁月之中。10年，这是多么动人的10年啊！10年后的溥仪已是一位新人。他坐在通往北京的奔驰的列车上，用手——那曾经在紫禁城的小天地里写过复辟谕旨的手，那曾经在不静的“静园”写过勾结帝国主义密信的手，那曾经在魔鬼的宫殿里为屠杀同胞的文件签字画“可”的手，掀开了历史的新篇章！车窗外是白雪覆盖的平原，光明、辽阔，正如展现在溥仪面前的生活前程。

12月9日，列车呼啸着把经历了10年改造的末代皇帝溥仪送到了新中国的首都北京。当列车即将驶进崭新而华丽的北京车站的一刹那间，在爱新觉罗·溥仪的心底突然涌起一股莫名的悔恨之情。他悔的是当年不该离开这样美好、这样可爱的地方！是呀，偌大的北京城，难道除了养心殿就再也找不到一处安身之所了吗？他恨的是正当日寇的铁蹄践踏白山黑水的时候，他，一个因为曾是大清王朝的正统继承者而自命不凡的人，怎么可以偷偷地越过那象征着中华民族的雄伟的万里长城呢？历史总是无情地前进着，带着每个人的脚印去了。如果那脚印是可以收回的，我相信，这位列车上具有特殊身份的乘客，一定会立刻跪倒在历史老人面前，请求允许他从头起步……

今天，溥仪的双脚终于又踩到了35年没有踏过的北京的土地，荡漾在他心头的情感的波涛是任何语言都无法表达的。其中，至少有这样几种成分：对即将开始的崭新生活的向往、喜悦之情；游子归乡、久别重逢的依恋、激动之情；由带罪悔恨之心而派生的羞怯、惭愧之情……从溥仪那挂着泪花的眼神中我们看出，他在用心呼喊：啊，北京！伟大祖国的首都，闻名世界的古城，我亲爱的故乡，从此以后我要永远在你的身旁了……

前来迎接他的四弟溥任提着他的黑皮箱，五妹韫馨和妹夫万嘉熙走在他的两旁。溥仪与同车抵京的特赦人员郭文林、孟昭楹等一一握手告别。随后和弟妹们一起高高兴兴地穿过辉煌壮丽的北京站台，步出车站。陪同来京的战犯管理所干部李福生同志则一直把溥仪送到五妹家中。

在北京站前广场上，溥仪看到四周那整齐的建筑群和宽阔的柏油马路，听到北京站钟楼上传出的悠扬悦耳的报时钟声，他深深地呼吸了一口北京的新鲜空气，一种自由的感觉顿时充满心中。自由，这是多么宝贵的字眼啊！活了 54 岁的溥仪第一次尝到这“自由”的滋味儿。

溥仪想起少年时代的宫廷生活。当时他所能见的，无非是紫禁城的高墙和身边一群一群的太监。可以想象，一个十几岁的少年，该是多么想看看那高墙外面的新鲜景色呀！然而，“祖制”和“宫规”处处束缚着他，不许他超越雷池一步。有一次“帝师”陈宝琛病了，溥仪这才在“探问师病”的理由下，乘汽车逛了一趟北京的街市。此后他学会了巧立名目，如探望父亲或叔父等，以争取跨越深宫重门的机会。不过每次离开紫禁城总有几十辆汽车鱼贯而随，像这样走马看花，实在辨不清北京的真貌。

1924 年 11 月，冯玉祥将军请溥仪离开了那囚禁他十几年的大“人笼”——故宫，可他偏偏对此并不理解，竟自投罗网地一头钻进日本公使馆，结果连乘汽车兜圈子的机会也丧失了。这位天性好动的人，只好等到深更半夜的时候，戴上“猎帽”，穿上运动服，经一番巧妙的化妆确信不会被人认出后，才敢带一两名侍从，骑车窜到街市上去，遇上警察便要低下头快蹬加速。有一次他已经越过鼓楼西侧而来到什刹后海，真想溜进北府大门看看想念中的父亲和祖母。然而，碰上军队也许就没命了，想到这儿只好扭转车把离去。几天后，这种深夜游览便不得不停止下来。由于溥仪太好动，日本公使馆的大门早早就落锁了。

溥仪在天津的 7 年仍是没有行动自由。他可以带着妻妾进出惠罗公司或隆茂洋行，选购汽车、钢琴、珠宝衣饰等高档商品，也可以率同三亲六故坐在洋人的餐厅里大吃大喝。然而，他不能走出租界的区域，更不敢在中国人的店铺里现身露面。有一次，溥仪在德国人经营的“起士林”点心店内吃东西，当他发现店内也坐着几个中国人，立即慌乱起来。那几个人又恰恰是北京故宫博物院的工作人员，溥仪听说后便扔下点心仓惶离去。

溥仪又想起“九·一八”事变后到东北那十几年春秋，真是令人心碎的年月！从表面看他爬上了伪执政的椅子、伪皇帝的宝座，其实是陷入了日本帝国主义的囚笼。在溥仪的身边总站着一个贼目鼠眼的“帝室御用挂”——吉冈安直，而在溥仪居住的“缉熙楼”庭院外边，又有几名身穿特别军服的关东军宪兵，日夜不离地住在“勤民楼”旁的厢房内，这就是所谓“宫内府宪兵室”。凡是来见溥仪的人，除非他有神话中的隐身法，否则就逃不出他们监视的眼睛。这位号称“康德皇帝”的人，不但不能自由接见大小官吏，而且即使是专程前来拜寿的宗族本家，也只限会见叔父载涛、族兄溥伒、溥僴等少数几人。其余则不论亲疏远近，都只能在公开祝寿时，排列在祝贺人员中间遥向“皇帝”行礼。至于出宫逛街的自由，那就根本不能想象了。

日本帝国主义投降后，溥仪在苏联过了5年囚徒生活，回国后又在抚顺战犯管理所改造了10年。溥仪永远忘不了这个使他脱胎换骨的重要时期。他认为，由于前半生中对人民犯下了滔天罪行，在尚未取得人民原谅之前，他是不应该享受作为公民而应有的自由和权利的。

现在，他才真正地获得了自由！呼吸着伟大首都的自由空气，两只脚迈在家乡的自由大地上，他觉得越走越轻快。后来，溥仪在《中国人的骄傲》一文中说：“1959年末，我回到故乡——伟大祖国的首都，当我走到天安门前的时候——这是我有生以来第一次充满安全感地逛马路——我心里充满了自豪感。我是一个什么样的国家的公民啊！”

溥仪被接到坐落于前井胡同6号的五妹家中。这是坐东朝西的带小门斗的院落，除了三间北房和两间西厢房，院庭只剩下一块狭小的空间了。五妹已经把北房东间给大哥收拾好了，还粉刷一新。床上整齐叠放着五妹为他赶制的新被褥，在糊着窗纸的木格窗下是一张普通的硬木方桌，除置放茶具和暖瓶，还有当天的报纸。市民政局为他预先购置的生活用品也都送了过来。市委统战部长廖沫沙一两天前还特意来看过，对溥仪这个临时住处表示满意。

溥仪的亲友大多住在这一带，族弟溥俭和五妹同院，而距离不过一二百米的南官坊口则住着跟随他多年的族侄毓嵒、毓嶦和毓嵂，绕过后什刹海再走四五分钟就到了六妹所住的四合巷4号，四妹住在鼓楼，二妹住在景山东街，还有溥仪感情很深的乳母——老人家早已去世，她的后人也住在离此不远的后门桥，只是三妹住的秦老胡同离这儿稍稍远一点。这一天，亲友们都到了，心情都是那么激动，甚至那一双双眼睛似乎也都一样挂着喜悦的泪珠。亲友们都很理解溥仪——这位在没有自由的天地里生活了半个世纪的人，几乎是异口同声地说："这回你可好好看看咱们的北京城吧！"

人生能有几回喜相逢！这手足的情爱，这天伦的快乐，让溥仪这位曾为人间君王的人得到，该有多难呀！

在溥仪留下的相册上，至今还能看到这样一张照片：溥仪站在高悬于五妹家正面墙上的毛主席像镜前，久久地凝望着，眼里噙着泪水。五妹则站在溥仪大哥的后侧，笑得那么甜！原来溥仪到京时，北京电影制片厂的摄影人员闻讯也赶到车站去抢镜头，并一直跟到五妹家，这张照片就是他们现场抢拍的。

后来，溥仪到底得到机会，把自己获得自由的喜悦心情告诉了毛主席。那是1962年毛主席请溥仪到家里做客的时候。溥仪是特赦战犯中惟一见过毛主席的人，他的话给主席留下了深刻的印象。直到1964年6月，毛主席接见智利外宾时还谈到溥仪，他说："溥仪现在在全国政协搞文史资料工作，他自由了，可以到处跑了。过去当皇帝好不自由。"毛主席又说："过去当皇帝时他不敢到处跑，是怕人民反对他，也怕丧失自己的尊严。当皇帝到处跑怎么行？可见人是可以改变的……"

溥仪确实已经变了。由一个卖国者变成一位爱国者，由一个反对共产主义的人变成一位接受马列主义的人，由一个皇帝变成一位公民。

把溥仪送到五妹家后，李福生感到已经完成了护送任务，遂向溥仪告辞。自从1952年李福生负责管教伪满战犯以来，他与溥仪已有七八年的密切接触了，他曾手把手地教溥仪糊纸盒，也曾一次次找他谈心，现在就要分别了，溥仪真有些恋恋不舍，眼含泪水地说："多年来，承蒙您给了我很多帮助，我太感谢您了……"李福生也颇动感情地对溥仪说："今后你有事，可向当地政府提出，他们会帮助你解决的。"溥仪和五妹一家一直把李福生送出大门口，看着他的背影消逝在胡同的尽头。

回到北京的第二天，溥仪由五妹夫万嘉熙陪同来到西城区丁桥公安派出所办理户籍手续，他成为在北京市有正式户口的普通市民了。继而又到西长安街上的北京市民政局报了到，民政局干部告诉他说，具体工作尚待安排，但从现在算起即是国家公职人员了，每月暂发60元生活费。那么，一个普通的北京市民，一个国家公职人员，应该怎样安排自己的生活呢？对前途充满乐观的溥仪正急切地期待着有人给他指一条前进的新路。

成为普通市民和国家公职人员的前皇帝溥仪对自己的前半生确实已经能够正确认识，并持有很真诚的批判态度，《大公报》记者张颂甲对溥仪的采访恰能说明这个问题。这次采访颇有来头，是中宣部直接安排的，《大公报》

总编辑常芝青接受任务后，即派记者张颂甲和新华社摄影记者吕厚民一道，于 12 月 11 日即溥仪回到北京的第三天，驱车来到前井胡同溥仪暂且下榻的五妹夫万嘉熙家里。后来，张颂甲撰文忆述了这次采访的全过程。

访问开始，吕厚民打开照相机，从各个角度拍照，闪光灯不时闪亮，溥仪显得有些紧张。他连声倾诉自己的悔罪心情，一再感激共产党和人民对他的宽大处理。他说："这次特赦真是我做梦也没想到的。我对祖国、人民犯下了滔天大罪，实在是一百个死、一千个死也抵不过来。伟大的中国共产党和人民政府不杀我已经是宽大了，现在又给我重新作人的光明前途，我粉身碎骨也不足以报答党和人民的大恩大德于万一……"谈到这里，他的语声哽咽，说不下去了，眼眶里滚动着忏悔、感恩的泪水。

溥仪叙述往事如数家珍，思路清晰，有条不紊。讲述了他自 3 岁时由父亲醇亲王载沣抱着登上太和殿的皇帝宝座起，到被迫退位，又因"优待条件"的保护，仍然过着骄奢淫逸的"小朝廷"生活，直到 1924 年被冯玉祥赶出皇宫，继而丧心病狂地倒向日本帝国主义怀抱，又在天津过了 7 年醉生梦死的"寓公"生活，接着就潜往东北，给日本军阀当"儿皇帝"，犯下不赦之罪。

接着，溥仪又滔滔不绝地谈起他从战俘到战犯期间接受改造的经历，他说，随着伪满垮台，他的罪恶生活也结束了，但头脑里的反动思想没有改变，对中国共产党和人民政府毫无认识，到 1950 年苏联政府要把伪满战犯引渡回国，吓得他浑身发抖，以为中国历史上每次改朝换代，高官显宦尚且难免一死，何况他是皇帝？他那时很想找个机会到西方资本主义国家去过寄生生活，为此一连三次上书斯大林，未能成功。

后来抗美援朝战争爆发了，他的心里敲起了小鼓，他那时认为世界不过是几个列强的世界，经过第二次世界大战，德、意、日被打败了，美国成为第一号强国，中国共产党虽然消灭了蒋介石800万军队，可是美国究竟不是蒋介石所能比的，如果要跟美国较量，无异于“烧香引鬼”，是“不自量力”。但事实上中朝人民胜利了，硬把美国侵略军从鸭绿江边打到三八线，溥仪由此受到教育，懂得了战争还有正义和非正义的区别，正义战争一定能够取得胜利，他在战犯管理所还听到了志愿军英雄作的报告，深受感动。

溥仪又说，政府非常关心他，让他的七叔载涛和两个妹妹特地从北京到抚顺看望他，还组织战犯到东北三省参观，让他们在监狱内参加劳动。溥仪兴奋地说，是共产党给了他新的生命，也给了他一双有用的手，10年来，他在战犯管理所养过猪，种过菜，还在所内机械厂里干过活，后来又编到中医学习组，先后学习了《内经知要》、《中医学概论》、《中药理与应用》等书，能够为人诊病了。

溥仪很真诚地说：“谈起改造，几天几夜也是谈不完的。我能有今天，就活生生地说明共产党的政策真是太伟大了！且不用说我的顽固思想起了变化，就是我这糟蹋坏了的虚弱多病的身体，要是没有中国共产党来救我，怕早已做了九泉之鬼了。在旧社会监狱把好人变成鬼，新中国监狱却把我这块坏透了的顽石改造成新人。我的生命和灵魂都是党给的，共产党是我的重生父母。”

可以说溥仪对自己、对历史都已有了正确的认识，但今后的路应怎样走，新社会是否能够接纳他，后半生将怎样度过，应该说对此他还心中无数。虽然记者问他今后有何打算时，他表示要在今后生活中努力工作，为前半生赎罪。然而问起更具体的路数，还是没有谱儿。这两天，由北京市民政局召开的以怎样看待溥仪特赦为主题的满族人士座谈会也连续召开了两次，溥仪的亲属、爱新觉罗皇族人士，以及历史上曾处于上层地位的满族人士多人参加，大家都对溥仪获赦表示欢迎，同时也对溥仪今后的出路寄托着希望，说到底，他们还是想看到几十年来他们无数次叩拜过的“皇上”能够再有新的表现和新的发展。这样的希望能实现么？

1959 年 12 月 14 日，这是溥仪和其他 10 名第一批特赦的国民党战犯最难忘的一天。那 10 名原国民党高级将领，是和溥仪在同一天由北京德胜门外功德林战犯管理所特赦出来的。他们是：前国民党中央委员、东北保安长官司令部中将司令、徐州“剿总”中将副司令杜聿明，前国民党政府山东省主席兼第二绥靖区中将司令官王耀武，前国民党四川省党部中将主任曾扩情；前国民党川湘鄂边区绥靖公署中将主任宋希濂，前国民党天津市警备司令部中将司令陈长捷，前国民党 18 军少将军长杨伯涛，前国民党 49 军中将军长郑庭笈，前国民党青年军整编 206 师少将师长邱行湘，前国民党浙西师管区中将司令兼金华城防指挥周振强，前国民党第 6 兵团中将司令卢浚泉。这 11 人于当天下午 3 时在中南海西花厅受到周恩来总理的接见。国务院副总理陈毅、习仲勋，国防委员会副主席张治中，全国人大常委邵力子，水利电力部部长傅作义，国务院办公室主任屈武，全国政协常委章士钊，全国政协副秘书长张执一等参加了接见。

溥仪对总理的这次接见怀有非常深厚的感情，他把总理的讲话当作准绳，要求自己，检查自己；他把总理的这次接见，看作是自己新生的起点。每当溥仪想起接见时的情景，总是记忆犹新。总理那慈祥的面容，讲话时的丰富表情，亲切的手势，以及那熟悉而有力的声音，还不时地萦绕在溥仪的脑际、耳畔……

这次接见中，总理向溥仪等 11 人谈了四个观点，即爱国观点、阶级观点、劳动观点和群众观点。这就是被特赦人员至今仍十分崇敬地称为“四训”的内容。溥仪回忆这次谈话时说，这实际是每位特赦人员都将时刻遇到并必须回答的四个极为重要的问题。

总理的接见，溥仪在日记本上有详细的记录。每逢遇到问题、碰到困难或取得成绩时，都要翻看这本日记。每次翻开它，都能从总理的讲话中汲取无穷无尽的力量。特赦以后的8年公民生活，溥仪就是在总理讲话精神的指引下，不断探索，不断前进的。

人们知道：爱新觉罗·溥仪的前半生是从太和殿上的登极大典开始的。为了这个不满3岁的孩童，太和殿前摆起庞大的仪仗，午门城楼上的钟鼓一齐鸣响，殿廷之间的中和韶乐、丹陛大乐音域辽阔，大殿内外香烟飘缈。就在这庄严肃穆的气氛中，那个孩童开始了宣统帝的不平凡的生活。

溥仪的后半生固然是从特赦那一天开始的，但也可以说是在中南海的西花厅开始的。那里没有仪仗和钟鼓，更没有宫廷大乐，却有一位受到整个世界尊敬的伟大人物。他用民族的希望和共产主义的真理教育了溥仪。

第十二章　晚年岁月

一

在末代皇帝溥仪的晚年岁月中，最幸福的事就是找到了自己的黄昏伴侣——李淑贤。

1962 年“五一”国际劳动节前夕，成为公民的 56 岁的爱新觉罗·溥仪，和这位普通护士李淑贤结婚了。

这次为世人所瞩目的婚礼，是在 4 月 30 日晚 7 时在北京南河沿政协文化俱乐部礼堂举行的。首都名流，民主人士，各方领导纷纷赶来祝贺，真是冠盖云集，蔚为大观。亲友中有载涛夫妇、溥杰夫妇、溥仪的几位妹妹和妹夫等，还有郑洞国、覃异之、杜聿明. 范汉杰、王耀武、廖耀湘等。新娘李淑贤的同事和亲友，也有多人参加。

婚礼的司仪是政协总务处处长李觉，而主婚人是溥仪的七叔载涛。溥仪在婚礼上的即席讲话，表达了对人民和政府的感激之情，李淑贤也在掌声中述说了她对新生活开始的喜悦心情。

溥仪高兴得两片嘴唇始终没有合拢，此时此刻，他的头脑里除了新生活的幸福感，就不可能再有别的了。然而，参加婚礼的不少老人，都是饱经历史风云的知名人士，他们肯定会有许多联想。比如主婚人载涛，40 年前当溥仪以“大清皇帝”的身份，在清宫举行大婚仪式时，他就是“承办大臣”，很自然地要把这两次婚礼联系起来。多么伟大的历史变迁，多么了不起的社会进步！

今天，溥仪与李淑贤结婚，固然不再是什么皇帝迎娶皇后，而是两个平等的公民，因为有了“共同的语言和共同的兴趣”，才高高兴兴地“建立起一个劳动之家”。

当年宣统帝大婚，他虽然只是一个17岁的孩子，却必须摆出“人君”的架式，在各国来宾面前致辞，有人还记得他用英语讲过的几句话：“朕见各国代表咸集于此，甚为欣悦，热烈欢迎。朕祝诸君同享健康与幸福！”

今天溥仪新婚，已是年过半百的老人，却再不必拘泥礼节，他咧着嘴笑，连给客人们点烟倒茶，也通通丢到脑后去了。

参加婚礼的200多位宾客，只有几位人士颇悉底细，而大部分人都想知道这对新人到底是怎么变成恋人的？有人很纳闷：溥仪为什么就看上了李淑贤，而李淑贤又怎么相中了溥仪呢？提起溥仪找对象，可有一大套的理论和实践，溥仪最后找到李淑贤，谈何容易！

从日记里可以看出，溥仪经常回忆起1962年在毛泽东家中做客的情景。处理婚姻问题时也总是想到主席提出的慎重原则。他常对别人说：“主席告诉我要慎重，找不到理想的对象我就不结婚了。”

溥仪找对象，开始就碰上了复杂、棘手的问题。那是1961年初，溥仪还在植物园劳动。一天，有位从长春来的女同志找他，据传达员说，30岁左右，中年妇女。他恍然大悟，知道来人是谁了。

见不见呢？溥仪很犹豫。说句老实话，他想看看这位分别了五载的人。那年他们客客气气地分手，也有约言：离婚以后仍以朋友相待，兄妹相处。但是后来，他听说她已重新结婚，为了她的家庭和睦，决心永不与之来往，但心中还存着怀念之情。现在，她真照约来看望老朋友了。溥仪想了想，让传达员转告，“就说我不在，我不想见她了”。可是，传达员指指窗外：“诺，她已经进来了！”溥仪这才急忙迎出去。

“你好！什么时候到京的？”溥仪和她握了手。

“我已来了几天，以朋友的身份看看你！”她注视着溥仪，似乎要从他的脸上看出什么变化的痕迹。

会面中两人谈到分别后的情形，溥仪关心地问候了她的妈妈和她的爱人。她这次是为了撰写文史资料而来北京的，呆了相当长一段时间。他们曾多次谈心，还一起吃过饭。有时相约在城里见面，当时溥仪在政协院内也有一间宿舍。他们谈工作，谈理想，就像老朋友那样。人生的道路是曲折的，有些情形也许不能说很正常，却可以理解。就在她离京的前夕，两人又在一起畅谈感想，都十分珍视这即将到来的惜别。

“早知道特赦，我也可以等待。”

“你已经建立了新的家庭，不也是很幸福吗！过去，我也曾想到过复婚，但现在，这当然是不应该的。10年改造使我懂得了应该尊重别人，特别应该尊重你，还要尊重你的和睦家庭。你说对吗？”

“很对。今天我亲眼看到了你的变化和进步，我满意了！”

第二天，她登上返回长春的火车。以后一段时间里，两人时有通信。溥仪给她寄过食品、茶叶、钢笔和绸布等物品，她则寄来自已孩子的近照，因为溥仪喜欢小孩子。他们实践了离婚时的约言：像朋友和兄妹那样真诚相处。

这件事说明溥仪处理婚姻问题，已经摆脱了自我为中心的出发点，他想到了别人，想到要尊重别人的幸福和社会公德。对于曾是一代帝王的人来说，这难道不是令人惊奇的变化吗？

还有人煞有介事地到处传播“内部新闻”：“嘿！你可知道李淑贤者何许人也？那是‘将门之女’，宣统与李淑贤那才是‘门当户对’呢！”其实，传播这条“新闻”的人完全不了解情况。

李淑贤是一位遭遇十分不幸的女人，从小尝尽人间的辛酸苦辣。她生于杭州，8 岁丧母，在幼小的心灵中深深打上了悲戚的烙印。其后，在上海中国银行当职员的父亲，便带着她离乡赴沪，继母进了门，她的处境更惨了。用她自己的话说，“就像童话里的灰姑娘，扮演受气包的角色”。14 岁那年，父亲又去世了，凶狠、刁诈的后娘更放肆地欺侮她，不但虐待、役使她，还要把她卖给阔佬作妾。苦命的姑娘再也无法忍受，便只身投奔北平一个守寡的远房表姐，寄人篱下的日子自然也不好过。熬到北平和平解放，她先进一家文化补习学校，随后又到护士专修班学习护理业务，从而走上独立生活的道路，成为北京市朝阳区关厢医院的护士。

李淑贤的身世足以证明“门当户对”说的毫无根据。有趣的是溥仪特赦后真碰上一位可以称作“门当户对”的女士。婉容的亲属中有位 50 岁的老姑娘，也曾经闯入溥仪的生活，因为生长在贵族家庭，从小娇生惯养，一身阔小姐作风，新中国成立这么多年还是不愿参加社会工作。在婚姻上更是高不成，低不就，贻误了青春。溥仪特赦后，她通过一位亲属传话，愿意交朋友，溥想到竟被一口回绝。

一次李淑贤与丈夫谈笑：“老溥！你为什么看不上她？她家几代都是清朝大官，娘家也是满族名门大户，又有丰厚的祖上遗产，你们不正是‘门当户对’吗？”

“贤，你想错了。她中意的人不是我，而是那个‘宣统帝’，今天的溥仪配不上像她那样‘高贵’的女子。”原来，溥仪早就不把自己的出身划在帝王门庭之列了。他是以普通劳动者的身份寻觅知音。

作为传奇性的历史人物溥仪，虽然特赦后只是一个普通公民，但他的一言一行、一举一动总是受到世人的注目。人们打听他，观察他，甚至猜测着他。好奇者们一看见李淑贤的照片在报刊上登了出来，就又下了一条结论：溥仪娶李淑贤是看中她年轻美丽。

李淑贤确实有这条优点，可溥仪不单单为了这个，如果说溥仪倾心于年轻貌美，那么，七叔载涛的干女儿真可说是正相当。溥仪特赦不久便认识了她，看模样 30 岁左右，很年轻，打扮入时，李淑贤见过本人，她这样描述其人的外表：头顶上有珠宝，脖子上戴项链，脸上还涂着一层厚厚的香粉，说话纤声细气，举止百态千姿。如此动人的女性，又十分主动乐意地追求溥仪，却遭到了拒绝，那些好猜测的多事者大概又要迷惑不解了。

原来她追求溥仪是有历史因由的。她的爷爷本来是个农村孩子，光绪年间家乡受灾，随着难民逃到京城。一天，正碰上醇贤亲王（溥仪的爷爷）的轿子，差人在轿前鸣锣开道，行人纷纷退避，但那个没见过世面的农村孩子竟在慌乱中落在道上手足无措。差人正欲鞭笞，醇贤亲王掀开轿帘看这孩子相貌英俊，就吩咐带进王府。经查问确实聪明伶俐，讨人“喜欢”，就留下伺候王爷。以后又让他给儿子当伴读，学业亦甚好，后来被提拔当了官，自己又购买煤矿找人经营，逐渐发了大财。总之，他们是靠“皇恩”起家的。

溥仪为什么相不中她呢？后来他对李淑贤说：“我喜欢朴朴实实的人，跟她恐怕很难生活到一块儿。她来找我，或要报答‘皇恩’，但也许不会真心爱我。”

溥仪终于找到了合乎理想的女朋友，那就是李淑贤。他们一见倾心，真诚相处，精心浇灌着茁壮生长的爱情之花。溥仪能看中她，首先是因为深深同情她早年的不幸遭遇，说明两人都有一份劳动人民的思想感情。还因为她温柔、善良、好学上进，这样的性格对溥仪自然有强烈的吸引力，相形之下那些“门第高贵”的女性实在并没有多少可爱的地方。更因为她是一名普普通通的国家职工，溥仪立志要建立一个和北京绝大多数市民们差不多的家庭：靠劳动吃饭的双职工的家庭，今天才如愿以偿。溥仪尤其感到高兴的是，爱人还是一位白衣战士，这就使两人有了更多的共同语言。溥仪在抚顺战犯管理所时，就爱读医药方面的书籍，还正式学习过中医，也曾在所里的医务室帮助搞过护理工作，一般说来，打针、试体温、量血压等都已掌握，这无疑能在两人中间增加更有兴趣的一致话题。由于这些因素，使溥仪在相处几个月的时间里深深地爱上了李淑贤，这原是完全可以理解的。

溥仪选择李淑贤的时候特别慎重，同样，她也并非一下子就相中了溥仪。她到底喜欢溥仪哪一点呢？有人说，溥仪毕竟是位有名望的人物，找到这样一位伴侣，她自己也能留名青史了吧？其实，这样想过的人一定是完全不了解李淑贤其人的。据媒人沙曾熙说，当二人尚未见面时，恰恰是这个太豁亮的名字几乎把李淑贤吓住了，后经再三解释才同意见面，如果那次处理得不好，也许这出中外注目的婚姻早就夭折了。

还有人怀疑李淑贤贪图“荣华富贵”，其实此时的溥仪早已不再是“宣统”，更不是“康德”，从宫中带出的珍宝也一件不剩地全部交还国家。总之，当溥仪走出改造10年的战犯管理所，除去身上穿着的一套管理所发给的棉袄制服外，可以说是身无长物了。而且，当上全国政协文史资料研究委员会专员的溥仪，工资也不过一百元，荣誉更是谈不到的，因为那时候溥仪还不是全国政协委员。从溥仪来说实在谈不到“荣华富贵”，而这一切，与他相处了半年的李淑贤又是一清二楚的。

李淑贤为什么能爱上溥仪呢？她说，开始也感到好奇，不知道当过皇帝的人究竟和一般人有些什么不同。一旦见了面，她几乎完全忘记了溥仪的历史身份，逐渐发现他热情、和气、忠厚、诚实。李淑贤是在人生和爱情的道路上经历了种种坎坷与磨难的，当此之际，半老之身多么想找一个能寄托感情的可靠之人啊！溥仪的真诚使她感动，让她深信不疑，有了思想上的共鸣，两人的爱慕之情油然而生，并且迅速发展起来。他们是在平等谅解、互敬互爱的感情基础上结为伴侣的，两人都感到满足，因为各自从中得到的慰藉，极大地弥补了他们在历史上令人遗憾的婚姻生活。

在文化俱乐部的大厅里，溥仪与李淑贤的婚礼仍在热热闹闹地进行。本来他们以为当众致了辞，可以应付过去，然而，这么多熟识的同事和朋友，怎会放过他们？尖声尖气的郑庭笈夫人冯丽娟吵得最欢，她指着溥仪的鼻子嚷嚷：“你喜欢医学，又娶了白衣战士的娘子，自己遂了心愿，却不想坦白恋爱经过，那可是办不到。”结果，在座的人一哄而起，一定要李淑贤讲那不好意思开口的故事。正当她感到十分难为情的时候，溥仪早在大家的鼓动下说开了。不过他讲得粗枝大叶，人家不满足，一定让李淑贤再讲细致些。盛情难却，新娘子娓娓地叙述了与溥仪相识、约会、互相考验以及风波的发生与平息等动人故事。参加婚礼的贵宾高朋都怀着极大的兴趣，倾听这一篇恋爱演讲。他们中间的大部分人都没有想到，中国这位年过半百的末代皇帝，原来还有这样非凡的经历。

溥仪的新婚确实是意义非凡的。他以公民的身份，挑选了一位普通职员的女儿，建立了最一般的双职工家庭，从而构成中华民族肌体上的一个简单细胞。说明这位经历40 年帝王生活和 10 年改造的中国末代皇帝终于能理解究竟什么是幸福家庭的真正基础。

一个星期的婚假即将届满，丈夫向妻子建议到天安门前金水桥上留影，纪念美满婚姻的开始，李淑贤欣然同意了。显而易见，溥仪选择天安门前金水桥作为拍照的地方，并不是眷恋那紫禁城里的往日帝王生活。他热爱的是新中国，一个为一切从旧社会污泥浊水中过来的人提供新生活的新中国。人们都记得，新中国的第一面五星红旗，就是在金水桥对面的白色旗杆上升起来的。

一位按照历史传统可以由“三宫六院七十二妃”伺候左右的君王，一旦变为平民，他会怎样对待自己的爱人呢？溥仪和李淑贤结婚以后，他们的夫妇感情还像恋爱时那样甜蜜吗？已经获悉中国末代皇帝在40年帝王生活中所经历的婚姻悲剧和发生在60年代的新婚喜剧之后，人们势必提出如上的问题并将以深厚的兴趣寻求答案，那是情理中的事。

溥仪与李淑贤由相知的朋友，发展为情真意切的恋人，最后成为幸福的伴侣，这一切实在是美好之至。在溥仪看来，妻子是理想的女性，而在李淑贤看来，丈夫也是难得的男子。如果说“蜜月”是他们进一步恋爱的开始，大概并不过分，有大量的日记、信札和图片可以证明。

溥仪珍藏一本家庭影集，装潢虽一般，但那已销声匿迹的往事却在这里留下许多美好的形象。以下是其中几帧：1962年5月，欢度蜜月的溥仪夫妇，在春光明媚的清晨，穿戴整齐地离开寓所，欢欢喜喜上班去；1963年9月初，溥仪夫妇在自家院子里乘凉，手拿报纸的溥仪，似乎从中发现了什么有趣的事情，大声哈哈地笑着，并把趣闻告诉妻子，李淑贤则停下手中的针织活计，极有兴味地倾听爱人讲述；1964年“五一”节，溥仪身穿雪白的衬衫，一手搭在妻子的肩上，李淑贤正在调整收音机的波段，找寻心爱的音乐节目，“末代皇帝”则笑得连嘴巴也合不拢，他们正分享劳动人民盛大节日的欢乐；1964年深秋，在寓所卧室门外廊下，穿着中山装的溥仪正在钻研理论著作，他又像往常一样在院落里与妻子李淑贤交谈，人们都知道溥仪对妻子好。他们形影不离的事，一时传为美谈。忆及那些甜蜜美好的往事，李淑贤总结式地说道：“我觉得溥仪真心爱我。”

二

遗憾的是这一对恩爱夫妇体弱多病，欢乐和幸福的共同生活的日子实在太短暂了。当然，疾病往往也是考验对方感情的试金石，溥仪对李淑贤百般呵护，病痛反而加深了他们诚挚的爱情。对此李淑贤回顾说：“在我们共同生活的几年里，溥仪和我都得过几场大病，他已是几次要被病魔夺去生命的人，我也几度面临死亡的边缘。在长时间的住院生活中，我们感受到爱情的温暖，增加了战胜病魔的力量，克服困难的决心，通过互相照顾，互相关怀，更加深了夫妻之间感情。我们这一对病魔缠身的弱者，由于爱情而获得了生活的乐趣，同时，爱情在这里也受到严峻的考验。”

1962 年 5 月中旬，即溥仪自由选择配偶、建立幸福家庭后两周，肾癌先兆——轻微的尿血现象已经出现了。据李淑贤回忆，曾到人民医院诊治，只是注射维生素 K 止血。溥仪笃信中医，因而经常找海军医院张荣增老大夫诊察，断为“膀胱热”，开了三剂中药，止住了血，遗憾的是没能早期发现癌细胞。

1963 年是癌细胞潜伏的一年。溥仪常常发烧、感冒，显然是体质虚弱的现象，但身体外观还满好，精神也不错。

1964 年溥仪两次赴外地参观，又能吃，又能睡，连李淑贤也羡慕丈夫身体“好”，自己虽然年轻，在参观中途还常常“掉队”，大有自愧弗如之慨。

8月28日，溥仪结束在西北和中原的参观访问回到北京，按领导安排可以休息几天，但第二天就去植物园了，他说离开几个月，怪想的，去干几天活儿再回来。然而，第二天他突然返家，妻子很奇怪，他说“我又尿血了”，病魔自此缠身。李淑贤当即陪丈夫去人民医院检查治疗，大夫把这种无痛性“间歇血尿”诊断为“前列腺炎”，仍注射维生素K止血，当时没有考虑做尿培养，也未能发现癌症病变。又过了两个月，尿血更加严重，这才于当年11月中旬入人民医院住院治疗。

关键时刻，恰巧周恩来邀请溥仪出席宴会，陪同会见某国贵宾。得知溥仪住院，非常重视，亲自安排确诊，从而为结束长期误诊，展开积极治疗，创造了条件。

次日上午，周恩来打电话给全国政协秘书处申伯纯副秘书长，“听说溥仪先生已经住院，一定要把他的疾病治好！根据他已尿血来看，绝不是一般的疾病，因此要请专家会诊。”当天晚上，以著名泌尿科专家吴阶平为主，还有其他几位外科、肿瘤科专家参加，对溥仪的病进行会诊，同时采取有效措施止了血。吴大夫已经感到问题比较严重，他以忧虑的口吻说：“别看不尿血了，还有问题。”从此开始长时间的观察和会诊。

1964年12月中旬刚过，溥仪就出院了。旋即上班，与同事们一样参加学习，又很努力地从事本职业务工作，还出席了四届政协首次会议，结果因劳累，尿血又趋严重，2月5日再度住进人民医院。3月6日经膀胱镜检查，发现其膀胱右后顶壁输尿管口上方，长了两个乳头状小瘤子，一如黄豆粒大，一如桑椹大，怀疑是恶性的。医生建议施行外科手术，但他很担心，同事们纷纷来医院劝慰，政协领导也很关心。日理万机的周恩来又一次打电话给政协申伯纯副秘书长，指示立即把溥仪转移到医疗条件更好的协和医院高干病房，全力以赴，精心治疗。总理强调说："一定要把溥仪膀胱生瘤的病治好！"还指示医院要随时报告溥仪的病情。

三

3月12日，政协遵照周恩来的指示，把溥仪由人民医院转到协和医院，住进高干病房，准备施以切除二瘤手术。是总理的一句话，使溥仪开始享受国家高级干部的医疗待遇。

3月19日，协和医院根据上级指示，第一次向总理办公室发出《关于溥仪的病情报告》，详细说明了诊断情况和施治方案。

3月23日，协和医院为溥仪施以火疗手术，烧掉了膀胱瘤。溥仪非常高兴，把这一天视为"难忘的日子"。然而，"火疗"的成功也并不意味着根治，医生向溥杰透露了一点实情："恶性瘤子已经烧掉，将来可能还出，就再烧掉它，只要不让它长得太大，就没有关系。"溥仪自己也略有感觉。他曾在3月31日打电话给全国政协文史办公室吴群敢主任说，膀胱手术后仍有轻微尿血现象。

4月5日溥仪出院，第二天他就参加了文史专员的学习，他多么想以健康之躯投入到火热的生活中去啊！然而无情的癌细胞继续生长，出院刚满10天，又连续尿血。检查的情况载于4月16日日记："下年3时到协和医院，经吴大夫诊治，尿红血球2—3个。吴谓：'两个月后检查，可能还生小瘤，届时再住院六七天，疗治和休养。'"

一个月后，尿血现象更加严重。溥仪再到协和医院检查，据日记载，主治医师吴德诚谓"尿中红血球又多"，告溥仪"住院再检查"。溥仪遵医嘱于5月25日下午办理入院手续，第二次住进协和医院五楼高干病房。

一次新的全面检查开始了，这是非常关键的检查，在这次检查中才彻底查清了病源，检查情况在溥仪日记中有详细记载。

5 月 27 日　星期四

二次住“协和”第三天。

上午 8 时许，钟〔守先〕大夫伴我到泌尿科，经吴德诚大夫作膀胱镜，并作肾照影。又用电烧前次膀胱内的瘤根，只半小时做好。晚，到休息室看电视。

5 月 28 日　星期五

住院第四天。

到院散步。上午钟〔守先〕大夫来，我问他肾照相诊断如何？钟谓自己不是泌尿科，是外科，恐诊断不确，还是等吴德诚大夫来再告诉你。10 时许吴大夫来，他说，这次电烧系对上次膀胱根（有点红）的烧，插管入肾内有红血球，因此可能肾内有问题。这次插管是在左边（上次是在右边，没问题），插管 26 厘米（共长 40 厘米）。

肾相片可能今天洗出，他拟晚上来告诉我如何。吴谈，即使肾内有瘤，并不难治，现在治，还是早期。又谈，过去发现膀胱瘤两个：一如黄豆大，一如小桑椹大。按照这个大小形状看，它不可能早在二年前即有红血球或出血，所以他早顾虑肾内有毛病。前次在“协和”检查出的桑椹大的瘤子，在人民医院检查，他们说仅如黄豆，而这次看如小桑椹。因此，吴大夫也疑可能是从这里出血。另一方面，吴尚怀疑肾脏有病。第一次肾照影时插管仅插入膀胱右侧，左侧插一点即痉挛，未能深入。因右侧判明无问题，所以这次检查没有插右侧，而专插左侧，似有毛病，等照片洗好后再决定告我。

5月29日10时后，吴德诚大夫说，在左肾有二花生米大的瘤子（联结），必须治。

溥仪在5月29日的日记上，还按照吴德诚大夫的介绍，勾画出三幅速写：一为“肿大的变形”，一为“首次照影不明”，一为肾内乳头状瘤的示意图。吴大夫向溥仪讲的那些话显然还是有所保留的，作为医生不能不考虑病人的精神负担。此时在溥仪的病历上早已载明了诊断结果：左肾乳头状瘤，须行左肾及输尿管切除术。

医院迅速地向政协反映了溥仪的病情以及施治方针，政协又毫不迟延地向周恩来作了汇报，总理当即指示：“要征求家属意见，要把手术做好。”

手术于6月7日进行，由吴德诚大夫主刀，取左肾手术1小时，切膀胱一小部连输尿管半小时，顺利施行完毕。6月11日做出化验结果：切除的左肾肿瘤系“移行上皮细胞癌”，属恶性肿瘤。

到6月15日拆线时溥仪已能够自行活动行走了。这天下午，中共中央统战部平杰三部长和全国政协李金德副秘书长到医院看望溥仪，祝贺手术成功，希望他安心养病。那些天，刘澜涛等领导同志也先后来到医院，向溥仪问寒问暖，为他高兴。

6月26日，经3次向膀胱内注射防癌药后，溥仪于下午4时出院。在这次住院的一个月时间里，宋希濂夫妇、杨伯涛夫妇以及张述孔、杜聿明、郑庭笈、周振强、沈醉等专员都曾到医院看望溥仪，七叔载涛、溥杰夫妇以及妹妹、妹夫们更常常来，妻子李淑贤则干脆守在床头不离开，这一切无不使溥仪感到温暖和欣慰。

医生要求溥仪出院后仍须休息，但他把长期改造“争”来的工作之权看得特别圣洁，不上班就感到难受。

可是他的顶头上司沈德纯以医嘱为重，怕他累着，说啥也不答应他的上班请求，几次让博杰传话："告诉溥仪可安心休养，不要急于上班。"又开玩笑说："我是北洋组组长，又是学习组长，有权让他休养嘛！"专员们集中学习"四清"文件时沈老也不让他参加。

溥仪"苦熬"了一个月，实在呆不住，遂于7月27日按上班时间准时跨进专员办公室。申伯纯惊讶地问道："你也来上班？怎么行！"沈德纯则以批评的口吻对他说："你的身体不属于你个人，要为国家而保重啊！"但这已经不能说服他，还是张刃先主任聪明，想出了"半日上班，半日休息"折衷办法。

8、9、10、11这四个月中，溥仪病情稳定，偶尔也有尿血现象，但经几次检查，情况还好。据溥仪日记记载：9月8日，张刃先主任在百忙中陪他到协和医院，"经吴大夫检查膀胱镜，未见长瘤，又作右肾照影二次，也好"；10月17日，"早7时半到协和医院，经吴大夫作膀胱镜和逆行照影，尚无新生瘤"；到11月份曾有过连续几天的尿血现象，却很快又好转了。

12月5日，协和医院吴德诚大夫电话通知政协，要求溥仪住院检查。于是，他在8日第三次住进协和医院。当天日记有载："吴大夫通过张刃先主任电告沈老，让我今天到协和再检查。领导的关心与吴大夫的负责使我非常感动。一定把身体养好，早日出院，努力工作和学习，为人民服务。上午，政协派车送我到协和，贤同来。和吴大夫、关大夫谈话，吴大夫谓：约住两星期，每晨检查小便，过几天试膀胱镜和逆行照影。"

入院第4天，验尿呈阳性，说明又有癌细胞了。12月18日，由著名泌尿科专家吴阶平主持，对溥仪进行全面检查，发现他惟一的右肾内确有可疑的阴影，病变已很明显。溥仪在当天日记中详细记载了检查过程："早8时，吴德诚大夫约吴阶平一同检查。8时半，吴阶平亲自检查尿道镜、膀胱镜和逆行照影，至10时半检查好。在泌尿科照数张，又到二楼放射科照拍断层数张，还从肾直接下管接尿检查。吴德诚大夫和放射科张大夫均在旁……吴大夫谈，照相有阴影（前次也有），可疑。要经尿道检查后，再决定结果如何。”

右肾阴影肯定是不祥之兆，但暂时尚无结果，而溥仪却被一次突然决定的手术，引入新的病痛中。事情是这样的：就在这次全面检查的次日，溥仪忽然盲肠剧痛，夜间尤甚，几不可耐。医院决定立即做阑尾切除术，手术是在12月20日晚上10半到11时半进行的。

李淑贤回忆手术情况说：“手术前，溥仪不让医院通知我，怕我着急。我是在术后第二天早晨才从护士打来的电话中知道了已经发生的事情，赶到医院时，他还处于昏迷状态，口里不断吐出黑紫色的沫子，几天无尿了。由于尿毒症并发，病情更为恶化。头晕、恶心、腹痛、一阵阵咳嗽，特别是大、小便不能通畅，使他纠缠在深深的痛苦中。医生们想了许多办法都没有奏效，后来吴德诚大夫决定采取膀胱镜和肾管导尿，情况好转。中医研究院蒲辅周老先生开的几付中药也逐渐显示了威力，溥仪终于能够通畅地排尿了。”

在溥仪最痛苦的时候，党给他送来了温暖。周恩来总理以及中央统战部和全国政协等相关单位，都收到了协和医院新发出的《关于溥仪病情的报告》，已经获悉溥仪病情的严重程度，知道他不幸地患上了双侧肾脏性癌瘤，这将是致命的，但无论如何也要全力抢救。从12月23日到25日的三天中间，全国政协文史资料研究委员会副主委沈德纯、全国政协副秘书长李金德和申伯纯、中共中央统战部副部长平杰三等先后到医院看望溥仪，问候病情。有一次，溥仪刚从昏迷中醒来，就看见平部长俯下身来，轻轻地对他说："周总理和彭真市长都很惦念你，让我来看看。"溥仪连连点头，热泪盈眶。他后来才从沈醉嘴里得知，是平杰三向周总理报告他的病情后，总理亲自指示立刻召集北京名医抢救他的。那几天，他头昏眼花手发颤，连笔也握不住，但还是坚持把平部长转达的盛意写在日记上，那颤动的笔迹着实难辨，而在弯弯曲曲、断断续续的字里行间，却清晰可见跳动着一颗真诚的心。

四

当由于盲肠炎引起的病变平复以后，溥仪又在 1966 年 1 月 5 日接受了一次关于肾病的会诊。右肾癌已被确诊，因为这已是溥仪惟一的肾，不能手术摘除了，经讨论决定采用小剂量放射治疗，辅以服用化学抗癌药物，以求控制病情的发展，延长生命。就在这个治疗方案确定之际，总理办公室主任童小鹏又受到周恩来的指派，前来看望溥仪了。继而一份新的《关于溥仪病情的报告》又摆在了西花厅内的办公桌上，总理仔细阅看了会诊结果和施治方案，在 1 月 9 日批示"请平杰三同志注意"。

考虑到情绪问题，主治医生对患者的病情说明不能不有所保留，吴德诚大夫告诉溥仪说，下一次治疗将是"预防性的"，服药和烤电。至于右肾阴影究竟是什么东西？大夫说的也很巧妙，以下是溥仪写于 1 月 12 日日记中的一段话："下午，小便又有红色。吴德诚大夫说不必再作膀胱镜，我们已知道其原因，血是从肾脏出来的，不一定是瘤，也可能长肉瘤。从明天起即可试服癌药水（起冲洗作用），以后再烤爱克司光。"稳定患者的精神状态，对整个治疗安排或许是有好处的。然而，早在半个月前，一个不幸的消息已在专员中间传开：癌症已在溥仪仅有的右肾上发生，当为不治之症了，伴着这个消息还有一条纪律：

暂对溥仪夫妇保密。

所谓“预防性的”治疗其实正是“抢救性的”治疗，这次以烤电为主的治疗，在1月5日确定后，从1月12日起进入具体的准备过程。那天，日坛医院派了一位有经验的细胞学大夫来了解溥仪的病历、病情，准备承担烤电任务。1月13日下午，日坛医院院长吴恒兴亲自动手，同协和医院放射科张大夫一起，为溥仪标定了放射爱克司光的肾部位置。同时，约定好从1月14日起，每天上午9时到10时，在日坛肿瘤医院照射钴60_2。

1月14日溥仪接受第一次放射治疗，并记下了当时的情况：“上午7时半，协和施正文大夫伴我乘政协汽车到日坛肿瘤医院。先到客厅，由魏新林大夫、杨大望大夫出来接待，吴恒兴院长也赶到了。先与施大夫谈话，后即同我到钴602室，同位素放射9分钟。约11时还协和医院，大夫、护士均送到室内门，魏大夫再送到车上，非常诚恳，可感。这都是党对我的关心，对我的救护，真是没有话可表达自己的感激。”

当天下午，沈德纯夫妇来看，第二天沈老又陪同卫生部指派的一位女同志前来了解放射治疗的有关情况。前不久，政协文史资料研究委员会办公室第一副主任张刃先和政协联络组办公室主任赵增寿带着新鲜水果到医院慰问溥仪，他们还带来了中共中央统战部徐冰部长及平杰三副部长的亲切问候。接着，国务院总理办公室主任童小鹏又一次来了，他还是那么爱说爱笑，似乎整个病房都欢快起来。

在1月17日的日记中，溥仪记载了医务人员精心护理病势沉重全身痛楚的他到日坛医院接受放射治疗的情形：“薛淑珍护士用小车从卧室推我到地下室门口，乘政协汽车往日坛医院作钴60_2放射。薛护士和王司机扶我上台阶，薛又助我坐车上。到后，一日坛护士接，由魏大夫为我放射9分钟。后，魏大夫自己推车送我出房门，再送到车前。薛护士、王司机扶上汽车，薛护士把自己的棉外衣给我盖上，我让她穿，坚不肯，仍给我盖上。到协和，仍由薛护士推车送我入室。”

1966年的春节，溥仪是在医院中度过的。政协领导和专员们以及溥仪的亲属纷纷前来探病、叙谈，医护人员来来往往互致问候，节日过得很愉快。

这个时期，溥仪一直进行烤电治疗。溥仪日记1月27日载：“上午到日坛肿瘤医院烤电（护士黄金龙从），吴院长、魏大夫又把放射点范围扩大一公寸（外围射3分，内围5分许）。我问魏大夫，魏谈系两小瘤，似小黄豆。他说，烤电可以治好，不算晚，放射到验尿再无瘤细胞就算治好。”

可见魏大夫已经较多地向溥仪透露了病况实情，使他确知那魔鬼般的右肾阴影，原来正是如小黄豆的两个小瘤。烤电的疗效究竟怎样呢？魏大夫认为初见好转。他向协和医院的主治大夫介绍情况说，许多瘤细胞经烤电后破碎了，应继续放射三个星期再观察，此间可暂停接受其他治疗。

2月6日下午溥仪出院，这是协和与日坛两个医院经过磋商，为了便于继续施以放射治疗而决定的，从而结束了在协和医院共58天的第三次住院生活。这期间，卫生部副部长史书翰与协和医院党委书记林钧才，特邀许多名医，如溥仪在其通讯录上记下名字的吴阶平、吴恒兴、许殿乙等泌尿科或肿瘤科专家，给溥仪会诊多次。就在溥仪出院那天的日记上，还有一笔经济账的记载，表明这次住院的总费用为725.28元，其中自费83.81元，主要支付伙食费，其余均由公费报销。在这里，溥仪所记绝不是一页简单的“流水账”，而是对社会主义国家公费医疗制度的发自内心的感激。

溥仪出院后，李金德和张刃先来到溥仪家中看望，他们摸透了溥仪的脾气，知道他一出院就急于上班，这次是先来“封门”的。他们说这次出院是为了更好地接受放射治疗，要听大夫的话，好好休养。

2月22日下午，一辆小汽车停在溥仪家门口，从车上走下来全国政协办公室副主任冯廷雄，是来接溥仪到河北省招待所会见李德的。怎么回事呢？欲知原委，还要从头说起。

2月5日，即溥仪出院的前一天，同房病友——中央劳动部机关党委副书记郝刚向溥仪介绍了一个情况。他说，河北省监委书记李德曾患肾癌，在北京医院割去一肾，嗣后又尿血，经检查知膀胱生一瘤，于是将膀胱也割去一半。仍是尿血，经吴阶平等泌尿科专家会诊，认为是膀胱生瘤，拟把膀胱全部割去，但李德不肯。从此，一面在北京医院用药水冲洗膀胱，一面在宽街中医院口服中药。这时，有人向李德的爱人介绍祖传秘方，服后效果显著，渐至痊愈。经医院检查瘤已全失，医生大惊，询其究竟，李德讲述了治疗过程。郝刚的介绍引起溥仪很大的兴趣，从李德恢复健康的事实看到了希望。热情的郝刚就要打电话请李德来详谈，溥仪连忙制止，并对他说，我明天出院，自己去找他，不该再麻烦人家跑来一趟。于是，郝刚立即笔示了李德的住址和电话号码。第二天，溥仪十分感激地与病友郝刚握手话别。

很不凑巧，溥仪按地址找到李德住处后，发现他已返回天津的机关去了，很感到遗憾，遂把心思告诉了张刃先。机关领导闻讯后立即派人专程去天津，并与李德约定了在北京与溥仪会面的时间，正是2月22日下午。

在河北省招待所，李德热情接待了溥仪，介绍了症状和治疗情况，并把早已抄好的一张专治膀胱出血的祖传秘方单子交给溥仪，他感激地握紧李德的手，连声说：“谢谢！谢谢!”会面后，冯廷雄又送溥仪回家，汽车穿行在首都的宽平大路上，车内，两人贴心地聊了起来。

“你住院期间手术又并发尿毒症，周总理很担心，立即指示平杰三部长组织名医全力抢救。”

“后来平部长去看我，我还处于昏迷状态，当我稍稍清醒时平部长就告诉我，说总理和彭市长惦念我呢！我当时太激动了……”

“协和医院对你也是极端负责的，每次给你的处方都要经过医院党支部同意，并向政协机关通报。”

“我的新生是党给的，我的健康也是党给的，但我为党做的工作太少了……”

“你还要乐观，要有信心战胜病魔!”

“我应该这样!”

听见汽车鸣笛，李淑贤已经开门来接了。

溥仪烤电治疗期间，出现了白血球下降的症状，由6，500减为4，800。为了防止发生急性肾炎，医院在2月25日决定，暂时停止钴放射，休息两个星期。

溥仪对中医有兴趣，倾向于中、西医结合治疗，从3月2日起到中医研究院肿瘤科请王赫焉大夫诊治开方，隔几天看一次，以后又多次请蒲辅周看病。尤为可贵的是，溥仪能运用自己的中医知识，详细记录老先生诊病时的症状、脉象、施治原则和依据，并全文抄录药方，已形成研究老先生临床经验并进而研究中医科学的非常系统的珍贵资料。

病情经过烤电而缓解，日坛医院吴恒兴院长在3月30日对溥仪说，过去尿中有很多癌细胞，烤电后许多已经被破坏了，癌细胞数量迅速减少，到3月25日验尿已没有了。他说，等一个月后再作轻微烤电，以便巩固。

为了对溥仪的身体负责，协和医院认为有必要进行一次全面检查，要求他于1966年3月31日第四次住进协和医院，目的是检查。4 月 14 日进行会诊，溥仪在当天的日记中写道："协和约日坛吴恒兴院长来会诊。吴院长谈，经 10 数次查尿，均无癌细胞。他的意见可以上半天班，小量活动，不要吃太多，不要饮酒，少吃药（主要指中医）。今后两个月内，每星期四作一次尿检查，如无问题两个月后可考虑再住院作膀胱镜和肾脏照影，并结合定位再作是否烤电的决定。"

4 月 16 日，溥仪出院。这次住院的病历上填写着："诊断：右肾癌，左肾乳头状癌术后。"

出院后，溥仪坚持中医治疗，长治慢养，病情稳定达半年之久。长时间脱离工作岗位而早已按捺不住的溥仪，于 4 月 29 日到协和医院请吴大夫写了"可以上班"的诊断证明，他是那么高兴！第二天就早早地跨进了政协的大门。在党委办公室，溥仪先后与李金德、申伯纯、沈德纯、张刃先等领导谈了话，虽然都知道是无法再劝他"安心静养"了，但还是要求他"暂不工作"，"可以适当参加学习，听一听，不必发言。"领导同志讲："总理很惦念你，如果我们对你的身体照顾不好，我们要受批评的。"

溥仪满腔热情地投入到工作之中，参加专员学习，积极发言，主动地"抢"工作干，然而他没有料到，由北京大学的一张大字报而祸及全国的人间浩劫，比病魔更厉害百倍地袭来了，它残酷地剥夺了溥仪与病魔长期搏斗好不容易才争得的为党工作的珍贵权力。维持半年之久的病情稳定也终于在破四旧的"红色恐怖"中被破坏了。

五

1966 年 10 月中旬，溥仪的血压开始不稳，时而升高到 170/90，时而又降了下来，为此他又背了包袱，瘤子还没有去净，又添了新毛病，究竟应该先治哪种病呢？其实，“当局者迷，旁观者清”，了解内情的董益三有如下记述：“就买菜之便到老溥家走了一趟，老溥到公社医院门诊部查血压去了，仅李淑贤一人在家。坐了一会儿，老溥回来了，据他说血压为150/84，这血压不算高，应没有什么问题。但老溥为此背了包袱，是以服血压药为主，还是服肿瘤药为主呢？两口子的意见不统一，结果打电话问大夫，回答说可以兼服。老溥的血压据我看没有问题，这些时血压升高是因为东北来信引起了烦恼，再加上不爱活动以至睡眠不好的缘故。”

老董的话很有道理，溥仪健康上的主要敌人还是那个潜伏着的右肾癌。10月26日溥仪在协和医院验尿时又发现疑点，很可能是几个月没有发现的癌细胞重新出现了。到12月初又发生严重的贫血症状，右胸奇痛，检查血色素仅6.5克，时而流鼻血，时而昏睡不醒，全身浮肿也有多日了，无情的凄风苦雨又来席卷他那所剩无多的健康，为此医生特嘱“多休养”。然而，举国一片混乱，正值“四人帮”制造的腥风血雨席卷神州的历史时刻，心情万分沉重的溥仪，又怎能得到平静的休养呢？层层阴影、重重愁云笼罩着中国末代皇帝新建立的家庭，当时李淑贤也是面容憔悴，精神萎靡，肾盂症又发作了……

12月23日，一个更大的打击临头了：溥仪因尿毒症突发，经人民医院检查后，以“急症”于当日晚上第五次住进协和医院，当时他面部浮肿，流鼻血，腿部凹陷性水肿，非蛋白氮增高，诊断为右肾癌、尿毒症、左肾癌术后。丈夫沉疴在身，李淑贤担心极了。第二天，她曾向宋伯兰哭诉自己的不幸遭遇，董益三记述当时的情形说：“据吴大夫说，溥仪是肾功能有问题，引起尿毒症，可能好不了。淑贤一面说，一面哭，哭她今后怎么办？哭她的命苦……十分悲痛。”

溥仪入院后每天抽血、注射、输液，这是他在内乱期间的首次住院。老领导们如沈德纯、张刃先等，仍像过去一样常常到病房来看望，那些朝夕相处的同事们，如杜聿明、宋希濂、郑庭笈、廖耀湘、罗历戎、杜建时、周振强等专员，也都不时地携带夫人前来探视。沉醉在其回忆录中写道：“溥仪生病时，我经常带着我 1965 年在北京结婚的妻子去看他。因我的妻子是医务工作人员，可以给他看看病和买点药，那时住医院很困难。”

溥仪的亲属如七叔载涛、二弟溥杰以及几位妹妹和妹夫，则更是常来常往，轮流陪伴。然而，这赫赫有名的协和医院也和社会上其他单位一样，在“文革”的狂风暴雨中一改容颜！严酷的现实使溥仪和他的妻子以及亲属们都目瞪口呆了。

溥仪入院的头几天，自觉症状有增无减，病势日趋严重。他想邀请蒲辅周老先生诊治并试服中药，但医院根本就无人理睬这位病入膏肓的知名人士。更令人气愤的是，随着“文革”的发展，派性“内战”的普遍发生，协和医院两派斗争竟把溥仪这个重病患者也给牵了进去。“造反派”攻击对方，就以溥仪住高干病房为借口，指控“保皇派”把“货真价实的封建帝王”安排在高干病房，是“坚持资产阶级反动路线”，扬言要驱逐他。

据沈醉讲，像溥仪等人在医疗方面所受到的特殊待遇，原是周总理在 10 年浩劫之前特别下手令规定的。那个规定明确说：“全国政协文史专员的医疗关系，一律按高级干部待遇。”因为有了这个规定，专员们看病就不用排队了，只要给医院保健室挂个电话，医院便立即根据患者的“高干医疗证”上的号码调阅病历，并约定就诊时间，由医术较精的老大夫诊治，根据病情给予施用一般情况下难以得到的名贵药品。需要住院的，只要经过保健室的医生决定后，便可以住进高干病房。可是，“文革”席卷过来了，专员们又恢复了“帝王将相”的身份，成了

“黑几类”之一，别说是“高干医疗待遇”，就是排队挂号也不给用药，甚至随时有挨骂的可能：“死一个，少一个，不给药，回去等死吧！”

针对中国末代皇帝的“逐客令”终于下达了，医院“群众”不同意溥仪继续住在高干病房，因此须搬走。当患者本人尚未被告知时，已经闻讯的李淑贤则急得团团转，她一气跑到全国政协机关，已经是晚上七八点钟光景，早过了下班时间，一个领导没碰上。又跑到护国寺，向博杰讲了医院的情况，也讲了溥仪要求请蒲辅周老先生看病的想法。溥杰立刻找沈德纯汇报，而沈老又汇报到总理办公室。总理闻讯后亲自给协和医院打电话，明确指示：应允许溥仪继续住在高干病房，要给予悉心周到的治疗和护理。总理还亲自告诉蒲老，说溥仪请他诊病，并委托他去时代致问候。

12 月 29 日，蒲老受总理委托，应协和医院和政协的邀请，前来为溥仪诊病。老先生一跨进五楼一病房就对溥仪说：“周总理很惦念，让我来看看你！”溥仪热泪盈眶，紧紧地握住蒲老的手，好半天也不撒开。从此蒲老常来诊病开方，采用中西医结合的方法给溥仪治病。

蒲老来的这天，溥仪觉得精神上特别痛快，好像病已减轻了。入院以来有增不降的尿毒，从是日起显著好转，迅速下降了。是周总理的过问和蒲老的到来，给四面楚歌的溥仪带来了欢乐和希望，与此同时，协和医院第 12 次向总理办公室、全国政协和卫生部发出了《关于溥仪病情的报告》。此后病情进入一个停滞时期，没有好起来，也没有坏下去，蒲老的部分诊断结论和西医检查结果，可以说明这种情况。

1 月 5 日：液不足，舌淡，宜滋肾养阴。

1 月 13 日：舌白腻苔未退净，宜半调心肾，理脾胃。

1 月 21 日：脉弦滑，苔白腻，色黯，大便好转，睡中筋惕，由肾气不足，心气亢虚，宜继续调理心肾。

然而，溥仪的非蛋白氮一直在70—90之间，远比正常人为高。右肾癌，面对这致命的魔鬼究竟应该怎么办呢？溥仪在1967年1月28日日记中记下一个十分动人的情节：“通电话闻贤言，倪大夫建议我换一个人工肾，贤自称可将她的一个肾给我，我坚决反对这个建议。我服中药等治疗，虽然一肾有病，也可控制见好，怎能割剩下一肾换贤？倪大夫的这个建议真是毒辣，要害两个人，噫！但是，他是痴人说梦，根本做不到的！”

倪大夫系从工作出发，是按医学允许的条件提出意见的，显然他被冤枉了。当然，溥仪出于对爱人的感情，一时偏激而说了鲁莽话，并非基于对大夫的积怨，倪大夫也是不会怪罪的。

随着“文革”掀起的阵阵浊浪激流，历史悠久的协和医院也在“造反派”的锣鼓声中改名为“反帝医院”。医院改个名字倒也罢了，糟糕的是一部分医护人员的服务态度也发生了变化，并且医疗质量也大打折扣，特别对于高干病房的患者，态度更为恶劣。

2月2日医院接到一项“政治任务”，治疗在苏联被打伤的9名中国留学生，随后又增加了在伊拉克被苏驻伊使馆人员打伤的4名中国留学生。为此，医院先后通知一批患者提前出院，让出病床。谁将首先被赶走？目标自然是革命老干部，所谓“走资本主义道路当权派”。眼见一位患严重心脏病的病友单殿元遭到驱赶，溥仪心中的悲痛之情是难以言喻的，回想自己在伪满“新京”当“康德皇帝”时，这位病友已经拼搏在抗日战场上了，如此革命功臣竟然被“造反派”轰出了病房，更何况他的病头天晚上还曾发作，呼吸困难，堵闷得难受。正当“末代皇帝”为他昔日的政敌、今天的病友鸣不平的时候，他本人也被医院定为“腾床”对象，迫于形势，只得迁往北医附属人民医院一号病房，这是他第二次住进这家医院的普通病房。

这次在人民医院住了 18 天，主要是观察，经常检查非蛋白氮、二氧化碳结合力和血压，服西药，注射睾丸酮，也请蒲老开方，吃中药，至 2 月 20 日出院。这期间，溥仪面部仍浮肿，食欲也很差。

出院才几天，溥仪又感冒了，而且尿毒症复发，情况严重。2 月 27 日检查结果，非蛋白氮 99.6，二氧碳化结合力 21，血色素 57，极不正常。

3 月 1 日，溥仪又第三次住进人民医院，一面继续服用蒲老的中药，一面注射胰岛素、输葡萄糖液、抽血，然而，没有收到明显的疗效。

经家属要求，14 天后溥仪转院，第六次住进协和医院，一直住了 47 天。“文革”中的医院风气变了，医护人员的服务态度深深地刺痛了溥仪的心。到 4 月下旬，他的病又有起色，非蛋白氮已从 90 降到 60，终于又伴着明媚的春光出院了。住院病历上只有很简单的记载：“因双肾肿瘤，尿毒症加重，再次住院。吴德诚大夫检查病情并采取治疗。”不久，另一位大夫又作出如下诊断：“肾功能不断恶化，术后不良。”

从 1967 年 4 月末到 9 月末，溥仪在自己以公民身份手创的小家庭中度过了生命末期的 5 个月。这 5 个月里，他几乎天天看病，请蒲老开方。然而，任何一位高明医师，对于病入膏肓的患者也是爱莫能助，无力回天。老先生尽着最大的努力，延缓中国历史上最末一代皇帝的生命，总想让他能随着时代走得更远些。同事们也为他着急，有人给他介绍民间大夫，有人帮他找来治癌偏方。6 月 27 日溥仪偕同妻子前往和平里政协宿舍罗历戎家，抄回了“半枝莲”治癌秘方，据说已治愈 200 名癌症病人了。那天住在和平里的专员同事盛情欢迎溥仪夫妇“李以劻、廖耀湘、杜建时、范汉杰、罗历戎以及王耀武妻合伙招待吃便饭”。然而溥仪的病势还是日趋沉重，7月、8月和9月，他从每两周上医院复查一次，进而一周复查一次，从全身乏力、胸闷气短、呼吸困难，逐渐发展到不能走路，生活不能自理，连洗脸、洗脚、洗澡也都要由妻子服侍了。在9月中旬的病历上，已出现了“心力衰竭”的记载，虽然博杰曾千方百计从日本空运固体血浆到北京，准备给严重贫血的大哥输入体内，但为时已晚。

1967年10月4日上午，溥仪还由妻子搀扶着到协和医院门诊部诊病取药，当天下午还约请友人沙曾熙的女儿与其男友在家中会面，并留他们吃饭，当年老沙给溥仪和李淑贤当大媒，而今这两口子又给老沙的女儿介绍对象了。溥仪怎么也想不到，刚刚送走快乐的年轻人，自己却病情恶化了。

次日凌晨5时，一位身材瘦高、面色苍白的病人，被一大帮亲属护送着来到人民医院急诊室，来者正是溥仪，他痛得在床上滚来滚去，李淑贤急如星火，到处奔走，求人帮忙，在一个白天里，分别到人民医院和协和医院作了检查。根据病情急需住院，但床位很紧张，医院内部分人员在极“左”路线影响下反对收留一个“封建皇帝”住院。情况刻不容缓，政协立即向中南海内的总理办公室反映了情况，总理很生气，提笔批示“特殊照顾”。批示传达到人民医院后，医院虽然不得不同意收留住院，但在泌尿科病房竟找不出一张闲床，于是暂时住进内科第9号病房。就在这里，溥仪度过了生命的最后几天。沈醉后来对这件事有如下评论：“这事真太凑巧了，在中国历史上一直把九当成极数，所以对皇帝常常爱用九，如九五之尊、九重天子……而溥仪这位末代皇帝住院的病房号为九号，这种无心的安排，好在出自造反派头头，要是别人，他们一旦听到读书人的指点，那还得了！”

这位心力衰竭病弱不堪的老人在自己生命的最后时

刻，仍以颤抖的手，费劲地握住已经实在难以控制的3寸笔管，记呀，写呀，字迹已经模糊不清，可那精神和毅力能见、能知。在一个2寸半长、2寸宽的小笔记本上，却有一页字迹清晰，笔法刚劲，那是溥仪在10月6日，即逝世前11天，写给妻子的一张便条，内容是：小妹，我感气虚。你来时，千万把东西带来。今天晚上服用。耀之。”溥仪字耀之，“小妹”则是他对妻子的爱称。

10月8日，当宋希濂和杨伯涛到医院看望溥仪的时候，他只是依靠输氧和注射葡萄糖维持生命了。

1967年10月12日，溥仪留下绝笔。这位一生好记的人所写的日记至是日而终，他再也无力握管了，绝笔日记也十分模糊，难以辨认。但仔细辨认还是看得出，他这最后的字迹是在抄录蒲老的诊断和药方。据沈醉回忆，溥仪这次住院后，周恩来一直为他操心，曾让许多有名的大夫去看他，但那时几位名大夫也正在挨批斗，所以去得少。只有蒲辅周老大夫去过几次，为溥仪切脉后认为病情严重，需要长期治疗，好生护理。

六

溥仪睡了，还听得到他从嗓子里发出的细微的呼噜声，悲戚如痴的李淑贤一直紧挨着丈夫的身体焦急地等待，一位在他家工作过的保姆红着眼圈守候着，外甥宗光也守候在侧低声抽泣。就在他停止呼吸的前几分钟，二弟博杰闻讯赶到了。在这最后时刻，李淑贤又快步跑向医院值班室，喊来几位医生，做了轮番抢救。时间一秒一秒地过去，已经全身浮肿的溥仪终于又睁开眼睛，转动眼球，看看妻子，又看看二弟，才最后呼出一口长气，安详地与世长辞了。李淑贤再也按捺不住心头的巨大悲痛，伏在丈夫的遗体上放声恸哭，时为1967年10月17日凌晨2时

30分。中国历史上的末代皇帝溥仪先生，永远离开了他留恋并热爱着的20世纪60年代的新世界。

天一放亮，消息迅速在亲友中间传开，悲痛的人们从四面八方涌向人民医院。

李淑贤在保姆帮助下，给丈夫穿上刚刚拆洗的棉衣棉裤，口中喃喃说："这是为今年冬天准备的，穿去吧，能遮遮风寒。"因为溥仪双脚浮肿，妻子特意让保姆上街买双大号新棉鞋，她说丈夫生前爱散步，鞋要穿舒服些。继而又把丈夫平时最喜欢的一顶深蓝色呢帽端端正正地给他戴在头上。接着，又让人取来他平时使用的枕头和褥子，为亲人展铺身下，垫正头部。

李淑贤凝望着爱人的遗容，亲友们纷纷上前劝她节哀，请她暂时离开遗体，她哪里肯依？向来劝的人们说："你看，溥仪的眼睛和嘴都半睁半闭，是对我不放心哪！"于是，用手轻轻地抚摸爱人的脸，直到他的双眼闭住，嘴也闭严，又给爱人梳梳头，这才允许保姆把盖在丈夫身上的白布单拉过头顶……

10月18日上午，总理办公室一位负责同志来向李淑贤转达总理亲切的慰问之意："总理得知溥仪先生去世的噩耗，心情非常沉重，总理衷心希望您节哀，保重身体。"来人还根据总理指示，详细询问了溥仪的病情以及逝世前后的细节。他告诉李淑贤，总理担心在"文革"中医疗方面可能对溥仪先生照护不周，还说："总理嘱咐我们要查清这方面的责任。"

范汉杰、罗历戎、李以劻夫妇、董益三夫妇以及廖耀湘夫人张瀛毓、王耀武夫人吴伯伦等闻讯纷纷来到医院或溥仪的家，向李淑贤表示慰问。专员学习组副组长宋希濂根据大家的要求，向政协领导请示可否在遗体火化的时候，搞一个简单的告别仪式，以表达对于溥仪的哀思。然而，"文革"期间，到处狂叫"揪叛徒"的时候，有谁敢来作这个主呢？只好答复以“待通知”，但通知却迟迟不来，“泥牛入海无消息”。10月19日，遗体在八宝山火化，因为始终没有得到“通知”，亲友和专员们便自己作主，前往为溥仪送行。沈醉后来回忆此事时气愤地说，本来我们都想前往医院与溥仪的遗体告别，政协造反派竟然不准，只让他的几位家属去了一下。那时候这些人为什么会失去人性而与禽兽无异呢？

骨灰的处理在当时也成了一个难题，后来还是周恩来作了指示，总理在困难的处境里，把自决权交给了爱新觉罗家族。指示说，可以由家属选择在革命公墓、万安公墓和其他墓地的任何地方安葬或寄存骨灰。10月21日，爱新觉罗家族的主要成员聚会讨论了这个问题。七叔载涛提出还是放在八宝山人民骨灰堂好，溥杰完全赞成，他说：“总理的指示说明他老人家也有难处，我们不该再添麻烦，可以放在群众公墓。”李淑贤也没有异议，她说：“溥仪生前爱热闹的地方，放在群众公墓，长期和人民、和老百姓在一起很好。”这样，经家族一致商定了。第二天，李淑贤、溥杰和一位街坊的女儿一起到八宝山人民骨灰堂办理了寄存手续。

若干年以后人们才获知，出于尊重满族人民的生活习惯，周恩来曾建议为溥仪修建陵墓，家属不同意这种做法。70年代中叶，日本共同社记者采访溥杰后发表一篇题为《穿着中山装的旧满洲国皇帝之弟——溥杰》的文章，文中提到溥杰对横堀洋一讲：周总理等中央领导同志“曾对我说，是否要建立一座漂亮陵墓？作为一个市民，我拒绝了”。

溥仪逝世了！周恩来一直没有忘记这位在后半生中做了好事的中国末代皇帝，总理接见国际友人的时候经常提到他。70年代初，日本《朝日新闻》以《恢复邦交是人民的愿望》为题，登出周恩来在该报编辑局长后藤基夫访问我国东北后会见他的谈话内容。文章写道，后藤编辑局长说，东北有了很大的发展，嗣后周总理说：“发展是有，但不能说很大。不论怎么说，‘满洲国’的时代是绝对不能回来了。‘满洲国’的皇帝溥仪已经死了。说句公道话，最后他改造得不错。”周总理在给我们看了《我的前半生》后说：“你们都读过他写的这本《我的前半生》吧！从他来说认识是提高了。不到60岁就死了，如果不得肾癌的话，一定会活得更长。使一个末代皇帝能有这样的觉悟，不是一件容易的事。”美国《纽约时报》助理总编辑托平也曾在一篇自北京发回的报道中写道：“周恩来追述说，自从1949年以来，被打倒的中国国民党军队的高级军官一直住在北京，受到了很好的照顾。他还提到被废黜的日本傀儡、‘满洲国’皇帝溥仪，直到三年前去世，一直住在北京过自由生活。”

附　录

政治生涯

短暂继位

宣统帝名爱新觉罗·溥仪，光绪三十二年正月十四日生于北京什刹海边的醇王府，是道光皇帝的曾孙，光绪皇帝胞弟载沣的长子。

光绪三十四年（1908年）十月，慈禧太后和光绪同时生了重病。在光绪皇帝临死前一天，慈禧太后也行将不起，由于光绪皇帝无后，慈禧太后在中南海召见军机大臣，商量立储人选。军机大臣认为内忧外患之际，当立年长之人。慈禧太后听后勃然大怒，最后议定，立三岁的溥仪为帝，并让溥仪的亲生父亲载沣监国。

接着，光绪、慈禧在两天中相继死去。半个月后，溥仪在太和殿正式登基，由光绪皇后隆裕和载沣摄政。第二年改年号为宣统，就这样溥仪初次登上了大清王朝末代皇帝的宝座，即位时年仅3岁。

宣统三年（1911年）辛亥革命爆发，次年2月12日，隆裕太后被迫代溥仪颁布了《退位诏书》，宣告了清王朝的灭亡和延续了两千多年的封建君主帝制的结束。

辛亥革命

宣统三年（1911）八月十九日，湖北革命党发动武昌起义，全国响应，各省纷纷宣布独立。

宣统三年（1911）八月初三，湖北革命团体共进会与当地新军中的秘密革命组织文学社联合，建立领导起义的机构。文学社首领蒋翊武任总指挥，共进会首领之一孙武为参谋长。八月十九日武昌新军因情况发生变化提前起义。二十日清晨，攻克总督衙，起义军占领武昌城。二十一日，汉阳、汉口均告光复。新军协统黎元洪被推为都督，组织湖北军政府，向全国宣告独立。继武昌起义之后，湖南、陕西、山西、云南、江西、贵州、江苏、广西、安徽、福建、广东、四川等省先后宣布独立，将清王朝推翻。因为这一年是辛亥年，所以史称“辛亥革命”。

1912 年 1 月 1 日，同盟会于南京成立临时政府，孙中山就任临时大总统，定国号为中华民国。它的成立宣告了绵延中国两千多年的封建君主制的结束，具有划时代的意义。

退位后的生活

溥仪虽然退位，但仍然享受着优待条件，“皇帝”尊号仍存不废，仍在紫禁城过着小朝廷的生活。

溥仪幼年在大学士陆润庠和侍郎陈宝琛的辅导下学习汉文，在都统伊克坦教导下学习满文，在庄士敦指导下学习英文。除了读书外溥仪最爱玩的就是恶作剧了。他在《我的前半生》中说：“我在童年，有许多古怪的嗜好，除了玩骆驼、喂蚂蚁、养蚯蚓、看狗打架之外，更大的乐趣是恶作剧。”譬如他曾想用藏有铁砂的鸡蛋糕给太监吃，用铅弹向太监窗户打。贫苦出身的乳母王焦氏曾教了他一些做人的道理。

溥仪退位后，仍住在宫里，有内务府、宗人府、慎刑司，有内监，故臣赠谥，不改衣冠。触犯王法者由慎刑司处治。袁世凯仍然效忠于小朝廷，于民国二年元旦曾派人给溥仪拜年，隆裕太后于 2 月 22 日去世，袁世凯通电吊唁，全国下半旗致哀。

鉴于溥仪行为放肆，参政院于 1914 年 11 月提出“维持国体建议案”，要求政府对小朝廷予以管制。袁世凯不得不派人向溥仪提出 7 条“善后办法”：1. 尊重中华民国，废止与国法令抵触行为；2. 用民国纪年；3. 赏赐只能用于家庭和家族，官民只能赐物，不能赐谥；4. 皇室机关不能对人民发告示，给处分；5. 皇室人员用民国服装；6. 由民国司法厅办理宫内犯罪案件，执事、太监违规由专任内廷警卫的护军长官处理；7. 裁内务府慎刑司。

小朝廷内部机构臃肿，用费浩繁，太监为非作歹，盗窃成风。溥仪不得不加以整顿，遣散内监，裁撤机构，削减官员。即使这样，有限的经费还是难以维持小朝廷的开销，溥仪乃大肆出卖宫中古物，如金器、名画等来维持奢侈的生活。

张勋复辟

1917 年 6 月 14 日，封建余孽张勋以调解段祺瑞代表的国务院与黎元洪代表的总统府之间的矛盾为名，率定武军 4000 人入京，把黎元洪赶下台。7 月 1 日，张勋兵变，宣统复辟，年仅 12 岁的溥仪又坐上龙椅，大封群臣：封赠黎元洪为一等公，任命张勋、王士珍、陈宝琛、梁敦彦等为内阁议政大臣，万绳式、胡嗣瑗为内阁阁丞，梁敦彦、王士珍、张镇芳、雷震春、萨镇冰、朱家宝、詹天佑、沈曾植、劳乃宣、李盛铎、贡桑诺尔布为外务、参谋、度支、陆军、海军、民政、邮船、传、学、法、农工商、理藩等部大臣，徐世昌、康有为为弼德院正副院长，还任命了各部尚书和督抚。

7 月 3 日段祺瑞出兵讨伐张勋。12 日，张勋逃入荷兰使馆，次日只坐了 12 天龙椅的溥仪宣布第二次退位。复辟期间曾有一架共和飞机在紫禁城上空投下小炸弹，炸到了紫禁城东六宫当中的延禧宫，使当时的建筑受到轻度损坏。

大婚

1922 年溥仪大婚，娶了一后一妃。皇后是婉容，妃子是文绣。在紫禁城中溥仪或读书吟诗、作画、弹琴，或捏泥人、养狗、养鹿，有时还到宫外坐汽车，逛大街。

冯玉祥逼宫

1924 年 11 月 5 日，冯玉祥派鹿钟麟带兵进入紫禁城，逼溥仪离宫，历史上称这个事件为“北京事变”。溥仪搬进北府（载沣的居处），继而又逃进日本公使馆。第二年 2 月移居天津租界张园和静园，与清朝遗老遗少以及张作霖、段祺瑞、吴佩孚等保持往来。

溥仪被逼宫后，日本各大报章都刊登出同情溥仪的文章，为以后建立“伪满洲国”造势，具有讽刺意味的是，八国联军入侵北京时派兵最多，打得最狠的就是日本。不久，溥仪被日本人护送到天津。1931 年 11 月，溥仪在日本驻屯军司令官的帮助下潜赴旅顺，不久到沈阳。

伪满洲国“皇帝”

1931 年“九·一八”事变后，在侵华日军将领土肥原贤二等人的策划下，溥仪被挟持到沦陷区东北。

1932 年 3 月 1 日，日本扶持溥仪在东北建立日本的傀儡政权“满洲国”，企图分裂中国。1932 年 9 月溥仪与日本签订了《日满议定书》，日本政府正式承认满洲国，而满洲国承认日本在中国东北的特殊利益。

溥仪自 1932 年 3 月 1 日至 1934 年 2 月 28 日任满洲国执政，建年号为“大同”。1934 年改国号为“满洲帝国”，改称皇帝，改年号为“康德”。3 月 1 日登基，“康德”是康熙和德宗光绪的缩称，意在纪念，并寄托了祇承清朝基业之愿。

1935 年 4 月和 1940 年 5 月溥仪两次出访日本。在长春伪满皇宫内，溥仪性格乖戾，对人时而凶狠，时而温柔。他喜欢玩具、高尔夫球、网球、台球、弓箭，好骑马和自行车，喜欢集邮，能驾驶汽车。但溥仪实际上却一直被日本人玩弄于鼓掌之中，充当日本人侵华的工具，连出“帝”宫等权力都没有，一言一行、一举一动都受到日本中将吉冈安直的监视。

1945年8月15日，日本投降，溥仪被迫颁布“退位诏书”，企图潜逃日本，与日本关东军的将兵们于沈阳机场的候厅室被苏联红军抓获。在苏联被监禁5年。在软禁期间曾有一次去日本东京“远东国际军事法庭”为伪满洲国统治者在中国的罪行做证明。《我的前半生》中记录了他人生中的这些重大经历。

沈阳被俘

1945年8月18日夜，苏联红军的空降兵空袭奉天（沈阳）机场，俘虏了伪满洲国皇帝溥仪。具体经过如下。

逃离长春

1945年8月9日夜，苏军出兵进入日军占领的中国东北。日本首相铃木贯太郎在最高军事委员会上宣布：“今天早上苏联的参战将我们逼入绝境，从而导致这场战争即将结束。”而此时，占领中国东北的日本关东军司令山田乙三却还试图负隅顽抗。此人身材矮小瘦弱，在过去的日子里，他说话总是不紧不慢，颇有些风度。而今天，当他和关东军参谋长一起来到溥仪的房间时，却像换了一个人似的，话语急促，并且显得很不耐烦。他力图让溥仪相信，关东军有能力挡住苏联的进攻，日本一定能取得最后的胜利。然而，他的话还没说完，外面就响起了让人揪心的空袭警报。在转入地下掩体后，已经明显减弱语气的山田乙三便匆匆离开了。

第二天，日军准备撤退。为了防止溥仪落入苏军之手，成为日本侵华的证人，日军决定带着他一起从伪满洲国首府长春撤退到靠近中朝边境的通化市。溥仪开始收拾东西，准备上路。

自1931年伪满洲国建立，14年来，溥仪和身边的人记录了身边发生的许多事情，有的还拍下了照片。由于文件和胶片太多，他命令手下人将其焚烧。烧了大半天，才销毁了三分之一。而从北京故宫带出来的一大批奇珍异宝，加上他的行李，已整整装了57个大木箱。

8月11日晚，伪满宫廷武官、监护溥仪的日本将军良田来到了溥仪的住所，通知他出发。此前，溥仪的兄弟、姊妹和侄子们已经被送到了车站，只剩下了溥仪和他的两个妻子。

火车开了三天三夜。由于害怕苏军的空袭，原经沈阳直达通化的计划改为经吉林、梅河口，再到通化。由于没考虑到临时改变路线，随身携带的食物不够，于是在两昼夜间，他们只吃了两顿饭。最后，他们在大李（栗）子沟镇下车，这里与朝鲜只有一江之隔。溥仪一行被安置在山脚下的一个日本矿长家中。

8月15日，日本裕仁天皇宣布无条件投降。随后，美军上将道格拉斯·麦克阿瑟命令太平洋舰队停止对日军的一切军事进攻。是日，良田将日本投降的消息告诉了溥仪，还告诉他，美国政府已经答应维持天皇的封号和地位，并保证天皇的安全。随后，良田又对溥仪说，天皇要求他前往日本。天皇虽然不能保证溥仪的王位，但至少能保证他的安全。但如果他落入苏军手中，后果难以预料。溥仪双膝跪地，朝着东方磕了几个头，嘴里叨念着："感谢老天爷，祝愿天皇安康!"

8月17日，溥仪准备飞往日本。临行前，良田告诉他，必须减少随行人员和物品，因为飞机太小了，坐不下那么多人。于是，溥仪选中了最小的弟弟溥杰、两个妹妹、三个侄子、医生和几个仆人随行。溥仪的一个嫔妃哭着问道："我怎么办?""飞机太小了，你们坐火车去吧!""坐火车能到日本吗?""当然能!"溥仪毫不犹豫地答道。

飞机起飞了。按计划他们将于上午11点到达沈阳机场，从那里转机到日本。

试图自杀

日本宣布投降后，其关东军并没有立即放下武器。8

月16日，他们在一些地区继续向苏军反攻。苏军为了迅速拿下满洲里附近的几个关键城市，决定出动空降兵部队。

8月19日夜，苏军后贝加尔方面军司令员罗季翁·马利诺夫斯基元帅给苏联军事委员会全权代表、后贝加尔方面军司令部政治主任亚历山大·普里图拉将军下达命令：带领空降兵占领伪满洲国军事要地——奉天，逼迫关东军无条件投降，寻找伪满皇帝溥仪。

一个小时后，普里图拉将军和副官来到机场。在那里，225名空降兵已经整装待发。在机场，将军做了一个简单的动员，让大家知道，他们将作为一把尖刀，直插沈阳。这是一座非常重要的城市，目前还在日军占领之下。日军以它为依托，还在拼死抵抗。苏空降兵必须以迅雷不及掩耳之势，奇袭沈阳。

随后，数十架飞机冲上天空，直飞沈阳。这是一个飞行编队，还有数架歼击机、强击机和轰炸机与空降兵一同执行该项任务。轰炸机装满了炸弹，而歼击机则是由最优秀的飞行员驾驶。如果日本军队负隅顽抗的话，他们将受到毁灭性的打击。

飞行编队临近沈阳时，前方突然出现暴风雨，于是编队紧急降落在王爷庙（今乌兰浩特），这里已经被苏军占领。在这里，编队作了加油，与此同时，又有几架战机加入编队。雨停后，飞行编队再次起飞。

飞行编队一路上没有遇到任何阻碍。抵达沈阳上空后，空降兵们就看到了地面上的日军高炮群，于是苏军飞机首先进行了一通狂轰滥炸。也许是苏军的袭击来得太突然，日军没有一点反应。随后苏军顺利降落在沈阳机场。

飞机降落后，守卫日军纷纷缴械投降，只有几个日军军官和飞行员做了一点抵抗，但已无济于事。苏军迅速占领了机场。战斗中，有四架日军飞机成功逃脱，随后，他们在机场附近徘徊，苏军以为他们要攻击机场，立即做好了战斗准备。然而令人惊讶的是，四架日军飞机突然同时向一个方向俯冲，触地而毁。

这时，从机场大楼里走出一个人，他体魄粗壮，头发灰白，身着日本军装。他走到普里图拉将军面前，用一口纯正的俄语说道："将军同志，我是俄罗斯侨民，现任机场日本警卫队队长。我向您报告，满洲皇帝溥仪一行政府人员就在候机大厅里。"

普里图拉将军带着人走进候机大厅，里面有沙发、安乐椅、茶几，还摆放着威士忌和啤酒。大厅里约有20几个人，他们看到普里图拉将军后都站了起来，只有溥仪依然坐着没动。但不久，他把手里的茶碗放在茶几上，也站了起来。普里图拉走到大厅中央，大声宣布："我以苏联政府的名义劝说你们投降，请交出武器。"

伪满洲国的部长们一个接一个地交出了武器，溥仪是最后一个。他从怀里掏出一把手柄上镶有宝石的手枪，放在手掌上看了看，随后扔在了枪堆里。普里图拉将军后来回忆道："虽然我不是一个心理学家，但我敢肯定，当时溥仪皇帝正处在自杀的边缘。我不知道是什么因素影响了他，使他最终放下了手枪。因为对他来说，在那个时候，一切都结束了。"

被俘之后

二战后，溥仪被定性为战犯。在苏联赤塔和伯力的收容所被监禁了五年。1946年8月曾到东京在"远东国际军事法庭"上作证。1950年8月初被押解回国，在抚顺战犯管理所学习、改造，受到了约十年的"革命教育"与"思想改造"。

1959年12月4日，中华人民共和国主席毛泽东对溥仪发特赦令说："该犯关押已经满十年。在关押期间，经过劳动改造和思想教育，已经有确实改恶从善的表现，符合特赦令第一条的规定，予以释放。”从此，溥仪成为一名中华人民共和国公民。

1960年3月，溥仪被分配到中科院北京植物园工作。1964年被调到全国政协文史资料研究委员会任资料专员，并担任全国政协第四届委员会委员。溥仪一生结过四次婚，娶过五个女人，但由于身体原因始终未能留下后代。最后一次婚姻是1962年与李淑贤结婚。溥仪著有自传《我的前半生》，于1964年4月由群众出版社出版。其独特的富有戏剧性的经历，多次被改编成影视作品，其中电影《末代皇帝》（TheLastEmperor），曾荣获1988年奥斯卡金像奖等众多奖项。

1967年，溥仪因患尿毒症病倒。周恩来总理闻讯，亲自打电话指示政协工作人员，一定要治好溥仪的病。后指示将他安排到首都医院进行中西医会诊。在病情最危急的时刻，周总理又指派著名老中医蒲辅周给他看病，并转达自己对他的问候。后因医治无效，于1967年10月17日凌晨2时30分与世长辞。

1980年5月29日，即溥仪去世13年后，中国政府为溥仪举行了追悼会。1995年1月26日，溥仪的遗孀获准将他的骨灰入葬位于清西陵内崇陵（光绪陵）附近的华龙皇家陵园。华龙皇家陵园位于河北省易县清西陵崇陵旁边，距离崇陵后围墙仅200米，华龙陵园是一个由个人经营的商业性的公墓。溥仪生前就有入土为安的愿望，清西陵也是溥仪生前就确定了的葬身之所。溥仪葬入此陵园，是他的第五个妻子李淑贤精心安排的，也是由她亲自主持办理的。1997年6月9日李淑贤女士去世。

特赦溥仪

1956年11月15日，毛泽东在中共八届二中全会上讲话，进一步阐述了他那篇《论十大关系》的基本观点，明确提出溥仪等人是“大蒋介石”，对他们的处理方式，只能是逐步地改造，而不能简单地处决。他说：“那些罪大恶极的土豪劣绅、恶霸、反革命，你说杀不杀呀？要杀。我们杀的是些小‘蒋介石’。至于‘大蒋介石’，比如宣统皇帝、王耀武、杜聿明那些人，我们一个不杀。但是，‘小蒋介石’不杀掉，我们这个脚下就天天‘地震’，不能解放生产力，不能解放劳动人民。所以，对反革命一定要杀掉一批，另外还提起来一批，管制一批。”

从此以后，溥仪在抚顺战犯管理所度过了 3 年时光。其间，他认真进行改造，或者在东北各地参观游览，或者专心写前半生的自传，或者在高墙内的医务室以及房前屋后参加轻微劳动，在这和风细雨的改造生活中，溥仪倍感温馨，他把监狱当作自己的家了。

1959 年盛夏，在北京举行的中央会议上，毛泽东听取了关于国民党战犯和伪满蒙战犯的学习改造情况报告后非常满意，随即研究了这些战犯的处理问题。之后，毛泽东代表中共中央向全国人大常委会提交建议，提出在庆祝建国 10 周年之际，对于一些确已改恶从善的战争罪犯、反革命罪犯和普通刑事罪犯，宣布实行特赦。

9 月 17 日，第二届全国人民代表大会常务委员会第九次会议根据毛泽东的建议通过了关于特赦确实已改恶从善的罪犯的决定。随后，刘少奇发布中华人民共和国特赦令。特赦，意味着不经起诉而出狱。听到这两个字，溥仪和其他人一样为之激动、振奋，他细细地体会着毛泽东的建议，玩味着那洋溢于字里行间的几乎是不可理解的大度与宽宏。他在一份手稿中写下这样一段话：“特赦，是谁提出的呢？是共产党中央。建议要赦的是谁呢？是过去对人民犯下滔天大罪、屠杀无数共产党员的国民党反动派和汉奸，是帝国主义的帮凶分子。建议的署名者毛泽东主席，他的妻子、两个弟弟和一个妹妹，就是被国民党杀害的，他的儿子牺牲在美帝国主义对朝鲜的疯狂侵略战争中……”

然而，在首批特赦中，溥仪对自己却不抱有多大希望，他说：“有谁也不能有我，我的罪恶严重，论表现我也不比别人强。我还不够特赦条件。”不但溥仪自卑，别人的看法也差不多，都认为只有官小的、罪恶小的，才有可能在首批特赦的名单内。

1959 年 12 月 4 日上午，抚顺战犯管理所首批特赦战犯大会隆重召开。由辽宁省高级人民法院的代表宣读给特赦人员的通知书。溥仪怎么也不会想到，收到了“中华人民共和国最高人民法院特赦通知书——1959 年度赦字 001 号”，换句话说就是国内得到特赦的第一名战犯，竟是自己！

溥仪成为首批特赦战犯，不但出乎其本人的意料，出乎同监战犯的意料，似乎战犯管理所的干部，乃至更高层的负责同志，开始的时候也没有想到。正是毛泽东在研究战犯处理问题的汇报会议上，首先提出了溥仪的名字，并认真听取了有关情况以及溥仪本人学习改造的情况，据此作出了第一个特赦溥仪的决定。

生活逸事

最后一段婚姻

1962 年 4 月 30 日，位于南河沿的文化俱乐部大厅里喜气洋洋，一对新人要在这里举行婚礼。新郎是曾经的末代皇帝溥仪，新娘是朝外关厢医院的护士李淑贤。来自统战部、全国政协的同志，以及溥仪的家人、同事一百多人参加了溥仪的婚礼。溥仪身穿笔挺的中山装，郑重地拿起提前拟好的发言稿，发表了长长的致辞。溥仪说，之所以选在这一天举行婚礼，是因为明天是劳动人民的节日。

就这样，末代皇帝开始了他人生中的最后一段婚姻。其实，溥仪早就想找个伴侣，开始一段新生活。主动给他介绍对象的人也不在少数，就连毛泽东也非常关心他的个人问题。在接见溥仪时毛泽东风趣地问："你还没有结婚吧？'皇上'不能没有娘娘哟，你可以再婚嘛！"但找一个合适的伴侣对于溥仪而言并不容易。刚刚回京三个月，七叔载涛就给他介绍了位张小姐。这位小姐穿着入时，还热情地请溥仪跳舞、抽烟。但当溥仪知道她父亲以前是醇亲王府的仆人，曾深受皇恩时，两人的交往戛然而止。

婉容有位表妹人称王大姑娘，一直高不成低不就，直到 50 岁还是单身。此时，她也对溥仪产生了兴趣，又是请他吃饭，又是约会，令溥仪不胜其烦。一位过去的随侍想"攀龙附凤"把自己的女儿嫁给溥仪，也被溥仪拒绝了。他说："他们要嫁的是过去那个'皇帝'，不是我现在这个普通百姓。"

大家看出来了，跟满清贵族沾边的溥仪是一概不要，他要找的是一个新社会的新女性。1962 年 1 月，他在给朋友的一封信中写道：这些日子里，不少人为我找对象。屈指算，已然说了七八个对象，还没有看好。等我说妥了对象，一定告诉你。可见，溥仪想找一个合适的对象，并不是件容易的事。恰好，这天同为文史专员的周振强拿着一张照片来到办公室，说是人民出版社编辑沙曾熙托他给照片上的女子介绍个对象，照片上的女子正是李淑贤。看了照片溥仪很感兴趣，当他得知李淑贤还是名护士时，就更满意了。几天后，在周振强和沙曾熙的引荐下，溥仪和李淑贤见面了。

晚年，李淑贤曾经向她的邻居回忆，听说老沙给自己介绍的对象竟是"小宣统"，李淑贤吓了一跳。她本来不打算见，但在老沙的再三劝说下，她还是怀着姑且一试的心理去了。沙曾熙回忆："李淑贤告诉溥仪，自己是 1925 年生人，今年 37 岁。溥仪说：'你很年轻嘛，我今年 55 岁了，我们年龄相距这么大，是不是会影响以后的生活？'

李淑贤说：‘谈到婚姻，主要看感情，年龄不是主要的问题。’”就这样，两个人的感情进展很快。不久，溥仪就成了李淑贤家的常客。起初，院里的人并不知道溥仪曾经的身份。直到有一次，他到邻居李大妈家闲聊，大家才知道他原来是“小宣统”。结果，邻居们都拥来看“皇上”。后来，他索性叫李淑贤带着自己去各家串门。令李淑贤感到吃惊的是，溥仪跟谁都能聊一阵儿，大人小孩都喜欢跟他打招呼，大家都说他没架子。

对于李淑贤，溥仪更是百般呵护。有一次，他们约在全国政协门口见面，可阴差阳错地走差了。跑了一大圈，溥仪才找到李淑贤。一见面，他竟激动地把李淑贤抱住了。溥仪率真的行为引来行人的注目，他自己也咧着大嘴笑得像个孩子。在李淑贤的印象里，谈恋爱的几个月里，溥仪只发过一次火。有一次闲聊中，溥仪向李淑贤谈起了他曾经的四个妻子。溥仪说，他对妻子们很不好，不高兴就长时间不搭理，根本谈不上什么感情，还给第四个妻子李玉琴订过一个二十一条，包括从思想深处服从皇上，一切行动必须顺从皇上意旨，任何事情均不能擅自处理；奉守“三从四德”、“三纲五常”，一生对皇上忠诚；只许皇上对玉琴不好，玉琴不得对皇上变心；甚至还有见皇上不可愁眉苦脸……稀奇古怪，名目繁多。听罢，李淑贤半开玩笑地说：“以后你对我总不能这样吧？”谁知这句玩笑话，竟触痛了溥仪敏感的神经，他恼怒地说：“你不知道我是经过改造的？如果咱们不能做永久夫妻，就做永久的朋友吧。”说完溥仪竟拂袖而去了。不过，没过两天溥仪忍不住思念，又坐到了李淑贤的小屋里。李淑贤这才知道，溥仪对于那个曾经高高在上的皇帝，心中是多么地厌恶。婚后，溥仪对李淑贤的关心一如既往。当时做过溥仪家管片儿民警的史育才曾回忆，那时候经常能看到溥仪站在汽车站接李淑贤回家的情景。

植物园研究员卢思聪记得，溥仪第一次把李淑贤带到植物园时，夸张地迈前一步，隆重地指着李淑贤向大家介绍："这是我爱人。"还有一次他们约在北京展览馆看电影，溥仪与李淑贤挎着胳膊就来了。"那时候，我们年轻人谈恋爱还偷偷摸摸的，当众不敢拉手。"范增兴打趣溥仪："溥先生，你可真时髦啊!"溥仪开心地哈哈大笑。

曾有一位英国记者在溥仪再婚后采访他。当记者得知，皇帝居然和一个职员的女儿结了婚，大吃一惊。他说："这在英国是无法想象的。"溥仪回答："不仅英国人难以理解，在中国的过去也无法做到。如今我与平民女儿的结合变成了现实，因为社会已不是从前的社会了，我也不是那个皇帝了，而是一名中国公民。"

家族团聚

1959 年 12 月 4 日，溥仪获得特赦，出了管教所。他亲眼看到自己的兄弟姐妹已经参加了工作：二妹已经创办了一个街道托儿所，二妹夫担任邮电部门的工程师；三妹夫妇正在区政协参加学习；四妹在故宫档案部门工作；六妹夫妇是一对画家；七妹夫妇是教育工作者；四弟是小学教师。

当然，溥仪能够与弟弟、妹妹们好好相处，也经历了一个过程。在一次周总理参加的座谈会上，载涛、溥仪及其弟弟、妹妹们也都应邀出席。周总理看到载涛与溥仪的几个妹妹坐在一起，而溥仪却单个坐在一边，便开玩笑说："好啊，你们还把他当皇帝啊?"载涛赶紧召集大家与溥仪坐在了一起。谈话中，周总理特别表扬了刚刚出席人民大会堂群英会的七妹，但同时又循循善诱地说："溥仪刚有进步，你们要帮助他。一个家族要争取先进，帮助落后。先进和落后总是有的。你们家族中也是这样。后进的要向先进学，先进的也要把帮助落后的当作自己分内的事。”七妹从谈话中，悟出了周总理的深情和期望。她改变了原来的成见，决心帮助大哥一起进步。

载涛欣喜地向溥仪介绍了家族的第三代。在载涛家里，溥仪亲眼看到，十几位红领巾拥满了七叔的屋内屋外。在他的子侄中，一些已长成为青年，投身到建设社会主义的伟大洪流中，他们中有工人、干部、医生、护士、教师、汽车司机，还有为祖国立下功勋的志愿军英雄战士。其中，有些还争取先进，加入了共产党、共青团的行列。溥仪还见到了家族中的一些老人，他们在党和政府的关怀下，过上了安定、美满的生活，有的还被邀为地方政权的代表，参与协商党和国家的大事。